현대 중국 도덕교육론

서규선 지음

현대 중국 도덕교육론

서규선 지음

인간사랑

머리말

이 작업은 2006년 서원대학교 장기 국외연수(교원 해외 장기연수) 프로그램에 의하여 수행되었다.

국내에 가장 먼저 소개된 중국 현대 도덕교육론은 1999년 중국 광주에서 발간된 리핑(李萍)의 저서이다. 이 책은 김호성 교수가 2003년에 번역 · 출판하였는데, 옮긴이 머리글에는 "본서는 필자가 밝히고 있는 바와 같이 오늘날 중국이 추진하고 있는 사회주의 시장경제의 정신적 지주가 되는 중국 현대 도덕교육의 현황과 문제점을 조망하기 위해 중국 학자에 의해서 저술된 최초의 단행본이다"라는 언급이 있다. 2006년 장기 국외연수 기회를 얻어 연구주제를 모색하다가 이 글을 읽으면서 그 이후 중국에서 후속 연구들이 있었는지 궁금해졌다.

중국에 있는 서원대학교의 자매 대학교는 길림, 요녕, 북경, 항주 등지에 있다. 그 중에서 필자는 길림을 택했다. 중국어 실력이 변변찮으므로 조선족이 많이 사는 지역을 일차적으로 고려한 것이다. 중국 북화대학에 도착하여

한 학기 동안 기초적인 중국어를 공부하면서 관련된 자료를 수집하였다. 수집된 자료들 중에서 가장 중요한 문헌은 쑤쩐팡(蘇振芳)의 것이었다. 여름방학 동안에는 리핑의 저서를 다시 정독하였다. 두 번째 학기가 시작되고 두 달간은 중국어 공부를 하면서 쑤쩐팡의 책을 번역하였다. 귀국 전 3개월간은 관련 문헌들을 정리하면서 가장 중요한 두 개의 문헌 리핑과 쑤쩐팡의 저서 내용을 세밀히 검토하고 초고를 작성하였다.

리핑의 저서는 1999년에 출간되었고 쑤쩐팡의 저서는 2006년에 출판되었지만 우리 감각으로 볼 때 내용면에서 리핑의 저서가 오히려 진보적이고 쑤쩐팡의 저서가 보수적이다. 리핑은 일반인을 향해 말하고 있지만 쑤쩐팡은 당원들을 향해 말하고 있다. 리핑은 중국의 현대 도덕교육이 미래지향적이어야 한다고 강조하지만 쑤쩐팡은 급격한 변화의 위험성에 대해 우려하고 있다. 한국과 중국의 현대 도덕교육은 너무도 유사한 경로를 겪어왔고 현재도 그러한 것으로 보인다. 전통과 현대 간의 간격, 계층 · 세대 · 지역갈등, 집단주의와 개인주의 간의 충돌 같은 주제들뿐만 아니라 정보화, 세계화의 충격도 유사한 방식으로 표출되고 있다. 아마도 가장 뚜렷한 유사점은 도덕교육이 정치교육, 사상교육으로부터 벗어나려는 몸부림일 것이다.

이 작업에 도움을 준 사람들은 너무도 많다. 중국어 공부에 적극적인 도움을 주신 북화대학 국제교육교류학원 원장분, 번역에 도움을 준 여러 선생님과 북화대 학생들(황문옥, 정광훈, 김림호, 허연희, 리은희, 리봉화), 그리고 이광민 목사분 등이 먼저 떠오른다. 청주에서 마무리 작업을 하며 인명과 지명 등 중국 현지 발음을 확인해 준 북화대의 곡홍안(曲鴻雁) 선생에게도 고마운 마음을 전한다. 끝으로 모자란 글을 출판하도록 허락해 주신 여국동 사장께도 감사 말씀을 드린다.

2007년 11월 저자

차 례

제1장_현대 도덕교육의 필요성, 의의, 기본 원칙

1. 현대 도덕교육의 필요성과 의의

중국 현대 사회에 도덕교육이 필요한 이유는 무엇인가?[1] 이 물음에 대한 대답이 중국 도덕교육의 방향을 결정짓는다. 바꿔 말해서 현대 중국 사회에서 도덕교육이 왜 필요하고 어떤 중요성을 지니고 있는지를 알게 되면 도덕교육의 방향을 설정할 수 있다는 것이다.

1) 한국에서는 이 물음에 대한 대답이 지난 20년 동안 도덕교과 교육의 존립과 관련하여 아주 절박하게 요구되었다. 1980년대에는 국가 · 사회적 의의로서 정치교육 또는 이념교육과 통일교육이 내세워졌고, 개인적 의의로서 인간주의 및 발달 이론 등이 이론적 근거로 제시되었다. 다른 한편 한국 사회의 청소년 범죄 증가, 범죄율, 그리고 이혼율 등의 증가 같은 것이 도덕교육의 필요성을 강조하기 위한 근거로서 제시되었다(정세구, 1983 : 9−31 ; 교육부, 1999 : 178−187).

현대 중국 사회가 안고 있는 사회문제들 중에서 부도덕한 행위들, 비도덕적인 행태와 관련된 문제들이 있다.[2] 사회연구는 관찰, 서술, 설명, 예측, 통제라는 일반적인 절차를 거친다. 사회문제의 연구도 이러한 일반적 절차를 거치게 된다. 특히 부도덕 또는 비도덕과 관련된 사회문제의 장기적 해결방안들 중의 하나가 도덕교육이다. 도덕교육은 그러한 국가사회의 요구와 더불어 피교육자 및 교육자의 요구도 충족시켜야 한다. 그런데 그러한 요구들은 다양하고 이해관계가 복잡하게 얽혀 있다. 따라서 사회 전체와 구성원들의 다양한 요구를 수렴하여 통일성 있는 방향설정을 해야 한다.[3] 도덕성과 관련된 사회문제가 해소되면 도덕교육은 최소한의 것으로 축소되거나 더 이상 존재의의를 상실하게 될 수도 있다.[4] 비도덕적인 사회행태와 부도덕한 개인들의 행위가 도덕교육 강화를 절실하게 요구하게 되는 배경이 된다.

2) 중국 도덕교육론에서는 사회문제를 '모순' 개념으로 설명한다(리핑, 1999). 다시 말해서 사회모순과 부조리를 해결하는 방안으로서 도덕교육의 필요성과 의의를 설명한다. 한국의 경우 중요한 사회문제들을 확인할 수 있는 문헌들로는 청소년 백서, 사회지표, 각종 사회조사 연구, 사회문제를 연구한 보고서 등이 있다.

3) 중국 도덕교육론은 다양성과 통일성 간의 모순을 해결하는 일이 도덕교육에서 해야 할 일차적 과제라고 말하고 있다(리핑, 1999). 한국에서는 도덕교육의 통일성을 도모하기 위하여 민주시민 교육이나 정치교육을 활성화하자, 윤리학을 가르치자, 전통 윤리를 가르치자, 인격 이론을 가르치자, 청소년 자신들 문제를 스스로 해결해 가게 하자, 도덕문제 해결의 사고능력을 길러주자 등 여러 가지 대안들이 제시되었다.

4) 과거 '국민윤리'에 대해서도 비슷한 언급들이 있었다. 한국 사회의 부조리한 측면이 해결되면 국민윤리 교육이 사라질 것이라고들 말하고는 했다. 교과 명칭이 국민윤리로부터 도덕으로 바뀌면서 새로운 내용들이 많이 삽입되었다. 특히 국제윤리 또는 지구공동체 윤리, 정보윤리 등이 새로이 다루어지게 되었다. 도덕교육은 세계화, 정보화 시대에 호응하여 새로운 도덕문제를 다루게 된 것이다.

도덕교육은 통일된 교육목표와 내용을 피교육자에게 가르쳐서 일정한 가치와 신념을 내면화시킨다. 그 과정에서 특정한 사회, 국가, 시대의 요구와 통치집단의 요구를 반영하게 된다. 다른 한편으로 도덕교육은 피교육자 개인의 필요와 요구를 충족시켜야 한다. 국가사회 전체의 요구와 개인의 요구들 간에는 상충되는 측면이 생겨날 수 있고, 도덕교육의 방향설정은 바로 이러한 긴장을 적절히 해소하는 수준에서 설정되어야 하는 것이다.

1) 국가사회적 의의와 개인적 의의

일반적으로 도덕교육의 방향은 생산력과 생산관계의 발전에 따라 변한다.[5] 한 시대와 사회가 요구하는 인간형이 언제나 똑같은 것은 아니다. 도덕교육의 방향을 설정할 때 이러한 시대와 사회변화를 적절히 고려하지 않으면 안 된다. 그렇지만 도덕교육은 미래지향성을 지니고 있어야 한다. 현실의 요구를 반영하면서도 미래의 바람직한 사회를 지향해 가지 않으면 안 되는 것이다.[6] 여기에 방향과 목표설정의 어려움이 있다.

5) 생산력과 생산관계라는 개념은 유물사관에서 핵심적인 개념이다.

6) 도덕교육의 목표는 국가 사회발전의 현실을 반영해야 하지만 그보다 한 단계 더 발전된 상태를 동시에 감안해야 한다. 도덕발달 단계론을 도덕교육에 방법적 측면에서 활용할 때 흔히 말하는 '플러스 1 전략', 즉 한 단계 더 높은 수준을 목표로 정하는 일에 비교해 볼 수 있다. 너무 높은 단계를 설정하면 피교육자들이 수용하기 어려워지고, 너무 낮은 단계를 설정하면 흥미를 잃어버릴 뿐만 아니라 교육 자체의 의미가 없어지게 된다. 한국의 현행 도덕교육에서 강조되는 정보윤리, 의료윤리, 환경 및 생태윤리, 그리고 세계 시민윤리 등은 넓은 의미에서 플러스 1 전략의 일종으로

일례로 경제적으로 발전한 사회가 언제나 도덕적으로도 높은 수준에 도달했다고는 말하기 어려운 것을 발견한다. 게다가 도덕교육의 방향은 통치집단의 이익과 요구를 반영하여 특정한 사상이나 가치관의 주입으로 나타날 수도 있다. 어느 정도 불가피한 측면이 있다 할지라도 도덕교육이 정치적으로 이용당하여 왜곡되는 것을 가능한 한 피하지 않으면 안 된다. 어느 측면에서 정치현실과 도덕교육 간에는 일정한 긴장이 존재한다고 보아야 할 것이다. 또한 도덕교육은 문화, 역사, 전통과도 어느 정도 긴장관계에 있다. 새 시대에 걸맞은 문화와 역사를 창조하는 일이 도덕교육의 방향설정과 무관하지 않기 때문이다. 문화, 역사, 전통은 도덕교육의 방향이나 목표에 통일성을 부여해 줄 수 있지만 거기에 안주하면 아무런 사회변혁이나 발전을 기대할 수 없을 것이다.

한편, 피교육자 개인들의 다양한 개성과 창의성 실현 요구를 도덕교육의 방향설정에서 고려해야 한다. 개인마다 사고능력, 감정, 재능, 욕구와 욕망이 다르다. 도덕교육에서는 이러한 개인차를 고려하여 차별화하지 않으면 안 된다. 문제는 이와 같이 다양한 요구를 어떻게 사회 전체의 요구와 조화시키느냐 하는 것이다. 개인이 지닌 생리적 욕구, 안전의 욕구, 자아실현의 욕구 등을 충족시켜 주면서도 국가사회가 필요로 하는 인간이 될 수 있게 도덕교육의 방향을 설정해야 한다.[7] 개인이 지닌 잠재력을 활성화시킬 뿐만 아니라 사회성을 동시에 길러줄 수 있는 도덕교육이어야 하기 때문이다.

볼 수 있으며, 이 내용들이 도덕교육을 더욱 의미 있는 것으로 만들어 주고 있다.

7) 매슬로우(Abraham, H. Maslow)의 욕구단계설은 일반 교육에서도 흔히 인용되는 이론이다. 각 단계의 욕구들은 피교육자의 준비성을 파악하기 위해 매우 중요한 요소라고 할 수 있다(장상호, 1980 : 44).

2) 국가사회적 의의와 개인적 의의의 조화

도덕교육의 방향과 목표를 설정하는 데 있어서 다양성과 통일성의 간격을 조정하는 문제의 해결은 도덕교육에 대한 국가사회적 요구와 개인적 요구를 조화시키는 데서 찾아야 한다. 지나치지도 모자라지도 않는 수준을 찾는 일, 그것은 중용의 실천이다.[8] 그러기 위해서는 우선 양 극단을 찾아 그 간격을 확인해야 한다.

이러한 작업을 하기 전에 확인해야 할 전제가 있다. 우선 인성이 무엇인지 확인해야 한다. 인성이란 무엇인가라는 물음은 인간이란 무엇인가라는 물음이다. 인성(人性)은 수성(獸性)에 대비되는 개념이다. 까오즈[고자(告子)]는 성(性)을 선천적인 것으로 보고 성의 내용을 식색(食色)이라 했다. 멍즈[맹자(孟子)]는 고자가 인간과 짐승의 성을 제대로 구별하지 못했다고 비판하고 "인간이 짐승과 다른 것은 인간에게 인, 의, 예, 지 같은 도덕성이 있기 때문이다"라고 말했다. 쉰즈[순자(荀子)]는 성을 선천적인 것으로 보면서도 "배고프면 먹고 싶고, 추우면 따뜻한 곳에 있고 싶고, 피곤하면 쉬고 싶은 것도 인성이다"라고 말함으로써 인성 중에 도덕과 대립되는 경향을 포함시켰다. 서양에서 소크라테스는 인간이 이성적 동물이라고 말했고, 아리스토텔레스는 인간이 정치적 동물이라고 말했다. 베이컨은 자연의 번역자에 불과한 인간에게 자기 보존이야말로 행위의 근본적 동기라고 말했다. 루소는 천부인권설을 제창하였고,

8) 아마도 시스템 이론의 용어를 빌린다면 '최적화'일 것이다. 효율을 극대화할 수 있는 가장 적절한 지점을 가리키는 개념이 그것이다. 그러기 위해서는 경계영역을 확인해야 한다. 리핑은 "양극의 가치를 인정해야 한다"고 말하고 있다(리핑, 213).

헤겔은 인성이 절대정신의 외화(外化)라고 보았다. 포이에르바하는 절대정신 연구에 반대하고 현실적인 인간을 연구해야 한다고 주장했다. 마르크스와 엥겔스는 인간의 본질은 사회관계의 총화(總和)라고 보았다.[9)]

마르크스가 쓴『포이에르바하에 관한 테제』에 따르면 인간의 본질은 현실적이고 구체적으로 이해해야지 추상화시켜서는 안 된다. 바꿔 말해서 특정한 역사적 · 사회적 관계 속에서 인간의 본질을 이해해야 한다. 인간의 본질은 일차적으로 사회가 결정한 것이다. 사회는 물질적 측면과 사상적 측면 모두를 포함한다. 물질적 측면은 생산관계, 경제관계를 가리키며, 생산관계는 생산, 분배, 교환, 소비로 세분할 수 있다. 사상적 측면은 정치적 · 법률적 · 도덕적 · 종교적 관계 등을 포함한다. 물질적 측면과 사상적 측면 간에는 상호 침투가 있으며, 따라서 상호 영향을 주고받는 교류가 있다고 말할 수 있다. 이것들은 유기적 전체를 이루고 있으며, 유기적 전체의 차원에서 볼 때 물질적 측면, 특히 생산관계가 중요하다. 물질적 측면이 사상적 측면을 결정하고 제한하기 때문이다.[10)] 또한 인간의 본질은 동태적으로 파악되어야 한다. 생산력과 생산관계의 모순으로 역사가 발전하며, 역사발전에 따라 인간의 본질을 달리 파악할 수 있기 때문이다. 인성은 수성(獸性)과 신성(神性)에 대비되는 개념이다. 인간의 본질은 인간과 동물을 구별하는 특징이며, 그것은 사회관계들의 총합이다.

이러한 마르크스의 인간관은 도덕교육의 방향설정에 중요한 시사점을 던져준다. 우선 도덕교육은 인간을 위한 것이어야 한다. 그러나 어떻

9) 중국 도덕교육론에서는 마르크스와 엥겔스가 인간의 본질을 가장 잘 파악했다고 본다.

10) 이상과 같은 설명은 '토대-상부구조 모델'을 생각나게 한다.

게 하는 것이 진정으로 인간을 위한 것이냐를 이해해야 한다. 도덕은 인간 행위에 제한과 구속을 가한다. 그러한 구속과 제한이 설득력을 가지려면 합리적인 것이어야 할 것이다. 우선 현대 도덕교육은 전통 도덕교육과는 달리 질서 유지, 체제 유지를 위한 구속성 이외에 발전지향성을 지녀야 설득력을 갖게 될 것이다. 도덕이 사람들의 정신적 족쇄가 되어서는 안 되며, 대다수 사회구성원의 발전에 기여하는 것이어야 한다. 그런데 기존의 도덕이 사회발전에 걸림돌로 작용한다면 안 될 것이다. 그럴 경우에는 바로 새 시대에 맞는 새로운 도덕을 찾아내야 한다. 다음으로 도덕교육은 사람들이 지닌 잠재력을 최대한 발휘할 수 있게 할 때 보다 큰 설득력을 갖게 될 것이다. 강제에 의한 타율적 도덕보다는 자발성을 북돋우는 도덕이 새 시대에 필요하다고 본다. 외부의 강제는 교육이라고 보기 어렵다. 그것은 교육이 아니고 훈련이다. 자율과 자제를 길러주는 도덕교육이 보다 큰 지지를 얻게 될 것이다. 끝으로 개인이 지닌 능력과 소질을 최대한으로 발휘할 수 있게 해주는 도덕교육이어야 한다. 그러면서도 사회 전체의 발전에 기여하는 결과를 산출할 수 있어야 한다. 개성과 자아의 실현에는 기여하지만 사회 전체의 발전에 별다른 도움이 되지 못한다든지, 반대로 사회발전에는 도움을 주지만 개인의 자기발전에는 전혀 도움을 주지 못한다면 제대로 된 방향설정으로 보기 어렵다. 새로운 해결책을 찾아내어 기성사회의 부조리를 해소시키면서 개인과 사회 모두의 발전에 기여할 수 있는 도덕교육의 방향설정이 필요하다.

사회가 발전하는 단계에 따라 개인의 요구와 사회의 필요가 모두 달라진다. 현대 중국 사회의 발전방향을 크게 개성화와 민주화로 요약할 수 있다. 새 시대의 도덕교육은 이 두 가지 방향을 고려해야 한다. 개성화는 세 측면으로 설명할 수 있다. 도덕 선택의 자주성, 평가각도의 다양성,

행동방식의 개체성이 그것이다. 새로운 도덕교육은 개인의 신앙, 정서, 연령, 성별, 품격, 미적 감각 등이 다르다는 점을 감안해야 한다. 젊은 세대의 감각은 기성세대와 다르다. 바로 이러한 측면 때문에 젊은 세대는 기성세대의 의식과 기존 사회제도에 대해서 강한 비판의식을 갖고 있다. 과거에는 권위를 존중하고 사고와 행동에 있어서 동질성을 강조하는 삶의 방식을 당연시하였다. 그러나 새로운 도덕교육은 젊은이들이 다양한 삶의 방식과 사고방식을 스스로 선택하고 평가할 수 있게 도와야 한다. 그러려면 개인의 자유로운 가치 선택을 허용해야 하고 심사숙고 후에 그러한 선택이 이루어지도록 인도해야 한다. 동시에 평가와 선택의 기준과 시각이 다를 수 있음을 인정해 주어야 할 것이다.

그에 따라 개인의 행동방식도 상이하게 나타날 것이다. 개성의 차이를 존중해주는 만큼 다양한 대안과 해결책이 제시될 것이고 독특한 행동양식을 존중해 주는 일이 필요할 것이다. 민주화는 사상의 자유와 새로운 도덕규범의 탐색을 허용하는 관용의 정신과 관련이 있다. 폐쇄, 보수, 독재와 같은 것은 민주화와는 반대되는 개념이다. 그렇지만 민주화가 방임과 방종을 의미하는 것은 아니다. 오히려 민주화에는 더 높은 수준의 성찰과 반성, 비판과 창의가 요구된다.[11] 경제적으로나 정치적으로 발전된 국가들이 치르고 있는 대가를 최소화하는 방향으로 민주화가 이루어져야 한다.[12]

개인의 차이점을 인정해 주고 다양성을 인정하는 다원사회를 지향

11) 시너지 효과를 거둘 수 있는 조건을 가리킨다. 이질적인 것들이 모여 상승효과를 거두려면 기본 전제가 필요하다.

12) 빈부격차가 커서 생기는 사회분열이라는 대가도 있고, 흔히 '천민자본주의'라는 용어로 표현되는 대가들도 있다.

해 간다고 해서 사회 전체의 이익이나 타인의 이익을 도외시하고 자기 이익만 챙기는 사람의 자세는 용납하기 어렵다. 이익추구는 정당한 방법으로 할 때 사회 전체의 발전에 기여할 수 있으며, 다른 의견을 존중하는 일도 상대주의에 빠질 위험을 피해가야 한다.

2. 현대 도덕교육의 기본 원칙

도덕교육의 기본 원칙은 일반 교육의 기본 원칙을 바탕으로 한다. 이들 원칙은 도덕교육의 내용을 선정하고 방법을 선택하는 기초가 된다.

1) 집단주의 도덕원칙

집단주의는 개인주의에 대비되는 개념이다.[13] 개인주의가 자본주의 사회의 사상적 기초라면 집단주의는 사회주의 사회의 사상적 기초이다. 사회주의 사회는 공유제도와 계획경제를 특징으로 한다. 사회주의 시장경제로 전환한 후 중국에서는 집단주의 도덕이 더 이상 가치를 지니지 못한다는 비판이 있어 왔다. 그러나 그렇지 않다.

13) 중국 도덕교육론에서는 집단주의라는 말 대신 집체주의(集體主義)라는 말을 사용하고 있다(리핑, 1999). 개인들의 자유로운 연합체를 가리키는 군집(群集)의 의미에 가까운 것이 집체로 보인다. 정확한 개념의 명료화가 필요하다. 우리에게 익숙한 용어는 집단주의이므로 여기서는 이 용어를 사용하고 있다.

집단주의 도덕원칙은 인도주의에 기반을 두고 있다. 이 인도주의는 부르주아의 인도주의와 다르다. 신성이나 봉건체제에 반대하며 개인의 자유를 외치고 생겨난 부르주아의 인본주의와는 달리 집단주의의 기초인 인도주의는 유물사관에 기초하여 인간의 가치와 존엄, 그리고 자유와 행복을 추구한다는 특징을 지닌다.[14] 마르크스주의의 인도주의는 부르주아의 추상적 인도주의가 아니다. 추상적 인도주의는 개인의 독립성을 지나치게 강조함으로써 원자화된 개인을 만들어낸다. 그 폐단은 미국 사회의 에이즈와 폭력을 예로 들 수 있다.[15] 개인의 자유를 최대한 존중한다는 미명 아래 성적 향락의 자유와 동성애의 자유까지 허용함으로써 에이즈의 확산을 예방하지 못하고 있다. 이것은 소수의 인권을 보장하기 위해 대다수의 인권이 침해당하는 사례이다. 미국 사회에서 폭력의 증가는 강도와 빈도 면에서 놀라울 정도이다. 헌법이 정한 자기 보호의 권리를 보장하기 위해 총기류에 대한 규제를 적절히 하지 못함으로써 일어난 결과이다.

마르크스주의의 인도주의는 『독일 이데올로기』에 잘 나타나 있다. "우리의 출발점은 실제로 활동하는 인간이다"라고 말함으로써 마르크스주의의 인도주의는 유물사관에 기초를 두고 출발한다. 유물사관은 다른 사회관, 역사관, 가치관과는 다르다. 여기서 말하는 인간은 일정한 사회관계 속에서 살아가며, 독립된 개체이면서도 유기적 사회집단의 일부이다. 인간의 사회성이 구체적으로 실현된 것이 집단이다. 인간은 고립되

14) 유물사관은 경제적 변수를 가장 중시하여 역사를 바라보는 사관(史觀)이다. 특히 생산력과 생산관계라는 개념으로 역사발전을 설명한다.

15) 에이즈 문제 또는 성개방과 폭력문제는 사회윤리, 응용윤리의 중요한 주제들이다. 아직 논의가 계속되고 있는 윤리문제들이라고 보아야 할 것이다.

어 있는 것이 아니라 집단활동을 할 때 존재의의를 지니게 된다.

여기서 논의하는 집단주의는 가치 수준에서 이해할 것이 아니라 도덕 수준에서 이해해야 한다.[16] 가치 수준은 인간과 동물의 관계, 인간과 인간 간의 관계에 초점을 두는 반면, 도덕 수준에서는 인간 상호 간의 관계, 특히 개인과 사회 간의 관계에 초점을 둔다. 집단주의에서 개인과 사회는 상호 맞물려 있다. 개인 이익과 사회 전체 이익 간의 충돌은 집단주의 도덕원칙에 기초하여 해소된다. 집단주의 도덕원칙은 대다수의 이익을 강조하면서도 최대 다수 개인의 이익을 중시하고 보호한다. 집단주의가 개인을 도외시한다는 주장은 오해이다. 오히려 개인주의가 개인을 일반화하고 추상화한다. 마르크스와 엥겔스는 "개인의 입장에서 볼 때 출발점은 언제나 그들 자신이다"라고 말한다. 개인주의는 자연적 · 독립적 개체를 유일한 행위주체로 확대시킴으로써 최대 다수인의 이익을 대표하지 못하는 '집단'을 만들어내는 데 문제점이 있다. 개인과 집단은 대립 관계에 있는 것이 아니다. 집단의 발전은 대다수 개인의 발전을 보장하기 위한 것이다. 최대 다수인의 이익을 대표하지 못하는 '집단'은 결과적으로 개인 이익도 보장하지 못한다.[17] 소수가 '집단'을 내세워 사리사욕을 채울 뿐이다.

개인 이익이 정당화되려면 집단 전체의 이익에 대해 책임을 져야 한

16) 중국 도덕교육론은 집단주의를 가치관이 아니라 도덕원칙의 차원에서 논의한다(리핑, 1999).

17) 여기서 말하는 '집단'은 권위 당국에 가깝다. 권위 당국은 다양하지만 한 국가 내에서는 정부가 가장 대표적이다. 그런데 정부는 대표성과 책임성이 있어야 국민의 지지를 받을 수 있다. 대표성 없는 정부, 책임성 없는 정부는 국민의 지탄을 받게 마련이다. 집단의 명의로, 또는 민의(民意)를 앞세워 사리사욕을 채운다면 국민의 지지를 받기 어려울 것이다(사르토리, 1989).

다. 마찬가지로 집단 이익이 정당화되려면 개인 이익에 대해 책임을 져야 한다. 오해하지 말아야 할 점은 집단주의 자체가 목적이 아니고 수단이라는 점이다. 집단주의가 목적이 되면 개인의 자유로운 발전을 저해하는 결과를 가져오게 된다. 집단의 이익을 위하여 개인의 이익을 일방적으로 희생시키는 것은 집단주의 도덕원칙에 위배된다. 집단의 존재가 개인의 발전에 걸림돌이 되어서는 안 된다. 그와는 달리 집단주의 도덕원칙을 준수함으로써 "개인이 자신들의 연합을 통해 자유를 얻게 된다."[18]

사회구성원 모두가 도덕적으로 훌륭한 인격체는 아니다. 또한 개인의 행위 모두가 도덕적인 것도 아니다. 사회주의 시장경제는 이익추구를 바탕으로 하며, 다양성과 다원성을 특징으로 한다. 당연히 개인의 이익과 집단의 이익 간에 충돌이 있을 수 있다. 복잡한 다원사회에서 이익 충돌을 효과적으로 해소할 수 있는 것이 집단주의 도덕원칙이다.[19] 이 원칙이 개인의 복종만을 요구하는 것은 아니며, 자아실현의 자유를 제한하는 것을 의미하는 것도 아니다.[20] 집단주의는 개인을 고립화시키는 개인주의나 타인의 이익을 도외시하는 극단적 이기주의를 경계한다. 집단주의적 관점은 합리적 이기주의와는 다르다. 그것은 변질되기 쉬운 관점이

18) 개인들의 자유로운 연합체란 구체적으로 무엇을 말하는가? 군집 개념과 더불어 '새로운 공동체' 개념에도 유의할 필요가 있다. 한국에서는 그동안 '시민단체'가 우후죽순처럼 많이 생겨났다. 이 개념과의 명료화도 필요하다. 시민단체들은 정부의 지원을 적극 받게 되면서 쉽사리 유사 관변단체로 변질되고 말았다.

19) 중국 현대 도덕교육론에서는 '민주적 중앙집중제'에 대해서는 별다른 언급을 않고 있다. 민주적 중앙집중제는 다수결의 원칙과 의미상 구별된다(Waller, 1972 : 106-109).

20) 새 시대의 당의 역할과 기능은 어떻게 되나? 특히 당의 무오류성이라는 특징은 어떻게 해석되나? 아마도 당 차원에서 가장 풀기 어려운 문제들 중의 하나는 이것으로 보인다.

다. 사회주의 시장경제를 도입한 후 중국에서는 합리적 이기주의가 어느 정도 사람들의 지지를 얻고 있다. 모든 사람은 이기심을 가지고 있으며, 개인이 자신의 행복을 추구하는 일은 자연스러운 일이다. 다만 그러한 행복 추구가 타인의 행복 추구를 가로막아서는 안 된다. 그러나 합리적 이기주의에 기초한 행위는 도덕적 행위로 인정할 수 없다.[21] 그러한 행위는 도덕평가의 범위에 속하지 않으므로 합리적 이기주의는 도덕원칙으로 볼 수 없다.[22] 합리적 이기주의는 인간이 이기적 존재라는 전제 이외에도 인간과 동물의 근본적 차이를 중시하지 않는다는 문제점이 있다. 단순히 생리적 욕구만을 충족시키는 행위에서는 도덕적 의미를 찾기가 어렵다.

그러나 이기심에 따른 행위는 사회적 맥락에서 도덕적으로 문제 삼을 수 있다. 똑같은 욕망과 욕구충족 행위일지라도 사회적 맥락에 따라 선한 행위나 악한 행위로 평가할 수 있기 때문이다. 합리적 이기주의는 자칫 사리사욕 행위를 합리화하기 위한 근거로 사용될 수 있다. 인간에게 욕망과 욕구, 그리고 이기심이 있다는 것은 자연스러운 일이며, 결코 도덕평가의 대상이 될 수 없다는 주장에는 한계가 있다.[23] 인성이란 하

21) 단기적인 자기 이익추구를 가리키는 좁은 의미의 합리성 개념과 보다 큰 장기적 이익을 위하여 단기적 이익의 희생하는 일까지를 포함하는 넓은 의미의 합리성 개념은 차별화해야 할 것이다(박효종, 1994).

22) 이기심 자체는 선도 악도 아니라는 이야기인가? 즉 무도덕(amoral)의 영역이라는 말인가? 한국에서는 무도덕이 도덕교육에서 매우 중요한 주제로 다루어지고 있다. 이른바 도덕 불감증 문제가 그것이다.

23) 중국 도덕교육론에서는 이러한 논의에 일관성이 부족하다. 앞에서는 이익추구 자체가 도덕영역의 문제가 아니라고 했다가 뒤에서는 사회적 맥락에서 그것을 도덕적으로 문제 삼을 수 있고 또 도덕평가의 대상이 될 수 있다고 주장한다. amoral과 non-moral 개념을 구별할 필요가 있다(프랑케나, 1984).

나의 가능성으로 존재하기 때문이다. 사람마다 선택과 자각에 따라 상이한 행동을 하게 되며, 결과도 다르게 나타날 수 있다. 인성은 변할 수 있으며, 스스로 좋은 인성을 갖도록 노력할 수 있는 것이 인간이다.[24] 사회적 맥락에서 자신의 주어진 가능성을 가장 좋은 방향으로 실현시켜 나가는 것이 훌륭한 인격을 갖추어 가는 과정이다. 합리적 이기주의는 쉽사리 타인을 자기 목적달성의 수단으로 여기게 만든다. 합리성을 추구하다 보면 이기적이지 못하게 되고, 이기적으로 살아가다 보면 합리적이지 못하게 된다.[25] 실제로 합리적인 수단은 숨겨진 이기심 충족 수단에 다름 아니다.

2) 비판적 · 창조적 사고 활용의 중시 원칙

도덕교육의 교수 · 학습과정에서 중시해야 할 요소들은 일반적인 교육의 교수 · 학습과정에서 중시해야 할 요소와 도덕교육에만 특수한 요소로 나누어 볼 수 있겠지만 여기서는 이 두 가지 모두를 고려하여 비판적 사고와 창조적 사고에 대해 설명한다.[26]

도덕교육은 사회화 과정이다. 그 과정에는 지식, 사실, 개념, 법칙, 이

24) 중국의 도덕교육론은 인성의 변화 가능성을 인정한다. 프로이드는 인성변화가 아주 어린 시절에 거의 마무리된다고 보았다. 그러한 주장에 따르면 학령기의 도덕교육은 별다른 의미를 지니기 어렵다.

25) 이러한 논의는 이기주의자의 딜레마와 이타주의자의 딜레마를 생각나게 한다(박효종, 1994).

26) 중국 도덕교육론에서는 비판적 사고라는 말 대신 '가접수성 원칙'이라는 용어를 사용한다. 또한 창조적 사고라는 말 대신 '발전성 원칙'이라는 용어를 사용한다.

론, 가치 등 여러 가지가 기성세대에 의하여 젊은 세대에게 전수된다. 도덕교육에서는 지식교육에서와는 달리 단순한 사실 지식뿐만 아니라 가치 태도에 관한 지식이 다루어진다. 가치 판단과 사실 판단은 다르다. 사실 판단은 가능한 한 주관을 배제하려 하지만 가치 판단은 주관을 배제할 수 없다. 가치 인식은 인식주체의 특수성이 크게 작용하기 때문이다. 인간은 이성뿐만 아니라 감성도 지니고 있으며, 가치 판단에 감성이 미치는 작용을 무시할 수 없다. 강요나 강제에 의한 교수 · 학습은 젊은 세대의 반발심을 불러일으키기 쉽다. 사회변화와 더불어 사람들의 의식도 변하고 있으며, 주어진 교수 · 학습환경도 달라졌다. 이에 따라 피교육자들이 교수-학습과정에서 비판적 사고를 활용해야 할 필요성이 증대한 것이다. 비판적 사고를 중시한다고 해서 반드시 가르쳐야 할 도덕교육의 중요한 내용들을 포기하자는 것이 아니다. 피교육자의 동기와 흥미, 욕구와 필요를 존중하고 연령, 역할, 문화 수준, 장래 희망 등을 고려하여 기존의 모든 지식과 가치를 새 시대에 맞게 비판적으로 수용하게 하자는 말이다.[27]

도덕교육의 교수 · 학습과정에서는 창조적 사고의 활용도 중요하다. 사회경제적 발전에 따라 과거에는 없던 새로운 도덕문제들이 많이 생겨났고 또 생겨나고 있다. 기존의 방식을 답습함으로써 이러한 도덕문제들이 저절로 해결될 수 있다면 아무런 문제가 없을 것이다. 그러나 현실은 그렇지가 못하다. 피교육자들은 우선 기존사회에 적응하는 일이 급선무

27) 사회주의 국가의 국민들은 비판적 사고를 학습할 역사적 경험을 이미 했다고 볼 수 있다. 아마도 문화대혁명 기간은 비판적 사고 학습의 절정기였을 것이다. 자아비판, 상호 비판, 공개 비판 등 다양한 비판적 사고 활용의 기회가 있었을 것이다. 문제는 그러한 비판적 사고의 활용이 사람들에게 냉소적 태도를 심어주었을지도 모른다는 것이다.

이겠지만, 그와 더불어 보다 나은 사회를 만들어 나가야 한다는 과제를 안고 있다. 사회에 순응하는 데만 치중하다 보면 나중에는 급격한 사회 변화에 적응하기 어렵게 될 것이다.[28] 도덕과 도덕교육도 그러한 변화에 적응해야 한다. 그리고 교육자와 피교육자도 보다 나은 사회를 만들겠다는 목표를 가지고 창조적인 사고를 적극 활용하여 보다 나은 해결책과 대안을 탐색해 가는 자세가 도덕교육의 교수 · 학습과정에서 요구되는 것이다.

28) 창조적 사고를 하기 위해서는 자유로운 상상력을 발휘할 수 있어야 한다. 그러나 사회적 역할에는 책임이 따르므로 자유로운 상상력을 발휘하여 창조적으로 사고하기가 결코 쉽지 않다. 결국 기업 등에서는 집단학습법 또는 신바람 이론에서 발견하듯 기존의 역할과 책임을 면제해 주는 '죄수 그룹' 등을 적극 활용하고 있다.

제2장_현대 도덕교육의 이론적 기초

현대 사회는 급변하고 있다. 그렇다고 그러한 변화가 끝없는 비연속과 단절이라는 특징만 갖고 있는 것은 아니다. 전통 사회와 현대 사회 사이에는 연속적인 요소가 없을 수 없다. 1970년대 말부터 중국이 개혁과 개방정책을 실시함으로써 이전과는 다른 새로운 문제들이 생겨났지만, 중국의 역사와 문화를 고려하지 않고는 그러한 문제들을 해결할 수 없다.

1. 도덕교육에서 개체와 전체 간의 관계

개체와 전체 간의 관계는 도덕교육에서 매우 중요하다.[1] 그것이 도

1) 중국 현대 도덕교육론에서는 '전체' 대신 '군체(群體)'라는 말을 쓴다. 정치체계론

덕교육의 방향을 결정하기 때문이다. 도덕은 개체를 주체로 한 규범이며, 윤리는 전체를 주체로 한 규범이다.[2] 그런 의미에서 윤리는 객관화된 도덕이다.

이러한 개념규정에는 두 가지 문제점이 있다. 첫째는 윤리 도덕의 주체를 인간에 국한시키는 것은 생태계의 파괴와 같은 현대 사회의 윤리문제 해결에 한계가 있다는 반론이다. 그러나 윤리 도덕문제는 근본적으로 자유의지를 지닌 행위주체들 쌍방의 문제이다. 의식과 의지가 없는 존재들 간에는 도덕 윤리문제가 생겨날 수 없다. 미성숙한 아동, 자기 의지대로 행위할 수 없는 정신질환자의 행위를 도덕적으로 문제 삼기는 어렵다.[3] 의지와 선택에 따른 행위만이 도덕적으로 의미 있는 행위라고 할 수 있기 때문이다. 또한 어떤 행위가 타인에게 이롭거나 해로운 영향을 줄 때만 도덕적으로 문제 삼을 수 있는 행위가 되기 때문이다.[4] 따라서 생태

에서는 사회적 '군집(群集, grouping)'이라는 말을 쓴다(Easton, 1953). group은 집단, 단체라고 옮겨 쓴다. 왜 개체와 전체 간의 관계라는 주제가 중요한가? 독자들은 먼저 사회주의 국가의 널리 알려진 정치구호 '전체는 하나를 위하여, 하나는 전체를 위하여'를 기억할 것이다. 국가건설 과정에서는 이질적인 요소들을 동질적인 요소로 만드는 강력한 리더십과 결속력이 필요했다. 그러나 사회주의 시장경제 체제를 도입하면서 오히려 다양성과 이질성이 필요하게 된 것이다. 개체들의 역할이 더 중요해졌다. 개체와 전체 간의 관계를 보다 일반화하면 부분과 전체 간의 관계가 될 것이다. "부분에서의 변화가 전체의 변화를 가져온다", "부분들 간의 관계가 부분과 전체 간의 관계보다 더 중요하게 되었다"와 같은 명제들을 음미해 볼 필요가 있다.

2) 도덕과 윤리라는 말이 지닌 의미상의 차이점에 대해 한국에서도 유사한 논의가 있지만 이와 같이 정의하지는 않고 있다.

3) 도덕윤리 문제가 오로지 '정상인' 간의 문제인가에 대해서는 많은 논란이 있다. 환경윤리뿐만 아니라 국가 간의 윤리, 세대 간의 윤리를 다루면서 "과연 정상적인 인간의 조건은 무엇인가?"라는 의문이 제기된다(Barry, 1989).

4) 현재 시점에서는 이익을 주거나 손해를 끼치지 않는 문제라 할지라도 장래의 다른

계의 파괴와 같은 문제조차도 결국은 인간과 인간 간의 문제로 귀결된다.[5] 둘째는 개인과 개인의 관계, 가정 · 집단 · 지역 · 국가 · 사회 등 여러 수준과 개인의 관계를 모두 생략한 것 아니냐는 반론이다. 이러한 여러 수준을 생략한 것은 논의의 편의를 위해서이다. 개인과 전체 간의 관계는 그러한 모든 수준의 관계를 포괄할 수 있다고 보기 때문이다.[6]

개체와 전체 간의 관계에 대해서 여러 가지 입장이 있을 수 있다. 서양 윤리는 도덕행위의 주체 중 개체를 중시한다. 먼저 자연인으로서의 개인이 지닌 자연권부터 시작하여 개체들 간의 독립성과 평등성을 다룸으로써 개인주의가 바탕이 되어 있다. 중국의 유가윤리는 인간이 태어날 때부터 부모와 타인에 의지해야 한다는 점을 중시하여 전체를 개체의 존재조건으로 본다. 그 결과 전통 사회의 윤리는 가족주의, 사회주의 사회의 윤리는 집단주의가 바탕이 되어 있다.[7] 이러한 차이점을 자연상태, 사회상태, 도덕상태로 나누어 살펴볼 수 있다.

시점에서는 그러한 일이 발생할 수 있다. 환경문제는 특히 그러한 특징을 지니고 있다. 또한 보다 일반화하면 '공공재'의 경우 개인적 차원과 집단이나 사회 전체의 차원에서 이해관계가 상이하게 나타날 수 있다.

5) 중국 현대 도덕교육론의 입장은 극단적인 인간중심주의에 가깝다. 심층생태학은 이러한 관점을 비판할 것이다.

6) 부분과 전체 간의 관계라는 주제는 사회구성체론을 비롯하여 시스템 이론에서도 중요한 주제이다. 시스템 이론에서는 개체론, 창발론, 유기론, 구조론, 전체론의 계열로 이 주제를 설명한다. 민주주의론에서는 사회집단을 자발적인 결사체와 비자발적인 결사체로 구분한다.

7) 중국 현대 도덕교육론에서 사용되는 용어는 종법 본위, 단체 본위이다(리핑, 1999 : 125).

1) 자연상태에서의 개체와 전체의 관계

자연상태란 추상적으로 가정한 상태이다. 인류 역사의 초기에는 개체의식과 개념이 전체로부터 분화되지 못한 상태였다. “인간이 만물의 척도이다”나 “너 자신을 알라”는 말조차도 개체의 차원에서 해석할 수 없다. 다만 인간과 다른 자연물 간의 구별은 있다. 아리스토텔레스는 개체와 전체 간의 관계에 대해 “공동체가 가정과 개인보다 우선한다. 전체가 개체에 우선하기 때문이다. 공동체의 일부가 아닌 개체는 짐승이거나 신이다”라고 말했다. 인간은 다른 자연물과 구별되며, 인간 사회에서 개체가 전체에 복종하는 것은 당연하다고 본 것이다.[8] 고대 중국에서 개체와 전체의 관계는 인아관계(人我關係)로 표현되었다. 개체는 아(我)로 표현되었으며, 전체는 인(人)으로 표현되었다. 인아관계에서 ‘아’는 단수이며, ‘인’은 복수이다. 인아관계의 핵심은 군신관계(君臣關係)였고, 단수인 ‘아’는 군주였다. 요약하면 서양이나 중국이나 모두 고대에는 개체가 도덕 윤리의 주체로서 인식되지 못하였다.[9]

인류 역사의 초기에 인간의 자기 인식은 자연과 분리되지 못하였다. 자연과 차별화하는 과정에서 인간은 먼저 동물과 다른 점에 관심을 가졌다.[10] 중국 선진시기의 사상가들은 인간의 도덕성을 선천적인 것으로 간

8) 인간과 다른 자연물과의 관계는 현대 사회에서 훨씬 복잡해졌다. 오늘날에는 인공물과 자연물의 구별이 훨씬 더 어려워졌기 때문이다. 개량종인 사과나무가 순수한 자연물이라고 말할 수 있을까?

9) 이러한 표현은 잘못 이해되기 쉽다. 아마도 보다 정확한 표현은 “전통 사회에서는 개인의 사생활이 거의 인정되지 못했다”일 것이다.

10) 신유목시대인 오늘날 자연과 분리되지 못한 인간의 자기 인식을 낮은 수준으로 바

주했다. 쉰즈[순자(荀子)]는 "불은 생이 없고, 초목은 생이 있으나 지가 없고, 금수는 지가 있으나 의가 없다. 인간에게는 기가 있고 생이 있고 지가 있고 의가 있으니 천하에서 가장 귀하다"고 했다.[11] 콩즈[공자(孔子)]는 인(仁)을 중심으로 체계적인 도덕규범을 제시했으나 인간에게 도덕이 왜 필요한지 자세히 설명하지 않았다. 맹자는 인간에게는 도덕의식이 있지만 짐승에게는 없으며, 따라서 인간과 짐승의 근본적 차이가 도덕성의 유무에 있다고 보았다.[12] 그의 사단설(四端說)은 인간의 도덕성을 자연성에서 구한 것이다. 고대 그리스의 폴리스에서 개인의 모든 활동은 공적인 의미를 지니고 있었다.[13] 그러나 이미 에피쿠르스는 사회생활과 대립되는 개인생활에 의미를 부여하였고, 르네상스 이후 서양 사상은 개인의 의미를 재발견한다.[14] 요약하면 동서양 모두 초기에는 인간을 동물

라보는 시각에 대한 반론이 있다. 일례로 환경윤리의 논의에서 아메리카 인디언 추장의 글이 새롭게 조명되고 있고, 교재에도 실려 있다. 그들의 세계관은 자연친화적이다. 중국 현대 도덕교육론은 그러한 세계관을 낮은 수준으로 보고 있다.

11) 인간의 존엄성 문제, 특히 인간이 다른 생물과 달리 더욱 존귀하게 여겨져야 할 이유에 대한 논의가 있다. 인간이 이성을 가지고 있다는 것이 그러한 이유들 중의 하나이다. 그렇지만 현실적으로 모든 인간이 존귀한가라는 의문을 제기할 수 있다. 인간들 중에는 짐승보다 못한 사람도 있는데 말이다. 우리가 인간을 다른 생물보다 더욱 귀하여 여기는 까닭은 아마도 우리 자신이 인간이기 때문일 것이다. 다분히 자기중심적인 평가라고 아니할 수 없다.

12) 인물성동이론(人物性同異論) 논쟁의 의미를 되새길 필요가 있다. "인간도 동물이다", "토인도 인간이다"와 같이 철학적 인간학에서 중요하게 다루어진 명제들의 의미도 반추해 볼 필요가 있다.

13) 이와 관련된 내용은 민주주의론에서 자세히 다루어지고 있다(사르토리, 1989). 당시 사생활은 무의미한 것 또는 심지어 사악한 것으로 여겨졌다.

14) 서양 정치사상이 중세에서 근대로 전환하는 분기점은 바로 개인의 발견이다. 자유주의 사상에서 자유는 개인의 자유에 다름아니다. 집단의 자유란 개인의 부자유와 연결되기 때문이다.

과 구별하는 일로부터 의식분화가 이루어졌지만, 차이점은 중국 고대의 경우 전체로부터 개체를 파악하는 방식으로 의식분화가 이루어졌으나 서양의 경우는 개체로부터 시작하여 전체를 이해하려는 방식으로 의식분화가 이루어졌다는 것이다.

서양과 중국의 전통 사회는 농경사회였고, 전체를 위한 개체의 자기 절제가 강조되었다. 개체는 전체에 예속되어야 했고, 복종이 강조되었다. 이런 상황에서는 과욕(寡慾)이 미덕이었다. 규범은 개체와 전체 간의 충돌을 피하게 하는 게 목적이므로 욕망을 없애라는 규범을 지키게 하면 모든 악의 근원을 없애는 결과가 될 것이다. 그러나 그러한 극단적 규범은 결국 인성의 파괴로 귀결된다.[15)]

2) 사회상태에서의 개체와 전체의 관계

사회상태는 이익을 기초로 한다. 개체가 전체로부터 분리되는 과정은 자연계로부터의 분리, 신으로부터의 분리로 나타난다. 이익을 추구하는 개인들로 이루어진 자본주의 사회에는 이익관계의 다양한 모순이 있다.[16)] 자본주의 사회는 상품의 생산과 교환을 기초로 한 사회이기도 하

15) 현대 중국 도덕교육론에서는 중국 전통 사회의 도덕교육에 대해서 신랄한 비판을 가하고 있다. 반면 신중국 건설 이후의 도덕교육에 대해서는 평가에 있어서 매우 조심스러운 태도를 취하고 있다. 불필요한 논쟁을 피해가자는 의도가 있는 것으로 보인다. 그럼에도 불구하고 새 시대에 새로운 의식과 사고가 필요하다는 점을 곳곳에서 언급하고 있다.

16) 자본주의 사회의 모순을 단적으로 표현하는 말이 '천민자본주의'이다. 중국 현대 도덕교육론은 마르크스주의에 기초하여 자본주의 사회를 평가하고 있다.

다. 다른 측면에서 자본주의 사회는 개인이 공동체의 종속에서 벗어나 형식적인 독립성을 얻어 평등과 자유를 누리지만 여전히 물화된 사회라는 특징을 지닌다.[17] 개인은 교환가치의 생산자로서만 가치를 인정받기 때문이다. 귀속적 요인으로부터 벗어나 물질적 요인이 지배하는 사회라는 점에서 자본주의 사회는 역사적으로 한 단계 발전된 사회라고 할 수 있다.[18]

르네상스 이후 개인 또는 개체의 가치가 확립되었으며, 개체의 독립성과 존엄성, 그리고 개성이 인정받게 되었다. 이제 전체를 위하여 개체가 존재하는 것이 아니라 개체의 독립과 가치를 보장하기 위하여 전체가 존재한다. **가치와 규범은 분리되어 규범이 가치를 지배하는 것이 아니라 가치가 규범을 지배하게 된다.**[19] 전통적 도덕교육과 현대적 도덕교육이 분기되는 것은 바로 이 지점에서이다.

뒤르껭은 "도덕의 목적이 사회의 목적이며, 도덕적 행위는 사회 전체의 이익을 위한 것이다"라고 말했다. 그러나 그는 사회가 개인들의 유기적 결합이기는 하지만 전체로부터 개체가 분리독립하는 것을 당연시하였으며, 다만 개인은 사회규범을 준수해야 한다고 강조하였다.[20] 듀이

---

17) 물화는 reification을 옮긴 말이다. 물화는 자본주의 사회에서 인간의 비인간화, 즉 소외(alienation)를 설명하는 중요한 개념이다.

18) 정신적 유인으로부터 물질적 유인으로 비중이 바뀌는 과정은 사회주의 사회의 변화를 설명할 때 사용되는 중요한 개념이다.

19) 놀랍게도 중국 현대 도덕교육론은 이 명제를 거듭 제시한다. 함축된 의미는 무엇일까? 사회주의 시장경제 체제에서는 이미 사람들의 가치관이 엄청나게 변했다. 그러나 법과 윤리를 비롯한 사회규범은 여전히 예전 그대로이다. 여기에 간격이 존재한다. 지체 이론(leg theory)을 생각나게 하는 대목이다. 중국 현대 도덕교육론의 논조는 조심스럽지만 매우 명확하다. 가치가 규범을 지배해야지 규범이 가치를 지배해서는 안 된다는 것이다.

(John Dewey)는 전통적인 종교교육의 폐단을 지적하면서 도덕교육이 개인의 지식, 능력, 감정을 신장시키는 데 목적을 두어야 한다고 주장하였다. 가치명료화 모델은 복잡하고 다원적인 사회에서 개인의 가치선택 능력을 신장시키는 것이 가장 중요하다고 주장했다. 이 모델은 사회가 주어진 가치를 아동에게 강요하는 일에 반대하면서 개인의 관심, 반성, 선택의 결과가 가치라고 보았다.[21]

전체적으로 서양에서는 전체로부터 개체를 분리시켜 독립된 개체들이 모여 전체를 이룬다고 가정한다.[22] 그러나 개인의 독립성을 극단적으로 강조하게 될 때 도덕교육은 불가능하게 된다.[23] 사회 전체의 이익을 가정하지 않고 이루어지는 도덕교육은 상대주의에 빠질 수밖에 없기 때문이다.[24] 인간은 태어나면서부터 사회적 존재이다. 인간이 인간답게 되는 것은 사회화 과정을 통해서이다. 유가에서는 개체와 전체의 관계를 의리관계로 이해하면서 도덕문제를 이익과는 별개의 차원에서 다룬다.

---

20) 뒤르껭의 도덕교육론에 대한 중국 현대 도덕교육론의 해석은 특이하다. 일반적으로 뒤르껭의 도덕론은 개체보다 전체를 중시했으며, 개인의 자유로운 가치 선택보다 사회화 과정을 더 중시한 것으로 이해되고 있다.

21) 가치명료화 모델의 특징과 한계점에 대해서는 도덕성 발달과 교육에 관한 글을 참조하라(포리샤, 1990).

22) 중국 현대 도덕교육론은 개체론과 전체론을 대비시켜 가며 논지를 전개하고 있다. 그러나 창발론, 구성론, 유기론의 관점은 다루어지지 않는다.

23) 개체의 독립성을 극단적으로 강조한다고 해서 도덕교육이 불가능하게 될 것인가? 현대 교육의 일반적 흐름 중의 하나는 개별화이다. 자기 주도 학습, 수준별 학습은 일반적 추세이다. 도덕교육은 피교육자의 도덕발달을 돕는 교육이다. 그런데 도덕발달은 타율에서 자율로 나아간다. 결국은 개체가 독립성을 갖도록 이끌어 주는 교육이 도덕교육이다.

24) 상대주의에 대한 위험성에 대해서는 1980년대에 많은 논의가 있었다. 특히 종교교육과 관련해서 그러한 우려를 하는 사람들이 많았다.

군자와 소인의 구별은 의리를 중시하느냐 이익을 중시하느냐에 따라 이루어진다. 결론적으로 이익추구를 부도덕의 근원으로 본 것이다. 그러나 오늘날 중국 사회에서 이익추구의 윤리성 문제는 도덕교육에서 중요하게 다루어야 할 내용들 중의 하나이다.[25)]

쾌락을 증대시키고 고통을 감소시키는 일이 중요하다고 보고, 도덕적으로 선하냐 악하냐를 결정하는 기준이 인간에게 그 행위가 이익이냐 손해냐의 여부라는 주장이 있다. 인간 행위의 가장 중요한 동기는 이익추구라는 것이다. 개인들의 자기 이익을 최대한 보장하면 결과적으로 사회 전체에 이익이 되며, 삶의 목적은 행복 추구이고, 행복의 기초는 이익이라는 주장이다. 물론 이 경우 자기 이익은 물론 타인의 이익도 보호해야 한다. 이러한 공리주의자들의 주장은 계약뿐만 아니라 분업과 교환이 전체에 대한 개체의 연대감을 높여준다고 본다. 공리주의자들은 '최대 다수의 최대 행복'이라는 원칙을 제시했다. 그들은 사회성보다 자연성이 도덕의 기초라고 보았다. 문제는 사람마다 소속되어 있는 집단이 다르고 집단마다 추구하는 목표와 이익이 다르다는 점이다.

마르크스는 "부르주아는 향락 이론이 도덕 이론이라고 본다"라고 말했다. 이익추구를 중시하는 도덕론에서 "분업과 교환을 통하여 사적인 이익추구가 자연스럽게 공익 추구로 이어진다"고 본 것은 특이하다. 마르크스와 엥겔스는 "공산주의 사회에서는 자아실현을 위해서 이기주의와 자기 희생이 모두 필요하다. 그러나 자본주의 사회에서는 자기 이익을

25) 한국에서도 경제 교과서에 경제활동의 윤리성 문제를 제대로 다루고 있는지에 대해서 논란이 많다. 2005년에 경제단체들이 이 문제에 대해 강력하게 이의를 제기한 적이 여러 번 있었다. 결국 중등학교 경제 교과서가 편향되게 진술되어 있다는 점이 지적되었고, 교육과정 개편과 더불어 이 문제가 신중하게 검토되고 있다.

추구하는 모습은 쉽게 찾을 수 있지만 공동 이익을 추구하는 모습은 찾아보기가 어렵다"고 말했다.

가치명료화 모델은 보편적인 도덕법칙이 있다는 것을 부정하고 개인의 경험이 가치의 근원이라고 본다. 그렇게 볼 경우 사람마다 경험이 다르므로 가치가 다르며, 개인이 새로운 경험을 할 때마다 가치관도 달라질 것이다. 개체에만 초점을 두고 도덕행위를 바라보게 되면 가치가 다원적임을 인정하게 된다.[26] 이 모델의 문제점은 사회 전체의 공동 이익을, 바꿔 말해서 모두가 공감하는 가치를 찾기가 어렵게 되어 공동의 도덕이 있을 수 없고, 따라서 도덕교육도 신뢰성을 갖기 어렵게 된다는 것이다.

결론적으로 오늘날 도덕교육이 이익관계를 무시할 수는 없다. 그렇다고 전통적 가치를 무조건 주입할 수도 없다. 아마도 대안은 사회성원 모두가 수긍하는 최소한의 도덕을 제도적으로 정착시키는 일일 것이다. **현대 도덕교육은 "규범체계가 가치체계에 복종할 것을 요구한다."[27]**

26) 가치명료화 모델의 장점은 그 이전의 여러 기법들을 종합하려고 시도했다는 점이다.

27) 중국 현대 도덕교육론의 주장은 이 한마디로 요약할 수 있을 것이다. 다만 표현상 오해가 있을 수 있다. 가치체계가 규범체계를 지배해야 한다는 말이 함축하고 있는 의미는, 사회주의 시장경제 체제가 도입되어 사람들의 가치는 이미 엄청나게 변했는데도 불구하고 규범체계는 그대로 있다는 것이다. 가치체계는 시장 메커니즘의 도입에 따라 변했는데 규범체계는 여전히 사회주의에 머물러 있다는 것이다.

3) 도덕상태에서의 개체와 전체의 관계

도덕은 특정한 사회의 개체와 전체 관계를 반영한다. 또한 도덕은 사회현실뿐만 아니라 이상도 반영한다. 사회현실은 다양한 이익관계이다. 이익관계 중에는 도덕적인 것도 있고 비도덕적인 것도 있다. 사회의 이상과 현실, 즉 가치체계와 규범체계는 도덕교육을 통하여 통합된다.[28]

중국 전통 사회의 도덕적 이상은 내성외왕(內聖外王)이었다. 사회주의 시기의 도덕적 이상은 공유제에 기초한 집단주의이다.[29] 내성외왕이란 "안으로는 성인의 덕을 갖추고 밖으로는 왕자의 재능이 있어야 한다"는 장자의 말이다. 이것은 유가의 도덕 중 수기치인(修己治人)이라는 말과 통한다. 수기는 치인의 전제이다. 수기의 목표는 자신을 군자로 만드는 것이다. 공자는 군자가 갖추어야 할 가장 중요한 덕목이 '인'이라고 말했다. 유가의 경전인 『대학』에 나오는 격물(格物), 치지(致知), 성의(誠意), 정심(正心), 수신(修身)은 '내성'을 위한 것이고 제가(齊家), 치국(治國), 평천하(平天下)는 '외왕'을 위한 것이다. 중국의 전통 도덕교육은 개인의 도덕수양을 강조했다. 중국 전통 도덕교육의 전제는 전체가 개체들의 유기적 결합이라는 것이다. 개체들의 도덕 수준에 따라 사회 전체의 도덕 수준이 결정된다.[30] 그리고 남보다 자신에게 의지하고, 자신

28) 매우 중요한 주장으로 생각한다. 왜냐하면 도덕교육이 비난받는 이유들 중의 하나는 현실을 도외시한다는 것이다. 흔히 '도덕교과서 같은 사람'이라는 말이 냉소적인 의미를 함축하고 있는 것과 마찬가지 맥락이다.

29) 그러면 사회주의 시장경제 체제에서의 도덕적 이상은 무엇인가? 중국 현대 도덕교육론은 이 물음에 대답하려 하고 있다.

30) 민주주의 사회에서도 이러한 점은 마찬가지이다. 동원이 아니라 진정한 정치참여

이 먼저 솔선하는 삶의 자세가 권장되었다. 중국 전통 도덕교육의 바로 이러한 측면을 소홀히 다루면 자신의 행동을 반성하기보다 사회의 도덕적 이상에 비추어 타인의 행동이 비도덕적이라고 비난하는 일에만 정열을 낭비하는 전도된 삶의 자세를 갖기 쉽다. 중국 전통 도덕교육의 장점은 전체에 대한 개체의 복종이 개체의 도덕 자각에 따라 자발적으로 이루어지게 인도했다는 점이다. 문제는 제도적 측면이나 사회 공정성 실현의 측면을 심도 있게 고려하지 못했다는 데 있다.[31)]

사회주의 시기의 도덕적 이상은 공유제에 기초한 집단주의이다. 마르크스와 엥겔스가 말한 공산주의 사회는 '인간의 자유 연합체'이다. 이 말은 "개체의 자유로운 발전이 전체의 자유로운 발전의 조건이 된다"는 의미이다.[32)] 이것은 개체의 이익과 전체의 이익이 변증법적으로 통일되는 상태를 가리킨다.[33)] 그러나 생산력의 발달이 낮은 수준에 머물러 있는 상태에서 새로운 중국을 건설하며 그렇게 높은 도덕적 이상을 기대하기는 어려웠다. 그동안 중국에서는 개체가 전체의 이익을 보호해야 하며, 개체의 이익과 전체의 이익이 상충될 때는 전체의 이익을 우선적으로 보호한다는 원칙을 강조해 왔다. 이제 사회주의 시장경제 체제가 도입되어

가 이루어질 경우, 국민 개개인의 정치생활과 민주시민으로서의 의식 수준이 그 국가 전체의 민주화 수준을 결정할 것이다.

31) 역시 보수적인 도덕교육 또는 체제유지적 도덕교육이 지닌 문제라고 말할 수 있다. 중국 현대 도덕교육론에서는 도덕교육이 보다 혁신적인 방향으로 전개되기를 바라고 있는 것 같다.

32) 국민교육헌장의 한 구절을 생각나게 한다. "나라의 발전이 나의 발전의 근본이다." 여기서는 "나의 발전이 나라 발전의 근본이다"로 주어를 바꾸어 놓았다. 전자가 전체론에 기초한다면 후자는 개체론에 기초한 것인가?

33) '개체의 이익과 전체의 이익이 변증법적으로 통일되는 상태'라는 말의 의미는 무엇인가? '최대 다수의 최대 행복'이라는 공리주의의 명제와 다른 점은 무엇인가?

이익이 복잡하게 다원화되었고, 이러한 원칙을 고집하기가 더욱 어려워졌다. 그렇지만 다른 사람의 이익을 우선적으로 배려하는 일, 개체보다 전체의 이익을 우선적으로 고려하는 일, 그리고 사생활을 희생하며 공적인 일에 전적으로 봉사하는 일 등은 여전히 우리가 칭송할 만한 삶의 자세라고 할 수 있다.[34)]

현대 도덕교육은 개체와 전체의 관계를 사회상태 수준에서 이해해야 한다. 이익추구라는 문제를 도외시하고 도덕문제를 다룰 수 없으며, 도덕교육에서도 이익추구의 윤리성 문제는 이미 매우 중요한 교육내용이 되었기 때문이다. 그렇지만 이익의 복잡성과 다원성이 그대로 도덕적 행위의 선악 여부를 판단하는 기준이 될 수는 없다. 도덕교육에서 이익문제를 도외시하고 도덕문제를 다루면 비현실적인 교육이 되겠지만, 중요한 것은 이익문제를 다루되 공정한 사회실현을 염두에 두어야 하며, 공익 실현을 위해 사적인 이익추구를 어떤 측면에서 어떻게 제한해야 할지 숙고해야 한다는 것이다.[35)]

---

34) 이제 중국의 도덕교육은 새로운 방향을 모색해야 한다는 것이다.

35) 한국의 도덕교육에 대해서도 같은 주장을 할 수 있을 것이다. 우리도 이제는 구태의연한 도덕교육을 탈피할 때가 되었다. 사회현실을 제대로 반영하면서 도덕적 이상을 어떻게 현실화할 수 있는지 제시하는 도덕교육이 되어야 할 것이다. 사회현실을 제대로 반영하려면 한국 사회의 어두운 면도 교육자료로 활용하지 않을 수 없다. 그동안 그러한 자료의 활용을 되도록 회피해 온 것이 사실이다. 물론 이에 대한 이론적 근거도 제시되었다.

2. 도덕교육에서 교육자와 피교육자 간의 관계

전통 사회에서는 교육자가 주도권을 가지고 피교육자를 가르쳤다. 그러나 공업사회, 후기 공업사회를 거쳐 정보사회에 도달한 오늘날 교육의 과정은 피교육자 주도로 바뀌고 있다.[36] 행위의 주체는 개인뿐만 아니라 집단, 국가, 사회까지를 포함한다. 또한 개별 행위주체는 여러 가지 역할과 기능을 한다. 어느 수준을 중심으로 바라보느냐에 따라 행위의 주체와 객체가 달라진다. 객체 또는 대상은 인간뿐만 아니라 물질과 문화까지 포함된다. 이러한 관계를 편의상 인간과 자연 간의 관계, 인간과 사회 간의 관계, 인간과 인간 간의 관계로 나누어 볼 수 있다. 인간과 자연 간의 관계에서는 인간이 주체이고 자연이 객체이다. 한편, 자연은 그 자체의 규칙에 따라 변화한다. 인간과 사회 간의 관계는 상호 영향을 주고받는 관계이다. 인간이 제도와 문명을 만들어내지만 그러한 제도와 문명이 다시 인간에게 영향을 주기 때문이다. 인간과 인간 간의 관계는 서로 영향을 주고받는 상호성을 특징으로 한다.

도덕적 행위의 주체는 의식과 활동 그리고 목적을 갖고 활동하는 인간과 인격화된 단체, 집단, 계급 등이다. 도덕은 인간이 만들어내지만 만들어진 도덕은 다시 인간생활에 영향을 준다. 예를 들어 특정한 경제생활을 기초로 만들어진 이데올로기는 상대적 자율성을 지닌다. 경제생활

36) 중국 학교의 교실 분위기는 여전히 교육자 주도이다. 시설이 문제일 수도 있겠지만 여전히 교육자 중심이지 피교육자 중심이라고는 말할 수 없다. 텔레비전에서는 일본의 학교 분위기를 보여주는 프로그램을 방영하고 있다.

이 변화하면 이데올로기도 바뀐다. 도덕의 경우도 이런 측면에서 유사한 기능을 한다.

교육에 있어서 주체와 객체는 관점에 따라 달라진다. 학습과정에서는 피교육자가 주체이고, 교수과정에서는 교육자가 주체이다. 권위를 지닌 교육주체로는 지식을 창출하는 학자집단, 사회발전을 주도하는 지도층, 일선에서 직접 교육을 담당하는 교육자 집단을 들 수 있다.[37]

주입(indoctrination)이라는 문제는 피교육자의 준비성과 깊은 관련이 있다.[38] 모든 인간은 이성을 지니고 있고 사고능력을 지니고 있다. 그러나 인간의 행위가 언제나 이성적인 것만은 아니다. 때로는 비이성적인 행동도 하게 된다. 그렇지만 도덕적으로 의미 있는 것은 이성적인 행위이다. 뒤르껭은 기성세대가 젊은 세대에게 기존의 문화를 전수하는 것이 교육의 과정이라고 보았다. 듀이는 특정한 정치사상, 경제사상을 기억하게 하고 다른 사상을 제거하려고 하는 행위가 주입이라고 보았다. 이렇게 볼 때 주입의 특징은 강제성과 폐쇄성이다. 가치명료화 모델은 주입의 특징을 설득(inculcating), 각인(instilling), 조장(fostering), 훈계(moralizing), 강요(imposition), 세뇌(brainwashing) 개념으로 설명한다. 가치명료화는 주입과 대비되는 개념이다. 레닌은 "노동자 연맹의 파업이 기존의

37) 교수 · 학습과정에서 누가 주체인가를 이와 같이 구별하는 것은 지나치게 단순하다. 교육의 3요소인 교육자, 피교육자, 교육내용을 중심으로 3요소 간의 관계를 다시 생각해 볼 수 있다. 권위를 지닌 교육주체를 내세우는 일 자체가 아직도 피교육자 중심의 교육에 입문하지 못했다는 증거이다. 지식과 정보를 구별할 필요가 있다. 지식정보사회에서 왜 피교육자가 교수 · 학습과정의 중심이 될 수밖에 없는지를 현대 중국 도덕교육론은 충분히 설명하지 않고 있다.

38) 도덕교육 또는 교육 일반에서의 주입문제에 관한 논의는 이미 1980년대 초반에 활발하게 이루어졌다. 주입 개념의 중국식 표현은 관수(灌輸)이다.

정치제도, 경제제도가 그들의 이익을 보호해 주지 못한다는 것을 깨닫지 못한 채 이루어지고 있으므로 사회민주주의 의식을 그들에게 주입하지 않을 수 없었다"고 말했다.[39] 여기서 말하는 주입은 교육자가 피교육자에게 특정한 가치를 일방적으로 전수하는 것을 가리킨다. 서구의 신교육운동과 진보주의 교육운동은 강제성을 지닌 주입식 도덕교육에 반대하였다. 전통 도덕교육에 대한 이와 같은 반성과 비판은 정보사회인 오늘날 도덕교육의 방법과 기법에 근본적 변화가 필요하다는 것을 시사한다.

주입식 전통 도덕교육은 특정한 사회가 요구하는 도덕과 가치 그리고 습관을 젊은 세대에게 전수했다.[40] 그 결과는 기존 사회질서의 유지이다. 문제는 이러한 방식의 도덕교육은 젊은 세대의 새로운 요구를 수용하지 못하며, 새로운 사회질서를 만들어내지도 못한다는 것이다. 그것은 교조주의 또는 형식주의에 빠질 수 있다. 현대 사회가 요구하는 유동성, 상대성, 개방성과도 상치된다. 그렇지만 도덕교육에서 목표와 내용이 없는 방법이란 있을 수 없다. 가르칠 목표와 내용이 명확히 제시되지 않고 단순히 학습방법만 가르친다면 공허한 교육이 될 것이다. 가치상대주의의 문제점은 바로 이것이다.

현대 사회에서 불변의 도덕법칙을 찾기는 어렵다. 또한 도덕교육을 강제적인 방식으로 실시한다는 것도 시대조류에 맞지 않는다. 그렇지만 한 사회에서 살아가려면 반드시 배워두어야 할 최소한의 도덕규범이 없다고는 말할 수 없다. 그러한 도덕규범은 미성숙한 젊은 세대에게 반드

39) 레닌은 누가 누구에게 주입을 할 수밖에 없었다고 말하는 것일까? 레닌주의에서 핵심은 직업 혁명가들로 이루어진 당에 관한 이론이다. 당이 역사의식이 부족한 노동자들에게 그러한 역사의식을 주입할 수밖에 없었다는 말을 인용한 것이다.

40) 한국에서는 이미 1980년대에 주입식 도덕교육에 대한 반성의 소리가 있었다. 일례로 도덕교육과 도덕훈련을 구별하려는 시도를 들 수 있다.

시 가르쳐야 한다.[41] 아동에게는 일정 수준 그런 내용들을 주입하는 일이 필요할지도 모른다. 그렇지만 동시에 서양의 도덕교육이 상대주의에 빠짐으로써 지불한 대가를 염두에 두어야 한다. 바꿔 말해서 도덕적 훈련, 도덕규칙의 주입, 칭찬과 비난 등을 모두 배제하고 사랑, 진지성, 감정이입 같은 방식으로만 도덕교육을 실시할 경우 치르게 될 대가를 고려해야 한다. 프랑케나는 정상적인 사회질서를 유지하면서 피교육자가 보다 나은 질서를 찾아가도록 인도하는 것이 도덕교육의 목표가 되어야 한다고 보았다.[42] 그러기 위해서는 구체적인 도덕규칙과 미덕을 교육내용에 포함시켜야 하고, 동시에 도덕적인 반성과 비판을 강조해야 한다.

중국 전통 사회에서 공자와 맹자가 대표하는 초기 유학은 도덕주체의 이성과 인지를 매우 중시했고, 주체적 자기 수양을 동시에 강조하였다. 봉건계급은 유가의 도덕을 정치적으로 이용하여 마치 그것이 불변의 진리인 것처럼 내세워 무조건적인 복종을 강요하였다. 현대 중국은 초기에 경제적으로나 문화적으로 낙후되어 있었고, 특히 인구문제는 심각한 수준이었다. 이런 상태에서 마르크스주의를 이데올로기적 기초로 삼고 새로운 국가를 건설하였다. 따라서 도덕교육도 불가피하게 외부로부터 들여온 새로운 이데올로기를 주입하는 형식으로 실시되지 않을 수 없었다. 그러나 개혁개방이 시작된 1970년대 후반 이래 사회주의 시장경제 체제가 도입됨으로써 새로운 도덕문제가 생겨났고, 도덕교육에도 변화가 요구되고 있다. 경제체제의 변화는 사람들의 사고와 삶의 방식을 바꾸어 놓았다. 도덕교육에 대한 사람들의 생각도 주입을 비판하는 쪽으로

41) 이미 한국의 도덕교과 교육과정에 이러한 내용이 반영되어 있다.

42) 한국의 도덕교육론에서도 도덕교육을 바라보는 시각을 3가지로 분류하고 이와 유사한 결론을 제시하고 있다(추병완, 2004 : 23-37).

흘러가고 있다. 그러나 서구의 도덕교육이 빠진 가치상대주의의 함정을 피해가려면 신중한 판단이 필요하다.

전통 도덕교육에서는 도덕적 지식이 도덕적 행위에 미치는 영향을 강조한다. 그러나 오늘날 우리가 볼 때 도덕적 지식을 갖춘 사람이 반드시 도덕적 행동을 하게 된다고는 말할 수 없다. 오히려 도덕적 지식을 많이 갖추고도 비도덕적인 행위를 하는 사람이 적지 않게 발견된다.[43] 반면 서양의 도덕교육은 도덕적 판단력의 신장을 강조한다. 특히 가치명료화 모델은 개인의 가치가 고정된 것이 아니라 계속 변하는 것으로 가정한다.[44] 콜버그로 대표되는 도덕발달 이론도 도덕적 판단력을 길러주는 것이 도덕교육에서 가장 중요하다고 본다. 그들의 문제점은 가치상대주의에 빠지기 쉽다는 것이다. 상대주의 가치 이론에 바탕을 두면 가치 주입은 어려우며, 도덕교육 자체가 불필요한 것으로 여겨질 수도 있다. 단순한 가치 주입은 피해야겠지만 상대주의에 빠지는 것도 경계해야 한다.[45]

도덕적 지식은 도덕적 판단능력을 기르기 위한 필요조건이다. 아무런 도덕적 지식 없이 어떻게 도덕적 판단력을 길러줄 수 있겠는가? 도덕적 지식 없이 도덕적 판단력만 있으면 모든 도덕문제가 저절로 해결될 수 있을 것인가? 일시적 · 즉흥적 임기응변식으로 모든 도덕문제를 해결

43) 이와 같은 문제점은 일찍이 한국의 도덕교육에서 지적되었다. 도덕교과의 지필평가에서 좋은 성적을 받은 학생이 반드시 도덕적으로 훌륭한 인격을 가졌다고 말하기 어렵다는 것이었다. '학교의 모범생이 사회의 열등생'이라는 말도 학교 교육의 문제점, 특히 도덕교육의 문제점을 지적할 때 자주 사용되는 말이다.

44) 심리학 그리고 도덕심리학의 발달 이론에서는 사람의 인격 또는 인성이 변하느냐 변하지 않느냐를 둘러싸고 양 극단의 가설들이 존재한다.

45) 이러한 주장에는 인간에 대한 불신이 전제되어 있다. 그러나 민주주의 사회는 놀랍게도 상대주의적 진리관에 기초한다는 점을 고려해야 한다.

할 수 있다면 큰 문제가 없을 것이다.[46] 그러나 현실은 그렇지 않다. 도덕적 판단능력은 도덕적 지식의 심화와 병행되어야 한다. 반대로 도덕적 지식만 있고 판단능력이 없는 사람은 자율적 인간이 되기 어려울 것이다.

도덕교육은 도덕적 사회화에 다름아니다. 도덕적 사회화에는 반성적 사회화가 병행되어야 한다. 물론 미성숙한 유아에게는 주입식 도덕교육이 불가피할 것이다.[47] 그들에게는 기본적 도덕규칙을 알려주고 습관화시킬 필요가 있다. 그러나 성인들에게까지 주입식 방법을 적용할 필요는 없을 것이다.[48] 그들은 도덕적 판단능력을 일정 수준 갖추고 있으므로 격려와 안내만으로 충분하다. 중국의 경우 피교육자들에게 도덕적 판단능력을 길러주는 교육방법에 대한 연구가 활발하지 않다. 그 결과 도덕교육에 많은 노력을 경주했지만 성과는 미흡한 것으로 평가받고 있다. 도덕교육의 성과를 높이기 위해서 중국 도덕교육이 안고 있는 과제들 중의 하나는 바로 이것이다.[49]

46) 도덕적 지식(판단), 도덕적 감정, 도덕적 행위의 구성요소와 그것들 간의 관계에 대해서는 자세한 논의가 있다(리코나, 1998).

47) 미성숙한 아동에게도 주입식 교육을 실시할 필요가 없다는 주장도 있다.

48) 한국의 군 교육기관에서 사용되는 교육방법들은 대부분 주입식이다. 반대 가설에 기초하고 있는가? 반대 가설은 아동에게는 탐구식 방법을 주로 사용하고 성인에게는 주입식 방법을 주로 사용해야 한다는 것이다. 사회주의 국가의 건설과정에서 비슷한 명제가 적용되었다. 특히 기성세대를 새로운 사회주의적 인간형으로 개조하기 위하여 강력한 주입식 방법이 필요했을 것이다. 과거 한국에서도 통일교육만은 주입식 방법의 적용이 불가피하다는 교육자들의 인식이 있었다. 그러나 지금은 통일교육에서조차도 다양한 방법과 기법이 활용되고 있다.

49) 중국의 도덕교육에 도덕적 탐구공동체 개념이 소개된다면 많은 공감을 얻을 것으로 여겨진다.

3. 도덕적 지식과 도덕적 행위 간의 관계

인식, 지식, 이론, 의식, 관념 등과 실천의 관계를 중국에서는 지(知)와 행(行)의 문제로 다루어 왔다. 이것은 도덕인식, 의식과 도덕실천, 행위의 관계이다. 중국 전통 도덕에서는 지행합일(知行合一)을 강조한다. 거경(居敬)과 궁리(窮理)는 상호 보완적이다. 마찬가지로 지와 행의 관계도 상호 보완적이다. 지는 행을 인도하고 행은 지의 실천이다. 선후로 보면 지가 먼저이지만 경중으로 보면 행이 중하다. 치지(致知)에는 배우는 일과 생각하는 일의 결합이 필요하고, 역행(力行)에는 자신을 되돌아보는 일이 필요하다. 공자는 도덕적 인간이 풍부한 도덕적 지식을 갖추어야 할 뿐만 아니라 취사선택을 할 수 있는 분별력을 가져야 한다고 보았다. 그는 "배우되 생각하지 않으면 얻음이 없고, 생각하되 배우지 않으면 위태롭다"고 말한다. 도덕적 수양에서는 솔선수범하는 일이 강조되었다. "일에는 민첩하고 말에는 신중하라"고도 하였다. 중국 전통 도덕교육에서 도덕지식은 대개 직관에 의거한 것들로서 증명할 필요가 없는 것으로 간주되었다.[50)]

---

50) 한국 윤리사상의 문제점은 무엇인가? 도덕교과 교육과정에는 한국 윤리사상, 동양 윤리사상, 전통 윤리사상이 포함되어 있다. 그러나 그것을 현대적으로 재조명했다고 말하기 어렵다. 우선 학자들 간에 해석이 분분하고, 한글세대가 이해하기 어려운 용어를 사용하고 유학자들의 이론적 논쟁을 소개하는 수준에 머무르고 있는 실정이다. 그것들이 오늘날 한국 사회에서 어떤 의미를 갖고 있는지를 이론적으로 실제적으로 학습자들의 수준에 맞게 풀어내지 못하고 있는 것이다. 또한 여전히 교육자 중심을 고집하고 있는 것이 가장 큰 문제점으로 보인다.

서양에서는 공업사회로 진입하면서 사고력과 더불어 도덕적 경험과 감정을 중시하는 조류도 있다.[51] 듀이는 교육이 생활이요, 성장이라고 보았다. 의미 없는 보편적 도덕법칙을 주입하는 일보다 도덕적 경험이 중요하다고 본 것이다. 존 윌슨(John Wilson)은 도덕적 지식이 도덕적 실천에 중요한 요소라고 보았다. 또한 지식이 실천으로 옮겨지는 과정에 감정이 중요한 작용을 한다고 보았다. 라스(Louis Raths) 등은 개인의 경험이 가치의 근원이라고 보고 보편적인 도덕법칙을 주입하는 일에 반대하면서 자신이 지닌 가치가 무엇인지 명료화하는 방법을 학생들에게 가르치는 일이 가치교육의 목적이라고 보았다. 콜버그는 도덕적 지식의 주입에 반대하고 학생들에게 도덕적 판단능력을 길러주는 일이 가장 중요하다고 보았지만 보편적 도덕법칙과 미덕을 가르치는 일도 중요하다고 보았다.

개인의 도덕적 경험을 중시하고 판단능력을 길러주는 일은 도덕교육에서 매우 중요한 일이다. 그러나 다원사회에서 구성원 모두가 공동으로 준수해야 할 도덕적 지식을 가르치지 않고 개인의 이익과 경험 그리고 선택능력만 길러줄 경우 가치상대주의로 흐르게 되고, 결국에는 무도덕의 도덕교육이 되거나 도덕적 실천에 있어 방임주의에 빠질 위험이 있다.

이질성, 급변성, 다원성, 개연성이 증가한 현대 중국 사회는 도덕교육의 이러한 문제점들을 어떻게 해결해 나가야 할 것인가? 우선 도덕적 지식의 중요성을 인정해야 한다. 중국 전통 사회의 도덕적 지식은 생활

51) 21세기는 감정이 지배하는 시대가 될 것이라고 미래학자들이 말한다. 특히 영상매체의 발달에 힘입어 인간의 감정이 세상을 지배하는 시대가 나타났다는 것이다. 중국 사회도 급변하고 있다. 우선 색깔의 혁명이다. 붉은색을 좋아하는 것은 여전하지만 의식주 생활에서 다양한 색깔이 나타나고 있다. 도료산업, 염색산업의 발달과도 무관하지 않을 것이다. 그러나 교사들은 여전히 검은색 보드 마크를 좋아했다. 푸른색이나 붉은색 보드 마크의 사용을 선호하는 것 같지 않았다.

경험과 직관에 크게 의존한 것들이었고, 사실적 지식에 너무나 큰 비중을 두었으며, 가치와 실천적 지식에 대한 비중은 상대적으로 적었다. 그러나 오늘날은 사정이 너무도 달라졌다.[52)]

도덕생활 경험의 서술과 묘사에서 산출된 사실적 도덕지식은 일반성과 공공성의 요구를 충족시킨다. 전통 사회는 동질성을 특징으로 했으며, 도덕지식은 공공성 보편성의 요구를 충족시켰다. 그러나 현대 사회의 도덕은 개인성, 구체성의 요구까지 충족시켜야 한다. 개인적 신앙, 덕행, 사생활을 존중하는 것을 전제로 하면서 동시에 공공성과 보편성의 요구를 충족시켜야 한다. 니체는 이성보다 의지를 강조했다. 롤즈는 개인들의 의지가 만들어낸 사회 문제를 해결하기 위한 새로운 규범윤리를 제시하려고 『정의론』(1971)을 썼다. 1980년대에 들어와 맥킨타이어는 『덕의 상실』을 써서 덕윤리적 전통의 부활을 주장하였다. 또한 인류가 역사적으로 경험한 도덕생활과 문화의 전통을 무시하고 윤리체계가 법률체계와 유사하게 변질됨으로써 도덕규범이 당연히 갖추어야 할 기능과 의미를 상실해 버리고 말았다는 점을 지적하였다.[53)] 그는 현대 사회에서

52) 중국 현대 도덕교육론은 지식을 사실 지식, 가치 지식, 실천 지식으로 분류하고 있다. 한국의 사회과 교육에서는 사실, 법칙, 일반화의 계열을 따르고 있다. 과거 도덕과 교육에서는 지식, 지적 기능, 가치, 태도, 행동, 행위의 분류방식을 사용하였다(정세구 외, 1984).

53) 조선조에는 효 개념이 법체계 속에 엄격하게 규정되어 있었다. 맥킨타이어의 주장대로라면 한국에서는 이미 조선조에 '덕의 상실' 현상이 나타났던 셈이다. 놀라운 것은 경범죄 처벌법을 비롯하여 도로교통법 등 도덕을 법률로 만든 수많은 특별법들이 생겨나고 있다는 점이다. 그와 더불어 법률가 양성기관들이 엄청나게 늘어났다는 점이다. 조그만 수퍼마켓 자문 법률가가 필요하게 되었다는 말까지 나올 정도이다. 민주사회는 법치사회이고, 중국 현대 도덕교육론에서도 도덕을 법규로 제도화하는 일에 대해 찬성하고 있는 듯하다. 문제는 도덕보다 법에 의한 문제 해결에

는 특정 직업과 사회적 역할이 요구하는 다양한 도덕이 필요하게 되었고, 전통 도덕이 이익추구의 도구로 전락해 버림으로써 도덕적 위기를 초래하게 되었다고 말한다.[54] 공공성과 보편성의 요구를 충족시키는 도덕적 지식을 가르치는 일은 도덕교육이 해야 할 최소한의 과제이다. 이것조차 소홀히 하면 이익추구에만 몰두하는 편협한 인간만을 육성하게 될 것이다.

도덕생활에 대한 비판과 취사선택을 거친 가치 수준의 도덕지식은 이상성의 요구를 충족시킨다. 여러 가지 도덕지식들 중 가치 수준의 지식이 핵심이다. 빠오리민[포리민(包利民)]은 가치를 생활가치와 도덕가치로 분류한다. 도덕가치는 생활가치들 중에서 도덕적으로 의미 있는 것으로 선택된 가치들이다. 도덕적 실천 수준의 도덕지식은 상황인식과 내면화의 요구를 충족시켜 준다.[55] 실천적 도덕지식은 지와 행을 연결하는 기능을 한다. OECD는 지식을 4가지로 분류하였다. 내용에 관한 지식(know-what), 원인에 관한 지식(know-why), 방법에 관한 지식(know-how), 행위주체에 관한 지식(know-who)이 그것이다. 현대 사회에서는 방법과 행위주체에 관한 지식의 중요성이 더욱 증가했다. 도덕적 지식의 교육에서도 이러한 점을 감안하여야 할 것이다.

앞으로의 도덕교육에서는 도덕적 감정의 측면도 중시해야 할 것이다. 직감, 영감, 무의식, 감정. 의지, 욕망 등이 도덕적 감정을 이해하는 데

엄청나게 많은 시간, 경비, 노력이 소모된다는 점이다. 또한 법을 다루는 것도 역시 인간이다. 결국 법윤리가 필요하게 되었다.

54) 윤리경영, 경영윤리가 주목받고 있다. 그러나 근본적인 문제점은 바로 이것일 것이다.

55) 내면화(internalization)는 도덕교육의 목표를 가리키는 용어들 중의 하나이다. 흔히 지식, 태도, 가치, 행동, 행위 계열이 내면화의 스펙트럼으로 제시되기도 한다.

필요한 것들이다. 중국 전통 도덕교육은 개체의 차이성을 무시하고 이성의 절대성을 강조하였다. 따라서 비이성적 요소인 도덕적 감정의 측면을 소홀하게 다루었다. 개연성이 증가한 현대 사회에서는 비이성적 요소의 중요성도 커졌다. 서양 윤리사상의 주류는 이성주의이지만 비이성주의의 전통도 있다. 의지, 생명, 무의식에 대한 연구가 적지 않은 것이다. 비이성적 요소는 도덕적 지식의 산출과 적용과정 모두에 영향을 준다. 지정의(知情意) 모두가 그러한 과정에 영향을 주기 때문이다. 또한 비이성적 요소는 도덕적 지식의 실천과정에도 작용한다. 도덕적 지식을 갖추고 있는 사람이 언제나 도덕적 행동을 하는 것은 아니라는 사실이 그 과정에 비이성적 요소가 작용한다는 것을 말해준다. 도덕적 감정은 도덕적 열정과 상상력을 촉발하고 행위의 동기를 유발하는 데 있어서 중요한 요소이다. 감정은 의지를 갖게 만들며 의지는 감정을 제어하는 기능을 한다. 언행이 일치하지 않는 사람은 의지박약이 원인일 수 있다. 감정, 의지, 태도와 같은 비이성적 요소를 통하여 행위의 개연성을 이해할 수 있다. 엄청난 시간, 경비, 노력을 투입했음에도 불구하고 산출이 만족스럽지 못한 오늘날의 중국 도덕교육을 개선하기 위해서는 이러한 비이성적 요소의 중요성을 심도 있게 연구하여야 할 것이다.

앞으로의 중국 도덕교육이 관심을 기울여야 할 또 다른 측면은 도덕적 실천이다. 도덕적인 행위를 해봄으로써 도덕문제에 대한 이해가 더 깊어지고 더 나은 도덕적 행위를 할 수 있게 된다.[56] 복잡한 현대 사회에서는 추상적인 도덕 규칙을 구체적인 상황에 적용하기가 더욱 어렵게 되었다.[57] 현대 사회의 도덕문제를 해결하기 위해서는 도덕적인 상상력이

56) 오늘날 인격교육론에서 전제로 하는 명제이다.

57) 주입식 도덕교육의 문제점, 특히 권위 존중 접근법의 문제점에서 이미 지적되었던

요구된다. 이러한 도덕적 상상력을 발휘하기 위해서는 역사적으로 인류가 경험한 것들을 참조해야 하며, 경직된 사고보다 유연성 있는 독창적 사고가 필요하다.[58] 도덕교육에서는 이러한 능력을 길러주어야 할 뿐만 아니라, 그런 능력을 발휘할 수 있는 기회를 피교육자들에게 마련해 주어야 한다.

측면이다. 주입식은 교육자의 위선으로 나타나기 쉽고, 추상적 도덕규칙을 구체적 상황에 적용하는 과정에서 여러 가지 난점이 드러나고, 그러한 지식이 종국적 목표인 행동, 행위로 반드시 연결된다는 보장을 하기가 어렵다는 난점이 있다.

58) 도덕적 상상력의 신장이라는 목표는 한국의 도덕교육에 최근에야 도입된 개념이다.

제3장_중국과 서양 도덕교육의 전통과 비교

1. 중국과 서양 도덕교육 전통의 전제[1)]

중국의 도덕교육 이론이 역사유물주의에 기초하고 있다고 해서 놀랄 사람은 없을 것이다.[2)] 중국의 이념과 체제가 중국 도덕교육이 이루어

1) 제일 먼저 떠오르는 의문은 현대 중국이 마르크스주의와 레닌주의에 이념적 기원을 두고 있음에도 불구하고 도덕교육에 대한 논의에서 그들의 사상을 전제로만 인용하고 있다는 점이다. 마르크스 · 엥겔스 · 레닌의 사상이야말로 서구 사상이 아닌가! 그들의 사상에는 교육 그리고 도덕교육과 관련된 내용이 전무하다는 것인가? 한국에는 마르크스주의 교육학뿐만 아니라 구소련의 마카렌코와 크룹스카야의 교육사상도 소개되어 있다. 또한 국내의 군 교육기관에서 활용하는 교육기법들도 다수 집단주의적 사고에 기반을 둔 것들이 많다. 그밖에 MT, LT, OT 등 대학생들의 집단활동에 활용되는 수많은 기법들이 있고, 기업의 연수기관들이 활용하는 조직학습 이론 등도 집단의 역동성을 기초로 한 이론들이다.

지는 바탕이기 때문이다. 본래 이데올로기는 사회의 산물이다. 인간이 존재하므로 이데올로기가 존재하는 것이다(마르크스, 『독일이데올로기』).[3] 이데올로기가 인간의 존재양식을 결정하는 것이 아니라 인간이 이데올로기의 존재양식을 결정한다(마르크스, 『정치경제학 비판』).[4] 중국과 서양 사회의 역사적 경험이 도덕교육의 전통이 생겨난 토대이다. 엥겔스는 '가족, 사유제, 국가'라는 문제를 설명하면서 가족과 국가가 맞물려 있는 중국의 아시아적 생산양식에 대해 말하였다.[5] 서양 고대 그리스의 폴리스(Polis)는 소규모 공동체로서 노예제 민주정치의 토양이 되었던 반면, 아시아적 생산양식은 중국 고대 노예제도의 산물이다.[6]

철학과 사상은 도덕교육의 문화적 토양이다. 사회 이데올로기로서 고대 그리스 철학은 노예제도를 변호하고 있다. 또한 사물의 본질에 대한 연구가 중심이었다. 이런 특징은 이성, 종교, 개인을 중시하는 전통을

---

2) 역사유물주의라는 말보다 사적 유물론이라는 말이 더 귀에 익숙한 독자들이 있을 것이다. 사적 유물론이 사회주의 국가의 역사관을 가리킨다면 변증법적 유물론은 세계관, 인식론을 가리킨다고 말할 수 있다.

3) 우리는 정치학이 이데올로기를 다루는 대표적인 학문으로 인식하고 있는 데 반하여, 현대 중국 도덕교육론은 철학, 윤리학이 이데올로기를 다루는 대표적인 학문이라고 본다.

4) 여기에 인용된 『독일 이데올로기』와 『정치경제학 비판』의 번역문은 다시 검토해 볼 필요가 있다. 이 내용들은 '토대-상부구조 논쟁'에서 가장 많이 인용되는 것들이다. 또한 지식사회학의 연구에서도 중요한 명제로 다루어지고 있다.

5) 엥겔스의 저서 『가족, 사유제, 국가』에서 관련 부분을 다시 검토할 필요가 있다. 기본 개념은 생산력, 생산관계, 생산양식이다. 아시아적 생산양식 개념을 보다 명료화할 필요가 있을 것이다.

6) 우리는 고대 그리스의 민주주의를 다루면서 노예제에 대해 언급하지만 그것을 본질적 변수로 다루지는 않는다. 그런 반면 중국 현대 도덕교육론은 그 부분을 본질적 변수로 다루고 있다.

만들어냈다. 한편, 중국 고대 노예제도에서 토지는 통치자의 소유였다. 노동력은 혈연집단을 이루고 있었으며 종법제도(宗法制度)로 정착되었다.[7)]

2. 중국 전통 도덕교육과 서양 전통 도덕교육의 특징

도덕교육의 전통과 전통 도덕교육이라는 개념은 구별해야 한다. 도덕교육의 전통은 민족문화에 뿌리를 두고 있으므로 안정성이 있다. 반면, 전통 도덕교육은 현대 도덕교육에 대비되는 개념이다. 도덕교육의 전통은 전통 도덕교육과 현대 도덕교육을 모두 포함하는 개념이다. 현대 도덕교육은 도덕교육의 전통을 이어받고 있기 때문이다.[8)]

7) 종법주의라는 말이 생소하게 들릴지 모른다. 우리는 흔히 가족주의라는 말로 표현하고 있다.

8) 호주제 존폐 논쟁 이후에 한국의 유학자들은 심한 무기력증을 보이는 듯하다. 전통윤리와 전통 도덕교육을 현대 한국 사회에 그대로 되살리려는 것은 우리 시대의 흐름에 오히려 역행하는 것으로서 설득력이 없다. 그러나 우리의 윤리적 전통과 도덕교육의 전통을 현대적으로 되살리는 일은 아직도 설득력이 있는 과제라고 본다. 일찍이 1980년대에 한국에서는 전통의 의미를 다루면서 이 문제에 대해 언급했다. 그러나 당시 사람들은 이 사안의 중요성을 인지하지 못했던 것으로 보인다. 그 논의에서 전통을 정태적으로 이해할 것이 아니라 시대마다 취사선택이 가능한 것이므로 동태적으로 이해해야 한다는 점을 분명히 했다. 전통의 안정성은 상대적인 것이다(진교훈, 1982).

1) 중국 전통 도덕교육의 특징

중국 선진(先秦)시대(BC 11세기-BC 221년)는 상 · 주(商 · 周)와 춘추전국시대를 포함한다. 중국 도덕교육 사상은 서주(西周)시대에 싹이 텄다. 이론적 체계화는 춘추전국시대에 이루어졌다. 이 중 유가의 도덕교육 사상이 중국 전통 도덕교육의 기본이 되었다.[9]

유가의 도덕교육 사상은 인간 중심, 도덕교육 지상주의, 욕망 억제 중시라는 특징을 지닌다.

첫째로, 윤리는 인간이 갖추어야 할 도리로 개념화되었다. 인간 중심, 동물과 식물을 포함하는 자연 중심, 생태 중심과 같은 오늘날의 개념으로 분류하면 인간 중심이라는 특징을 지니고 있다.[10] 유가 윤리사상은

9) 유가의 도덕교육 사상이 한국 전통 도덕교육의 기본이 되었다고 말한다면 한국의 모든 사람이 동의할 것인가? 조선조 삶의 방식의 잔재가 남아 있으므로 부분적으로는 동의할 것이다. 그러나 한국의 경우는 중국과 다른 점이 있다. 고려조는 불교국가였으며, 불교적 삶의 방식도 그 유산이 현대에까지 이어지고 있다. 또한 일부에서는 도교적 삶의 방식도 상당 부분 현대 한국인에게 영향을 미치고 있다고 보는 사람들도 있다. 그밖에 토속신앙의 뿌리도 무시할 수 없으며, 심지어 기독교 사상조차도 한국에 전래된 지 200년이 지났으므로 이제는 우리 도덕교육 전통의 한 부분으로 보아야 한다는 주장까지 있다. 그럼에도 불구하고 유교의 도덕교육 사상이 현대 한국 사회에 가장 많은 영향을 미치고 있다는 점에 대해서는 대부분 수긍할 것이다.

10) 그동안 한국 사회에서는 환경문제가 크게 부각되었고, 환경윤리에 대한 관심이 높아졌다. "천지지간 만물지중에 인간이 가장 귀하다"와 같은 구절을 인용하면서 유가윤리의 인간중심적 특징을 지적하면 유학자들은 결코 그렇지 않다는 대답을 하고 싶어한다. 서구의 경우 유사한 논의는 칸트 윤리학을 둘러싸고도 벌어졌다. 칸트 윤리학에서 환경문제를 진지하게 다루었는가라는 물음에 대하여 칸트 연구자들은

인간과 짐승을 구별하고 짐승이 아닌 인간이 갖추어야 할 도덕과 윤리를 규명하는 데 초점을 두었다. 또한 규범윤리, 기술(記述) 윤리, 메타윤리와 같은 개념으로 분류하면 규범윤리적 특징을 지니고 있다. 특히 신분에 따라 지켜야 할 윤리규범이 따로 정해져 있었다.[11] 이러한 규범성은 개인의 창의적 활동을 제약하여 인간을 도덕규범의 노예로 만들 위험이 있다.

둘째로, 유가의 도덕교육 사상은 도덕교육 지상주의라는 특징을 지닌다. 도덕교육이 모든 교육활동에서 절대우위를 차지하고 있다. 다른 모든 교육은 도덕교육을 위한 도구로 해석되었다.[12] 또한 도덕교육은 지배집단의 통치수단으로 사용되었다.[13] 이러한 도덕교육 지상주의는 오늘날 비난받고 있다. 도덕교육이 중요하지 않은 것은 아니지만 만능은 아니다. 가치 판단이 사실 판단을 지배할 때 인간의 창의성은 발휘될 수 없으며, 과학기술을 비롯한 문화 전반의 발달이 지체된다. 더구나 그러한 가치 판단은 특정한 계급이나 계층의 이익을 보호하는 수단으로 이용

그러하다고 대답하고 싶어할 것이다. 환경에 대한 관심, 그리고 환경윤리학의 체계화가 매우 최근에 이루어진 점을 감안한다면 그러한 논쟁이 무의미한 것은 아니라 할지라도 그것에 지나친 의미를 부여해서는 안 될 것이다.

11) 조선조의 기본 텍스트인 소학과 효경의 경우 신분제의 특징이 드러난다. 특히 효경은 신분에 따른 효의 행위규범을 따로 제시하고 있다. 서구에서 칸트 윤리학의 최대 공헌은 무엇일까? 귀족, 성직자, 평민과 같은 신분에 따른 윤리가 아니라 인간이라면 누구나 지켜야 할 보편적 윤리를 찾으려 한 문제의식이 가장 큰 공헌이 아닐까? 신분제가 사라진 오늘날의 직업윤리 문제는 이런 맥락과는 다른 차원에서 논의되어야 할 것이다.

12) 이런 의미에서 모든 교과서는 도덕교과서에 다름아니었다.

13) 조선조의 높은 문맹률을 고려할 때 지배층은 도덕교육을 내세워 피지배집단을 통제하였다고 해도 과언이 아니다. 오늘날은 어떠할까? 계층 간, 세대 간 정보 불평등 문제는 여전히 미해결로 남아 있다.

될 수 있다.[14)]

셋째로, 유가의 도덕교육 사상은 욕망의 억제를 강조한다. 욕망과 욕구의 억제와 절제가 극기수신(克己修身)의 핵심이다. 물질의 유혹에 빠지면 양심을 잃는다고 본다. 결과적으로 자신을 속이지 않는 일, 다시 말해 신독(愼獨)을 강조한다. 극기수신이나 신독은 어느 면에서 윤리 도덕의 핵심이다.[15)] 문제는 욕망 자체는 악도 선도 아니라는 점이다. 욕망과 욕구는 인간 행위의 중요한 동기들 중의 하나이다. 따라서 도덕교육은 인간이 불합리하고 비도덕적인 행위를 하지 않도록 가르쳐야 하지 모든 욕망을 억제하도록 가르쳐서는 안 된다. 특히 자기 발전 또는 자아실현의 욕망은 창의적 활동에 없어서는 안 될 요소이다. 모든 욕망을 자제하고 억제하도록 만드는 일은 개인의 창의적 활동에 족쇄가 된다.[16)]

14) 20세기에 가치중립을 둘러싼 논쟁도 결국은 보수적 이념을 바탕으로 하고 있다는 비난을 피하기 어려웠다. 이제는 모든 도덕교육이 불가피하게 가치 개입 상황에서 이루어진다는 것을 인정하고 있다. 자연과학의 연구에서조차도 가치판단 없는 사실판단이 가능하다는 주장은 허구이다. 과학에서 패러다임의 변화는 왜 일어나겠는가? 가치 개입의 큰 틀이 바뀌기 때문에 생겨나는 일이 아니라고 말할 수 없다.

15) 자신을 속이지 않는 일이 근본적으로 가능한가? 근대 이후에 이 문제에 가장 큰 충격을 준 것은 프로이드의 정신분석학일 것이다. "열 길 우물 속은 알아도 한 길 사람 속은 모른다." 심지어 "내 마음 나도 모른다." 무의식의 세계를 증명하는 일은 쉽지 않다. 그럼에도 불구하고 우리의 말과 행동과 사고에 미치는 무의식의 영향을 전적으로 배제할 수 없다는 주장이 오히려 설득력이 있다. 단순히 '알려지지 않은 변수' 라고 치부해 버릴 수도 있겠지만 말이다.

16) 매슬로우(A. Maslow)의 욕구단계설을 도덕교육적 관점에서 살펴보라. 생리적 욕구, 안전의 욕구, 소속의 욕구, 성취 욕구, 자아실현의 욕구 모두가 도덕적으로 악은 아니다. 또한 악의 근원도 아니다.

2) 서양 전통 도덕교육의 특징

고대 그리스 철학자들은 모두 자연철학자들이었다. 그들은 모두 만물의 근원에 대한 탐구에 초점을 두었다. 그리스의 이성정신, 히브리의 초월의식, 로마인의 자연법사상 모두가 자연과 인간을 이분법적으로 보는 사유를 공유하고 있다. 그 결과 서양의 전통 도덕교육은 상대적으로 주지주의, 교육 상위, 환경 중시의 특징을 지니고 있다.

첫째로, 서양 전통 도덕교육은 이성을 우위에 두는 주지주의가 특징이다. 도덕적인 행동을 하기 위해서는 먼저 도덕이 무엇인지 알아야 한다고 본 것이다. "음미하지 않은 삶은 의미가 없다"는 말이나 "삶이 중요한 것이 아니라 선한 삶이 중요하다"고 말할 때 중시되는 것은 이성적 사유능력이다. 이러한 이성 중시는 과학기술의 발달에 중요한 토양이 되었으나 극단적 이기주의, 개인주의에 빠질 수 있는 위험을 안고 있다.[17]

둘째로, 서양의 전통 도덕교육은 지식교육보다 도덕교육을 상위에 두지 않는다. 도덕교육은 일반적인 교육활동의 일부에 불과한 것으로 본다. 도덕교육은 지식교육과 유기적으로 연계된 것이다. 소규모 공동체인 폴리스의 구성원에게는 지혜, 공정, 용기, 절제 같은 도덕이 필요했으며,

---

17) 동서양을 막론하고 이기심 문제와 개인주의 문제는 도덕교육의 중요한 주제들이다. 윤리학 개론서들에서 이기심과 개인주의에 대해서 어떻게 다루어지고 있는지 살펴볼 필요가 있다. 특히 자본주의 윤리의 핵심인 사유재산, 경쟁, 이윤문제를 윤리학에서 제대로 다루기 위해서는 발상의 전환이 필요하다. 아마 이들 주제는 끊임없는 논쟁거리로 남을지도 모른다. 그렇다고 진지하게 다루기를 기피해서는 안 될 것이다. 특히 모든 악행의 근원이 사유재산제, 경쟁, 이윤에 있는 것으로 단정해 놓고 논의를 시작하는 것은 윤리학의 중요한 부분을 논외로 해버리는 오류를 범하게 될 것이다.

따라서 도덕교육은 일정한 정치적 기능을 했다.[18)]

셋째로, 서양의 전통 도덕교육은 환경의 영향을 강조한다는 특징이 있다. 환경이 개인의 인격형성에 미치는 영향을 중시한 것이다.[19)] 자연환경은 물론이고 사회환경의 영향도 무시하지 않는다. 훌륭한 인격은 좋은 환경에서 반복훈련을 통하여 습관화함으로써 길러질 수 있음을 강조한다. 또한 환경적 요소로서 제도개혁의 중요성을 인정한다.

3. 중국과 서양 도덕교육의 전통

1) 중국 도덕교육의 전통

현대에까지 이어져 내려온 중국 도덕교육의 전통 속에서는 정치화 전통, 체제 유지 전통, 집단 이익 우선 전통 등이 발견된다.

첫째로, 중국 도덕교육의 전통 속에서는 언제나 도덕교육이 국가 통치이념을 전파하는 수단으로 사용된 측면이 발견된다. 전통 사회에서 도

18) 정치학에서 폴리스가 국가였는가 하는 논쟁이 있다. 근대 국가는 16세기 이후 아니면 줄잡아 18세기 이후에 생겨났다고 보는 시각이 있다. 따라서 폴리스를 소규모 공동체 정도로 이해하는 것이 합당하다. 소규모 공동체에서는 사생활을 보장받기가 어렵다.

19) 인격형성에 미치는 환경의 영향은 내부적인 것과 외부적인 것으로 구별할 수 있다. 정신 분석학은 내부적 변수를 중시했으며, 행태주의는 외부적 변수를 중시했다는 특징이 있다. 인격형성에 대한 동양의 전통적 이해는 오늘날의 개념으로 본다면 내성법(內省法)에 가깝다.

덕교육은 유가적 통치이념을 전파하는 수단이었으며, 신문화운동 시기조차도 새로운 도덕의식을 계몽하기 위해 도덕교육을 수단으로 사용했다. 현재의 중국도 건국 이후 지금까지 국가 이념을 정착시키기 위하여 도덕교육을 활용해 왔다. 그 과정에서 도덕교육은 좁은 의미의 윤리교육이 아니라 정치교육, 사상교육, 인성교육을 포함하는 넓은 의미로 확대되었다.[20] 정치교육, 사상교육, 인성교육 영역은 훨씬 더 확대되었고 아주 중시되었다.[21] 도덕교육은 모든 교육활동에서 가장 중요한 위치를 차지하고 있다.[22] 목표와 내용의 통일을 강조하다 보니 가르치는 방법은 주로 주입식이다.[23] 문제는 도덕교육이 상대적 자율성을 갖지 못하고 정치에 완전히 종속되는 경향이다.[24]

둘째로, 중국 도덕교육의 전통 속에서는 기존체제를 재생산하는 보수적 특징이 발견된다.[25] 여기서 말하는 보수적 성향이란 장기목표보다

20) 중국에서는 덕육, 품성교육이라는 말의 사용빈도가 높다.

21) 이러한 측면은 한국과 매우 유사하다. 한국의 경우 일제 치하에서 가르쳐지던 '수신' 과목이 해방 후 폐지되고 미군정 하에서 사회과 교육의 일부로 도덕교과 내용이 포함된다. 거기에는 새로이 민주시민 윤리가 삽입되었고, 한국전쟁 후부터는 반공교육 내용이 덧붙여진다. 1970년대에 도덕교과가 독립교과가 된 후 철학, 정치학, 교육학, 사회학, 심리학, 역사학, 복지학 등 다양한 내용들이 실리기도 했고, 이데올로기와 윤리학 내용으로 압축되기도 했다. 현재는 통일, 사상문제를 비롯한 정치교육 내용과 민주시민 교육 내용은 사회과 교육에서 일부 다루고, 도덕교과에서는 동서양 윤리사상과 사회윤리, 통일문제, 민주시민 윤리 등이 다루어지고 있다.

22) 한국에서도 권위주의 체제 하에서 도덕교과가 정치적으로 이용되었고, 모든 교과의 수위 교과 역할을 하였다.

23) 또한 가르치는 방법도 대화와 토론보다는 암기, 설명, 설득 등 주로 주입식 방법이었다.

24) 리핑은 교육이 정치에 대해서 상대적 자율성을 가져야 한다고 주장한다. 인용한 문헌은 '루이 보나파르트 부리메르 18일' 이다(리핑, 2002 : 87–88).

단기목표에 집착하는 성향일 수 있고, 존재하지 않는 것을 새로이 만들어내는 일보다 이미 존재하는 것에 우선순위를 두는 성향일 수 있다.[26] 중용이라는 덕목을 예로 들면, 중용은 인간이 사회 부조리에 대처할 때 사태를 냉철하게 판단하여 과격하거나 극단적이지 않은 해결책을 찾도록 인도한다. 그러나 지나침이나 모자람을 경계하는 이러한 삶의 태도는 개인의 창의성과 개성의 실현을 제약한다. 도덕교육은 인간 생활에 필요한 최소한의 수단을 가르쳐야 하지만, 그것이 개성의 충분한 실현을 제약해서는 사회 전체의 발전에 한계가 있을 수밖에 없다. 안정과 조화는 필요하지만 개성과 창의성의 발휘는 불안정한 상태에서 더 잘 이루어질 수 있다는 점도 고려해야 한다.[27]

셋째로, 중국 도덕교육의 전통 속에서는 개인 이익보다 집단 이익 우선 성향이 발견된다. 이것이 현대 중국의 집단주의에 쉽게 적응하게 만

25) 과거 한국의 도덕교육이 지닌 체제 유지 기능에 대해서 많은 논쟁이 있었고 지금도 그런 논쟁이 계속되고 있다. "체제 유지와 체제 존속은 다르다. 순응과 적응 개념은 구별해야 한다"고 아무리 말해도 제대로 이해하는 사람은 드물었다. 도덕교육은 체제 유지 기능밖에는 할 수 없는 것일까? 정치교육조차도 반드시 체제 유지 기능만 하는 것은 아니다. 예를 들어 랑게펠트의 『정치교육』은 1980년대 초반 한국 사회가 받아들이기에는 충격적일 정도로 혁신적인 교육내용을 담고 있었다. 최근에 국내에 소개된 영국의 도덕교과서 *Good Thinking*은 매우 혁신적인 내용을 담고 있다. 교육방법도 공적 담론 모델을 사용하고 있다. 공적 담론 모델은 주변의 도덕문제 해결을 위하여 학생들 자신이 어떻게 하면 그것을 공론화시킬 수 있는지 가르친다.

26) 중국 현대 도덕교육론에서는 이러한 문제점이 '이론과 실천의 변증법적 통합'이라는 개념으로 설명될 줄 알았지만 그렇게 하지 않았다. "도덕교육의 목표 및 내용은 그 방법과 변증법적으로 통합되어야 한다"고 주장하지 않은 것이다.

27) 21세기는 안정, 조화, 질서는 예외적이고 오히려 불안정, 부조화, 무질서가 일상적이라고 하는 주장이 있다. 그만큼 창의성이 강조되는 시대임을 알 수 있다. '혼돈 속의 질서'라는 말도 같은 맥락에서 이해할 수 있다.

든 가치기반이다. 고대부터 현대까지 중국 사회의 조직단위는 가족이지 개인이 아니다. 집단의 이익은 언제나 개인의 이익보다 우선하는 것으로 여겨졌다. 그리고 집단에 대한 개인의 책임과 복종이 강조되었다.[28] 최소한의 도덕은 물론 최대한의 도덕도 이러한 틀을 벗어나지 못했다.[29] 문제는 가족주의라는 틀은 공정한 사회의 실현에 장애가 된다는 것이다. 삼강이든 오륜이든 신분제도 속에서 해석하면 공정성을 실현하기는 어렵다. 인정과 의리는 친밀성을 유지하는 장점이 있지만 사적인 도덕이 공적인 도덕을 지배하는 결과가 나타나기 쉽다. 현대 중국의 공유제에 기초한 집단주의가 정착된 것은 이러한 전통 속에서이다. 개혁과 개방 이후로 중국은 사회주의 시장경제를 발전시켜 나가고 있고, 그 과정에서 개인의 이익과 사회 전체의 이익을 조화시키는 일이 난제로 등장하고 있다.[30]

2) 서양 도덕교육의 전통

현대에까지 이어져 내려온 서양 도덕교육의 전통 속에는 종교적 전통, 이성 중시 전통, 개인주의 전통이 발견된다.

---

28) 한국에서 국민교육헌장이 지배하던 시기의 도덕교육을 생각나게 한다.

29) 중국 현대 도덕교육론은 “내가 원하지 않는 것을 다른 사람에게 행해서는 안 된다[己所不欲 勿施於人]”를 최소한의 도덕으로 “내가 하고 싶은 것을 다른 사람이 하도록 하고, 내가 달성하고 싶은 일을 다른 사람이 달성하게 하라[己欲立而立人 己欲達而達人]”를 최대한의 도덕으로 이해한다.

30) 개인의 이익과 사회의 이익을 조화시키려 한 공리주의자들의 문제의식조차도 진지하게 검토하지 않고 있다.

첫째로, 종교는 서양 도덕교육에서 중요한 위치를 차지하고 있다. 종교가 윤리의 최종 근거이며, 절대자에 대한 믿음과 감사가 도덕의 최고 요구이다. 역사적으로 근대 학교교육은 교회로부터 비롯되었다. 특히 영국에서는 도덕교육이 종교교육과 거의 같은 개념이다. 국가가 관리하는 공립학교는 특정 종교의 교리를 가르칠 수 없도록 법제화하고 있지만 가정과 교회에서는 얼마든지 종교교육을 시킬 수 있다. 미국의 도덕교육도 종교적 색채를 벗어나지 못하고 있다.[31] 1980년대부터 베네트(William Bennett) 등이 주창한 인격교육 운동에서 말한 미국의 '위대한 전통'은 종교적 전통과 무관하지 않다. 물론 미국도 공식적으로 정치와 종교활동의 분리원칙을 천명하고 있기는 하다.

둘째는, 이성 중시 전통이다. 최근 포스트 모더니즘의 영향으로 비이성주의가 일부에서 주목받고 있지만 서양 윤리사상의 주류는 어디까지나 이성주의이다. 대륙의 관념론, 영미의 경험론과 실용주의 모두 도덕교육에서 지적인 측면을 상대적으로 중시한다. 뒤르껭(Emile Durkheim)은 도덕적 인식이 과학적 사실 지식과 이성을 기초로 해야 한다고 주장했다. 존 듀이(John Dewey)는 비판적 탐구방법을 도덕교육에 도입했다. 콜버그(Lorence Kohlberg)의 도덕성 발달 이론을 비롯하여 가치명료화 모델, 윌슨(John Wilson)의 이해 모델 모두가 지적인 측면을 중시하고 있다는 공통점을 지니고 있다. 이성을 중시하는 전통은 도덕교육의 방법 측면에서 주입보다 비판과 탐구에 초점을 둔다.[32] 문제는 개인의 자유로운

31) 미국의 대통령 취임 선서는 성경에 손을 얹고 한다.

32) 동양의 도덕교육 방법이 자기 성찰 또는 내성법을 중시한 반면, 서구에서는 다양한 도덕교육 방법을 개발하였다. 단계 이론을 비롯한 심도 있는 분석적 방법들이 설교와 설득을 주요 교육방법으로 활용해 온 우리를 놀라게 한다. 더구나 도덕교육에 대한 20년 가까운 종단적 연구들은 우리가 감히 생각하지 못했던 것들이다. 그러나

선택을 지나치게 강조하여 가치상대주의에 빠지게 될 위험이 있다는 것이다.[33]

셋째로, 개인주의 전통이다. 중국 도덕교육에서는 개인주의가 이기주의에 다름아닌 것으로 이해된다.[34] 그러나 개인주의는 사회를 설명하는 하나의 개념이요, 틀이다. 시장경제를 이해하려 할 때 개인주의적 관점을 이해해야 한다. 소규모 공동체인 폴리스에서는 시민으로서 개인이 행하는 모든 활동이 공적인 활동이었다. 사생활이라는 것을 생각할 수 없었다. 서양의 르네상스, 종교개혁, 프랑스대혁명 등은 개인과 개성이 살아나는 계기를 만들었다. 개인의 자유, 권리, 자아실현이 지배적 세계관, 인간관으로 등장한 것이다. 서양의 도덕교육은 개인의 행위와 사고에 초점을 두는 전통을 지니고 있다.[35] 도덕은 개인의 행복과 공정한 사

우리에게 그러한 방법과 기법들이 없었던 것은 아니다. 한때 유행했다가 너무 빨리 사라졌을 뿐이다. 영국의 도덕교과서 *Good Thinking*이 그것을 말해준다. 그 교과서의 핵심적 기법은 오히려 한국의 도덕교육에서 얻어낸 것이라고 한다. 우리가 체계화시키지 못한 것을 서구인들이 분석적 사고로 체계화하였다고 보아야 할 것이다. 왜 이런 결과가 되었을까? 한국 사회는 급변했고, 그 과정은 용광로와 같았다. 어느 한 가지에 심도 있게 천착할 기회를 갖지 못한 것이다.

33) 한국에서도 콜버그의 도덕적 딜레마 토론 기법을 도덕교육에 도입한 이후에 이와 같은 반성과 더불어 가치상대주의의 위험성을 많은 사람들이 지적했다.

34) 한국도 이 점에서 과거에는 중국과 크게 다르지 않았다. 일반인들에게 있어서 개인주의는 곧 이기주의로 이해되었다. 최근에 와서야 이 두 개념을 이해할 때 각각 차원을 달리해야 한다는 점을 알게 되었다. 개인주의에 대비되는 개념이 집단주의인가? 사회를 바라보는 관점의 하나로서 개체론과 전체론, 그리고 사상을 분류하는 개념으로서 개인주의와 집단주의가 혼용되고 있다. 이기주의에 대비되는 개념은 이타주의이다. 유사 개념으로 자기중심주의가 있다. 이기주의자의 딜레마와 이타주의자의 딜레마를 참고해 보자(박효종, 1994).

35) 최근에 와서 서구에서는 윤리적 행위의 주체가 개인이 아니라 집단, 단체, 군집체인 경우의 윤리문제에 대해서 관심이 고조되고 있다. 정보윤리, 환경윤리, 지구공

회를 만들기 위해 필요한 것이지 개인의 자아실현을 불필요하게 간섭하기 위해 있는 것이 아니라고 본다. 따라서 도덕교육의 방법도 주입이 아니라 대화와 토론을 중시하는 탐구이다. 그러나 경제적으로 초강대국임을 자랑하는 미국조차도 개인주의가 극단적 이기주의로 변질되는 문제와 시민들의 도덕불감증 문제로 고민하고 있다.[36] 개인의 자유가 아무런 제약 없이 무조건적으로 보장되는 것이어서는 안 된다는 것을 보여주는 사례일 것이다.

동체 윤리, 국제윤리 등에서 이 문제가 부각되고 있다.

36) 아마도 이러한 고민은 이념과 체제를 넘어 지구촌에 있는 모든 국가들이 공통으로 안고 있는 문제로 보인다.

제4장_종교도덕과 무신론 교육

중국의 도덕교육에서 종교도덕이라는 주제는 비판적으로 다루어지고 있다. 목표는 무신론 교육이다. 한국의 도덕교육 연구자들에게는 그다지 소개되지 않았던 내용이다. 그러나 한국과 중국 간의 교류가 활성화된 이후 이 주제를 소홀히 다룰 수 없게 되었다. 특히 해외봉사를 비롯하여 재외 한국인의 신앙생활 관리에도 신중히 고려하지 않으면 안 될 중요한 부분이 되었다. 한국의 도덕교육은 다문화 교육에 대한 관심이 커졌고, 중국의 무신론 교육은 그러한 맥락에서 검토할 수 있다고 본다.

종교도덕은 종교가 인류사회 발전에 미치는 영향들 중에서 가장 중요한 부분으로서, 인류사회가 발전하는 역사적 과정에서 생겨나 사회에 적극적 · 소극적 영향을 모두 미치고 있으므로 구체적으로 분석할 필요가 있다(蘇振芳, 2006 : 99). 종교도덕을 살펴볼 때는 도덕내용이 종교의 형식과 융합되어 있어 명확한 한계를 구분하기가 어렵다는 점에 유의하여야 한다. 종교도덕은 한편으로 도덕의 내용을 풍부하게 하여 사람들이 종교도덕의 제약을 받게 하고, 다른 한편으로 종교 자체로 하여금 현실적 역량을 갖게 하여 사람들의 대인관계를 감독하는 기능을 한다. 종교도덕은 역사발전에 대한 인간의 자기 인식이며, 사회 변천과정에 대한 자기 반성이다. 중국 도덕교육론에서는 세계 종교도덕을 개략적으로 소개하면서 논의를 전개하고 있다.

1. 종교도덕에 대한 개략적 소개

1) 종교도덕의 출현

도덕은 인간이 장기간 사회생활을 하는 과정에서 서서히 생겨난 것으로서 인간과 인간, 그리고 개인과 사회 간의 관계를 규정한 일종의 행위규범이며, 사회여론, 신념, 관습, 전통, 교육 등에 의거하여 사회의식으로 작용한다. 종교는 도둑질하지 말라, 모함하지 말라, 성실하고 공정하게 행위하라 같은 세속적인 도덕을 자체의 교리 속에 받아들여 종교도덕의 일부로 만든다. 동시에 종교는 자체의 신앙체계로부터 출발하여 기존의 도덕체계 속에 특정한 종교적 내용을 첨가시킴으로써 보다 구체적인 권위와 강제성을 지니게 한다. 종교는 자체의 도덕체계가 완전무결하다는 점을 강조하는데, 가장 중요한 수단은 종교도덕의 신성성을 고양시켜 도덕적 신념을 준수하겠다는 생각을 갖게 만드는 것이다. 그것은 도덕적 가르침을 따르는 것이 절대자와 그의 신성한 선의지를 구현하는 일이 되며, 천당 천국에 가고 영원히 행복할 수 있는 조건을 구비하게 된다는 생각을 갖게 만드는 것이다.

세계 3대 종교는 기독교, 이슬람교, 불교이며, 그밖에 중국에서 생겨나 성장해 온 도교가 있다. 이들 종교는 모두 자체적으로 잘 정비된 종교도덕과 도덕적 신조를 가지고 있다. 기독교에는 믿음, 소망, 사랑이라는 3가지 주요한 덕이 있는데, 이 세 가지 덕은 서로 밀접하게 연관되어 있어 분리할 수 없다. 기본적 의미는 하나님을 믿고, 하나님을 사랑하고, 아울러 최종적으로 인간이 구원받을 수 있다는 것을 믿는 것이다. 구체적으로 말해서 3가지 덕 중에서 사랑은 가장 중요한 덕으로서 모든 미덕의 원천이다. 사랑이란 하나님에 대한 사랑을 말한다. 하나님을 사랑하는 것이 최고의 덕행이며 최상의 선이다. 믿음이란 하나님을 믿음으로써 인류가 구원받을 수 있다는 의미이다. 구원받는다는 것은 죄를 용서받고 고통에서 완전히 벗어나 천당에 올라가는 것을 말한다. 소망은 하나님의 믿음과 사랑으로부터 생겨난 것으로서, 하나님을 사랑하고 믿으면 소망을 가질 수 있고 내세에 해방과 구원도 얻을 수 있다는 것이다.

이슬람교에도 독자적인 도덕적 신조가 있다. 기독교의 도덕 신조와 비교해 볼 때 이슬람교의 도덕 신조는 훨씬 더 세속적인 경향이 있다. 기본적인 것으로는 인류 공통의 전통 미덕인 바르게 살아가라는 것, 즉 완전한 도덕적 인격을 갖추라는 것, 쩐주[알라(Allah), 眞主]의 훌륭함을 본받아 착한 마음을 갖고 착한 행동을 하며 착하게 살아가라는 것, 악을 악으로 보복하지 말고 다른 사람의 잘못에 대해서 관용을 베풀며 너그럽게 살아가라는 것, 그리고 책임감이 있고 공명정대하며 표리부동하지 않고 언행이 일치함으로써 성실하게 살아가라는 것 등이 있다. 이슬람교의 도덕 신조에는 그외에도 경외와 강건 같은 덕이 포함되어 있다.

종교도덕 신조 이외에 3대 종교에는 각각 특이한 도덕계율이 있다. 기독교에는 '모세 10계'가 있다. (1) 여호와 이외에 다른 신을 섬기지 말라, (2) 우상을 만들지도 경배하지도 말라, (3) 여호와의 이름을 망령되이 일컫지 말라, (4) 안식일을 거룩한 날로서 반드시 지켜라, (5) 부모에게 효도하고 부모를 존경하라, (6) 살인하지 말라, (7) 간음하지 말라, (8) 도둑질하지 말라, (9) 사람을 해치는 거짓 증언을 하지 말라, (10) 다른 사람의 재물을 탐내지 말라 등이 그것이다.

이슬람교에도 많은 계율이 있다. 『구란찡』[코란(koran), 古蘭經]과 『셩쒼』[성훈(聖訓)]에는 안나[알라(Allah), 安拉] 이외에 다른 신을 믿거나 받들어서는 안 되며, 교만해서는 안 되고, 사기술로 다른 사람의 재산에 손해를 끼쳐서는 안 되고, 도둑질해서는 안 되고, 살인해서는 안 되고, 부녀를 학대해서는 안 되고, 음주와 도박을 해서는 안 되고, 관리에게 뇌물을 주어서는 안 되고, 기만하거나 사기를 치거나 위증해서는 안 되고, 짜이위에[라마단(ramadan), 齋月] 기간에는 모든 회교도가 식음과 방사(房事)를 금해야 하며, 다만 병자, 여행자, 임신부의 경우에는 예외적으로 그러한 의식을 연기하거나 보속(補贖) 행위 등 다른 방도로 대체할 수 있다고 규정되어 있다.[1)]

불교에는 '오계(五戒)'가 있다. 살아 있는 것을 죽이지 말라, 도둑질하지 말라, 음란하지 말라, 허튼소리를 하지 말라, 술을 마시지 말라 등이 그것이다. 또 '팔계(八戒)'가 있는데, 오계에다가 높고 넓은 화려한 침상에 앉지도 자지도 말라, 장식 분장은 물론 가무를 보고 듣는 일을 하지 말라, 식사시간 이외에는 먹지 말라 등 삼계가 첨가된 것이다. 이외에도 십중계(十重戒), 구족계(具足戒), 사십팔계(四十八戒), 십계(十戒) 등이 있다.

1) 『성훈(*Hadith*)』은 이슬람교 마호메트와 그 제자들의 언행을 기록한 경전이다. 주요 내용은 마호메트가 포교하며 있었던 일, 이슬람교의 신앙과 제도에 관한 논의 등이다.

세계 3대 종교의 계율 간에는 서로 다른 점이 있지만 같은 점도 있다. 다른 점의 예를 들면 불교에서는 살생을 금지하지만 기독교와 이슬람교에는 그러한 도덕계율이 없다. 천주교와 신교에는 일반 신도들에게 배우자가 한 명만 있어야 한다는 규정이 있지만 이슬람교에는 그러한 규정이 없고 남자가 여러 명의 아내를 거느릴 수 있게 허용한다. 불교와 천주교의 특정 성직자들은 혼인을 할 수 없게 되어 있지만 기독교는 그것을 허용하고 있다. 그러나 그러한 차이점이 있고 각기 독자적으로 발생하여 발전해 왔지만 3대 종교의 도덕과 계율에는 놀랍게도 유사점이 있다. 그것은 3대 종교 모두가 박애, 희생, 성실, 관용, 평등, 절도와 간음 금지 등을 강조하고 있다는 점이다. 이러한 측면은 인류의 선악관념이 객관성을 지닐 수 있다는 것을 충분히 설명해 준다. 또한 3대 종교의 도덕과 계율에 일치하는 점이 있다는 것은 인류의 도덕관념에서 공통성을 찾을 수 있다는 것을 보여주는 것이기도 하다.

2) 종교도덕의 구성

종교도덕은 두 부분으로 나뉜다. 하나는 인간과 신과의 관계를 규정한 행위규범이고, 다른 하나는 인간과 인간의 관계를 규정한 행위규범이다. 인간과 신과의 관계를 규정한 종교도덕을 살펴보면 종교도덕이 인간에게 신을 믿고, 신에게 복종하고, 신을 숭배하고, 신을 위하여 인간 자신이 헌신할 것을 요구하고 있는 것을 알 수 있다. 착취계급이 사회의 통치계급인 경우에는 언제나 그들이 인민을 압박하고 복종하게 만드는 데 종교도덕을 이용한다. 그리하여 통치자와 피통치자 간의 관계가 신화적으로 되는 것이다. 그러나 사회주의 사회에는 착취계급이 더 이상 존재하지 않으므로 대다수 노동 인민이 사회의 주인이다.

당과 정부는 종교 신앙의 자유를 정책적으로 실행하며, 종교활동은 종교를 신봉하는 사람들의 자발적 활동이 되고 종교적 믿음은 사적인 일이 된다. 종교는 더 이상 행정, 사법, 공교육에 간섭하지 않는다. 동시에 사회도 종교 내부의 일에 간섭하지 않는다. 이리하여 인간과 신의 관계를 규정한 종교도덕 규범은 더 이상 통치자와 피통치자 간의 관계를 반영하지 않는다.

인간과 인간의 관계를 규정한 종교도덕에는 불교와 도교의 오계(五戒), 십선(十善), 기독교의 십계(十戒) 중 부모를 존경하고 부모에게 효도하라, 살인하지 말라, 간음하지 말라, 도둑질하지 말라, 거짓 증언하지 말라, 타인의 아내와 재물을 탐하지 말라 등의 규범이 있고, 이슬람교의 정의를 수호하고(守正), 바르게 살고(正己), 청결 청렴하게 살고(自潔), 선행을 하고(行善), 방종하거나 사리사욕을 추구하지 말고, 교만하지 말고, 음주와 도박을 하지 말고, 음란하지 말고, 허튼소리를 하지 말아야 한다와 같은 규범이 있다. 이러한 종교도덕은 실제로 세속적인 도덕에서 비롯된 것으로서, 세속 도덕이 종교화된 결과라고 말할 수도 있다. 세속 도덕의 종교화에 장점이 있다면 신도들이 이러한 신조와 계율을 지킴으로써 엄격한 자기 규제를 통하여 인격도야를 할 수 있다는 것이다. 실제로 독실한 신도들 다수가 도덕적 모범을 보여주고 있다.

3) 종교도덕의 특징

첫째로, 종교적 신앙은 종교도덕의 핵심이다. 종교적 믿음이 출발점이자 핵심인가 아닌가의 여부에 따라서 종교도덕과 다른 도덕은 명확히 구별된다. 종교도덕이 아닌 다른 도덕은 인간의 현실적 이익이 출발점이며, 그래서 세속적인 도덕이다. 반면, 종교도덕은 초자연적 대상에 대한 믿음을 출발점으로 삼고, 그러한 믿음을 중심으로 자기 체계를 이룬다. 그래서 종교도덕은 초경험적 피안세계를 기본 전제로 삼아 현실세계의 모든 질서에 신성한 의미를 부여한다. 그러므로 종교도덕은 종교적 믿음을 구체적으로 설명한 것이다. 넓은 의미에서 볼 때 종교도덕은 종교적 세계관과 인생관을 구체적으로 결합해 놓은 것이다. 종교도덕은 신도들이 도덕적으로 반드시 지켜야 할 의무를 규정해야 할 종교적 믿음의 요구에 부응하여 생겨난 것이다. 그러한 규정들 중에서 경건한 믿음이 가장 중요한 의무이다. 경건한 믿음은 다른 모든 중요한 종교적 의무를 스스로 이행하게 만든다. 따라서 모든 종교적 전통은 올바른 믿음이 필요하다고 강조하며, 그것을 가장 중요한 종교적 의무로 삼고 있다. 예를 들면 불교에서는 성스러운 팔정도(八正道) 중에 정견(正見)과 정사(正思)를 특히 중시한다. 이슬람교에서는 신도들에게 오공(五功)보다 신공(信功)이 더 중요하다고 가르친다. 유태교는 믿음을 지키는 일[수신(守信)]의 의미를 강조하며, 믿음을 지키는 일이 모세의 십계 중 핵심 내용으로서 교회의 규범(教規)이 되어 있다.

둘째로, 종교도덕에는 기본적 형식이 있다. 종교도덕의 기본 형식 중 중요한 것으로는 금기, 계명(誡命) 또는 계율(戒律) 등을 들 수 있다. 하나의 완비된 종교도덕관 속에는 그 종교를 믿는 사람의 덕행 정도에 따라 그 사람이 어느 정도 경건한 신도인가가 결정된다는 관념이 들어 있다. 경건한 믿음은 언제나 종교도덕의 형식적 규정들을 준수함으로써 증명된다. 종교도덕의 형식 속에는 일상생활부터 시작하여 사회 단체활동에 이르기까지 포함되지 않는 활동이 거의 없다고 할 정도로 광범위한 내용이 포함되어 있다.

종교적 금기는 특정 대상과 접촉해서는 안 된다는 규정을 통하여 신도들의 대인관계를 제약한다. 원시민족의 종교부터 시작하여 현대 사회의 종교에 이르기까지 금기관념은 발생한 이후 지금까지 엄청난 변화를 겪었다. 그러한 금기들 중에는 동물과 관련된 것도 있고, 식물이나 음식물과 관련된 것도 있으며, 호칭과 관련된 것도 있다.

종교적 계명, 율법, 계율 등은 종교 특유의 법규로서 강력한 도덕적 색채를 지니고 있다. 종교발전의 역사에서 계명과 계율은 금기보다 훨씬 뒤에 출현하였다. 그러한 것들이 출현했다는 것은 종교윤리가 새로운 발전단계로 진입했다는 징후이다. 금기들 간에는 내적인 상호 연계성이 없고, 금기의 현실적 의미는 흔히 종교적 의미를 뛰어넘는다. 계명과 계율은 체계화된 종교적 세계관에 기초해서만 생겨날 수 있다. 개별적인 계명과 계율은 서로 연계되어 전체를 형성한다. 또한 비교적 완비된 종교적 법규에서는 계명과 계율이 형식적인 면에서 상대적으로 안정되어 있다. 적용범위도 훨씬 광범위하다. 그것들은 사람들이 일정한 윤리적 질서를 스스로 추구하게 만든다. 어느 면에서 계명과 계율은 금기와 차이가 있으면서도 금기를 계승하고 있는 측면도 있다. 계명과 계율은 대인관계에 있어서 "~해서는 안 된다"와 같은 형식으로 표현된다. 그것들 중 대다수의 내용이 원래 종교적 금기였던 것을 설명하거나 인증하고 있다.

계명과 계율은 신도들의 기본적 의무를 규정한 것이다. 종교적 전통에 따라 그러한 규정들은 표현양식이 다르고 명칭도 다르다. 기독교의 경우 신도의 종교윤리적 의무는 모세의 십계명과 전통적 율법의 규정들로부터 유래한다. 이슬람교는 '오공(五功)'이라는 말을 사용한다. 오공은 념(念, 마음은 깨끗하게 말은 진실되게 하라), 례(禮, 예배), 재[齋, 재계(齋戒)], 납[納, 납천과(納天課), 신의 이름으로 징수하는 일종의 과세], 조[朝, 메카(Mecca) 성지 순례]의 다섯 가지를 가리키는 말로서 신도들의 기본적 의무이다.

셋째로, 종교도덕에는 내적인 체계가 있다. 현실에 적용할 수 있는 도덕관념이자 실천체계로서 종교도덕은 반드시 일정한 덕목을 제시하여야 한다. 그러한 덕목들 중 중요한 것으로는 양선억악(敭善抑惡, 선을 선양하고 악을 억제한다), 건성신앙(虔誠信仰, 경건하고 성실한 믿음을 갖는다), 결정불염(潔淨不染, 청렴결백하게 살고 마음을 더럽히지 않는다), 시애(施愛, 사랑을 베푼다), 사기금욕(捨己禁慾, 남을 위해 자기 이익을 버리고 금욕한다), 성실부기(誠實不欺, 성실하게 살고 다른 사람을 속이지 않는다) 같은 것들이 있다.

선을 선양하고 악을 억제하는 일에 대해 살펴보자. 존재하는 모든 종교적 전통에서는 선이 최고의 윤리규범이며, 신도들에게 가장 중요한 의무는 선을 권장하고 악을 억제하는 일이다. 종교윤리에 있어서 선은 좋은 의미를 지니고 있지만 그것의 신성과 관련된 의미가 더욱 중요하다. 선은 초자연적 존재의 근본 속성으로 이해된다. 예를 들어 불교, 도교 같은 데서는 부처, 보살, 신선 등이 대자대비하고 전적으로 선한 존재로 인식되고 있다. 그들의 삶은 극락정토(極樂淨土)에서 영위되고 있으며, 도덕적으로 한 점 부끄러운 데가 없다. 기독교에서도 하나님은 가장 선한 존재로 보고 있다.

종교는 영혼을 정화하는 관건이 경건한 신앙에 있다고 보고 특별히 중시한다. 예를 들어 기독교는 신의 본성인 선이 인간에게 요구되는 가장 중요한 것으로 본다. 종교는 이러한 신의 의지를 실현시킴으로써 신에게 영광을 돌리려 한다. 불교는 선을 실현하기 위해서는 믿음이 필요하다고 본다. 불교는 인간이 "악의 고리를 끊고 선한 인연을 만들어 가야 한다[斷惡生善]"고 말한다. 그러기 위해서는 5가지 내재적인 조건을 구비해야 하는데 신(信), 정진(精進), 념(念), 정(定), 혜(慧) 등 '오근(五

根)'이 그것이다. 오근은 모든 선법(善法)을 만들어낼 수 있지만 그 중에서도 신(信)이 가장 중요하다. 불법승(佛法僧) 삼보(三寶)와 고집멸도(苦集滅道) 사제(四諦)를 성심으로 믿어야 마음의 더러움을 씻고 깨끗한 마음과 의지로 많은 선연(善緣)을 맺을 수 있다.

종교도덕은 경건한 믿음으로 영혼을 정화할 것을 요구할 뿐만 아니라, 그러한 믿음에 부합하는 종교적 행위를 할 것도 요구한다. 어떠한 종교체계에서도 경외와 숭배는 불가분의 것이다. 핵심적 종교행위로서의 경외와 숭배는 항상 신념의 표출이다. 이런 행위는 종교도덕에서 볼 때 선한 행위로서 내용을 필요로 한다. 인간의 영혼이 깨끗한 것과 더러운 것으로 구분되듯이 인간의 행위도 그와 같이 구분된다. 종교적 행위가 정결하게 되도록 하기 위하여 모든 종교적 전통 속에는 그러한 행위를 상세히 규정해 놓고 있는데, 종교적 예의가 바로 그것이다. 예를 들어 이슬람교에서는 예배를 할 때 정장을 해야 하고, 산발해서는 안 되며, 반드시 메카를 바라보고 해야 한다. 가장 중요한 것은 예배 전의 정례(淨禮)이다. 정례에서는 종교윤리가 요구하는 선이 정결한 영혼과 정결한 행위를 통일시키는 것이라는 점을 특별히 강조한다.

사랑을 베풀라는 것에 대해 살펴보기로 하자. 종교윤리에서 사랑은 선의 결정체이다. 종교윤리에서 말하는 사랑에는 두 가지 의미가 있다. 하나는 신과 신성에 대한 사랑이고 다른 하나는 인간에 대한 사랑이다. 신에 대한 사랑은 종교윤리가 규정한 행위준칙에서 중요한 의미를 지니고 있다. 오로지 전심전력으로 신을 사랑하는 자만이 신성한 존재의 의지가 요구하는 것을 가장 잘 실현할 수 있다. 또한 인간을 사랑하는 일은 신성한 존재의 의지가 요구하는 가장 중요한 것이다.

자기를 버리고 금욕하라는 것에 대해 살펴보기로 하자. 종교윤리가 내세우는 것은 신은 물론 인간에 대한 사랑으로서 사적인 이익을 포기할 것을 요구한다. 사랑을 베푸는 일과 자기를 버리는 일은 동전의 양면과 같다. 사랑을 베푸는 일과 마찬가지로 자기를 버리는 일도 수많은 종교적 전통에서 반드시 완수해야 할 의무이자 가장 중요한 선행들 중의 하나로 여겨진다. 사적인 이익을 버린다는 것은 신도 개인의 축재와 관련이 있지만 빈민구호금을 내거나 헌금을 하거나 교회와 사찰의 보수증축기금을 내는 것과 같은 일도 포함된다. 나아가 자기의 영혼과 육체를 봉헌하는 일까지도 포함되는 것이다. 재물을 포기하는 것은 다른 사람에게 복을 주고 선을 완성하는 일이다. 몸을 버리고 도(道)로 나아가는 것은 의(義)를 실현하기 위해서이다. 이러한 일들은 모두 종교윤리가 특별히 강조하는 행위들이다.

수많은 종교들은 종교생활에서 세속적 · 육체적 쾌락을 멀리해야 한다고 주장한다. 물질적 재화에 욕심내고 일시적 안락을 추구하는 일은 종교생활에 장애가 된다. 방종한 육욕은 도덕적으로 가장 추악한 행위이며, 불교는 탐(貪), 진(嗔), 치(痴)가 인생에서 겪는 모든 번뇌의 원인이라고 보아 '삼독(三毒)'이라고 말한다.

성실하게 살고 다른 사람을 속이지 않는 일에 대해 살펴보기로 하자. 성실도 종교윤리의 중요한 내용이다. 이슬람교에서는 성실하게 믿음을 지켜나가는 신도는 복을 받고 간악하고 다른 사람을 속이면 알라의 벌을 받는다고 본다. 모든 종교적 전통에서는 성실을 미덕으로 보는 동시에 기만과 사기를 최고의 악덕 중의 하나로 본다.

4) 종교와 도덕의 관계

종교와 도덕은 서로 구별되면서도 연계가 있다고 보고 중국 도덕교육론에서는 양자 간의 차이점을 여섯 가지로 설명한다(蘇振芳, 105).

첫째로, 종교와 도덕은 내용적인 측면에서 차이가 있다. 대개 종교에는 일정한 세계관과 인생관이 있으며, 종교관념은 인간의 삶을 설명하기 위하여 만들어졌다. 이러한 목적을 달성하기 위해 종교는 현실세계에 대립되는 초자연적 세계를 허구적으로 만들어내어 숭배의 대상으로 삼는다. 도덕은 구체적 사회의식을 표현한 것으로서, 도덕이 언급하고 있는 것은 사회생활에서 인간이 지켜야 할 행위준칙이며, 그러한 준칙은 주로 자기의 이익과 타인의 이익, 개인의 이익과 집단의 이익, 그리고 집단의 이익과 사회 전체의 이익을 조화시키는 일과 같은 구체적인 문제를 다룬다. 도덕의 힘을 빌려 사람들은 자기 행위가 정당한지의 여부를 판단하며, 대인관계를 조정하여 일정한 사회질서를 유지한다.

둘째로, 종교와 도덕은 표현양식이 다르다. 종교는 감성을 가지고 현실세계의 본질을 초자연적인 정신적 실체로 의인화하여 그것에 최고의 예를 취하게 한다. 맹목적인 힘에 굴복하여 사람들은 피안세계에서 구원의 희망을 찾게 된다. 한편, 도덕은 현실적인 인간관계를 다루므로 실천적 성격이 분명하게 드러난다. 사람들은 실제로 사회생활을 하며 서로 간에 일정한 관계를 맺게 되며, 특정한 인간 행위가 정당한지의 여부는 반드시 사회적 실천과정에서 증명된다. 따라서 도덕은 언제나 직접적으로 현실에 기초하며, 사람들에게 감정을 이성으로 통제하도록 요구하고 또 합리적으로 행위할 것을 요구한다.

셋째로, 종교와 도덕은 사회적 · 경제적 기초와의 관련성 측면에서도 차이가 있다. 종교는 일종의 사회의식으로서 경제적 기초로부터 가장 멀리 있다. 종교는 경제적 기초에 직접 연계되는 것이 아니라 중간에 여러 가지 다른 것들을 매개로 하여 연계된다. 종교와 마찬가지로 도덕도 경제적 기초에 직접 연계되지는 않지만 인간의 현실적 이익을 직접 반영하며, 그런 점에서 경제적 기초와 직접 연계되는 측면이 없지 않다. 서로 다른 도덕관념은 특정한 경제적 기초의 특성을 반영하며, 특정한 사회적 · 경제적 기초는 주어진 도덕이 그것에 적응할 것을 요구한다. 도덕은 언제나 경제적 기초와 함께 발전하며, 경제적 기초의 변화는 도덕관념과 그것의 실천을 신속히 인도하여 그에 상응하게 변화시킨다.

넷째로, 종교와 도덕의 사회적 속성도 같지 않다. 종교는 초월적인 존재에 대한 신앙을 확립함으로써 인간의 외부 환경을 근본적으로 설명하려는 목적을 가지고 있다. 일반적으로 종교는 인간이 추상적으로 통일된 류적(類的) 존재라고 해석한다. 추상적 명제를 통하여 종교는 현실의 모순과 갈등을 초월할 수 있고, 표면상으로는 '모든 인간의' 사회의식이 된다. 동일한 종교적 전통이 여러 사회형태에 존재할 수 있고, 또한 상이한 계급과 집단이 동일 사회에 존재할 수 있다. 종교는 어느 특정 계급만을 위해서 있는 것은 아니다. 이와는 달리 도덕은 인간의 현실적 이익과 직접적 관련이 있는데, 인간의 현실적 이익은 흔히 갈등을 일으킨다. 특히 계급사회에서는 착취계급과 피착취계급의 근본적 이익이 첨예하게 대립하는 까닭에 도덕도 필연적으로 대립하게 된다. 원시사회를 제외하고 오늘날까지 계급사회에서는 구체적으로 모든 도덕이 항상 계급적 '집단' 의식이었다. '모든 인간의' 도덕은 존재하지 않은 것이다.

다섯째로, 종교와 도덕은 사회생활에 미치는 적용범위와 방식이 상이하다. 주어진 역사적 조건 하에서 종교는 가정, 민족, 국가 등 다양한 경로를 통해 인간의 정신세계에 깊이 뿌리내림으로써 사회적 · 역사적 경험으로 장기적이고도 광범위한 영향을 미치고 있다. 다만 종교는 그것을 신봉하는 사람들에게만 영향을 준다. 그런데 인간에게는 신앙을 선택할 자유가 있고, 그런 까닭에 오늘날의 세계를 놓고 말할 때 종교가 사회생활에 관여할 수 있지만 필연적인 것은 아니다. 이와는 달리 도덕은 사회생활에 영향을 주며, 역사적 조건에 관계없이 필연적이다. 어느 사회에 사는 사람들이든 간에 도덕규범을 사용하여 인간관계를 조정할 필요가 있기 때문이다. 이러한 특성은 선택의 여지가 없다. 인간이 선택할 수 있는 것은 그러한 사회적 관계를 어떻게 다루느냐 하는 것, 바꿔 말해서 어떠한 도덕준칙을 채택할 것인가이다.

여섯째로, 종교와 도덕의 역사적 변화과정도 상이하다. 역사적으로 종교와 도덕은 동시에 출현하지 않았다. 인류는 생겨난 초기부터 집단생활을 해왔고, 그 결과 필연적으로 일정한 윤리적 관계가 형성되었다. 종교는 사회발전의 일정 단계에서 생겨났다. 인간이 의식적으로 자신과 자연계를 구분하기 시작하고 자기의 본질을 대상화하였을 때 비로소 서서히 종교가 형성되어 발전하게 된 것이다. 마찬가지로 종교와 도덕의 귀착점도 같지 않을 것이다. 도덕은 인류사회와 존망을 함께 할 것이다. 뿐만 아니라 사회가 끊임없이 진보하여 인간의 자각에 따른 행위가 날로 많아짐에 따라 도덕도 함께 진보할 것이다. 종교는 특정한 역사적 조건의 산물로서 시작이 있고 끝이 있을 것이며, 역사적 조건의 변화로 말미암아 불가피하게 약화되다가 결국에는 사라지게 될 것이다.

구체적으로 종교와 도덕 간의 관계는 두 가지 측면에서 말할 수 있다. 하나는 상호 보완하는 측면으로서 외적인 관계이다. 사회적 실천과정에서 사회의식이 다양화된다. 사람들은 도덕을 이용하여 인간 상호 간의 관계를 조정한다. 동시에 종교와 철학을 이용하여 자신의 존재가 지닌 보편적 의미를 이해하고 자기 삶을 설계한다. 종교와 도덕은 서로 구별되지만 특정한 역사적 조건 하에 존재하고, 동일한 사회적 · 물질적 기초에서 생겨나며, 동일한 사회생활 과정을 반영하고, 동일한 사회적 · 역사적 조건 하에서 인간의 실천활동에 적용되므로 기본적 특성을 보면 동일한 전제(前提)들이 있음을 알 수 있다. 실제 사회생활 과정에서는 종교와 도덕 간의 수많은 차이점들이 필요에 따라 서로를 적절히 보완해 주고 있는 것이다.

다른 하나는 일정 조건 하에서 상호 의존하고 상호 교류하는 측면이다. 이러한 내적인 관계는 도덕이 종교에서 지지와 해결책을 구하고 종교도 필요할 경우 도덕을 참고하는 것으로 나타난다. 종교관념은 인간이 자기의 근본적인 존재상황을 인식하면서 생겨난다. 인간 존재를 놓고 볼 때 도덕은 의심할 여지없이 가장 중요한 내용 중의 하나이다. 그러므로 인간과 인간 간의 도덕적 관계는 필연적으로 종교가 설명하는 문제로 되며, 종교에서 중요한 부분을 차지하게 된다. 도덕은 종교가 중점적으로 설명하는 내용들 중의 하나이며, 개별 종교 전통 속에는 일정한 도덕적 관계를 긍정하는 내용이 들어 있다. 종교와 도덕의 관계는 쌍방향적이다. 역사적으로 도덕은 일면 종교에 의존하여 존재하고, 종교의 형성과 발전은 일면 도덕에 힘입은 측면이 있다. 종교와 도덕의 긴밀한 결합은 종교윤리관으로 체계화된다. 종교윤리관에서 도덕적 내용은 종교적 형식으로 완전히 융합되어 양자 간에 전혀 명확한 경계가 없다. 한편으로 종교윤리는 도덕의 외연을 확대시켜 거의 모든 인간 행위와 인간관계에 제약을 가하고, 다른 한편으로 종교에 현실적 사회역량을 갖게 만들어 인간을 효과적으로 관리하고 감독하게 만든다.

5) 종교와 유신론

중국 도덕교육론은 유신론이 세상에 귀신과 하나님 등 초자연적인 힘이 존재한다는 것을 믿고 그것을 논증하고자 하는 학설이라고 규정한다. 유신론은 유심주의 세계관을 구체화한 것으로서 유심주의는 일반적으로 미신, 하나님, 운명과 같은 초자연적 힘을 믿는 사상이다. 유신론 사상이라는 말도 사용하고 있다.

의식형태라는 관점에서 볼 때 종교는 "인간의 일상생활을 지배하는 외부적인 힘으로서 인간의 두뇌활동이 만들어낸 일종의 환상에 불과하다. 이러한 환상을 통하여 인간은 초인적 힘을 구하고자 한다." 이것이 바로 유신론이다. 그러나 신앙의 일종이자 사회적 역량의 하나로서 종교에는 이론이 있을 뿐만 아니라 활동, 계율, 그리고 조직도 있다. 여기서 유신론은 종교 이론의 기초이고, 종교는 유신론에 기초하여 생겨난 하나의 신앙이다.

엥겔스의 말에 따르면 종교는 원시종교와 인위(人爲)종교로 구분할 수 있다. 인류가 혼돈상태를 벗어나 자연과 인간 자신에 대해 생각하기 시작하고, 영혼이 존재하고 만물에도 영혼이 있다는 유신론 사상이 생겨날 때까지 원시종교가 존재한다. 그러나 인위종교가 나타나자 자연숭배, 영혼숭배, 조상숭배, 토템사상 등의 원시적 숭배는 약화된다. 엥겔스는 "최초의 종교는 계절의 변화와 같은 자연현상에 대한 경축활동으로 나타났다. 특정한 자연조건과 산물 속에서 사는 부락이나 민족의 생활은 종교생활을 매개로 통합되었다"고 말한다. 이것은 원시종교에 유신론 사상이 있었을 뿐만 아니라 그에 따른 활동도 있었다는 것을 설명해 준다.

인간의 사유가 발전해 온 이러한 역사적 과정이 알려주고 있는 것은 두 가지이다. 하나는 원시종교와 유신론 사상이 동시에 출현했다는 것이고, 다른 하나는 원시종교에 유신론 사상이 있었을 뿐만 아니라 여러 가지 원시적 숭배활동을 통해 그것이 구체적으로 표현되었다는 것이다.

계급사회가 출현한 후 유신론 사상은 점차 체계화되고 이론화되어 종교신학과 세속미신으로 발전하였다. 종교 쪽을 보면 원시사회의 원시종교가 차츰 발전하여 '인위종교'가 되었다. 인위종교에는 부락종교부터 시작하여 민족종교, 세계종교까지가 포함된다. 일찍이 엥겔스는 이러한 과정을 간단명료하게 설명하였다. 또한 이 과정에서 신 개념도 함께 변화하였다.

종교가 발전함에 따라 신 개념도 더욱 더 초세계적 형상을 갖게 되고, 나중에는 거의 증류과정에 비유할 수 있는 자연발생적인 추상화 과정을 거쳐 인간의 두뇌 속에 산재해 있던 다신적 신 개념(多神的 神 概念)으로부터 일신교적 유일신 개념이 생겨났다.

세계종교가 나타나자 유신론은 종교신학에서 기본 교의의 이론형식이 되었다. 예를 들면 불교의 기본 교리는 '사제(四諦)'와 '십이인연(十二因緣)'을 주로 선전하는데, 그 내용은 이 세상이 고통스러운 곳으로서 인생에는 생로병사(生老病死) 등 '팔고(八苦)'가 있어 '고통이 끝이 없다[苦海無邊].' 그러므로 반드시 불교에 귀의하여 고심하며 수행하여야 구원을 얻을 수 있다는 것이다.

찌뚜짜오[기독교(基督教)]가 선전하는 말은 인류의 조상 아담과 이브가 하나님의 명령을 어기고 선악과를 따먹어 죄를 범했다는 것이다. 이 죄는 원죄로서 자손들에게 이어져 모든 사람은 태어나면서부터 죄가 있다. 사람들은 오직 기독교를 믿어야 하며, 구세주가 내려와 인간을 대신하여 죄를 사면해 준다는 것을 믿어야지 사후에 천당에 가서 영생의 복을 누리게 된다는 것이다. 이슬람교도 사람들로 하여금 알라[안나(安娜)]가 유일한 진짜 신이라는 것을 믿고 마호메트가 알라의 사자(使者)이며 세상만사를 안나가 주재한다는 것을 믿으라고 외친다.[2] 이러한 것들은 일종의 종교신학이며, 원시사회의 유신론 사상보다 훨씬 체계적이고 복잡하며 영향력도 크다.

---

2) 흔히 중국에서는 安娜라고 쓰고 있으나 사전의 표제어는 安拉[Allah]임.

유신론 사상의 또 하나의 발전방향은 각종 세속적 미신활동이다. 중국을 예로 들어보자. 중국의 미신사상과 활동은 역사도 오래고 종류도 많다. 운명점, 점괘, 문자점, 해몽, 부계(扶乩, 길흉을 점치는 점술의 일종으로, 나무로 된 틀에 목필을 매달고 그 아래 모래판을 두고 두 사람이 틀 양쪽을 잡고 신이 내리면 목필이 움직여 모래판에 써진 글자나 기호를 읽어 길흉을 점치는 것), 동전점, 풍수, 관상, 청선(請仙, 신선에게 기도드리는 일) 등이 있고, 그외에도 각종 무술(巫術), 금기 등이 헤아릴 수 없이 많다. 복첨(卜籤)에 대해 살펴보면 이미 인조우[은주(殷周)]시대에 성행하기 시작하였음을 알 수 있다. 복(卜)은 거북이 껍질을 태워 생긴 균열과 문양을 보고 신의 뜻을 알아보려 한 것이고, 첨(簽)은 여러 개의 시초(蓍草)를 가지고 배열된 모양으로 길흉을 판단한 것이다. 한(漢)나라 시대 찡팡[Jingfang, 경방(京房)]부터 시작하여 나중에는 동전, 그리고 더 세월이 지나서는 기와, 죽첨(竹籤, 가늘고 긴 대나무 조각이나 나무 막대기에 문자나 부호 따위를 새겨 만든 제비), 닭뼈, 소발굽, 우렁이 등으로 점을 쳤다.[3] 앞서 설명했듯이 최초에는 동물을 사용하였는데, 이런 방식은 주(周)부터 시작하여 춘추전국시대에는 이미 보편화되고, 명청시대에는 크게 유행하게 되어 명나라의 빠오리(鮑慄)가 쓴 『마이샹파[마의상법(麻衣相法)]』 7권이 있다. 또한 풍수[감여(堪輿)라고도 한다]와 관련해서는 진(晉)나라의 궈푸우(郭璞)가 쓴 『장서(葬書)』 20편이 있다. 이들은 미신활동을 연구한 대표적인 인물들이다. 다양한 설명을 검토해 볼 때 세속미신은 종교신학처럼 복잡하거나 깊이가 있지는 않지만 사람들에게 주는 영향력은 종교신학보다 결코 약하다고 할 수 없다.

3) 경방(京房), (BC. 77−BC. 37)은 서한(西漢) 사람으로 역학(易學)인 '경씨학(京氏學)'의 창시자이다.

당연한 일이지만 종교신학과 세속미신 이외에 귀신사상도 전해내려 왔다. 다시 말해서 종교를 믿지도 않고 미신적인 행위도 하지 않지만 귀신을 믿고 두려워하거나 운명을 믿는 사람들이 적지 않았다. 이런 사람들은 종교인도 아니고 유신론자도 아니므로 그냥 유신론에 유사한 사상을 가지고 있거나 미신사상을 가지고 있는 사람이라고 말할 수 있다.

지적해둘 필요가 있는 것은 이론상으로 계급사회를 설명하면서 유신론 사상이 종교신학과 세속미신 두 방면으로 발전했다고 했지만 종교와 미신을 같은 비중으로 다룬 것은 결코 아니다. 여기서 종교와 종교신학, 종교와 미신을 구별해야 한다. 종교신학은 종교적 이론의 기초이고, 종교는 이것에 기초하여 생겨났지만 거기에는 조직과 활동이 있고 내적인 신앙형식이 있다. 종교와 미신도 다르다. 종교는 세상에서 많은 사람들이 믿는 신앙의 대상이지만 미신활동은 그것으로 먹고 사는 소수 직업인의 생계수단이다. 종교는 오랜 발전과정을 거쳐 자체적 종교 이론과 풍부한 내용의 경전을 만들어냈다. 또한 종교사상은 사회생활의 각 영역에 침투하여 중대한 영향을 미치고 있다. 이런 측면에서 미신은 비교가 안 된다. 종교는 장기간의 발전과정을 거쳐 자체적으로 교회조직과 제도를 만들어냈다. 신도들은 일정한 교육을 받고 주어진 계율을 지킬 것을 약속한다. 종교는 무시할 수 없는 사회세력들 중의 하나이지만 미신은 그렇지 못하다. 그런 까닭에 오늘날 중국은 종교에 대해서는 신앙 자유의 정책을 실시하고 있으며, 미신활동에 대해서는 단속과 금지정책을 실시하고 있다. 물론 종교든 미신이든 간에 사상적 근원은 모두 유신론 사상에 있으며, 이런 점에서 양자는 다르지 않다.

계급사회에서 유신론은 통치계급의 통치사상의 일부로서 육성되고 이용된다. 반면, 무신론은 배척받고 배제당하며, 무신론자들은 탄압받고 관련 저작들은 폐기되거나 매장된다. 통상적으로 유신론과 무신론의 투쟁은 '많건 적건 또는 명시적이건 묵시적이건 간에 단지 각 사회계급의 투쟁', 즉 통치계급과 피통치계급 간의 이익투쟁으로 나타난다.

사회주의 사회에서도 무신론과 유신론 간의 투쟁은 여전히 존재한다. 그러나 투쟁의 성격이 크게 다르다. 우선 사회주의 사회에서는 노동인민이 지배적인 위치에 있고, 무신론이 최대한의 지지를 받아 날이 갈수록 수많은 군중들에게로 확산되고 있다. 유신론을 이론적 기초로 하고 있는 종교는 여전히 존재하고 국가의 보호도 받고 있지만, 종교인과 비종교인의 이익을 공히 보호하기 위하여 종교의 유신론 전파 또는 설교는 오직 종교활동 장소에서만 할 수 있다. 일반적 봉건 미신사상은 과학과 유물론이 나날이 보급되면서 기반이 점점 약해지고 있다. 인류의 사상발전사에서 무신론 사상과 유신론 사상의 위상이 처음으로 완전히 뒤바뀐 것이다. 전체적으로 무신론과 유신론의 투쟁은 이미 격렬한 계급투쟁을 반영하는 것이 아니라 기본적으로 인민 내부의 선진사상과 낙후사상을 반영한다. 왜냐하면 착취계급이 이미 소멸되었기 때문이다. 다만 일정 범위의 계급투쟁이 여전히 존재하므로 적대세력이 유신론을 선전하거나 이용하여 파괴활동은 물론 심지어 반혁명 활동까지 하는 상황이 여전히 발생한다. 이것은 방심할 수 없는 상황이다.

한편, 각종 구제도 사회에서 통치계급이 무신론과 무신론자에 대해 고압적인 수단을 사용하였던 반면, 사회주의 사회에서는 유신론에 대해 단지 논쟁과 토론을 벌일 뿐으로 "사상투쟁은 다른 투쟁과 달리 거친 강제적 방식을 사용해서는 안 되며 세밀하게 설명하는 방식을 사용해야 한다." "인민 내부의 사상문제와 정신세계의 문제를 다룰 때는 단순한 방법을 사용하면 효과가 없으며, 더 큰 피해가 생긴다. 잘못된 의견을 발표하지 못하게 하여도 결과적으로 그러한 의견은 여전히 존재하였다." 오히려 사실을 털어놓고 조리 있게 비판하고 교육하면 그들이 차츰 유신론 사상을 포기하고 무신론적 세계관을 갖게 될 것이다.

종교와 유신론 사상은 계급 및 계급투쟁과 더불어 생겨난 것은 아니므로 계급 및 계급투쟁의 소멸에 따라 소멸되지 않는다. 그것들의 소멸은 계급 및 계급투쟁이 소멸한 이후가 될 것으로 예측할 수 있다. 또한 계급과 계급투쟁이 완전히 소멸한 이후에 종교와 유신론 사상의 소멸은 대개 두 가지 방향으로 나타날 것으로 예상된다. 하나는 종교조직과 활동이 소멸하는 것이고, 다른 하나는 종교관념과 귀신을 믿는 유신론 사상이 최후로 소멸하는 것이다. 결론적으로 무신론이 인류의 모든 사상들 중에서 최종적으로 승리를 거두게 될 것이다.

6) 종교와 봉건적 미신의 관계

종교신앙의 자유를 허용하는 것이 종교문제에 대한 중국의 기본 정책이다. 그렇지만 어떤 사람은 종교와 봉건적 미신을 구별하지 아니하고 귀신을 믿는 것도 종교이므로 봉건적 미신에 대해서도 신앙의 자유 정책에 따라 자유롭게 활동하도록 허용해야 한다고 잘못 생각하고 있다. 그러나 실제로 봉건적 미신은 종교가 아니며, 종교 신앙의 자유 속에 봉건적 미신활동의 자유는 포함되지 않는다. 중국의 봉건적 미신은 수천 년의 역사를 가지고 있고, 봉건사회에서는 합법적이었으며, 봉건사회 통치자들의 비호를 받고 또 이용되었다.

그러나 신중국이 들어선 후 인민정부는 봉건적 미신활동에 대하여 억제정책을 시행해 왔다. 중국의 형법 제99조에는 '조직, 봉건적 미신과 회이따오먼[회도문(會道門)], 옛날의 미신단체, 종교조직)을 이용하여 반혁명활동을 하는 일'에 대한 처벌규정이 있고, 형법 제165조에는 '박수, 무녀가 미신을 이용하여 유언비어를 날조하고 재물을 사취하는 일' 에 대한 처벌규정이 구체적으로 명시되어 있다. 중국의 법률이 종교적 신앙과 봉건적 미신에 대해 상이한 태도를 취하는 이유는 무엇인가? 그 까닭은 종교와 봉건적 미신이 모두 유신론이고, 초자연적 힘을 숭배하며, 자연사회 인간을 우주 밖의 신비한 힘이 주재한다고 보지만 양자가 궁극적으로는 동일하지 않기 때문이다.

종교와 봉건적 미신의 다른 점은 무엇인가?

첫째로, 종교는 세계에서 수많은 사람들이 믿고 있는 신앙인 반면, 봉건적 미신활동은 소수 무술인의 생계수단이다. 종교는 원시사회의 일정 단계에서 생겨나 인류에게 보편적인 세계관이 되었다. 마르크스가 말하듯이 "고대에 각 족속들은 나름대로 역사 이전 시기를 상상해냈다." 계급사회가 출현하여 발전하면서 종교는 원시종교로부터 인위종교로, 다신교로부터 일신교로, 씨족종교·부족종교·민족종교로부터 불교, 기독교, 이슬람교 같은 오늘날의 세계종교로 발전하였다. 이런 종교를 믿으면서 종교적 세계관을 자신의 세계관으로 삼는 사람들이 현대 사회에서 여전히 다수를 차지하고 있다. 마르크스주의는 신앙문제와 세계관 문제에 대해 설득과 교육을 하고 신앙의 자유를 허용함으로써 사람들이 현실을 분석·비교·평가해 보아 점차 올바른 세계관을 정립해 가게 해야 한다고 본다.

봉건적 미신의 경우는 이와 다르다. 중국의 봉건적 미신활동은 역사가 오래되었고, 종류도 다양하며 피해도 심각하다. 예를 들어 운명점, 점괘, 문자점, 해몽, 부계(扶乩), 동전점, 풍수, 관상, 청선(請仙) 등이 있고, 그외에도 각종 무술(巫術), 금기 등이 헤아릴 수 없이 많다. 여러 가지 미신활동들 중 일부는 노예사회에서 생겨났지만 대다수는 봉건사회에서 생겨났다. 중국에서는 봉건사회가 오래 지속되었으며, 봉건 통치자들은 미신을 비호해 주었고, 수많은 무술인들이 봉건 통치자에게 충성을 바쳤다. 각종 미신은 끝없이 '완벽함'을 가장했으며, 그런 까닭에 통상 미신하면 봉건적 미신을 떠올리게 된다. 비록 봉건적 미신이 수천 년의 역사를 가지고 있지만 그것이 사람들의 신앙이 되고 세계관이 되었는가? 그렇지 않다. 무술인들은 각종 미신이 '완벽하다'고 가장하지만 그 목적은 사람들을 더 잘 속이기 위한 것이다. 또한 속은 사람들도 질병치료, 진학, 구직 같은 어려운 일을 당했을 때만 점을 치거나 관상을 보거나 운세를 보거나 한다. 대다수 사람들은 곤경에서 벗어나 상황이 바뀌면 그 일을 까맣게 잊어버린다. 다시 말해서 어떤 사람도 종교를 믿듯이 봉건적 미신을 자기의 신앙으로 삼거나 자기의 세계관으로 삼지 않는다.

둘째로, 종교는 장기적으로 발전해 오면서 일정한 종교 이론을 만들어내고 풍부한 내용을 지닌 경전도 만들어낸다. 그러한 경전들 속에는 종교 이론과 종교사상이 들어 있다. 비록 유심주의적이지만 그것들은 사회생활의 각 영역에 침투하여 커다란 영향을 미치고 있다. 반면, 봉건적 미신은 이런 점에서 종교와 비교가 안 된다.

종교, 특히 세계종교에는 경전들이 수없이 많다. 불교를 예로 들어보자. 불교 경전은 총체적으로 삼장(三藏)이라 불린다. 삼장은 부처의 설교인 경장(經藏), 불교의 계율인 율장(律藏), 불교 교리를 설명한 논장(論藏)을 가리킨다. 중국의 불교 경전은 1천 부 이상으로 5천 권이 넘는다. 이슬람교의 경전은 코란이며, 기독교의 경전은 성경이다. 이들 경전들은 모두 깊이 있는 내용을 담고 있으며, 영향력도 커서 정치, 경제, 문화, 예술, 도덕, 법률 등 인류의 사회생활 중 다루지 않는 부분이 거의 없다.

이에 비해 봉건적 미신은 오랜 기간 발전해 왔음에도 불구하고 세계관이라고 할 만한 이론이 없고 체계도 없는 까닭에 인류의 사회생활에 별다른 영향을 주지 못하고 있다. 중국의 관상술을 예로 들면 주대(周代)

에 등장하여 명청(明淸) 양대에 걸쳐 성행했음에도 이름이 널리 알려진 저작은 명대에 빠오리가 쓴 『마의상법』 7권 정도이다. 이 책조차도 풍부한 내용을 자랑하는 중국의 문화유산들 중에서 중요한 자리를 차지하지 못하고 가치 없는 것으로 여겨져 차츰 사람들에게 버림받게 되었다.

셋째로, 종교는 오랜 발전을 거쳐서 자체적인 교회조직과 제도를 만들어냈고, 신도들에게 일정한 교육을 하여 계율을 지키고 올바른 종교생활을 하겠다는 약속을 받는다. 그런 까닭에 종교는 사회생활에서 결코 무시할 수 없는 힘을 발휘하고 있다. 종교는 민족의 발전과 풍속에 방대한 영향을 미쳤고 국제정치에서도 영향력이 크다. 종교가 지닌 군중성, 민족성, 국제성은 결코 무시할 수 없으며, 민족문제나 국제문제를 다룰 때 진지하게 참고하지 않으면 안 된다.

이에 비해 봉건적 미신은 사회적으로 별다른 영향력을 발휘하지 못하고 있다. 봉건적 미신은 단지 소수 무술인이 재물을 탐하고 인명을 해치는 사기술에 불과하며, 반동인 회도문과 같은 봉건적 미신조직은 군중에게 상해를 가하고 부녀자를 모독하고 반혁명활동까지 한다. 확실히 군중들 사이에는 미신사상이 존재하며, 민족마다 형태는 다르지만 미신활동이 있다. 그러나 미신활동은 민족이나 국가와 아무런 연관이 없으며, 사회생활에 영향력을 발휘할 만한 조직을 갖지 못하고 있다. 이것은 무술인들이 그런 생각을 하지 못했을 뿐만 아니라 군중들을 끌어들여 장악할 만한 이론체계를 만들어내지 못했기 때문이다.

나아가 무술인들은 목전의 조그만 이익에 집착할 뿐만 아니라, 일하지 않고 사는 기생충 같은 생활을 영위하고 있기 때문이기도 하다. 그들 중에서는 석가모니나 모하메드 또는 기독교의 수많은 선지자들과 같은 인물을 찾아볼 수가 없다. 이들 종교가들은 개혁사회, 통일국가 등을 꿈꾸었고, 때로는 민족발전에 희망을 주는 일종의 종교적 처방을 제시했다.

물론 그러한 처방이 중국에는 인민군중의 혁명의지를 약화시키는 마취제가 되기도 했지만 그것들도 결국은 정치강령이고, 또한 당시에 엄청난 호소력을 지니기도 했었다. 반면, 미신을 생계수단으로 하는 자들은 그와 같은 기백과 능력을 갖고 있지 못하며, 군중을 끌어들여 하나의 사회세력으로 등장하지도 못한다.

넷째로, 종교는 오랫동안 발전하면서 독자적인 상징을 만들어냈다. 기독교의 상징은 십자가(†)이며, 이슬람교의 상징은 초승달이고(☽), 불교의 상징은 만자(卍)이며, 도교의 상징은 태극도(☯)이다. 종교가 상당히 많은 사람들의 세계관임을 고려할 때 종교를 믿는 일은 인식문제로서, 종교를 믿는 사람들을 포함하여 대다수 군중을 단결시켜 중국의 사회주의 4대 근대화에 참여시키는 일은 아주 중요한 정치문제이다. 그래서 국가는 종교에 대해서 신앙의 자유를 정책적으로 시행하고 있는 것이다. 반면, 봉건적 미신은 순전히 군중을 기만하고 군중의 생명과 재산을 해치는 불법적인 활동을 하므로 국가가 인민의 이익을 보호하기 위하여 봉건적 미신활동에 대해서는 억제시키는 정책을 시행하고 있다.

봉건적 미신활동을 억제시킨다고 해서 봉건적 미신사상을 가진 사람들 모두에게 제재를 가하는 것은 물론 아니다. 이것은 엄격히 구별해야 할 문제이다. 특정 지역 안에서 명지전(冥紙錢)을 불사르는 일, 좋은 신에게 기도를 드려 나쁜 귀신을 물리치고자 하는 일, 산 위에 있는 사묘(寺廟)에 향을 사르며 참배하는 일, 혼례나 상례 때에 금기를 지키는 일과 같은 미신적 행위가 여전히 행해지고 있고, 귀신을 믿는 미신사상이 상당수 군중들 사이에 엄연히 남아 있는 것이 사실이다. 이러한 문제는 생산을 늘리고, 교육에 박차를 가하고, 문화 수준을 높이고, 과학을 보급하고, 유물주의 사상을 전파하고, 정치사상 사업을 강화함으로써 해결해야 한다. 단순히 행정명령에 의지하고 형벌을 가한다고 해결될 일이 아닌 것이다.

미신활동으로 살아가는 사람들이라 할지라도 단순히 행정수단으로 제재를 가해기만 해서는 안 된다. 그들 중 대다수는 원래 노동군중이었다가 나중에 여러 가지 사정으로 그런 처지에 빠졌기 때문이다. 일찍이 해방 전 여러 근거지에서 당시의 인민정부는 그들에게 그러한 미신행위를 포기하도록 교육시켜 자기 힘으로 벌어서 먹고사는 노동자로 만들었고, 상당히 좋은 결과를 얻었다. 전국이 해방된 후 인민정부는 계속 그러한 정책을 실시했으며, 무당, 박수, 점쟁이 같이 미신활동으로 먹고 살던 자들이 모두 새로운 사람으로 바뀌었다. 실제로 교육으로 인간을 개조하는 당의 그러한 정책은 확실히 효과가 있었다. 그러나 10년 뚱루안[동란(動亂)] 기간 동안 사상 · 정치교육의 고삐가 풀어지면서 새 사람이 되었던 무술인들 중 일부가 원래의 미신활동을 재개하는 일이 벌어져 사라져가던 미신활동이 다시 살아나게 되었다. '쓰런빵[4인방(四人幇)]'이 타도된 후 특히 제11기 제3차 쭝취엔회이[중전회(中全會)] 이후 농촌경제에는 커다란 변화가 생겼고, 새로운 상황 하에서 사상 · 정치교육을 강화하여 수많은 인민군중이 봉건적 미신의 폐해를 몸으로 체험하고 깨달아 인식 수준이 엄청나게 높아졌다.[4] 최근에 미신활동으로 살아가던 많은 사람들이 스스로 나서서 미신활동의 허구성과 위해성을 폭로하고 다시는 그러한 활동을 하지 않겠다고 공언하고, 다른 사람들도 그러한 활동을 하지 말아줄 것을 부탁하는 일들이 있었다. 이것은 당의 정책이 상당한 성과를 거두고 있다는 증거들 중의 하나일 것이다.

4) '제11기 제3차 중전회'는 '중국공산당 제11기 중앙위원 제3차 전체회의'의 약칭이다.

2. 유신론과 종교에 대한 무산계급 정당의 대처방법

중국 도덕교육론에서는 유신론과 종교에 대한 당의 공식적 입장을 명시하고 있다. 종교의 자유를 허용한다고 하면서도 유신론과 종교는 역사 발전에 따라 종국적으로는 사라지게 될 것으로 보고 있는 것이 특징이다.

1) 무산계급 정당 입장에서 종교는 결코 개인적 문제가 아니다

국가의 입장에서 종교는 사적인 문제이다(蘇振芳, 117). 이것이 종교를 바라보는 마르크스주의적 관점이다. 다만 마르크스주의는 무산계급 정당의 입장에서는 종교가 결코 사적인 문제가 아니라고 본다. 이 두 가지를 절대로 혼동해서는 안 된다.

국제 공산주의 운동사에서 보면 이 두 가지 문제를 잘못 이해한 사람들이 많았다. 1890년대에 어떤 사람이 국가의 입장에서 종교는 사적인 문제이며, 무산계급 정당의 입장에서도 당연히 사적인 문제라는 주장을 하였다. 다시 말해 당으로 볼 때 세계관에서, 그리고 이론에서 종교신학과 투쟁하는 일은 불필요하며 무신론 선전은 쓸데없다는 것이었다. 이런 관점의 잘못을 지적하며 "당시 엥겔스는 사회민주당은 국가의 입장에서 종교가 사적인 문제라고 보지만 사회민주당 자체나 마르크스주의, 그리고 노동자 정당의 입장에서는 결코 사적인 문제가 아니라고 하는 의미 있는 성명을 발표했다."

레닌 시대에 일부 사람들은 마르크스주의의 이러한 관점을 여전히 잘못 이해하였고, 이에 레닌은 「사회주의와 종교」라는 문건에서 "종교는 당연히 사적인 문제임을 선포한다"고 재차 강조하였다. 흔히 이 글은 종교에 대한 사회주의자의 입장을 나타내기 위해 인용되고 있다. 다만 잘못된 이해를 피하기 위하여 이 말의 의미에 대해서는 정확한 설명이 필요하다. 국가의 입장에서 종교는 사적인 문제이지만, 노동자 정당의 입장에서는 종교가 결코 사적인 문제일 수가 없다. 나중에 「종교에 대한 노동자 정당의 입장」이라는 문건에서 레닌은 '이 원리의 정확한 의미'를 왜곡한 데 대해 기회주의자를 비롯하여 이러한 왜곡과의 투쟁에 무력함을 보이는 당내 일부 구성원들에 대해 다시금 비판을 가한다. 레닌은 독일 기회주의자의 잘못된 이해를 그대로 수용한 러시아 기회주의자는 엥겔스가 (독일 기회주의자를) 질책했던 것보다 일백 배 더 심한 질책을 받지 않으면 안 된다고 본다.

분명한 것은 무산계급 정당과 무산계급 독재정치 국가를 구별해야 한다는 점이다. 당은 무산계급의 선봉대이고, 국가는 계급을 압박하는 수단이다. 대내적으로 국가는 국민 전체가 법률을 준수하고 주어진 의무를 완수할 것을 요구하는 동시에 전체 공민에게 평등한 권리를 보장해준다. 바꿔 말해서 국가는 일부 공민의 편에 서서는 안 되며, 차별대우를 해서도 안 된다. 국가 앞에 모든 공민은 평등하다. 물론 공민권이 없는 사람은 예외이다. 대외적으로 국가는 다른 국가들과 우호적인 교류와 합작을 하는 동시에 안전보장에 힘씀으로써 외침을 예방한다. 그런 까닭에 종교를 믿는 일과 그에 따른 활동은 법률을 위반하지 않는 한 국가가 그것을 존중하고 보호한다. 국제적으로도 종교단체와 종교활동의 우호적 교류는 국가의 주권과 이익을 침해하지 않고 안전보장에 문제가 되지 않는 한 허용한다.

그러나 무산계급 정당은 변증유물주의와 역사유물주의에 기초하므로 무신론을 철저히 견지한다. 그런 까닭에 무산계급 정당은 종교적인 유심주의 세계관에 찬성하지 않을 뿐만 아니라, 그것과 이론적으로 투쟁을 벌인다. 무산계급 독재국가를 건설하는 일을 제외하고 지구상에 공산주의를 건설하여 가장 아름답고 원만하며 행복한 인간상을 실현한다는 지고하고 위대한 역사적 사명을 완수하기 위하여 무산계급 정당은 자본주의 사회의 모든 오염된 생활 잔재를 깨끗이 씻어내고자 분투한다. 또한 무산계급 정당은 내세(來世), 구세주 신앙, 초자연적인 힘의 숭배를 선전하고, 노동군중을 자본주의 사회의 굴욕과 고난 속에 빠지게 오도하고, 사람에게 요구되는 권리와 세속적인 생활에 당연히 필요한 것들을 포기하게 만들며, 나아가 모든 희망을 구세주 하나님에게 맡기고 죽은 후의 천국과 내세의 행복을 내세우는 종교와는 완전히 반대 입장에 선다. 이 점을 분명히 하면 이해하기가 어렵지 않다.

무산계급 정당이 종교를 사적인 문제로 보지 않는 이유는 무엇인가? 이유는 간단하다. 무산계급 정당은 무산계급의 선봉대 조직으로서 종교가 허무한 설교를 이용하여 피착취자를 우롱하고 노동군중을 우롱하는 일을 방치할 수 없기 때문이다. 오히려 정반대로 레닌이 말하듯이 "우리는 교회와 국가의 완전 분리를 요구하며, 순전히 사상적 무기만을 사용하여, 다시 말해서 우리의 책과 언론만으로 종교의 농간에 대항하여 투쟁할 것을 요구한다. 우리는 러시아 사회민주노동당이라는 자체 조직을 만들었고, 노동자를 우롱하는 종교의 어떠한 행위에 대해서도 반대하지 않으면 안 된다. 우리 입장에서 사상투쟁은 사적인 일이 아니다. 그것은 우리 당 전체의 문제이며, 무산계급 전체의 문제이다."

문제는 너무도 분명하다. 노동계급 정당 지도사상의 이론적 기초는 마르크스 · 레닌주의, 마오쩌둥(毛澤東) 사상, 덩샤오핑(鄧小平) 이론, 그리고 '세 대표'의 주요 사상으로서 무신론을 견지하고 선전하며 종교와 사상투쟁을 벌이는 것이다. 이것은 유물주의와 마르크스 · 레닌주의에 있어 최소한의 원리이다. 무산계급 정당이 유물론과 무신론을 철저히 견지하지 않는다든지 앞서 언급한 내용과 달리 종교신학을 수용하고 내부적으로 각종 유심주의 세계관과 투쟁을 벌이지 않는다든지 하면 그러한 정당은 마르크스 · 레닌주의 정당이라고 할 수 없다. 당 이론가 중에 유물론적 무신론을 철저히 견지하지 않는 자가 있어 세계관 속에 종교신학을 수용하고 내심 각종 유심주의 세계관과 타협을 한다면 그런 자는 마르크스 · 레닌주의자라고 할 수 없고, 유물주의자로서 최소한의 자격도 없는 사람일 것이다.

그러므로 종교신앙의 자유 정책은 무산계급 독재국가가 장기적으로 실행해야 할 정책이며, 종교문제에 대해 기본적으로 안정되어 있는 정책이다. 또한 종교와의 사상투쟁도 무산계급 정당이 장기적으로 수행해야 할 대단히 어렵고도 힘든 임무이다. 전자는 국가와 공민의 신앙관계를 언급한 것이고, 후자는 당과 무산계급 전체가 벌여야 할 사상투쟁 임무를 언급한 것이다.

종교문제에 대한 마르크스주의의 이와 같은 입장과 정책은 너무도 분명한 것이다. 그럼에도 불구하고 일찍이 무정부주의자는 종교에 관해 앞서 언급한 마르크스주의적 사고방식에 대해서 공격을 가하였다. 마르크스주의가 한편으로는 무신론을 '철저히' 주장하면서도 다른 한편으로는 종교에 대해 '관용적'이라는 것이었다. 이것은 마르크스주의가 '혼란'에 빠져 있고 '동요'하고 있는 증거가 아니냐는 것이었다. 레닌은 이에 대해 비판하면서 마르크스주의가 그렇다고 생각하는 사람은 '경솔하거나' '미성숙하거나 생각이 없는 자'라고 하였다. 왜냐하면 마르크스주의의 철학원리나 국제 공산주의 운동의 경험에 대해 조금이라도 알고 있다면 종교에 대한 마르크스주의의 책략이 '아주 신중한 것' 이며, 마르크스와 엥겔스가 '주도면밀하게 검토한 것' 으로서 변증유물주의로부터 직접 그리고 필연적으로 도출된 것임을 알 수 있을 것이기 때문이다. 그러므로 종교 신앙의 자유 정책을 실행하면서 무신론을 견지하고 또 선전해야 한다는 마르크스주의의 주장이나 종교와 사상투쟁을 벌여야 한다는 이론은 모두 전체적으로 모순이 아닐 뿐만 아니라, 오히려 종교문제에 대한 마르크스주의의 완비된 사상체계의 한 부분이며, 그것도 결코 잘라낼 수 없는 한 부분인 것이다.

오늘날의 문제는 종교와 사상투쟁을 벌이고 무신론을 전파할 때 어떤 입장에서 어떤 방법으로 해야 할 것인가이다. 역사상 수많은 유물주의자들이 무신론을 내세우며 종교와 투쟁을 벌였다. 특히 18세기 프랑스 무신론자들의 투쟁을 들 수 있는데, 그들의 저작은 지금까지도 빛을 발하고 있어 우리가 참고할 만하다. 다만 그들에 비해 마르크스주의는 훨씬 더 진보하였다. 마르크스주의는 "종교와의 투쟁은 추상적인 사상 선전에 국한해서는 안 되며, 그런 선전에 귀결시킬 수도 없다. 이 투쟁은 종교가 소멸된 사회를 실현시키려는 근본적인 계급운동의 구체적인 실천과 연계시켜야 한다"고 본다. 이 말은 추상적이고 고립적인 무신론 선전을 해서는 안 되며, 그러한 선전이 어디까지나 착취인이 없고 무지와 빈곤이 없는 공산주의 사회를 건설하기 위해 투쟁하는 당의 기본 임무에 따라야 한다는 것이다. 무산계급 정당의 핵심 사업이 가장 중요하고, 무신론 선전도 그러한 당의 핵심 사업에 따라 이루어져야 한다

오늘날 중국 공산당의 기본 임무, 바꿔 말해 당의 핵심 사업은 전국 인민을 단결시켜 한마음 한뜻으로 전심전력하여 4대 현대화를 이룩하는 것이다.[5] 중국의 모든 사업은 이러한 핵심 사업에 초점을 맞추어야 하고, 무신론 선전도 예외가 아니다. 중국의 무신론 선전사업은 당연히 4대 현

대화의 조기 실현에 유의해야 하고, 전국 모든 민족의 단결에도 유의해야 한다. 이것은 의심할 필요가 없다.

그렇다면 "여기서 반종교적인 계몽서적은 해롭거나 쓸모없는 것이라고 말할 수 있을까? 그렇지 않다. 그러한 결론을 내릴 수는 없다." 과거 이 문제에 대해 레닌이 대답한 것은 오늘날에도 그대로 정확하다. 종교가 생겨나 존재하고 있다는 사실을 부정할 수는 없지만 개인이 종교를 믿느냐 안 믿느냐 하는 것은 우리가 제어할 수 있는 문제이다. 구체적으로 개인적인 차원에서 보면 종교신학 사상이 아무런 제한 없이 유행했던 고대에조차도 뛰어난 무신론자들이 많이 등장했었다. 오늘날 우리에게는 사회주의라는 조건 하에서 인민군중, 특히 수많은 청소년들에게 공산주의적 세계관, 인생관, 가치관을 정립하게 하는 대신 종교신학의 영향을 받지 못하게 하고 유심주의 세계관과 인생관에 오염되지 않게 해야 할 이유와 능력이 있다. 종교는 역사적으로 오랜 기간 존속해 왔다. 따라서 단기간 내에 종교를 믿는 사람들을 무신론자로 바꾸는 일은 실제로 하나의 환상에 불과하다.

그러나 그렇다고 해서 구체적으로 개별 신앙인, 특히 청소년 신앙인의 경우 혁명과 건설사업에 참여하게 하고 무신론 선전교육을 받게 하여 무신론자로 만드는 일이 불가능하다는 것은 아니다. 만일 어떤 의사가 세상 모든 사람들의 병을 고치겠다고 말한다면 되는 대로 지껄이는 소리

5) 중국에서는 현대화를 '사회주의 현대화'로 해석한다. 제2차 세계대전 이후 각국의 현대화는 다양하게 전개되고 있고, 중국의 현대화는 '중국 특색의 사회주의 현대화' 라고 말한다. 구체적인 내용을 보면, 선진 과학기술을 이용하여 생산력을 발전시키고 생산과 소비 수준을 부단히 제고하여 사회기구와 정치의식을 변화시키는 일 등이 포함되어 있다. 특히 의식개혁과 관련하여 정치 민주화, 이성주의와 과학정신, 사회유동과 현대화된 인격 등을 강조하고 있다.

정도로 보겠지만 자기가 맡은 어떤 병자의 병을 고치겠다고 나선다면 고개를 끄덕일 것이다. 여기서 한걸음 더 나아가 세상의 의사들 모두가 나서서 병자를 치료하고 질병의 예방에 힘쓴다면 많은 병자들이 완쾌되어 병든 사람 수는 훨씬 줄어들 것이다. 무신론 선전사업도 이와 같다. 무신론 선전사업이 효과를 거두어 종교의 영향력이 줄어든다면 청소년을 건강하게 키울 수 있을 것이다. 아무튼 무신론 선전을 불필요할 정도로 강화하면, 그것도 심지어 종교를 없애는 유일한 수단이라고까지 내세우게 되면 그러한 일은 마르크스주의의 입장이 아니다. 그러나 그렇다고 해서 무신론 선전사업을 부정하고 무신론과 과학적 세계관 교육에 반대하는 것도 마찬가지로 마르크스주의적 관점이 아니다.

여기서 문제의 관건은 무신론 선전을 어떻게 제대로 하느냐이다. 거기에는 무신론 선전의 내용과 방법 두 가지가 포함된다. 무신론 선전의 내용은 당연히 귀신을 부정하고 종교적 세계관의 부정적인 영향을 비판하는 것이다. 그러나 무신론 선전의 내용이 이런 것에만 국한된다면 그것은 제대로 된 마르크스주의적 무신론 선전이 아니다. 마르크스주의 무신론의 내용은 아주 광범위하고 풍부하다. 변증유물주의와 역사유물주의 세계관을 적용하는 일, 현대 과학의 최근 성과물을 종합하여 종교적 유신론의 허황함을 보다 심도 있게 체계적으로 폭로하는 일과 같은 내용 이외에도 종교가 생겨난 원인, 등장과정, 발전소멸의 법칙을 세밀히 분석하는 일, 종교의 사회적 특성과 기능을 검토하고 그것이 사회생활에 미치는 영향을 상세히 살펴보는 일, 특히 종교와 계급 및 계급투쟁 간의 관계, 종교문제에 대한 무산계급과 그 정당의 기본 입장과 정책을 전면적으로 정리하는 일 등의 내용을 포함한다. 이러한 선전은 사람들이 유물주의적 세계관을 정립하는 데 도움을 줄 뿐만 아니라, 당의 정책을 심도 있게 이해하고 그것을 철저히 집행하는 데에도 도움을 줄 것이다. 그러므로 무신론을 선전하는 일과 당의 종교정책을 철저히 집행하는 일은 상반되는 것이 아니라 동전의 양면과 같이 동일한 문제의 양 측면인 것이다.

넓은 의미로 보아 천체의 구조, 지구의 진화, 인류의 기원, 사회의 변천, 과학의 발달, 이상의 실현 등과 같은 자연과학과 사회과학에 대한 교육은 과학기술과 사회발전의 역사를 가르치는 교육으로서 당연히 무신론 교육에서 모두 고려해야 할 내용이다. 실제로 무신론의 일반 이론 선전 중에는 과학적 지식을 가르치는 일이 포함되어 있다.

그러나 무신론 선전 교육의 내용이 아무리 좋더라도 그것을 적절한 방법과 방식으로 실시해야 한다. 우선 당연한 일이지만 누구라도 종교활동 장소에서 무신론 선전을 해서는 안 되며, 또한 신도인 군중들에게 무신론과 유신론을 가지고 논쟁을 벌여서는 안 된다. 다음으로 무신론 선전은 주먹구구식으로 이루어져서도 안 되며, 신도인 군중의 감정을 상하게 해서도 안 된다. "신도들의 감정을 자극하는 일은 종교적 광기를 심화시킬 뿐이기 때문이다."

그외에 무신론 선전은 다양한 방식으로 생동감 있게 이루어져야 한다. 이에 대해 레닌은 일찍이 구체적으로 지적하였다. "18세기 말의 투쟁적인 무신론 문헌을 번역하여 인민에게 널리 전파시킬 필요가 있다." "각종 무신론 선전자료를 인민에게 공급해 주고, 실제 생활의 각 부문에서 일어나는 일을 그들에게 알려주며, 여러 가지 방법으로 영향을 주고, 인민의 흥미를 유발시키며, 종교의 미몽에서 깨어나게 하는 등 온갖 방법으로 모든 측면에서 그들을 분발시켜야 한다."

무신론 선전은 간단한 일이 아니다. 일찍이 마오쩌둥은 호남 농민운동 시기에 몸소 농촌에 내려가 무신론 선전을 하여 사람들에게 모범을 보였다. 마오쩌둥은 무신론 선전에 '인이부발'(引而不發, 활을 당기기만

하고 쏘지 않는다는 말로, 남을 가르칠 때 스스로 그 이치를 깨닫게 하지 모든 것을 다 가르치지는 않는다는 뜻) 정신이 필요하다고 지적했다. 다시 말해서 사상적으로만 계몽하고 인도해야지 군중을 대신하여 행동해서는 안 된다는 점을 지적한 것이다. 무신론 선전은 몇 가지 공허한 이론만으로는 결코 효과를 거둘 수 없다. "종교는 인민의 아편이다"와 같은 단순화된 구호로 신도인 군중들을 대하면 그들의 감정을 상하게 하고 마르크스주의 무신론의 명예를 더럽히게 된다.

요컨대 단순히 귀신을 믿지 않는다고 해서 스스로 깨달은 무신론자는 아니다. 올바른 세계관을 정립하고, 분투목표를 명확히 세우고, 구세주를 믿지 않으며, 내세에 행복한 사람이 된다는 환상을 갖지 않아야 철저한 무신론자이다. 그러므로 무신론 교육은 무신론 선전사업을 하는 사람들은 물론 자연과학자, 사회과학자, 그리고 교육자 모두가 도의적으로 거절할 수 없는 책임이다.

2) 무신론을 교육하는 일은 장기적인 험난한 사업이다

수많은 인민들에게 무신론을 선전하고 무신론 교육을 하는 일은 장기적으로 치밀하게 진행시켜야 할 힘겨운 정치사업이다. 유신론과 (원시사회의 '자연발생적 종교'와 계급사회의 '인위적으로 만들어낸 종교'를 망라하여) 종교가 세상에서 이미 거의 1만여 년 동안 존속해 왔고, 현재도 수억을 헤아리는 노동 인민의 정신세계를 지배하고 있다는 것은 잘 알려진 사실이다. 대대손손 모든 국민, 모든 가족이 신도인 국가와 민족도 많다. 이러한 상황을 변화시킨다는 것은 결코 쉬운 일이 아니다. 그래서 레닌은 「유물주의 투쟁의 의의」라는 문건에서 무신론 선전의 중요성에 대해 말하면서, "현대 사회의 우매 무지하고 편협 혼미한 수많은 인민 대중에게 (특히 농민과 수공업자에게) 단순히 마르크스주의 교육만 시키면 혼미한 상태를 벗어나게 할 수 있다고 생각하는 마르크스주의자가 있다면 그것이야말로 최대의 착오이자 최악의 착오이다"라고 지적하였다. 우리는 레닌의 이러한 말에 대해 깊이 생각해 볼 필요가 있다.

중국은 사회주의 국가이다. 무신론은 이미 중국에서 공개적으로 합법적인 지위를 누리고 있다. 그러나 무신론 선전과 무신론 교육사업은 아직 일부 사람들에 의해서만 행해진다. 중국에서 종교계에 숨어든 반동분자들은 여전히 온갖 수단을 다하여 파괴활동을 벌이고 사회주의 제도에 반대한다. 외국의 반동세력도 종교를 이용한 침략과 전복활동을 포기하지 못하고 있다. 그래서 사회주의 국가의 종교부문에서는 아직도 복잡하고, 심지어 극단적인 투쟁까지도 벌어지고 있는 것이다.

사회주의 국가의 수많은 인민군중을 놓고 볼 때 종교를 믿는 일은 세계관의 문제이다. 이러한 잘못된 세계관을 바꾸는 일은 결코 쉬운 일이 아니며, 그러기 위해서는 장기적으로 치밀하게 진행시켜야 할 무신론 교육이 필요하다. 유신론과 종교는 끈질긴 생존력을 지니고 있다. 누군가가 어느 시기에 보아 문제가 이미 해결된 것 같더라도 시간이 흘러 심한 자연재해가 발생한다든가, 살아가다 쉽게 해결할 수 없는 곤경에 처한다든가, 가정에 비참하고 침통한 불행한 일이 닥친다든가 해서 상황이 달라지면 유신론적 관념과 종교적 미신이 쉽사리 부활한다. 그런 까닭에 무신론 교육은 장기적으로 치밀하게 진행시켜야 할 힘겨운 사상사업이며, 오랜 기간에 걸쳐 폭넓고 깊이 있게 해나가야 한다.

수많은 인민에게 무신론을 선전하고 교육할 때 특별히 유의해야 할 점이 있다.

첫째로, 무신론 교육은 반드시 과학교육과 긴밀하게 연계지어 해나가야 한다. 무신론 교육은 변증유물주의와 역사유물주의에 기초하여 유신론적 관념, 종교의 기원 · 발전 · 소멸의 법칙을 분석하고, 그것과 계급 및 계급투쟁 간의 관계를 분석하며, 유신론과 종교문제를 다루는 무산계급과 그 정당의 입장을 이해시켜 수많은 인민군중으로 하여금 유신론과 종교의 본질을 정확히 인식하게 하며, 당의 종교정책을 명확히 이해시킴으로써 인민군중의 정치의식을 높이고, 점차 그들을 유신론과 종교의 구속으로부터 해방시켜야 한다. 다만 그러한 교육만 해서는 너무도 미흡하다. 반드시 과학교육을 병행하여 앞서 언급했듯이 천체의 구조와 운행법칙, 지구의 형성과 발전법칙, 인간을 포함한 생물의 기원과 진화법칙, 인류사회의 발전법칙을 교육함과 아울러 기타 자연과학과 사회과학의 기본 지식을 교육하여야 한다. 어떤 의미에서 이러한 모든 것이 무신론 교육이다. 각 방면의 기본적 과학지식이 없으면 스스로 자각하여 무신론자가 되기는 어렵기 때문이다. 그러한 과학지식은 세계가 객관적으로 존재하며, 자체의 객관적 법칙이 있고, 자연계에는 영혼이니 귀신이니 하나님이니 하는 것들이 존재하지 않는다는 것을 여러 관점에서 설명해 줄 수 있다.

둘째로, 무신론 선전을 하면서 신도들의 감정을 상하게 해서는 안 된다. 이론적으로 무신론과 유신론은 물과 불처럼 서로를 용납하지 않는다. 그런데 구체적인 사람을 놓고 볼 때 무신론 교육의 주요 대상은 신도인 인민군중이며, 무신론 교육의 목적은 그들을 도와 인식 수준을 높여서 그들이 스스로 자각하여 종교신앙을 포기하고 무신론자가 되게 만드는 것이다. 무신론 교육을 주먹구구식으로 한다면 안 해도 될 말을 하게 되어 고의든 아니든 피교육자의 종교적 감정을 상하게 하여 교육자와 피교육자가 대립하게 되고, 교육내용이 올바른 것일지라도 들으려 하지 않을 것이다. 그 결과 인식 수준을 높이기는커녕 오히려 그 반대 효과가 나타날 것이다.

러시아혁명 이후에 레닌은 러시아공화국(俙)의 지도자로서 종교투쟁을 벌이며, “당은 착취계급과 종교 선전조직 간의 연계를 분쇄하는 동시에 실제로 노동군중을 종교적 편견으로부터 해방시키는 데 힘써 노력해야 한다. 이러한 목적을 달성하기 위한 조직은 과학교육과 종교에 반대하는 선전사업을 최대한 광범위하게 실행해야 한다”고 엄숙하게 지시하였다. 레닌은 다른 글에서 이 문제를 다시 거론하면서 무신론 교육은 동기가 좋아야 할 뿐만 아니라 결과도 좋아야 한다고 설명하였다. 무신론 교육을 하면서 고의든 고의가 아니든 신도의 감정을 상하게 하는 일은 좋은 결과를 기대하기 어렵다.

셋째로, 당연한 일이지만 무신론 선전에서는 인류역사가 남긴 진귀한 유산들을 충분히 활용해야 한다. 레닌은 “일찍이 엥겔스는 현대 무산계급 지도자들에게 18세기 말 투쟁적 무신론의 문헌들을 번역하여 인민에게 널리 전파시킬 것을 부탁하였다. 부끄럽게도 우리는 지금까지 그러한 일을 하지 않고 있다. (혁명시기에 정권을 탈취하고, 이와 같은 레닌의 말을 따름으로써 정권운영이 훨씬 더 용이했었다. 수많은 사례들 중에 이것 하나만으로도 레닌의 주장은 증명되었다고 하겠다.) … 18세기 구무신론자들은 예리하고도 생동적이며 재기발랄한 정론(政論)을 쓰고 기지(機智)를 발휘하여 당시 성행하던 승려주의(僧侶主義)를 공개적으로 공격하였다.[6] 그러한 정론은 사람들의 종교적 미몽을 깨우쳐 주고, 러시아 출판물에서

6) 승려주의는 신앙주의의 다른 표현으로서 “신앙이 지식에 우선한다는 사상이다. 과학지식을 비롯한 지식은 인생의 궁극적 문제를 해결하지 못하며 오직 신앙만이 그것을 해결할 수 있다”(『레닌전집』, 제53권 316쪽)고 보는 주장이다. 중국의 사전에는 “현대 서구 종교 철학은 과학지식과 종교신앙이 조화될 수 있다고 본다”고 설명하고 있다.

흔히 보이는 왜곡을 바로잡게 한다. (감히 말한다면, 그 따위 러시아 출판물보다) 마르크스주의적인 글이 천 배 백 배 낫다. 러시아 출판물의 글은 무미건조하고, 마르크스주의를 단순히 인용하고 있고, 적절한 사실을 선택하지 못하여 거의 제대로 된 설명을 하지 못하고 있기 때문이다"라고 말했다.

엥겔스와 레닌은 18세기 구무신론자들을 아주 높이 평가하였다. 바로 메이시에(梅葉), 라메이터리(拉梅特浬), 아이얼웨이슈(愛爾維修), 디더루오(狄德羅), 후오얼바허(霍爾巴赫) 등이 그들로서, 모두 18세기 프랑스가 낳은 걸출한 무신론자들이다.[7] 메이시에가 쓴『유서(遺書)』[이미 상무인서관(商務印書館)에서 출판했음), 라메이터리가 쓴『인간은 기계다』[이미 삼련서관(三聯書館)에서 출판했음], 디더루오가 쓴『철학사상록(哲

7) 梅叶(Jean Meslier, 1664-1729)는 프랑스 계몽사상가로서 공상적 공산주의자이다. 신학교를 졸업하고 농촌에서 활동하는 신부였다. 물질만이 실재하고, 만물의 근원이 물질이며, 의식은 물질의 산물이라고 주장했다. 梅爾維修(Claude Adrien Helvetius, 1715-1771)는 계몽사상가이자 철학자이다. 17세기 영국 유물주의 경험론의 전통을 계승 · 발전시켰으며, 신의 존재를 부정하고 세계가 물질로 되어 있다고 보아 물질세계가 지식의 유일한 원천이라고 주장하였다. 인간은 환경과 교육의 산물이라고 보았고, 교육 만능을 내세웠다. 狄德羅(Denis Diderot, 1713-1784)는 프랑스 계몽사상가, 철학자, 문학가, 미학가, 무신론자이다. 파리대학교에서 문학 석사를 했고, 1749년 봉건제도와 종교신학을 비판하다가 투옥당했다. 풀려난 후에『백과전서』를 편찬했으며, 신의 존재와 영혼불멸설을 부정하고 이원론과 주관적 유심주의에 대해서도 비판을 가했다. 霍爾巴赫(Paul Henri Dietrich d' Holbach, 1723-1789)은 프랑스 계몽사상가, 철학자, 무신론자이다. 프랑스에서 출생했으나 네덜란드로 가서 대학교를 졸업하고 다시 파리로 와서 프랑스 국적을 가지고 살았다. 狄德羅가 편찬한『백과전서』의 주요 투고자들 중의 한 사람이다. 유신론에 반대하고 종교가 모든 악행의 근원이라고 보아 신권(神權) 타도에 앞장섰다. 범신론과 자연신론에 대해서도 종교와 타협한다고 보아 반대하였다. 당시 프랑스 유물주의를 정리했으며, 운동이 만물의 존재양식이라고 주장하였다.

學思想錄)』[이미 삼련서관에서 출판했음], 후오얼바허[포이에르바하(Feuerbach)]가 쓴 『자연체계』(이미 상무인서관에서 출판함), 아이얼웨이슈가 쓴 『정신론』[이 책은 1933년에 상해 신간서점(申墾書店)에서 출판한 중국어 번역본이 있으나 번역의 질과 양은 좋지 않음. 처음부터 다시 번역할 필요가 있음] 등이 모두 구무신론자들의 대표작으로서 무신론적 세계관을 선전하는 명저들이다.

18세기 구무신론자들의 저작에도 결함이 없는 것은 아니다. 일찍이 레닌은 "18세기 혁명가의 무신론 저작에는 비과학적이고 유치한 부분이 적지 않다. 다만 그들 저작에서 줄일 것은 줄이고 집어넣을 것은 집어넣으며, 18세기 말 이래 인류가 과학을 이용하여 종교를 비판함으로써 진보를 이룩한 것을 지적하고, 관련된 최신 저작을 소개하는 등의 일을 하는 출판업자를 아무도 가로막을 수 없을 것이다. … 러시아에서는 구무신론과 구유물주의에 대해 우려를 표시하며 마르크스와 엥겔스가 제시하였던 수정 의견을 이용하여 보충하려 하지 않는다. 그러나 이것은 아무런 근거도 없다"고 지적했다. 중국 전역이 해방된 후 당과 국가가 중시했던 까닭에 번역계와 출판계에서는 이 분야의 작업을 이미 상당히 진척시켰지만 아직도 해야 할 일이 너무도 많다. 우리는 계속 적극적으로 18세기 구무신론자의 저작을 번역하여 출판함과 동시에 마르크스주의를 적용하여 이들 저작에서 '비과학적이고 유치한 부분'을 분석하고 비판하여 쓸모없는 것은 버리고 중요한 내용은 가려내야 한다. 18세기 구무신론자의 저작을 활용할 수 있다면 중국의 무신론 선전사업은 보다 좋은 결과를 얻을 수 있을 것이다.

역사적으로 소중한 유산들을 이용하는 일과 관련하여 우리는 무신론에 대한 중국 자체의 소중한 유산들도 충분히 활용할 필요가 있다는 점을 강조해야 한다고 생각한다.

중국은 무신론에 대한 소중한 역사적 유산이 매우 풍부한 나라이다. 춘추전국시기의 멍즈[Mengzi, 맹자(孟子)]는 '무신론'에 대해 논했고, 전국시기 쉰즈[Xunzi, 순자(荀子)]는『천론(天論)』,『해폐(解蔽)』등을 집필했으며, 한조 때 왕총[왕충(王充)]은『논형(論衡)』이라는 저작 속에서 「논사(論死)」,「사위(死僞)」,「정귀(訂鬼)」,「박장(薄葬)」에 대해 썼다. 남북조 때 판전[Fanzhen, 범진(範縝)]은『신멸론(神滅論)』을 썼으며, 당조의 류쭝위엔(Liuzongyuan, 유종원(柳宗元)]은『천설(天說)』,『천대(天對)』,『유우석의 천론에 답함』등의 글을 썼고, 류위씨[Liuyuxi, 유우석(劉禹錫)]도『천론(天論)』등의 글을 썼다. 당조의 슝보어롱(Xiongbailong, 웅백룡(熊伯龍)]은『무하집(无何集)』을 집필했다. 이것들은 모두 중국 무신론에서 불후의 명저들이다. 중국 역사에서 무신론에 대한 사료(史料)를 모아 정리하고 그것에 기초하여 한 권의 책을 만든다면『중국 무신론사(中國無神論史)』가 될 것이며, 수많은 대중에 대한 무신론 선전자료가 될 것이다. 이렇게 만들어진 책은 18세기 구무신론자들의 저작과 비교해서 조금도 손색이 없을 것이다.

넷째로, 무신론 교육의 주요 대상은 수많은 노동인민이라는 점을 명확히 해야 한다. 과거 중국의 무신론 교육은 주로 도시에서 이루어졌고, 교육을 받은 주요 대상도 간부, 학생, 지식분자, 노동자 등이었으며, 수많은 농민과 목축민은 일반적으로 무신론 교육을 받기가 어려웠다. 그러나 중국의 종교신도 중 절대다수는 수많은 농민과 목축민이다. 농촌과 목축지역은 종교활동이 가장 활발한 지역이다. 여기에 문제가 있다. 무신론 교육의 중심점은 당연히 도시로부터 농촌과 목축지역으로 점차 옮겨가야 하고, 그곳의 사상 진지를 탈취하여 점령해야 한다.

다섯째로, 무신론 교육의 방식과 방법은 다양해야 하고, 이용 가능한 모든 선전수단을 활용해야 한다. 레닌이 말한 '사상무기'에 서적, 잡지,

신문, 보고회, 강연회 등을 포함해야 할 뿐만 아니라 연극, 영화, 소설, 시가(詩歌), 텔레비전, 라디오, 인터넷, 문자 메시지, 영상자료, 만화 등도 포함시켜야 한다. 우리는 모든 선전수단을 이용해야 하고 또한 이용할 수 있어야 한다. 나아가 무신론 교육을 주관하고 지원하는 기구를 만들어야 한다. 이렇게 하여야 비로소 수많은 인민들을 유신론과 종교의 구속으로부터 해방시킬 수 있을 것이다. 무신론 선전을 사소한 일로 여기고 글 몇 편이나 책 몇 권으로 한 차례 활동하여 문제가 해결될 것으로 생각한다면 그것이야말로 레닌이 말한 '최대 최악의 과오'를 저지르는 일이 될 것이다.

3. 중국 종교신앙자유정책의 철저한 시행

1982년 중공 중앙(中共 中央)이 발표한 「중국 사회주의 시기 종교문제의 기본 관점과 기본 정책」 등 일련의 문건과 국가의 법률 법규는 모두 중국의 종교신앙자유정책에 대해 과학적으로 천명하고 있다.[8)]

1) 종교 신앙 자유의 존중과 보호

공산당은 무신론을 믿고 주장하며, 수많은 군중에게 무신론 선전을 할 필요가 있다. 그러나 또한 공산당은 정신세계관 문제, 특히 종교 신앙

8) '중공 중앙'은 '중국공산당 중앙위원회'의 약칭이다.

문제는 단순히 강제적인 방법으로 처리하면 수확이 없을 뿐만 아니라 아주 해로울 수도 있다는 점을 알고 있다. 종교 신앙의 자유 정책을 철저히 추진해 오면서 사람들이 종교를 믿을 자유의 보장을 이미 강조해 왔고, 또한 사람들이 종교를 믿지 않을 자유의 보장도 강조해 왔다. 이것은 동일한 문제의 없어서는 안 될 양 측면이다. 종교를 믿지 않는 사람에게 어떤 신앙행위를 하도록 강제로 압박하거나 반대로 종교를 믿는 사람에게 어떤 비신앙적 행위를 하도록 강제로 압박하는 일은 공히 다른 사람이 지닌 신앙의 자유를 침해하는 일로서, 가장 큰 과오이며 절대 용납할 수 없는 일이다. 종교신앙자유정책의 본질은 종교 신앙 문제가 공민 개인의 자유 선택 문제이며, 공민 개인의 사적인 문제라는 것이다. 정권 사법 교육과 종교를 분리시키는 정책을 견지해야 한다. 종교를 이용하여 당의 영도와 사회주의 제도에 반대하고 국가의 통일과 민족의 단결을 파괴하는 일을 용납해서는 안 된다. 신도이든 비신도이든 간에 군중 전체가 중국의 특색 있는 사회주의 강국 건설에 공동으로 분투하게 만드는 일이 종교신앙자유정책을 철저히 집행하면서 해야 할 일로서 모든 종교사업의 출발점이자 목표이다.

2) 종교계 인사의 단결과 교육

중국공산당은 종교계 인사에 대해 쟁취하고 단결하고 교육하는 방침을 실행한다. 전국 종교계 인사는 비록 출신, 경력, 신앙, 그리고 사상 정치 상황이 다를지라도 전체적으로 보아 그들 중에 절대다수는 애국적이고 법을 지키며 사회주의 제도를 옹호하고 있다. 헌법에 반대하고 사회주의에 반대하고, 심지어 외국의 반혁명세력과 내통하는 적대분자는 극히 소수이다. 그러므로 모든 종교계 인사를 단결시키고, 관심을 기울이며, 진보를 돕고, 해이해지지 않게 하며, 끈기 있게 애국하고 법을 수호하며, 사회주의를 옹호하고, 조국통일과 민족단결에 기여하도록 교육해 나가야 한다. 종교계 대표 인사들을 배양하고 지지해 주어 적극성을 발휘할 수 있게 해야 하고, 그들이 처한 다양한 상황과 장단점을 살펴서 적절히 조직화하여 생산노동, 사회복무, 종교 · 학술 연구, 애국적 사회 · 정치활동, 국제 우호 교류에 능력에 맞게 참가시켜야 한다. 또한 중국 특색의 사회주의 건설 복무에 적극 동원해야 한다.

3) 애국 종교조직의 충분한 기능 발휘

현재 중국에서 전국적인 애국 종교조직은 7개이다. 중국불교협회, 중국도교협회, 중국이슬람교협회, 중국천주교애국회, 중국천주교주교단, 중국기독교 '삼자(三自)' 애국운동위원회, 그리고 중국기독교협회가 그것이다. 그외에 종교성 사회단체와 지방 종교조직이 약간 있다. 중국 애국 종교조직의 기본 임무는 당과 정부가 종교신앙자유정책을 철저히 집행하는 일에 협조하고, 수많은 신도군중과 종교계 인사가 애국주의와 사회주의적 각오를 부단히 제고하는 일을 돕고, 종교도의 합법적 권익을 대표하며, 신도군중의 정상적 종교활동과 교무(教務)를 잘 하도록 조직하고 인도하는 것이다. 당과 정부의 간부는 종교조직 및 종교계 인사와 협상 · 합작하고, 그들이 자기 문제를 스스로 해결하도록 지지 · 협조하며, 애국 종교조직이 적극성을 가지고 맡겨진 기능을 충분히 발휘하게 하고, 헌법과 법률이 정한 범위 안에서 유익한 사업을 능동적으로 전개하게 하는 일을 능숙하게 하여 당과 정부가 종교계 인사와 신도들을 쟁취 · 단결 · 교육시키는 일에서 교량적 역할을 하여야 한다.

4) 종교활동에 대한 당의 영도력 강화

종교사업은 당의 군중사업에서 중요한 부분들 중의 하나로서 사회생활의 거의 모든 부문과 관련된다. 따라서 각급 당 조직에서는 항상 사상, 인식, 정책을 통일하는 일이 요구되며, 이와 같이 중요한 사업을 제대로 장악하여 해이함 없이 성실하게 업무를 수행해야 근본적으로 잘 해나갈 수 있다. 우선 종교문제를 마르크스주의적 입장, 관점, 방법을 사용하여 과학적으로 연구해야 한다. 학술계는 종교계의 사상을 존중해야 하며, 종교계도 학술계의 마르크스주의적 종교 이론 연구와 선전활동을 존중해야 한다. 다음으로 거의 모든 구성원이 신도인 소수민족 중 기층에서 생활하고 있는 공산당원은 사상적으로 종교신앙에 대해 한계를 명확히 해야 하며, 또한 생활하면서 소수민족의 풍속과 관습을 존중해야 한다. 소수민족의 관습과 종교활동의 관계를 과학적으로 구분하는 일은 종교문제를 정확히 처리하고 민족을 단결시키는 데 도움을 준다. 셋째로 종교와 민족관계 문제에서는 소수민족 중에 거의 모든 구성원이 특정 종교를 믿고 있어 흔히 종교문제와 민족문제가 함께 뒤엉켜 있는 경우가 있다. 그러나 한족에게 있어서는 종교와 민족문제가 기본적으로 아무 연계가 없다. 이와 같은 상황에서 민족문제와 종교문제의 구분과 연계를 세밀히 살피고 정확하게 처리하여 각 민족을 단결시켜 함께 나아갈 수 있도록 항상 능숙하게 일을 처리해야 한다.

1993년 11월 장쩌민[Jiangzemin, 강택민(江澤民)]은 전국 통일전선 공작회의에서 “종교문제와 관련하여 3가지를 강조하고 싶습니다. 첫째는 당의 종교정책을 전면적으로 정확하게 관철하고 집행해야 합니다. 둘째로 법에 의거하여 종교 사무관리를 강화해야 합니다. 셋째로 종교와 사회주의가 상호 적응하도록 적극 인도해야 합니다"라고 지시했다. 장쩌민의 3가지 지시는 당의 종교정책을 전면적으로 관철하고 집행하라는 원칙, 종교사업이 직면한 문제에 대해 합법적으로 종교 사무관리를 강화하라는 중점(重點), 그리고 종교와 사회주의가 상호 적응하게 적극 인도하라는 조준목표를 구체적으로 제시한 것이다. 장쩌민의 '3가지 지시'는 종교사업 정책의 요점 30가지로 구체화되었다(소진방, 130-131).

(1) 종교는 발생, 발전, 소멸의 과정이 있는데, 사회주의에서는 여전히 장기성, 복잡성, 군중성, 민족성, 국제성을 가지고 있다.
(2) 민족, 종교는 작은 문제가 아니며, 종교문제에 정확하게 대처하여 처리하는 일은 중국 사회주의 건설사업에서 중요한 과제들 중의 하나이고, 중국 특색의 사회주의 건설에서 중요한 내용들 중의 하나이다.
(3) 종교 신앙의 자유를 존중하고 보호하는 것은 중국 당과 국가의 기본 정책이다.
(4) 공민에게는 종교를 믿을 자유가 있으며, 또한 종교를 믿지 않을 자유도 있다.
(5) 국가는 정교(政教)를 분리하고 종교와 교육도 상호 분리한다는 원칙을 실행한다.
(6) 독립과 자주라는 원칙에 기초하여 종교부문의 대외 우호관계를 발전시키며, 종교부문의 국제 우호 교류를 적극 추진한다. 다만 외국 종교와 함께 침투하는 모든 적대세력을 철저히 막아낸다.
(7) 정치적으로 단결 합작하고 신앙적으로 상호 존중하여 종교계의

애국통일전선을 공고히 하고 확대한다.

(8) 종교신앙자유정책을 철저히 집행하고, 모든 종교문제를 처리하는 근본적인 출발점과 종착점은 신도와 비신도 군중 전체가 연합하게 하여 현대화된 사회주의 강국 건설이 공동 목표가 되도록 그들의 의지와 역량을 집중시키는 것이다.

(9) 종교계 인사를 단결시키고 교육시키는 데 힘쓰며, 젊은 세대의 애국 종교 일꾼 양성을 계획하고, 애국 종교단체가 주어진 역할을 충분히 발휘하게 한다.

(10) 종교 신앙의 자유는 기본 정책의 유기적인 한 부분으로서 당과 정부에는 일련의 구체적인 정책 규정이 있다.

(11) 종교 신앙 자유의 정책을 추진하는 일과 법에 의해 종교 사무관리를 강화하는 일이 마찰을 빚어서는 안 된다.

(12) 법에 의해 종교 사무를 관리한다는 것은 정부가 종교 관련 법률, 법규, 정책을 집행하는 것을 행정적으로 관리하고 감독하는 것을 말한다.

(13) 법에 의해 관리하는 것은 종교활동이 법률, 법규, 정책의 범위 안에서 이루어지도록 하기 위한 것이다.

(14) 모든 종교활동 장소는 언제나 정부의 비준을 받아야 하고, 법에 따라 등록해야 하며, 정부는 관리를 강화해야 한다.

(15) 정부의 관련 부서는 법에 따라 종교 사무를 관리한다. 이 업무는 철저히 수행해야 하며, 느슨하게 수행하거나 방기(放棄) 해서는 안 된다.

(16) 종교 신앙 자유와 정상적인 종교활동을 보호하는 동시에 종교를 빙자하여 위법적인 범죄활동을 하거나 반혁명적인 파괴활동을 하는 것을 철저히 차단한다.

(17) 정책기조를 숙지하여 종교가 지닌 양면성을 명확하게 파악하고 구분하여 정확하게 처리해야 한다.
(18) 종교문제와 민족문제는 서로 아주 깊은 관련이 있다. 종교문제와 민족문제의 연관성과 차별성을 확실하게 파악하여 정확하게 처리해야 한다.
(19) 정부는 종교 사무관리를 법률, 법규, 정책에 따라 해나가야 하며, 각급 간부, 특히 지도급 간부가 법에 따라 행정업무를 처리하고 관리하는 능력과 수준을 제고해야 한다.
(20) 종교부문의 법규체계와 집행 감독 메커니즘을 만들어내고 완성시켜야 한다.
(21) 당의 종교신앙자유정책을 철저히 실행하고 종교 사무관리를 법에 따라 강화하는 목적은 모두 종교와 사회주의 사회가 서로 적응하도록 인도하기 위한 것이다.
(22) 수많은 종교 신도가 사회주의 제도를 옹호하는 일이 전국 인민의 근본적 이익과 일치하는 일이며, 종교가 사회주의 사회에서 충분히 적응해 갈 수 있는 정치적 기초이다.
(23) 종교활동은 반드시 법률이 정한 범위 내에서 이루어져야 한다.
(24) 반드시 '4대 수호(법률 존중, 인민 이익, 민족단결, 조국통일)'를 가장 기본적인 행위준칙으로 삼아야 한다.
(25) 종교계는 사회주의 사회에 적응하도록 계속 노력해야 하며, 후퇴해서는 안 된다.
(26) 종교계가 종교의 긍정적 요소를 발양하고 부정적 요소를 억제하도록 인도한다.
(27) 종교군중을 단결시켜 경제건설에 적극 참가시킨다.
(28) 종교사업에 대한 당의 영도를 강화한다.

(29) 기층 당 조직은 종교사업을 강화한다.

(30) 종교사업 기구를 완비하고 종교사업 간부조직을 강화한다.

4. 유물론 무신론의 옹호와 유심주의의 그릇된 주장 비판

중국 도덕교육론은 당원들에게 유심주의와 유심론이 잘못된 가치관이며 유물론과 무신론이 올바른 가치관이라고 강조한다.

1) 유심주의의 왜곡된 교의와 마르크스주의는 근본적으로 대립된다

실제로 마르크스주의의 과학적 세계관과 유심주의의 왜곡된 교의(教義)는 전혀 다른 것으로서 근본적으로 대립하며 조화될 수 없다.

첫째로, 과학적 진리와 봉건적 미신이나 사이비 과학은 근본적으로 대립한다. 마르크스주의적 사상체계는 근현대 이래 인류가 겪은 경험과 과학적 성취의 기초이며, 과학적 성과를 총결산하고 종합하는 과정에서 물질세계의 보편적 본질을 제시하였고, 인류사회가 발전하는 기본 규칙을 발견했으며, 사회주의가 자본주의를 필연적으로 대체한다는 역사의 전반적인 추세를 밝혀냈다. 이것은 반복적으로 실증된 과학적 진리이며, 중국의 당과 인민을 지도하여 혁명과 건설을 해나가는 이론적 기초이다. 그런데 리훙즈[Lihongzhi, 이홍지(李洪志)]는 유심주의의 왜곡된 교의를 날조하였으나 과학을 무서워하고 적대시하였고, 봉건적 미신에 공식적인 명분을 부여하기 위해 공개적으로 반과학의 기치를 내걸었다. 그는 "오늘날 실증과학은 이미 극도로 발전하여 절정을 향해 치닫고 있다"고 경솔하게 단언하였다. 그는 과학이 앞으로 더 발전하면 고대의 '종교'와 '신학'으로 되돌아간다고 했다. 그러면서 자신이 주장하는 것이 '가장 높고, 가장 심오하며, 가장 뛰어난 과학'이며, 우주의 모든 것을 꿰뚫어 볼 수 있다고 했다. 그는 자기 주장이 '미신'이 아니라고 항변하며, 자기에 대한 비난이야말로 '경직된 사상[思想僵化]'이라고 비난하였다. 그러나 실제로 그가 '전법륜(轉法輪)', '육도윤회보응(六道輪回報應)' 따위를 말하고 '삼화취정(三花聚頂)'과 '금강불괴지신(金剛不壞之身)'을 수련하여 '천국'에 오르는 일을 말한 것이야말로 명명백백한 봉건적 미신이요 사이비 과학이다.

둘째로, 과학적 현대 유물주의와 저속한 유심론은 근본적으로 대립한다. 마르크스주의의 철학적 세계관은 변증유물주의와 역사유물주의로서 현대 유물주의이며 과학적 유물주의 일원론이다. 이러한 과학적 세계관은 실천과 과학의 발전에 근거하여 자연계, 사회, 사유가 발전하는 일반적 법칙을 제시하며, 마르크스주의 사상체계의 세계관과 방법론의 기초이고, 공산당원이 공산주의 이상과 신념을 확립하는 기초이다. 유심주의의 왜곡된 교의와 과학적 세계관을 함께 논하며 똑같이 취급할 수 없다. 리훙즈는 유심주의의 왜곡된 교의를 날조하며, 심오한 척 꾸며대고, 되는 대로 첨가 · 삭제하고, 헛되이 철리(哲理)를 말했지만 실제로는 저속한 유심론의 허튼소리였다.

셋째로, 과학적 무신론과 저속한 유신론은 근본적으로 대립한다. 마르크스주의의 과학적 세계관은 철저한 유물주의 일원론이며 과학적 무신론이다. 이러한 과학적 세계관은 인류생활에서 물질세계가 유일한 현실임을 분명하게 밝혀주고 있으며, 어떠한 신령(神靈) 세계나 신기한 힘이 있다는 것을 부정한다. 유심주의의 왜곡된 교의는 원시적인 사유(思惟)에 보편적으로 존재했던 유치하고 우매한 '만물유령론(萬物有靈論)'에 근거하여 4차원 시공을 초월하는 세계를 날조해냈으며, 제일 고급 세계의 고급 생명인 신이 인간을 창조하고 모든 것을 안배했다거나, 신이나 부처가 손을 한 번 흔들어 '하늘' 한 층에 '세계' 하나를 '창조' 했다는 등의 터무니없는 말을 하고 있다. 뿐만 아니라 후안무치하게 자신을 신격화하고 자기를 무한 '신통(神通)' 한 초인, 바꿔 말해서 예수, 석가모니, 라오즈[노자(老子)] 등보다도 훨씬 더 고명한 '대선각자(大先覺者)'나 '초월적 인간' 으로 묘사한다.

그들은 자신이 인류역사가 시작된 이래 최초이자 최후로 법륜대법(法輪大法)을 전수받았다고 말하며, 인류가 당할 재난을 모면하게 해줄 수 있고 하늘로 올라가는 사닥다리를 줄 수 있는 '구세주' 라고 말한다. 그는 기괴하고 황당한 이야기를 수없이 만들어내어 자기에게 무한한 신통력이 있으며, 무수한 '법신' 도 가지고 있어 언제 어디서나 자기의 신도와 추종자를 보호해 줄 수 있다고 떠벌인다. 그들이 "일찍이 존재한 적이 없다"고 하는 대법 경전에서 우리는 낯 두꺼운 자화자찬은 물론 세계, 과학, 종교에 대한 무지와 분별 없는 독단뿐만 아니라 오늘날 유행하는 말로 미화한 내용, 그리고 봉건적 미신, 단편적 신학지식, 전설 속의 이야기, 귀신과 마귀에 관한 이야기의 극히 저속한 귀신의식 등을 모아 만든 온갖 잡동사니를 찾아볼 수 있는데, 이것은 저속하고 무지한 사람의 경험에 호소하는 유신론이다. 리훙즈는 바로 그와 같은 문화적 쓰레기들을 이용하여 도처에서 자기를 과시하며 간계를 팔고 사기를 쳤다.

2) 유심주의의 왜곡된 교의가 군중을 기만한다는 심리학적 근거가 있다

유심주의의 왜곡된 교의가 지닌 오류가 무엇인지 명백하게 폭로되면서 "유심주의의 왜곡된 교의가 그와 같이 황당하고 근거가 없는데 어찌하여 그렇게도 많은 사람들이 심취되고 매혹당할까?" 하는 의문을 갖는 사람이 적지 않다. 그것은 유심주의의 왜곡된 교의가 심리학적 수단을 이용하여 사람들의 마음을 미혹시키는 일과 관련이 있다. 과학적 상식을 적용하여 유심주의의 왜곡된 교의를 잠시 분석해 본 결과 그것이 본래 유심주의이며, 현대 과학의 좋은 말들을 이용하여 교묘하게 포장한 것일 뿐이라는 것을 알아냈다. 그것이 수많은 군중, 그리고 심지어 장기적으로 유물주의 교육을 받은 당원, 간부, 지식분자까지 미혹시킬 수 있는 것은 복잡한 사회심리에 원인이 있다. 예를 들면 사회 · 경제생활에서 경쟁이 치열해짐에 따라 그와 같은 경쟁상황에 재빨리 적응하지 못하는 사람들이 있고, 그들은 마음 속으로 초조하고 불안하기 그지없다. 어떤 사람은 실망하고, 어떤 사람은 정서 불안정 상태에 빠진다. 이와 같은 심리상태에 있는 사람이 장기적으로 과학적 세계관을 정립하고 공고화하는 데 소홀한 경우, 유심주의의 왜곡된 교의가 말하는 허무맹랑하고 막연한 이단사설(異端邪說)에서 정신적 위안을 찾으려 하게 되어 미신의 늪에 빠지게 되는 것이다.

심리학적으로 볼 때, 유심주의의 왜곡된 교의가 수많은 군중을 미혹시킬 수 있는 이유는 주로 아래와 같은 심리학적 수단을 이용하기 때문이다.

첫째는, 군중심리의 이용이다. 군중심리는 사회심리학에서 사용하는 개념들 중의 하나이다. 상품을 매매하는 상가에서는 '바람잡이'를 고용하는 경우가 있는데, 이것이 바로 군중심리의 이용이다. 유심주의의 왜곡된 교의는 일찍 입문한 사람을 앞잡이로 내세워 여론을 조성하고 대다수 사람들을 거기에 끌어들인다.

둘째는, 사람이 본래부터 지니고 있는 암시에 약한 특성을 이용한다. 최면 전문가는 암시를 받아들이는 특성을 이용하여 사람들을 자기 계획대로 정신이 맑은 상태로부터 최면상태로 들어가게 한다. 유심주의의 왜곡된 교의도 이러한 특성을 이용하여 사람들로 하여금 그것이 재앙을 물리치고 병을 고친다고 믿게 만든다. 사람마다 암시를 받아들이는 정도가 다르다. 심신상태에 따라 차이가 있는데, 특히 자신감이 부족한 사람이 암시에 상대적으로 약하고, 그런 까닭에 중 · 노년인 사람과 노약자는 유심주의의 왜곡된 교의에 쉽게 연연하게 될 뿐만 아니라, 수련 중에 '주화입마(走火入魔)'에 빠져들기도 쉽다. 유심주의의 왜곡된 교의는 '집단수련'을 매우 강조하는데, 그것은 사람들의 군중 심리와 암시에 약한 특성을 충분히 이용하기 위해서이다.

어떤 사람이 "현재 '유심주의의 왜곡된 교의'를 배우고 있는 사람들 중에는 학력이 높은 사람들이 적지 않은데, 설마 그들이 그 교의의 과학적 근거를 잘 모르겠는가?"라고 반문할 수 있을 것이다. 과학적 연구에 따르면 암시를 받아들이는 개인적 심리 특성은 강할 수도 있고 약할 수도 있다. 개인이 지닌 지적 수준과는 인과관계가 없으며, 중요한 것은 개개인의 심리상태이다. 문화 정도가 높은 사람이 암시를 잘 받아들일 수도 있고, 문맹자가 암시를 잘 받아들이지 못할 수도 있다. 전체적으로 여성이 암시를 잘 받아들이며, 노인은 무엇인가를 요구하는 심리와 고집하는 정서가 영향을 주어 상대적으로 암시에 약하다. 이것을 흔히 "틀린 줄 알면서도 옳다고 고집한다[愛認死理兒]"고들 말한다. 그 결과 유심주의의 왜곡된 교의를 배우는 사람들 중에는 부녀자와 노인이 상대적으로 많다.

셋째는, 우세흥분중심설(優勢興奮中心說)의 이용이다. 사람의 주의력이 어떤 하나의 사물이나 측면에 고도로 집중되면 다른 사물이나 측면에 관심을 기울이기가 매우 어렵고, 다른 의견을 들려주어도 그러한 흥분상태를 경감시키기는커녕 오히려 더욱 강화시키게 된다. '유심주의의 왜곡된 교의'는 바로 이와 같은 방법을 극대화시켜 최대한 활용하며 일부 사람들의 생활을 고도의 흥분상태로 만들어 놓는다. 이런 사람들에게는 제 정신을 차리라고 선의로 충고하기조차 어렵다. 이렇게 하여 유심주의의 왜곡된 교의는 이 사람들의 사상을 지배하게 된다.

넷째는, 사람에게 보편적으로 존재하는, 기억이 바뀌는 현상의 이용이다. 사람들은 어떤 예언과 결정을 이해하려 하거나 관련지으려 할 때 일반적으로 자기가 쉽게 받아들일 수 있거나 자기에게 유리한 방향으로 바꾸는 경향이 있으며, 적지 않은 수련자들이 자기도 모르는 사이에 유심주의의 왜곡된 교의를 신비화시키는 것은 바로 이런 심리적 원인 때문이다.

수련에 직접 참여했던 사람들이 폭로한 여러 가지 심리적 오류에 대처하기 위해 과학기술 분야의 사업을 하는 사람은 뜨거운 열정을 가지고 과학에 관한 저술을 하고 과학적 지식, 정신, 방법을 이용하여 사람들의 정신을 무장시켜야 한다. 과학상식이 거의 없고 과학적 방법론을 모르면 현재는 유심주의의 왜곡된 교의에 속지 않고 있다 할지라도 앞으로 언젠가는 피해를 볼 수 있을 것이다.

3) 공산당원은 철저한 유물주의자로 행동해야 한다

중국공산당은 마르크스주의로 중국 노동자 계급을 지도하는 선봉대이며, 중국공산당 당원은 공산주의를 실현시키겠다는 각오로 무장한 선봉대의 전사(戰士)이다. 그러므로 공산당원은 반드시 마르크스주의에 대한 확고한 신앙을 가지고 있어야 하며, 철저한 유물주의자여야 한다.

그러나 실제로 당원은 물론 지도급 간부들조차도 이러한 수준에 미치지 못하고 있다. 한때 진면목을 숨긴 사기꾼들이 자기 정체를 알리지 않으려고 '대사(大師)'라고 자칭하며, 공력을 쌓는 방법을 전수받았다고 하면서 과학을 앞에 내세웠지만 실제로는 과학적 성과와 방법을 왜곡하고, 공개적으로 유심주의와 유신론을 퍼뜨리며 봉건적 미신을 확산시켰다. 그들 중 일부는 현실세계 밖에 초자연적이고 초물질적인 천신지신(天神地神)이 존재하고, 인체 내에도 어떤 신비하고 거대한 힘과 무한히 큰 관념의 작용이 있다고 제멋대로 떠벌였다. 동시에 자기를 신의 화신(化神)으로 가장하여 공력을 쌓는 방법을 수련할 수 있다고 하면서, 자기가 우주의 모든 것을 꿰뚫어볼 수 있고, 과거를 볼 수 있고 미래도 알 수 있으며, 아프더라도 치료하지 않고 불로장생(不老長生)할 수 있고, 생각만으로 물건을 옮기고 몸이 날아다니고 심지어 바람과 구름을 불러올 수 있다는 등 할 수 없는 일이 아무 것도 없다고 공언하였다. 그런데 다년간 지도급으로 교육을 받은 간부까지를 포함한 일부 당원들이 이러한 허튼 소리를 의심 없이 받아들여 자칭 '대사'가 헛소리한 신명에 미혹당하고 불법 집회활동에 참여하며 또 그것을 조직함으로써 사회치안을 심하게 어지럽히고 사회안정을 해쳐 사회에 아주 나쁜 영향을 미쳤다.

앞서 말한 유심주의, 유신론, 그리고 봉건적 미신을 널리 퍼뜨린 속임수는 아주 위험하고 해롭다. 우선 그것은 사람들의 몸과 마음을 해친다. 어떤 사람들은 기공을 수련한다고 하며 가정불화를 일으키고 심지어 주화입마에 빠지거나 병이 있어도 고치지 않아 사망함으로써 비극을 초래하였다. 뿐만 아니라 어떤 사기꾼들은 대담하게도 황당한 '세계말일설(世界末日說)'을 퍼뜨려 정신공황(精神恐慌)을 만들려는 음모를 꾸미었고, 여기저기 도덕위기론을 흘리며 사회의 어두운 면을 과장하고 현실사회에 대한 사람들의 불만정서를 부추겼으며, 당 및 정부와 군중이 서로 반목하게 교사하였으나 성과가 없었지만 뭔지 모르게 위축된 사회심리 분위기를 만들었다. 군중이 이러한 속임수를 믿게 되면 제 정신을 잃고 의기소침하며 진취감이 상실되고 당과 국가에 대한 신뢰감을 잃어버리게 된다.

중국공산당 당원은 철저한 유물론자이다. 마르크스주의는 당이 행동하고, 세계를 인식하며, 세계를 개혁하고, 모든 위험과 곤란을 극복하기 위한 지침으로서, 위대한 사업을 추진해 나가는 사상 무기이자 공산당원이 자신의 숭고한 이상을 흐트러짐 없이 실천해가기 위한 정신적 에너지이다. 사기꾼들은 유심주의를 널리 퍼뜨렸지만 신론(神論)과 봉건적 미신은 마르크스의 변증유물주의나 역사유물주의와 근본적으로 대립한다. 만일 그러한 교의가 계속 널리 퍼진다면 공산당의 기본 신념을 크게 흩뜨리고 당과 인민 모두가 단결하여 분투하는 사상적 기초를 동요시킬 수 있다. 그러므로 모든 공산당원은 반드시 확고부동한 변증유물주의자여야 하고, 유심주의와 유신론에 결연히 반대하여 제압하며, 미신을 타파하고 배제해야 한다. 그렇게 하지 않는다면 근본적으로 공산당원으로서의 자격을 상실하게 될 것이다.

공산당원은 철저한 유물주의자로서 행동해야 한다. 그렇게 하기 위한 관건은 마르크스주의의 과학 이론으로 정신을 무장해야겠다고 자각하는 것이다. 당원들 중 소수가 여러 가지 그릇된 사상의 침투를 막아내지 못하고 유심주의와 유신론을 신봉하며 사기꾼들에게 속고 있는 근본적인 이유는 과학 이론으로 무장하는 일을 소홀히 하거나 아예 포기하여 변증유물주의와 역사유물주의의 세계관이 머릿속에 근본적으로 확립되지 못하였기 때문이다. 과학의 발전과 시대의 진보에 따라 우매하고도 낙후된 유심주의를 대표하는 귀신학설과 봉건적 미신은 궁지에 몰려 자포자기하며 역사의 무대에서 퇴출될 날만을 기다리고 있으나 기회만 있으면 빠져나가 풍파를 일으키려 한다. 역사는 어느 사회가 중대한 전환기에 있을 때 사상적인 모순과 투쟁이 격렬해진다는 것을 알려주고 있다.

현재 중국은 계획경제 체제로부터 시장경제 체제로 전환하고 있는 중요한 시기여서 개혁이 끊임없이 심화되고 대외 개방이 날로 확대되며 사회생활 방식과 사회조직 형태도 다양화되어 사회주의적 사상문화가 활성화되고 풍부해짐과 동시에, 여러 가지 낙후된 심지어 부패한 반동적 사상 문화가 외부로부터 유입되거나 사라졌던 문화적 찌꺼기까지 다시 떠올라 사람들의 사상을 침식시키고 있다. 인심을 미혹하기 위하여 어떤 자들은 '과학'으로 위장하고, 어떤 자들은 민족문화를 발전시킨다는 간판을 내걸지만 매우 큰 기만성이 있다.

과학 이론으로 기초를 다지지 않고 마르크스주의적 입장, 관점, 방법을 확고히 하지 않는다면 그들의 비과학적인 진면목을 명확히 인식하지 못하여 모호한 상태에서 기만당하며, 각종 유심주의의 그릇된 사상에 사로잡힐 것이다. 그러므로 수많은 당원, 간부, 특히 지도급 간부들에게는 마르크스주의 이론 학습을 심화하고, 세계관 개조를 강화하고 판단력을 제고하며, 유물주의와 유심주의, 무신론과 유신론, 과학과 미신을 명확히 구별하고, 유물주의를 견실히 믿는 대신 유심주의에 반대하며, 무신론을 견지하는 대신 유신론에 반대하고, 유물주의를 확고히 믿는 대신 유심주의에 반대하며, 과학을 숭상하는 대신 미신에 반대하겠다는 자각과 긴박감이 항상 필요하다. 이렇게 하여야 복잡하기 그지없는 상황에서 명석한 정치적 판단력을 유지하여 여러 가지 그릇된 사상과 좋지 않은 풍조를 배척하고, 철저한 유물주의자로서 온갖 곤란과 도전을 이겨내며, 인민군중을 인도하고 부단히 분발시켜 앞으로 나아가게 할 수 있고, 중국 특색의 사회주의 건설이라는 위대한 사업을 중단없이 추진해 나갈 수 있을 것이다.

공산당원은 철저한 유물주의자가 되어야 하고, 당 조직의 엄격한 교육과 관리를 벗어나서는 안 된다. 어떤 당원은 이런저런 사상상의 문제를 드러내고 있으며, 당 조직도 연약해지고 산만해졌고 전투력도 강하지 못한데, 이것들이 직접적인 관계가 있음을 알아야 한다. 어떤 사람은 사상적으로 무디어져서 잘못된 일이 분명함에도 불구하고 애매한 태도를 보이거나 반대 제지 투쟁을 하지 않고 그대로 내버려 둔다. 다른 사람은 당의 조직생활을 엄격하게 해나가지 않고 당의 사상 정치사업을 소홀히 하거나 당원교육, 특히 변증유물주의와 역사유물주의 교육을 진지하게 받지 않는다. 또 어떤 사람은 교육활동은 조금 하고 있으나 현실과 관련이 없고, 당원의 사상문제를 해결하지 않으며, 형식에 치우쳐 당연히 해야 할 일을 하지 않고 있다.

이와 같은 일들이 모두 여러 가지 유심주의의 그릇된 사조가 사회와 당 내부에 전파될 기회를 제공하여 당원들 일부의 사상을 침식시키고 당의 특성과 근본 목적을 모호하게 만드는 행위를 하게 만든다. 각급 당 조직은 정치적 책임감을 조속히 강화해야 하며, 처음부터 끝까지 당의 사상건설을 가장 중시하여 당원교육에 해이함 없이 매진해야 한다. 교육은 깊이가 있고 진지해야 하며, 실효성이 있어야 하고, 목표를 확실히 해야 하며, 당원들이 실제 가지고 있는 사상과 긴밀히 연관시켜야 하고, 형식주의를 극복하고 예방해야 하며, 당원의 사상적 각오를 실질적으로 제고하고, 정치관을 정립하며, 사상적으로 문제가 있다면 해결해 주어야 한다.

현재는 물론 앞으로도 언제나 중요한 것은 공산당원의 근본적 믿음이다. 수많은 당원들에게 마르크스의 유물주의와 무신론 교육을 심도 있게 하여 옳고 그름의 한계를 분명하게 하도록 도와주고 부패한 사상과 문화를 막아내는 능력을 길러주어야 한다. 일시적으로 무엇이 옳고 그른지 제대로 판단하지 못하거나 단순하여 무턱대고 따르는 절대다수의 당원들에 대해서는 인내심을 가지고 세심하게 설득하는 일을 하여 그들의 판단력을 높이고 태도를 조속히 바꾸게 하여 당의 정확한 입장으로 되돌아오게 해야 한다. 극소수이지만 공산주의에 대한 믿음을 상실하고 유심주의에 깊이 빠져 교육을 계속해도 고쳐지지 않는 자는 당연히 당에서 나가도록 권고해야 하고, 권고했는데도 떠나지 않는 자는 제명시켜야 한다. 당의 노선방침 정책에 반대하고 불법적인 활동을 조직하여 사회안정과 단결을 무너뜨리는 자에 대해서는 당의 기율에 따라 엄격하게 곧바로 당적을 박탈하고, 국법을 어긴 자는 법에 따라 처벌해야 한다.

제5장_유물주의 운명관 교육

인생과 운명은 긴밀히 연결된 것으로서 인생을 얘기하면 자연스럽게 '운명'을 생각하게 된다. 인간세상에 도대체 '운명'이라는 것이 존재하는 것일까? 운명이나 기회가 존재한다고 믿는 것은 '숙명론'을 믿는 것인가? 어떤 운명관을 세워야 하는가? 중국 도덕교육론은 이러한 물음을 제기하면서 공민에게 어떤 운명관 교육을 해야 할 것인가에 대해 이야기한다(蘇振芳, 139).

1. 인간의 운명은 진부하면서도 현실적인 문제이다

'운명'이란 말의 유래는 아주 오래되었다. 일찍이 2천여 년 전에 공자는 운명에 대해 논하면서 『논어』라는 저명한 저서에서 "생사는 운명이 결정하고, 부귀는 하늘이 결정한다[死生由命 富貴在天]"고 말했다. 나중에 당조 때 시인이며 문학가인 한위[Hanyu, 한유(韓愈)]는 그의 시에서 "인생은 운명에 따르는 것이지 그가 결정하는 것이 아니다"라고 말하며 깊이 탄식했다.[1] 이런 말들은 모두 운명은 하늘이 정한 것이며 인간은 운명을 어쩔 수 없다고 말하고 있는 것으로서 소극적인 유심주의적 관점이다.

중국 남북조 시기 저명한 철학자 판전[Fanzhen, 범진(範鎮)]은 찡링왕[경능왕(竟陵王)], 샤오즈량[Xiaoziliang, 소자량(蕭子良)]과 함께 사람들에게 빈부의 차이가 있는 이유가 무엇인지에 대해 토론하며 서로 다른 관점을 피력하였다.[2] 샤오즈량은 인간의 부귀와 비천의 근원은 인과보응[인과응보(因果應報)]이며, "군주가 인과를 믿지 않는다면 세상에 어떻게 부귀가 있고 비천이 있을 수 있겠는가?"라고 말하였고, 판전은 한 그루의 나무에 핀 꽃이 바람이 불어 떨어질 때 여러 곳으로 흩어지는 예를 들어 샤오즈량의 관점에 반박하였다. 그는 인생은 나무에 핀 꽃과 같아서 같은 가지에 피었다 할지라도 바람이 불어 떨어질 때 여러 곳으로 흩어진다고 보았다. "커튼을 지나 돗자리 위에 떨어지기도 하고, 울바자를 넘어 똥구덩이에 떨어지기도 한다. 돗자리 위에 떨어진 것은 군주이고, 똥구

1) 한유(768−824)는 당나라의 문학가이며 철학자이다. 하남(河南) 사람으로 일찍 부모를 여의어 형수가 길렀고, 각고의 노력으로 독학하여 벼슬 길에 올랐다. 존유척불(尊儒斥佛)을 주장했으며, 류종원(柳宗元)과 더불어 고문운동(古文運動)을 이끌었다. 당송 팔대가의 첫손가락으로 꼽힌다.

2) 소자량(460−494)은 남조(南朝) 제남(齊南) 사람으로 제무제(齊武帝)의 차자(次子)로서 경능왕에 봉해졌다. 불교를 믿고 범진의 신멸론(神滅論)을 비판했다. 범진(대략 450−510)은 남조(南朝) 제량(齊梁) 유물주의 철학자이자 무신론자로서 불교의 인과응보설에 반대하였고, 『신멸론』을 썼다.

덩이에 떨어진 것은 말단 관리들이다." 판전은 또 "부귀에 차이가 많은데 그 이유는 도대체 무엇일까?"라고도 말하였다. 여기에서 판전은 생생한 사례를 들어 불교 유심주의의 인과보응설을 반박하였다. 그러나 '바람에 따라 떨어지는 인생'이라고 비유한 운명관은 우연성을 과장하고 있다.

중국 전국 시기 철학자 쭈앙즈[Zhuangzi, 장자(庄子)]는 그의 저서 『장자(庄子)』에서 "知其不可奈何而安之其命"라고 말했다.[3] 이 말은 운명은 변화시킬 수 없는 것이므로 운명이 지배하는 대로 따라야 한다는 뜻이다. 도학자(道學者) 리에즈[Liezi, 열자(列子)]는 그의 저작 『열자(列子)』에서 "然而生生死死, 非物非我, 皆命也, 智之所无奈何"라고 말했다. 이 말은 인생의 모든 재난이 객관적 요인에 의한 것도 아니고, 주관적 요인에 의한 것도 아니며, 모두 운명이 결정한 것이므로 아무리 총명하고 지혜로운 사람이라도 피해갈 수 없다는 뜻이다.

지금까지 언급한 운명에 대한 고대 학자들의 해석은 미신적 색채가 농후하고 과학적인 것이 아닌 유심주의의 형이상학적 운명관이다. 이런 운명관의 특징은 두 가지이다. (1) 개인의 운명이 어떠한지는 운명의 신이 완전히 결정하는 것으로서, 운명은 신비로우며 알 수 없는 것이다. (2) 운명은 신령의 결정을 거치면 변화시킬 수 없고 저항할 수 없으며, 개인은 피동적으로 주어진 운명을 받아들일 뿐 자기 마음대로 지배할 수 없다. 이러한 운명의 지배 아래 사람들은 하늘이 내린 명령을 들을 수밖에 없고, 소극적으로 순응하며 운명의 노예가 된다. 구체적 상황을 예로 들어 이것을 설명하면 아래와 같다.

첫 번째 상황 : 부유한 가정에서 태어난 사람들은 복은 하늘이 준 것

3) 장자(BC. 369–BC. 286).

이고 권리는 운명이 정한 것이기에 자신이 행운아라고 여기고 하고 싶은 대로 하고 향락을 추구한다. 그 결과 대개 가산을 탕진하고 망하게 된다.

두 번째 상황 : 불행을 당한 어떤 사람들은 신령에게 기도를 드려 재난을 가져가고 복을 주기를 바라거나 그렇지 않으면 불행을 받아들이고 착한 일을 하면서 살며 '현세의 쾌락을 추구하지 않고 내세의 행복을 바라게' 된다. 그들은 먼 미래의 희망을 바라보며 산다.

세 번째 상황 : 어떤 사람들은 하늘을 원망하고 운명을 저주한다. "운명의 여신은 술에 취한 여성같이 변덕이 심하고 마음 내키는 대로 아무 짓이나 한다"고 여긴다. 이런 사람들은 운명에 대해 입으로는 욕하면서도 행동은 여전히 순응적이고 소극적이다.

네 번째 상황 : 어떤 사람들은 세상을 다 안다고 생각하고 도피적인 생활을 하거나 세상에 순응하려 하지 않는다. 극소수 사람들은 비관적인 삶을 한탄하며 자살을 한다.

이와 같은 몇 가지 상황에서 볼 때 유심주의의 형이상학적 운명관은 과학을 반대하는 오류를 저지르고 있다. 이러한 운명관의 지배를 받으면 정신이 혼미하고 인생을 헛되이 보내게 된다. 이런 운명관과 대립되는 운명관이 유물주의 운명관이다.

유물주의 운명관은 '운명'의 존재를 인정하지만 운명에 어떻게 대처할 것인가에 대해서는 여러 가지 관점이 있다. 고대 그리스의 유물주의 철학자 이비찌우루[Yibijiulu, 이벽구노(伊壁鳩魯)]는 이렇게 말한 적이 있다.[4] "당신은 이런 사람보다 더 멋진 사람이 있다고 상상할 수 있는가? …

4) 이벽구노(Epicuros, BC. 341−BC. 270).

모든 일이 운명에 달렸다는 사람들의 말을 믿지 않고 그는 우리에게 사태를 변화시킬 힘이 있다고 생각한다. 그는 어떤 일은 필연적이고, 어떤 일은 좋은 기회이며, 어떤 일은 우리 자신으로 말미암은 것임을 안다." 진리에 대한 이와 같은 이비찌우루의 주장은 운명에 대해 종합적인 분석을 한 것이다. 그는 운명은 순전히 하늘이 정한 것도 아니고, 개인이 완전히 결정하는 것도 아니며, 3가지 결정요인이 있다고 여겼다. 한 가지는 필연적이며 불가피한 것이다. 예를 들면 출신가정은 개인이 자유롭게 선택하는 것이 아니다. 다른 한 가지는 기회에 의해 결정되는 것인데 우연성이 있다. 예를 들면 갑작스레 일어난 화와 복이 그것이다. 마지막 한 가지는 개인 자신에 의해 결정되는 것이다. 예를 들면 출신, 화와 복이 어떠한지를 막론하고 최종 결과는 대개 개인에 의해 결정된다.

마르크스는 청년 시기에 운명에 대해 논한 적이 있다. 그는 "사람은 선택을 할 수 있는데, 이것은 세상에 존재하는 어떤 것보다도 우월한 점이다. 그러나 동시에 이러한 선택은 사람의 생명을 빼앗아갈 수도 있고 모든 계획을 망가뜨릴 수도 있고 불행에 빠뜨릴 수도 있다. 그러므로 인생길에 들어선지 얼마 안 되는 청년들은 운명의 지배를 받지 않기 위해 먼저 충분히 심사숙고한 후 선택을 해야 한다"고 말했다. 나중에 마르크스는 자본주의 사회에서 사람들의 자유로운 활동과 물질생활에서의 생산이 서로 분리되는 현상에 대해 논하며, 이런 현상이 생기는 것은 "그것들이 다른 사람들의 운명이기 때문이다"라고 말했다.

레닌은 그의 저작에서 운명에 대해 여러 번 언급하였다. 그는 마르크스와 엥겔스라는 두 역사적 거인에 대해 언급하면서 "운명은 칼 마르크스와 프리드리히 엥겔스를 만나게 하였다"고 말했다. 이런 위대한 만남이 두 사람에게 서로 돕고 지지하고 보완하면서 세상이 본보기로 하는 무산계급 해방의 학설을 창출할 기회를 주었기 때문이다. 레닌은 '구이

찌꺼[국제가 (國際歌)]'를 만들어 널리 보급한 일의 중요성에 대해 말하면서, "투철한 사명감을 가진 노동자라면 그가 어느 나라에 가든지 운명이 그를 어디에 데려가든지 언제나 낯익은 '국제가'의 가사와 곡조로 자신의 동지와 친구를 찾을 수 있을 것이다"라고 말했다.[5] 레닌은 자기 자신의 운명에 대해서도 "보라. 이것이 나의 운명이다. 끊임없는 투쟁 … 정치상의 각종 우둔한 사상과 정치적 견해에 반대하고 기회주의를 반대하는 투쟁 같은 것 말이다"라고 말했다.

앞서 말한 여러 가지 예에서 마르크스, 레닌 등 무산계급 혁명가들은 운명의 존재를 인정하였다. 그러나 마르크스주의는 유심주의의 형이상학자들이 말하는 운명에 대한 해석에 대해서는 반대하였다. 마르크스주의는 '운명'이란 인생에서의 특정 상황을 가리키며, 살아가며 당하는 형편이나 처지 또는 우연히 닥친 좋은 기회를 뜻하는 것으로 본다. 인간의 삶에는 많은 모순이 있다. 광명과 암흑의 모순, 진선미와 추악하고 거짓된 것의 모순, 화와 복의 모순, 고와 락의 모순, 얻는 것과 잃는 것의 모순 등 모든 모순이 사람의 운명을 구성한다. 이러한 모순의 해결은 때로 쉽기도 하고 때로 어렵기도 하다. 심지어 어떤 경우에는 전혀 다른 결과가 나타나기도 한다. 그러므로 인생에서의 각종 모순으로 구성된 운명은 역경과 순경, 행운과 불운 등 여러 상황으로 나타난다.

인생길에서 사람들은 순경(順境)일 때나 행운의 기회를 잡았을 때 운명이 좋다고 여기고, 역경(逆境)일 때나 불운할 때 운명이 나쁘다고 여긴다.[6] 현실생활 속에서 운명의 좋고 나쁨은 고정불변이 아니고 객관적

5) 국제가는 1888년 6월 프랑스 노동자 적개특(狄盖特)이 시인 포적애(鲍狄埃)가 1871년 6월 쓴 시에 곡을 붙여 만들었다. 1888년 7월 적개특이 이끄는 합창단이 처음 불렀고, 19세기말부터 국제 무산계급 집회 때 부르기 시작하여 세계 각지로 퍼졌다.

현실의 변화에 따라 끊임없이 달라지며, 일정한 조건에서는 서로 바뀔 수도 있다. 소박한 변증사상을 가졌던 중국 고대의 학자들은 운명의 좋고 나쁨이 서로 교차되는 것에 대해 진지한 토론을 벌였다. 춘추 시기의 사상가 라오즈[Laozi, 노자(老子)]는 "화 속에 복이 있고 복 속에 화가 있다"고 말했다. 이 말의 의미는 화 안에 복의 요인이 담겨 있고 복 안에도 화의 요인이 담겨 있다는 것이다. 중국 한서(漢書) 『회남자(淮南子)』「인간훈(人間訓)」에 실린 '새옹(塞翁)이 말을 잃어버린 이야기'는 화와 복이 서로 교차된다는 것을 사실적으로 설명한 것이다.

유물주의의 운명관은 운명이 객관적으로 존재하는 현상이라는 것을 인정하며, 알 수 있는 것이고, 필연적 측면도 있고 우연적 측면도 있으며, 필연성과 우연성의 통일이라고 생각한다. 사람들이 운명의 우연성과 필연성의 상호 관계에 대해 정확히 인식한 후, 그 객관성을 파악하고 인간의 주관적인 능동성을 발휘하기만 한다면 운명을 변화시킬 수 있다. 이러한 관점에서 볼 때 운명은 객관성과 주관성의 통일이고, 운명의 신을 자기 손으로 조종할 수도 있다. 그러므로 운명을 대함에 있어서 반드시 우연과 필연, 주관과 객관의 관계를 잘 파악해야 한다. 정해진 운명 앞에서 어떤 일이 주관에 따라 마음대로 바꿀 수 없는 필연적인 일이고 어떤 일이 해볼 수는 있지만 이루기는 어려운 일인지를 우선 냉철하게 실사구시적으로 분석해야 한다. 이와 같은 필연적 또는 우연적 요소에 대처하면서 우리는 현실조건이 허용하는 한 주관에 따른 능동성을 충분히 발휘하여 예상되는 부정적 결과를 피하거나 극복하거나 바꾸도록 하는 한편 긍정적 결과가 나오도록 최대한 노력해야 한다.

6) 순경은 모든 일이 순조로운 환경을 가리키며, 역경은 일이 뜻대로 되지 않는 불행한 처지나 고통이 많은 불행한 처지를 가리킨다.

예를 들면 어떤 청년들은 졸업하여 직업을 분배받았을 때 이러저러한 이유로 분배받은 직장이 이상적이 아니면 운명을 원망하고 불만에 가득 차 소극적으로 일하고, 심지어 비관하고 실망하면서 "인생이 끝났다"고 여기며 다시 일어설 줄 모른다. 이렇게 경솔하게 인생을 대하는 것은 사상적으로 연약하고 무능한 모습이다. 실제로 생활의 강자라면 이러한 객관적 현실에 대해 두 가지 대응방법이 있다. 한 가지는 자신의 요구가 합리적이고 정당한 것일 경우이다. 이때는 여러 모로 강구하고 노력하여 합리적이고 이상적인 사업환경을 마련하기 위해 계속 노력해야 한다. 다른 하나는 나의 요구를 충족시킬 수 없는 상황일 경우이다. 이때는 자신의 요구가 정당한 것인지, 자기 운명이 나쁜 것인지, 자기 요구가 너무 무리한 것은 아닌지 반성해 보아야 한다. 이러한 두 방향으로 직업 배분문제를 적절히 처리한다면 중국의 대학 졸업생들은 어떤 일을 하든지 그 일을 사랑하게 되고, 운명을 자기 손으로 지배하며 운명의 주인이 되어 생활의 강자가 될 것이다.

현실생활에서 사람들은 일반적으로 운명을 행운과 불운 두 가지로 나눈다. 행운을 대함에 있어서는 소중히 여기되 그 속에 빠져서는 안 된다. 행운의 미덕은 절제이고, 절제할 줄 모르면 행운을 잃게 되고 심지어는 불운으로 바뀐다. 다시 말해서 행운은 사람에게 자신감을 줄 수 있지만 교만해지거나 자만하게 만드는 정서를 불러일으킨다. 불운을 당하면 자포자기하지 말고 냉정하게 대처해야 새로운 기회를 만들 수 있다. 바꿔 말해서 불운은 사람을 비관하고 고통스럽게 만들지만 동시에 의지를 강하게 해주고 투지를 갖게 만든다. 인생길에서 흔히 가시덤불을 만날 수 있다. 이때는 위축되거나 도망가지 말고 각종 불운과 맞서 싸우며 끊임없이 정진하여 자신의 미래 운명의 배를 타고 파도를 헤치며 조국의 아름답고 밝은 미래로 가야 한다.

2. 인간의 운명은 무엇이 결정하는가?

현실생활에서 우리는 대개 다음과 같은 상황을 보게 된다. 어떤 사람은 인생이 순탄하고 병도 재난도 없는 반면, 어떤 사람은 인생에서 많은 불행을 겪는다. 여기서 인간의 운명을 결정하는 것이 무엇인가 하는 문제가 제기된다. 이 문제를 바라보는 세 가지 관점이 있다.

첫째는 '우연론'이다. 우연론은 객관적 사물 발전의 우연성이 운명을 결정하는 유일한 요소라고 생각한다. 이 관점에 따른다면 인간의 운명은 규칙성과 필연성이 없으며, 인간의 운명은 단지 우연한 기회일 뿐인 것이다. 우연론자들은 세상의 모든 현상은 우연성의 지배를 받으며 어떠한 객관적 규칙성도 없다고 본다. 그들은 근본적으로 객관적 사물에 대한 정확한 인식과 과학적 예측의 가능성을 부정하고 역사발전이 주관적이고 임의적이라고 주장한다. 후스[Hushi, 호적(胡適)]는 이렇게 말한 적이 있다.[7] "사람의 모든 행동, 모든 공덕과 죄악, 모든 말과 행동이 크든 작든, 맞든 틀리든 모두 우주에 지울 수 없는 영향을 주고 결과를 남긴다. 사람이 뱉은 침에 마을 하나가 없어질 수 있고, 사람이 지닌 한 가지 생각이 몇 십 년의 전쟁을 일으킬 수도 있다. 인간은 '말 한마디로 흥망과 성쇠를 결정할 수 있다.' 선은 없어지지 않고 악도 없어지지 않으며, 공로

7) 호적(1891~1962)은 중국 학자이다. 안휘 사람으로 일찍이 신학문을 공부하고 진화론을 신봉했다. 1910년 미국으로 가서 실용주의 철학자 존 듀이에게 배웠고, 1917년 귀국하여 북경대 교수로 일했으며, 1938년 주미대사로 부임했고, 1946년에는 북경대학교장, 국민대회 주석을 맡았었고, 1948년 미국으로 갔다가 다시 대만으로 가서 '중앙연구원' 원장으로 일했다. 『중국철학사대강』 등의 저서가 있다.

는 만대에 전해져 없어지지 않고 곡식을 심어도 없어지지 않고 술 한 잔 마셔도 침을 뱉어도 없어지지 않는다." 후스가 볼 때 인류 사회발전의 필연성은 존재하지 않고 사람들은 단지 유리 위의 파리나 똥구덩이 속의 벌레처럼 마구 부딪히고 아래로 갔다 위로 갔다 하면서 환경에 대처하는 것이다. 분명히 이런 관점은 과학을 반대하는 황당한 것이고, 이론적으로 불가지론(不可知論)과 유의지론(唯意志論)에 빠져 실천적으로 사람들이 세상을 개혁하려는 적극성과 창조성을 부정한다. 중국 역사에서 운명을 우연의 기회로 여긴 사람들은 아주 많다. 남북조 시기의 유물주의 철학자 판전[범진(範鎭)]이 바로 그 전형적인 인물이다.

둘째는 '필연론'이다. 필연론은 운명을 결정하는 유일한 요소가 사물 발전의 객관적 필연성이라고 여긴다. 이런 관점은 춘하추동으로 계절이 반복해서 바뀌거나 태양이 아침에 뜨고 저녁에 져서 밤낮이 바뀌는 것처럼 운명이 인간의 주관적 의지나 여타의 객관적 요소를 가지고 변화시킬 수 없는 것이라고 여긴다. 일찍이 고대 그리스의 철학자 데모크리투스는 세상의 모든 사물은 전적으로 필연적인 것이라고 보아 우연성의 작용을 완전히 부정하고 배척하였다.[8] 그는 "사람들은 우연이라는 우상을 날조하여 자신의 판단능력을 숨기려고 한다"고 말했다. 그는 모든 현상은 원인이 있기 때문에 필연적이라고 보았다. 우연성은 사람들이 인과적 연계를 모르고 있는 것을 숨기는 주관적 개념에 불과하다는 것이다.

17세기 네덜란드의 철학자 스피노자도 우연성은 일종의 원인을 모르는 현상으로서, 우연성의 원인을 알게 된다면 그것이 필연성이며, 따

8) 덕모극이특(Democritos, BC. 460-BC. 370)은 고대 그리스 철학자이다. 행복이 인생의 목적이라고 보았고, 진정한 행복은 감각적 쾌락이 아니라 정신적 평온이라고 보았다. 행복 여부는 신이 준 것이 아니라 자기의 선택에 달렸다고 주장했다.

라서 우연성은 실제로 존재하지 않는 것이고 모든 것은 필연적이라고 하였다.[9] 18세기에 이르러 형이상학적 유물주의 학자들은 한층 더 이런 관점을 확대하여 필연성과 인과성을 동일시하였고, 우연성과 인과성을 대립시켜 인과성이 보편적인 것이라고 보고 우연성을 부정하였다.

프랑스의 후오얼바허[Huoerbahe, 곽이파혁(霍爾巴赫)]는 자연계의 모든 사물은 필연적인 것이라고 보았다. 그는 예를 들어 이렇게 말했다. 태풍이 모래 먼지를 감아올릴 때 혼란스러운 것 같지만 감아올린 모래 먼지 한 알의 분포일지라도 우연한 것이 아니다. 이러한 분포에 항상 원인이 있으며, 다른 형태로 나타날 수가 없다. 모든 것은 필연적으로 나타나기 때문이다. 그의 결론은 "우연이란 아무런 의미도 없는 단어이며, 신이라는 단어와 마찬가지로 단지 진정한 원인을 모르는 것을 가리킬 뿐이다"는 것이다.

'필연론' 자들은 "필연성은 원인이 있는 것이고, 우연성은 원인이 없는 것이다"라는 공식에 따라 문제를 바라본다. 세상에는 원인이 없는 사물과 현상이 없기 때문에 우연성이 존재할 여지가 없다. 천지 간의 모든 것은 산에서 굴러떨어지는 바위처럼 예정된 방향으로 운동한다. 엥겔스는 이러한 관점이, 예를 들어 완두콩 한 공기에 몇 알의 콩이 섞여 있고, 개 한 마리의 꼬리가 얼마나 길며, 꽃 한 송이는 꿀벌에 의해 꽃가루를 받았는데 다른 한 송이 꽃은 받지 못한 것, 민들레 한 송이는 종자를 만들었지만 다른 민들레는 말라죽은 것, 어떤 사람이 벼룩한테 물렸는데 오른쪽 어깨만 물리고 왼쪽 어깨는 물리지 않은 일 등을 보고 "이 모든 일은

9) 사빈약사(Baruch Spinoza, 1632–1677)는 네덜란드의 철학자로서, 후에 Benedictus Spinoza로 개명하였다. 유태인 상인 가정에서 출생했으며, 1656년 유태교 교의에 반대하여 교적을 박탈당했다. 자연계의 모든 것이 필연적이라고 주장하였다.

어떤 바꿀 수 없는 원인에 의해 연계되어 있고, 일종의 확고한 필연성으로 말미암아 일어난 사실이다"라는 황당한 결론을 도출하게 될 수도 있다는 점을 지적하였다.

여기서 반드시 지적해 두어야 할 것이 있다. 만일 세상의 모든 사물과 현상, 그것들의 작은 부분들까지 포함하여 모두 필연적이고 피할 수 없는 것이라면 이러한 절대적이고 순전한 필연성의 인정은 '신의 영원한 의지', '천도(天道)', '천수(天數)'의 종교관념과 서로 통하게 된다. 만약 벼룩이 어디를 물어뜯을 것인가에 대해서도 필연성이 있다면 모든 사물의 발생과 발전, 결과는 한층 더 신비적 색채를 띠게 된다. 어떠한 힘이 꼭 그렇게 되도록 지배하고 안배하는가? 대답은 오직 하나 '신'이다. 때문에 엥겔스는 "이런 필연성을 인정한다면 신학적인 자연관에서 헤어나오지 못할 것이다"라고 말했다. 이것으로부터 알 수 있듯이 필연성만을 인정한다면 사람들은 숙명론에 빠지게 되고, 모든 것을 하늘의 뜻에 따르게 된다.

앞서 말한 '우연론'과 '필연론' 두 가지 관점은 모두 운명에 대해 단편적으로만 바라본 것이다. 모두들 알고 있듯이 필연성과 우연성의 관계는 대립통일의 관계이고, 그것들 사이는 구별되면서도 상호 연계되고 의존하고 전환하는 것이다. 만일 이 두 가지가 서로 아무런 관련이 없고 독립된 것이라면 인간의 운명에 대해 정확한 해석을 할 수 없다. 변증유물주의 학자들은 완전한 필연성과 절대적인 우연성이 없다고 본다.

우연성과 필연성 사이에는 세 가지 변증관계가 있다.

첫째로, 필연성은 우연성을 통해 자기를 표현하고 자신의 길을 개척한다. 우주에는 우연성을 떠난 필연성이란 존재하지 않는다. 우연성을 떠난 것은 현실의 필연성이 아니다. 현실의 필연성은 언제나 온갖 우연적인 사태와 사건과 서로 연계되어 있고, 그것들의 '무한 집합'으로 나타난다.

둘째로, 우연성은 필연성을 근거로 한다. 우연성의 뒤에는 필연성이 있고, 필연성의 조종을 받는다. 표면상 우리가 대하는 세계는 변화무쌍하고 혼란스러운 것이며, 모든 사물이 생기고 멸망하는 것은 마치 누군가 정해놓은 것과 같다. 그러나 만일 우리가 그런 '비결정론'의 숭배자가 아니라면 사람의 운명을 포함한 어떤 영역에서든 깊이 고찰하기만 한다면 우연성과 연계되지 않은 필연성이 없고 필연성의 결정과 제약을 받지 않는 우연성이 없다는 것을 알 수 있다.

셋째로, 필연성과 우연성은 상대적인 것으로서 일정한 조건에서 서로 전화할 수 있다. 같은 사물을 어떤 과정에서 분석하면 필연성이고 다른 과정에서 분석하면 우연성이다. 한 사람이 어느날 교통사고로 죽었다. 특정한 사람이나 사태에서만 바라보면 이것은 우연적으로 생긴 일이다. 그렇지만 교통상황 전체를 놓고 보면 이런 사고는 언제나 일정한 확률로 발생하며, 따라서 필연적으로 생긴 일이다.

이것으로부터 알 수 있듯이 인간의 운명이 단순히 필연적이라거나 우연적이라고 보는 판단은 잘못된 것이다. 실제로 인간의 운명은 필연성과 우연성이 동시 작용하는 가운데 많은 요인에 의해 결정된 것이다. 고대 그리스의 유물주의 철학자 이비지우루[Yibijiulu, 이벽구노(伊壁鳩魯)]는 운명의 결정요인이 무엇인가에 대해 이런 말을 하였다. "당신은 이런 사람보다 더 멋진 사람이 있다고 상상할 수 있는가? … 모든 일이 운명에 달렸다는 사람들의 말을 믿지 않고 그는 우리에게 사태를 변화시킬 힘이 있다고 생각한다. 어떤 일은 필연적이고, 어떤 일은 좋은 기회이며, 어떤 일은 우리 자신으로 말미암은 것임을 그는 알고 있다." 다시 말해서 그는 사람들의 운명이 다른 원인을 아래의 세 가지로 귀납하였다.

첫째로, 인생에서 어떤 사람이 당한 불행은 객관적 필연성으로서 피할 수 없다. 예를 들면 봉건적인 예법과 도덕의 지배 하에서 많은 인민들, 특히 부녀들은 온 힘을 다해 불행한 운명에 저항하였지만 끝내는 비참한 결과에서 벗어나지 못하였다. 이것은 당시의 역사적 조건이 결정한 것이다. "뚜스냥[Dushiniang, 두십낭(杜十娘)]이 노하여 보물상자를 바다에 처넣다"는 역사 이야기의 주인공 뚜스냥이 집요하게 사랑을 추구하고 용감하게 싸운 것이 바로 한 가지 사례이다.

둘째로, 인생에서 어떤 사람들이 당한 불행은 일정한 우연성을 가지고 있다. 예를 들면 1976년에 있은 당산 지진은 중국과 중국 인민의 생명과 재산에 막대한 손실을 주었다. 오랫동안 당산시에 살아온 사람들이 생명과 재산의 손실을 당한 것은 불가피했다. 강한 지진은 인구 밀집지역에 재난을 가져다 주기 때문이다. 그러나 지진이 일어난 날 당산시에 출장을 갔던 다른 지방 사람들이 당한 불행은 우연한 것이다. 왜냐하면 그날 출장을 가지 않았다면 재난을 당하지 않았을 것이기 때문이다.

셋째로, 인생에서 어떤 사람의 운명은 자신의 주관적 조건에 의해 결정된다. 예를 들면 한 소녀는 어릴 때부터 중병에 걸려 매일 침대에만 누워 있어야 했다. 학령기가 되자 소녀는 다른 아이들처럼 가방을 메고 학교에 갈 수 있기를 바라지만 잔혹한 현실은 그런 소망을 들어주지 않는다. 이런 현실에 직면하여 그녀는 학교에 가서 공부하려는 생각을 버리고 가족의 도움을 받아 독학을 하게 되는데, 나중에는 고등학교 학력 수준에 이르렀다.

객관적 사물은 아주 복잡한 것이고, 인생길에서 만나는 이러저러한 불행도 복잡하고 다양한 것이다. 어떤 것은 하나의 원인으로만 일어난 것이고, 어떤 것은 여러 가지 원인으로 발생한 것이다. 여러 원인들 가운데 어떤 것은 객관적인 것이고 어떤 것은 주관적인 것이다. 어느 경우든 구체적인 분석을 하고 냉철한 태도와 적절한 방법으로 원인을 찾아 대처해야 한다. 운명의 좋고 나쁨은 객관적 요인이지만 모든 사실은 주관과 객관의 통일이고, 자기가 강자가 되려고 노력만 한다면 객관적 조건이든 주관적 조건이든 바꿀 수 있는 것이며, 자신의 운명은 자기가 알아서 할 수 있다는 것을 우리는 믿어야 한다.

3. 인생의 역경과 불운에 냉철하게 대처해야 한다

젊은이들은 조국의 미래이다. 그들은 성공을 추구하는 과정에서 그 길이 순탄하기를 바라고 아무런 막힘이 없기를 바란다. 그러나 현실은 사람들이 생각하는 것처럼 그렇게 순탄하기만 한 것이 아니라 마음대로 되지 않는 것도 있고, 역경도 있으며, 심지어 불운도 기다리고 있다. 세상살이가 순탄하지만 않은 이유는 무엇인가? "뼈를 깎는 노력을 해야만 성공할 수 있다"는 말이 진리인 이유는 무엇인가? 젊은이들은 역경과 불운에 어떻게 대처해야 하는가? 이런 것들은 젊은이들에게 도덕교육을 해나가면서 깊이 연구해야 할 문제이다.

1) 인생의 역경과 불운에 적절히 대처하고 운명의 주인이 되어야 한다

사회주의 경제 · 정치 · 문화활동 중에서 당과 국가는 청년들의 인생길에 광활한 전경을 펼쳐주었고, 청년들의 미래는 광명과 희망으로 가득

차 있다. 그러나 인생길에서 청년들은 역경과 불운을 만날 수 있다. 예를 들면 금방 홀로서기를 하여 미래에 대한 동경으로 가득 차 있을 때 가족이나 친지가 불행을 당했다면 생활의 무거운 짐에 눌려 숨조차 쉬기 어려울 것이다. 사업이 뜻대로 잘 되어갈 때 생각지도 못한 위기가 닥친다든가, 열심히 일해서 좋은 성과를 거두었는데 예고하지 못한 사회적 비난에 시달린다든가, 첫사랑의 달콤함에 빠져 있을 때 느닷없이 실연을 당한다든가 하는 일들은 모두 역경과 불운이다.

생활에 닥친 역경과 불운에 대해 젊은이들은 일반적으로 '운이 나쁘다' 고 한탄하고만 있는데 사실 그것은 완전히 부질없는 짓이다. 왜냐하면 한숨만 쉬고 앉았다면 현실의 불리한 환경에서 벗어날 수 없으며, 오히려 숙명론의 구덩이에 빠지게 된다. 동서고금에 불행을 당한 사람들은 많다. 그러나 그들은 이러한 불운 속에서 고난을 물리치고 휘황찬란한 업적을 이룩하였다. 그런 까닭에 청년들은 자기의 운명이 나쁘다고 비관하고 한숨만 쉴 것이 아니라 당과 인민의 힘, 그리고 자신의 능력에 의거하여 운명의 주인이 되어야 한다.

2) 역경과 불운의 성격에 따라 적절한 방법으로 대처해야 한다

역경과 불운은 사물이 지닌 모순의 반영이다. 역경 중에 개인의 주관적인 소원과 능력만 가지고 모면하기 어려운 것도 있다. 예를 들면 질병, 교통사고, 지진, 해일 등은 사람들에게 거대한 재난과 불행을 가져다 준다. 어떤 역경은 원인이 복잡하여 주관적 원인과 객관적 원인이 뒤얽혀 있는 것도 있다. 예를 들면 실연이다. 어떤 실연은 상대방의 마음이 변하여 생긴 것이지만 어떤 실연은 자신이 잘못 행동했기 때문에 생긴 것이다. 다른 예를 들면 질병에 걸리는 원인도 여러 가지가 있다. 폐결핵, 간염 같은 질병은 위생에 주의하고 꾸준히 신체를 단련하여 건강관리를 잘 한다면 걸리지 않을 수도 있지만, 암과 같은 질병은 사람들이 아직 그 원인을 잘 모르고 있기 때문에 단기간에 예방하거나 완치할 수 없다.

어떤 불운을 완전히 피해갈 수 없다면 어떻게 해야 역경을 순탄하게 바꾸고 위험을 줄여 안전선을 확보할 수 있을까 하는 문제는 청년들에게 아주 관심이 큰 문제이다. 왜냐하면 어떻게 순경과 역경, 불운과 행운에 대처하는가 하는 것은 서로 다른 인생관의 반영이기도 하고, 인생 가치의 있고 없고와 인생 가치가 큰가 작은가를 결정하는 것이기 때문이다. 인생길에서 극복하고 정복한 곤란, 역경, 불운이 많을수록 당신이 강자라는 것을 보여주며, 인생의 가치도 더욱 커질 수 있다. 반대로 역경 속에서 한숨만 쉬고 나약한 모습을 보인다면 가치 있는 인생을 창조할 수 없다.

3) 역경과 불운에 적절히 대처하는 몇 가지 태도

첫째로 "뼈를 깎는 노력을 해야만 성공할 수 있다"는 진리관을 수립해야 한다. 이것은 중국 인민의 경험에서 나온 말이다. 이 말은 변증적이고 철학적 근거가 있다. 예찌엔잉[Yejianying, 엽검영(葉劍英)]은 중화인민공화국 건국 30주년 축하연설에서 "'뼈를 깎는 노력을 한 후에야 성공할 수 있다.' 이렇게 과거 30년을 돌이보아야만 역사의 실제와 혁명의 변증법에 부합되며, 무산계급 전사들의 동요하지 않는 혁명 낙관주의의 세계관에 부합된다"고 말하였다.[10] 어려움과 곤란에 관하여 동서고금에 사람들을 깨우쳐 주는 명언이 수없이 많다. "곤란은 인생의 교과서이다", "순조로울 때는 배우는 것이 적고, 어려울 때 배우는 것이 많다", "인생에서 어려움을 겪어보지 않은 사람은 영원히 성숙한 인간이 될 수 없다", "겨울이 깊어야 솔이 푸르른 줄을 안다(공자)" 등이다. 쓰마첸[Simaqian, 사마천(司馬遷)]은 『보임소경서(報任少卿書)』라는 책에서 역경 속에서 성과를 이룩한 많은 사람을 예로 들고 있다. 그는 "문왕(文王)은 감금당했어도 『주역(周易)』을 썼고, 중니(仲尼)는 가난 속에서도 『춘추(春秋)』를 썼으며, 취웬[굴원(屈原)]은 추방을 당했어도 『리싸오[리소(離騷)]』를 썼다. 주오치엔[좌천(左遷)]은 두 눈이 실명했어도 『국어(國語)』를 썼고, 쑨즈[손자(孫子)]는 무릎 뼈가 없어 걸을 수 없으면서도 병법에 능숙했고, 부위[불위(不韋)]는 촉나라로 갔어도 『여람(呂覽)』을 세상에 남겼고, 한훼이즈[한비(韓非)]는 진(秦)나라에 포로가 되었어도 『설난(說難)』, 『고분(孤憤)』, 『시(詩)』 등 300여 편의 글을 남겼다. 이처럼 많은 사람들이 곤란과 어려움 속에서 업적을 이루었다"고 말하였다. "비바람을 견디지 않으면 큰 나무로 자랄 수 없고, 제련을 1백 번 거치지 않으면 강철로 단련될 수 없으며, 곤란을 맞서 나아가는 것은 혁명 청년들의 성장과정에서 꼭 거쳐야 할 길이다[雷鋒日記]." "승리한 영웅으로 되는 것은 쉽지만 실패한 영웅으로 되는 것은 어렵다. 사람들은 당연히 실패한 영웅의 용기가 있어야 한다[진의(陳毅)]." "만일 비옥한 토양이 아니라 기와조각 위에 떨어진 씨앗이라도 절대 비관하지 않는다. 왜냐하면 씨앗은 방해하

10) 엽검영(1897–1986)은 중국 무산계급 혁명가, 군인, 중국공산당과 중화인민공화국 지도자였다. 광동 사람으로 중국인민해방군 창설시 지도자들 중의 한 명이기도 했다. 1977년 이후 중국공산당 중앙위원회 부주석, 중앙군사위원회 부주석, 전국인민대표회의 상임위원회 위원장, 중국공산당 제 8–9기 중앙정치국 위원, 제10–12기 중앙정치국 상위, 제 10, 11기 중앙 부주석 등을 역임했다. 『엽검영선집』, 『엽검영군사문선』 등의 저서가 있다.

는 힘이 있어야만 단련될 수 있다는 것을 알기 때문이다[싸옌/하연(夏衍)]."[11] 영국의 유물주의 철학자 프란시스 베이컨은 어떻게 인생의 불운에 대처할 것인가에 대하여 "행운이 낳은 덕성은 절제이고, 불운이 낳은 덕성은 견인불발의 의지이다. … 미덕은 좋은 향과 같아 태울수록 향기가 진해지고, 행운 속에서 악을 볼 수 있으며, 불운이 닥쳤을 때 그 속에서 미덕을 볼 수 있다. … 기적은 대개 불운 속에서 나타난 것이다"라는 멋진 말을 남겼다.[12] 프랑스의 저명한 작가 위고는 곤란에 대하여 아주 적절한 비유를 하였다.[13] 그는 "곤란이란 일반적으로 계모와 같고 때로는 상냥한 친모와 같아 영혼과 정신의 힘을 키워준다. 재난은 유모와 같고 화근은 모유와 같다"고 말했다. 옥을 다듬지 않으면 그릇이 되기 어렵고, 사람은 단련을 거치지 않으면 인재가 되기 어렵다.

이런 의미에서 볼 때 먼저 눈과 귀가 멀고 말도 못해야 세상이 탄복하는 헬렌 켈러가 될 수 있고, 가난, 굶주림, 상처, 실연, 추위 같은 것이 없다면 바오어 커차진[Baoer Kechajin, 보이 가찰금(保爾 柯察金)]의 강철 같은 전사(戰士)의 본질을 알 수 없다.

둘째로, 인생에서 자기에게 다가온 기회를 잡을 줄 알아야 한다. 인생길은 험난하고도 굴곡이 심하다. 어떤 사람들은 굴곡이 심한 인생길을 순조롭게 가지만 어떤 사람들은 길을 잃고 만다. 중요한 것은 어떻게 인생에서 자기에게 다가온 기회를 잡는가 하는 것이다. 앞에서 우리는 인간의 운명에 대해 과학적인 해석을 하여 사람들의 운명을 결정하는 기본

11) 유사한 비유를 뱀장어 수입업자로부터 들은 적이 있다. 뱀장어를 실은 대형 수조에 상어를 몇 마리 집어넣음으로써 장기간 운송 중에 폐사율을 줄일 수 있다는 것이 그가 들려준 말이다.

12) 베이컨(1561-1626)은 영국 유물주의와 현대 실험과학의 시조(始祖)이다.

13) 위고(Victor Hugo, 1802-1885)는 프랑스 낭만주의 문학의 대표 작가이다.

요인에 대해 명확한 이해를 할 수 있게 하였다. 그 목적은 바로 사람들이 인생길에서 제때에 각종 기회를 잡게 하기 위한 것이다. 인생은 필연의 왕국으로부터 자유의 왕국으로 발전하는 과정이다.[14] 그러므로 우연과 필연의 변증법적 관계를 정확하게 인식해야만 운명의 주인이 될 수 있다. 필연성은 예견할 수 있는 것이며, 우연성 또한 알 수 없는 것만은 아니다. 인간의 운명 중에서 우연성을 때로는 기회라고 하는데 제때에 기회를 잡기만 한다면 자기 운명의 주인이 될 수 있다.

찬스는 한 가지 특수한 우연적인 사건이며 유리한 기회이다. 기회는 인생길에 보편적으로 존재하며, 여러 가지 형태로 나타난다. 송조의 걸출한 애국 시인 씬치지[신치즈, Xinqiji, 신기질(辛棄疾)]는 어떤 시에서 이렇게 말했다. "많은 사람들 중에 천백 번은 찾다가 고개를 돌렸더니 불빛이 희미한 곳에 그가 있구나." 여기서 작자는 자기의 목표를 천백 번이나 찾았는데 갑자기 머리를 돌려 보았더니 그가 등불이 희미한 곳에 서 있는 것을 보았다. 이것은 우연한 발견이라고 할 수 있다. 이와 같이 인생길에서 각종 기회는 하나의 '많은 사람들 속에서 그를 천백 번 찾는 것'이고, '갑자기 고개를 돌린 것'은 인생길에 나타난 생각지 못한 성공과 같으며, 사람들은 이러한 것을 찬스 또는 기회라고 한다. 분명한 것은 우리는 이러한 기회를 인생의 운명을 바꾸는 유일한 것으로 여겨서는 안 된다는 것이다.

그러나 찬스가 나타나고 뜻밖의 성공을 거두는 것은 인생의 운명과 서로 연계되는 것이다. 그러면 왜 '갑자기 고개를 돌리는' 일이 생길까? 그것은 '많은 사람들 속에서 그를 찾는' 일을 해왔기 때문이다. '갑자기 고개를 돌림'으로 하여 '그 사람이 불빛 희미한 곳에 서 있는' 것을 볼 수

14) 도덕발달은 타율로부터 자율로 나아가는 과정이다.

있었던 이유는 무엇인가? 그것은 천백 번의 찾는 과정을 거친 후에도 여전히 포기하지 않은 목표이기 때문이다. 이렇게 보면 기회는 준비를 하고 있는 사람을 편애(偏愛)한다.

제때에 기회를 잡는 일은 사람의 운명에서 결정적인 작용을 한다. 그러나 제때에 기회를 잡으려면 과학적인 두뇌가 필요하다. 영국의 걸출한 유물주의 철학자 베이컨은 "옛말이 그른 데가 없다. 기회 노인은 당신에게 기회의 머리카락을 준다. 당신이 그것을 잡지 못하여 후회하고 있을 때에는 기회의 머리카락이 다 없어진 뒤이다. 또는 그가 당신에게 잡을 수 있는 유리병의 목을 주었는데 당신이 제때에 잡지 못한다면 나중에 얻는 것은 잡을 수 없는 병의 몸체뿐이다"라고 말했다. 또한 그는 "일을 시작해야 할 시기를 잘 식별할 수 있는 능력은 얻기 힘든 지혜이다. … 모든 큰 사업에서 사람들은 일을 시작할 때 천 개의 눈을 가진 신처럼 시기를 잘 관찰해야 하고, 일을 할 때 천 개의 손을 가진 신처럼 기회를 잘 잡아야 한다"고 말했다.

셋째로, 잘못을 했을 때 적절히 대처해야 한다. 객관적 세계를 인식하고 개조하는 과정에서 주관적 조건으로 인한 것이든 객관적 조건으로 인한 것이든 간에 잘못을 저지르는 것은 누구나 피하기 어렵다. "총명한 사람이라고 잘못을 하지 않는 것은 아니다. 잘못을 하지 않는 사람은 없고 또한 이것은 불가능한 것이다. 총명한 사람은 큰 잘못을 하지 않으며 자기가 한 잘못을 즉각 고칠 수 있다"고 레닌은 말하였다. 잘못이라는 문제와 관련하여 우리는 그것을 피할 수 없다는 입장도 아니고 피할 수 있다는 입장도 아니다. 인간 일반의 입장이든 한 개인의 입장이든 간에 누구나 잘못을 저지를 수 있으며, 어떤 의미에서 잘못은 인간의 인식과정에서 반드시 거칠 수밖에 없는 것일지도 모른다.[15)]

그러나 어떤 구체적인 상황에서 반드시 잘못을 해야 한다는 법은 없다. 잘못에는 두 가지가 있다. 하나는 사람이 객관적 조건을 제대로 인식하지 못하여 생겨난 것이다. 객관적 사물이 발전하고 변화하는 과정에서 그것이 지닌 고유한 모순을 드러내지 않아 그것을 인식하지 못하고 저지르는 잘못이 그것이다. 다른 한 가지는 인간이 지닌 입장, 관점, 사상으로 말미암아 생겨난 것이다. 대개 주관적 원인, 특히 편향적 사상이나 의식 때문에 저지르는 잘못이 그것이다. 객관적 원인이거나 주관적 원인이거나를 막론하고 잘못에 대해 사람들은 주관적으로 검토해야 한다. 왜냐하면 객관적 원인으로 생긴 잘못이라고 해도 객관에만 귀속시켜 조건이 나쁘고 운명이 나쁘다고만 한다면 사람들은 소극적인 상태에 빠지게 되고, 잘못을 고치기가 쉽지 않기 때문이다.

객관과 주관이 상호 작용하는 과정에서 잘못을 저지르게 만드는 객관적 요인은 어느 때든지 존재한다. 그러나 이러한 객관적 요인이 잘못을 하게 만드는 데는 언제나 주관적인 요인이 존재하며, 객관적 요인만 탓하는 것은 약자의 모습이다. 잘못과 실패는 어떤 사람도 피하기 어려운 것이기 때문에 냉철하게 잘못에 대처하는 태도를 갖추어야 한다. 실패를 승리로 바꾸는 열쇠는 우리 손에 있다. 많은 사실이 증명하듯 잘못을 대하는 태도가 다름에 따라 결과도 달라진다. 정확하게 경험을 해석하고 실패에 변증적으로 대처하는 것은 사람이 총명해지고 성숙되고 강인해지게 하며 실패를 성공으로 이끈다. 그렇게 하지 않으면 "한번 뱀에 물렸더니 10년을 새끼줄만 봐도 벌벌 떤다"는 지경이 된다.[16] 잘못을 했다고 하여 일어설 줄 모르고 소극적인 자세로 세상을 바라본다면 잘못된 길을 더 많이 걷게 된다.

---

15) 무오류성 개념과 비교된다.

16) 자라 보고 놀란 가슴 솥뚜껑 보고 놀란다.

넷째로, 개인의 운명과 조국의 운명을 연계시켜야 한다. 러시아의 교육자 비에린스지[Bielinsiji, 별림사기(別林斯基)]는 이렇게 말하였다.[17] "건강하게 자라난 사람은 언제나 조국의 운명을 걱정한다. … 살아 있는 사람의 영혼, 마음, 그리고 혈액 속에는 사회에 대한 책임감이 있다. 그런 사람은 사회가 병들었으면 아파하고 사회가 어려움에 봉착했으면 고통스러워하는 한편, 사회가 건강하게 빠르게 발전하고 행복하면 기뻐한다." 개인의 운명과 조국의 운명을 긴밀히 결합시키는 것은 자기 운명의 주인이 됨에 있어서 중요한 의의가 있다. 개인의 운명과 조국의 운명을 결합시키는 것은 (1) 개인에게 조국의 발전과 번영을 소망하게 하고, 세계 민족들 위에 우뚝 서게 만드려는 강렬한 염원을 갖게 만들고, (2) 스스로 조국에 대해 강한 책임감을 갖게 이끌며, (3) 자신과 조국이 같이 호흡하고 운명을 같이하여 조국이 원하고 바라는 쪽으로 인생 진로를 선택하게 하고, (4) 스스로 조국에 대한 강한 긍지를 갖게 할 뿐만 아니라 조국을 위해 일해야 한다는 것을 깨달아 온 몸을 바쳐 일하게 하고, (5) 조국과 인민의 지지를 받아 뜨거운 정을 느끼고 스스로를 끊임없이 발전시켜 큰 성과를 거두게 한다.

우리들이 사는 시대는 독창성이 절실히 요구되고 또한 창조력이 필요한 위대한 시기이다. 사회주의 현대화로 가는 지금 개척을 기다리는 부문, 연구해야 할 과제 등 올라가야 할 고지가 얼마나 많은가! 길은 사람이 걸어서 생긴 것이다. 그러나 우리가 가야 할 미지의 길은 결코 평탄한 도로가 아니라 가시덤불로 막힌 좁은 길일 것이다. 우리는 앞에 놓인 길이 어떤 길인지를 미리 살펴보아야 한다. 개인의 운명과 조국의 운명을 결합시킨다면 삶은 무한한 생명력을 갖게 될 것이고, 어떤 위험과 곤경

17) 別林斯基(1811－1848)는 러시아의 혁명 민주주의자, 예술평론가, 철학자이다.

이 닥치더라도 극복할 수 있을 것이며, 운명의 배를 이상의 피안으로 나아가게 할 수 있을 것이다. 또한 조국의 밝은 미래를 만들려고 힘써 노력하는 가운데 개인의 미래도 밝아질 것이고, "내가 지옥에 가지 않으면 누가 가리"라는 희생정신을 갖게 되어 성공으로 가는 계단을 만들고, 중국 특색의 사회주의 현대화라는 높은 봉우리로 올라가는 삶의 여정에서 운명의 배를 젓는 조타수가 되어 자기 운명의 주인이 될 수 있을 것이다.[18)]

18) 국민교육헌장의 내용과 비교해 볼 가치가 있다.

제6장_중화민족의 우수한 전통 도덕교육[1)]

중국 도덕교육론은 중화민족의 우수성과 중국의 우수한 문화적 전통을 강조한다. 중국의 경우 다양한 소수민족들의 문화와 언어 그리고 역사를 어떻게 중화민족이라는 개념으로 통합할 것인가가 중요한 문제들 중의 하나이다. 이러한 과제 해결에 어려움을 겪는 것을 보면 중국도 20세기에 생겨난 신생국들 중의 하나임을 다시금 확인하게 된다.

모든 민족의 발전에는 그 민족의 특수한 도덕관이 사상적 기초로서 동력으로 작용한다(蘇振芳, 139). 민족의 도덕관은 한 민족을 다른 민족과 구별짓는다. 세계의 여러 민족을 살펴보면 미국에는 '미국[America, 미이견(美利堅)] 도덕관'이 있고, 독일에는 '독일[German, 일이만(日耳曼)] 도덕관'이 있으며, 프랑스에는 '프랑스[France, 법란서(法蘭西)] 도덕관'이 있고, 일본에는 '대화민족(大和民族) 도덕관'이 있다. 중화민족에게

1) 우리의 전통 윤리교육에 해당한다.

도 5천 년 역사를 통하여 대대손손 이어져 내려온 독특한 도덕관이 있다. 그것은 중화민족을 통일, 자립, 자강(自强), 진보하게 만든 정신적 지주이다.

중화민족의 우수한 도덕관은 중화민족의 오랜 역사 발전과정을 통하여 서서히 형성된 것으로서 유구한 문화적 전통과 선명한 개성을 지니고 있다. 중국 도덕교육론은 그 특성을 아래와 같이 6가지로 요약할 수 있다고 본다.

1. 중화민족의 우수한 전통 도덕이 지닌 특징

1) 조국의 통일을 유지하고 민족의 분열에 반대하며, 외국의 침략을 막아내고 외국의 압박에 항거하며, 나라를 걱정하고 조국을 마음에 새기는 애국주의 전통

애국주의는 중화민족의 생존과 발전 그리고 통일을 유지하는 정신적 지주로서 중화민족의 우수한 도덕관이 지닌 중요한 구성요소들 중의 하나이다. 중화민족은 수천 년 동안 평화를 사랑하고 외국의 침략에 굴복하지 않는 정신을 이어왔다. 이러한 정신은 중국의 전통 문화 및 도덕과 긴밀히 연계되어 있다. 예를 들면 루쟈[유가(儒家)]는 '화(和)'의 정신을 중시하며, 덕으로 감화시키는 일[德化]에 높은 가치를 부여하고, 무력 사용을 배척하고 평화를 강조한다. 무어쟈[묵가(墨家)]는 친소를 가리지 않고 두루 모든 사람을 사랑하고[兼愛] 타인을 공격하지 말라고 힘주어 말하며, 박애와 동정(同情)을 주장하고 폭력이나 정복에는 반대한다.

수천 년 역사를 통하여 이어져 내려온 이러한 전통 문화는 도덕적인 역량이 되어 생활 구석구석에 침투하였고, 관용과 관후(寬厚) 등의 덕목을 중시하고 세계 평화를 사랑하는 것과 같은 도덕적 역량을 강조하는 민족적 특성을 형성시켰다. 한대의 왕쫘오쥔[왕소군(王昭君)]이 멀리 변방에 나아가 흉노와 화친을 맺은 일로부터 당대 원청꽁주[문성공주(文成公主)]가 토번 수령에게 출가한 일에 이르기까지, 그리고 명대 중반과 후반에 몽고의 걸출한 정치가 싼량즈[삼랑자(三娘子)]가 멍한[몽한(蒙漢)] 간에 평화우호를 견지해 나간 일까지가 모두 중화민족의 숭고한 평화정신을 보여주기에 충분한 것들이다.

중화민족은 조국의 통일을 수호하는 완강한 저항정신을 보여주었을 뿐만 아니라, 언제나 자신의 운명과 국가의 흥망이 불가분의 관계라는 것도 보여주었다. 중국 역사에서 나라를 염려하고 조국을 마음에 새긴 사례는 얼마든지 있다.[2] 굴원(屈原)은 나라와 백성을 걱정하며 온갖 궁리를 하다가 비록 9번 죽어도 후회하지 않는다 했으며, 쑤우[소무(甦武)]는 한족의 예절을 지키며 외지에서 19년간 방목을 했으나 언제나 조국을 잊지 않았고, 쭈거량[제갈량(諸葛亮)]은 나라를 위하여 열심히 일하며 "나라를 위하여 온 힘을 다하며 죽을 때까지 그치지 않으리라"고 했다. 판쭝옌[범중엄(範仲淹)]은 "천하의 걱정거리를 먼저 걱정하고 천하의 즐거움은 나중에 즐기겠다"고 했고, 루요[육유(陸游)]는 죽을 때도 중원 수복을 잊지 않았다. 꾸씨옌청[고헌성(顧憲成)]은 "집안 일이든 국가나 세상 일이든 매사에 빈틈없이 관심을 기울인다"고 했고, 꾸옌우[고염무(顧炎武]는 "국가의 흥망은 필부에게 책임이 있다"고 했다. 신중국이 세워진 후 해외에 유학을 떠났던 과학자들은 조국의 부강과 중화민족의 진흥을 위하여 훨

2) 중국사에 대한 공부가 필요하다.

씬 더 좋은 생활조건을 포기하고 귀국하여 사회주의 건설에 투신하였는데 그 수가 헤아릴 수 없이 많다. 대표적인 예로는 생태학자 호우쉬에위[후학욱(侯學煜)], 수학자 화아루어껑[화라경(華羅庚)], 지질학자 리쓰꽝[이사광(李四光)], 핵공업물리학자 첸싼챵[전삼강(錢三强)], 물리학자 첸쒸에썬[전학삼(錢學森)] 등을 들 수 있다.

2) 화이부동(和而不同), 후덕재물(厚德載物), 부위제곤(扶危濟困), 조인위락(助人爲樂)의 단결정신

중화민족의 단결정신은 세계 어느 국가, 어느 민족과 비교해도 뒤떨어지지 않는다. 유가에서 중시하는 저작 『역경[주역(周易)]』에는 중화민족의 단결정신이 심도 있게 서술되어 있다. "지세곤(地勢坤), 군자는 후덕하여 만물이 따른다"는 것이 그것이다. 이 말의 의미는 "'지(地)'의 덕성은 만물을 양육하고, 천지는 넓고 큰 가슴으로 만물을 포용하여 풍부한 영양분으로 만물을 양육한다. 사람도 마땅히 이러한 점을 본받아 후덕하게 살아 만물이 따르게 하고 모든 것을 다 포용해야 한다"는 것이다. 또한 도덕적인 사람은 마음이 넓어서 다양한 사람을 모두 포용하며, 다른 의견을 지닌 사람도 용납한다는 의미도 있다. 중화민족의 이러한 단결정신은 아래와 같은 3가지 측면으로 나타난다.

첫째로, 윤리와 인간관계를 중시하는 '조화[和諧]' 관념이다. '조화'라는 말 속에는 화목, 협조의 의미가 내포되어 있다. 이 말은 중국 고대사회에 보편화되어 있던 사회심리로서 사회와 국가에서는 안정과 통일, 대인관계에서는 협조가 중요했던 것이다. 일찍이 서주(西周)시대에 이미 조화 개념이 있었다. 서주 말기 사상가 사백(史伯)이 '화실생물(和實

生物)'에 대해 썼는데, 이것이 중국에서 가장 먼저 문자로 기록된 조화 개념이다. 춘추시대에 이르러 공자는 '조화가 중요하다[和爲貴]'고 강조하면서 "군자는 화합하면서도 부화뇌동하지 않지만[화이부동(和而不同)], 소인은 뇌동만 하고 진실로 화합하지는 않는다[동이부화(同而不和)]"고 말하며 일방성과 극단성에 반대하고 불편부당, 즉 중용을 주장하였다. 맹자는 "하늘이 주신 호기는 토지의 비옥함만 못하고, 토지의 비옥함은 사람의 화목함만 못하다"고 보았다. 인간관계에서 조화를 외치는 이러한 생각은 사회와 역사의 발전에 따라 하나의 정치사상, 사회사상, 윤리사상, 가치관으로 나타나 하늘과 인간의 조화, 인간과 인간의 조화, 사회 전체의 조화라는 관념으로 체계화되었다.

이러한 조화사상은 중국 고대 사회에서 보편적으로 중시되었다. 그 이유는 두 가지이다. 하나는 전체적으로 통일이 필요했던 봉건 전제정권에서는 광활한 영토를 다스려야 했고, 정황이 복잡한 큰 나라였으므로 존비(尊卑)를 따지는 등급을 분명하게 하고 예절과 서열을 엄격하게 해야 통치계급의 지위를 공고히 지켜낼 수 있었기 때문이다. 다른 하나는 고대의 종법혈친(宗法血親) 제도가 엄격한 윤리질서를 요구했기 때문이다. 『상서(尙書)』「요전(堯典)」에 따르면, 5가지 미덕을 백성들에게 가르쳤다. 조화로운 인관관계의 출발점으로서 '부의, 모자, 형우, 제공, 자효(父義, 母慈, 兄友, 弟恭, 子孝)', 그리고 이것을 실천하는 '부자유친, 군신유의, 부부유별, 장유유서, 붕우유신(父子, 有親, 君臣有義, 夫婦有別, 長幼有序, 朋友有信)'이 그것이다. 이러한 조화로운 인간관계는 단순히 가족에만 한정되는 것이 아니라 사회 전체로 일반화되어 사람들이 보편적으로 추구하는 가치목표가 되었다.

둘째로, 위험에 처한 사람을 도와주고 곤궁에 빠진 사람을 구제하며, 남을 돕는 것을 기쁘게 생각하는 품성이다. 중화민족의 이러한 품성은 공자가 주장한 유가학설에 잘 나타나 있다. '인(仁)'을 배우는 일이 공자 사상의 핵심이다. 공자의 인은 여러 가지 의미를 담고 있다. 그 중에서 가장 중요한 것은 '애인(愛人)'이다. "어진 사람[仁者]은 사람을 사랑한다"고 말할 때의 '인'은 인간관계의 준칙들 중의 하나이다. 인간관계에서 "자기가 하기 싫은 일을 다른 사람에게 시키지 말라"나 "자기가 공을 세우고 싶으면 다른 사람이 세우게 하고, 자기가 이루고 싶은 일이 있으면 다른 사람이 먼저 이루게 하라" 같은 것뿐만 아니라, '사람을 사랑하는 마음'을 가지고 사람들을 위험과 곤란에서 구제하고 다른 사람을 돕는 것을 기쁘게 생각하는 일까지도 실천하라는 것이다. 인은 부모형제를 비롯한 가족에 대한 사랑을 출발점으로 하여 가까운 사람으로부터 먼 사람에까지, 그리고 자기로부터 타인에까지 확대하여 집안 어른을 공경하듯이 다른 어른들을 공경하고, 자기 자식을 사랑하듯이 다른 아이들을 사랑함으로써 모든 사람을 사랑하여 세상 사람 모두가 형제가 되는 경지에 이르러야 한다고 주장한다.

공자는 인이 인간관계를 조절하는 도덕규범으로서 두 가지 의미를 함축한다고 보았다. 하나는 자기 자신과 타인의 관계를 잘 처리하라는 것이다. 바꿔 말해서 "군자성인지미, 불성인지악(君子成人之美, 不成人之惡)"이다. 이 말은 자기 힘껏 남을 돕는 것을 기쁘게 여기라는 것이다. 그러니까 남을 위해 자기 이익을 버리고, 다른 사람을 돕거나 이롭게 하지 못하는 경우일지라도 손해를 끼쳐 자기 이익을 챙겨서는 안 된다는 말이기도 하다. 다른 하나는 개인과 집단 간의 관계를 잘 처리하라는 것이다. 공익을 위하여 사익을 버리고, 공적인 일을 할 때는 사적인 일을 제쳐놓아야 하고, 집단을 위해서는 사심 없이 희생봉사하라는 것이다. 공적인 일을 하면서 사적인 일을 제쳐놓아야 국가와 민족을 위하여 커다란 공헌을 할 수 있다고 보는 것이다. "대도지행야, 천하위공(大道之行也, 天下爲

公)", 즉 공적인 일을 위하는 것이 '대도(大道)'이며, 최고의 인덕(仁德)이다. 공자가 말한 인의 이와 같은 두 가지 의미는 사기이인(捨己利人), 사사위공(捨私爲公)으로 요약된다. 이것은 고도의 사회적 책임감과 사명감을 갖추어 집단을 위하여 사심 없이 희생봉사하는 집단정신이다.

셋째로, 중화 각 민족 인민들의 대단결이다. 중화민족은 56개의 소수민족이 모여 커다란 가정을 이루고 있다. 오래 전부터 한(漢)민족을 주체로 다수의 민족들이 이곳 광활하고 풍요로운 대지 위에 모여 번식 · 번성해 왔다. 각 민족이 체질 특성, 언어문화, 종교신앙, 생활습관 등에는 차이가 있지만 모두 중화의 아들딸로서 대를 이어 생식 · 번성해 온 이곳을 열렬히 사랑한다. 천백 년 이래 각 민족은 화목하게 함께 살아왔으며, 생사고락을 같이 하였다. 대내적으로는 반동적인 통치자의 압박에 저항하고 분열에 반대하였으며, 대외적으로는 외국의 침략을 물리치고 민족적 치욕에 항거하였다. 역사적으로 통일된 다민족국가로 발전해 오며 각 민족은 제 나름으로 기여를 하였고, 중화민족이라는 대가정의 오천 년 문명사를 공동으로 창조하였으며, 조국의 경제를 함께 발전시켰고, 조국의 찬란한 문화를 같이 창조하였으며, 조국의 광활한 영토를 개척하였고 신성한 조국의 영토를 지켜냈다.

3) 여러 민족을 융합시키고 이질적인 것을 모두 수용하는, 세계를 향한 개방정신

오랜 역사 속에서 중화민족은 '혈연 소용돌이'를 통하여 하나의 거대한 가정을 이루었다. 인류학적인 연구에 따르면 중화민족의 혈연 소용돌이는 아래와 같이 설명되고 있다. 지금으로부터 일만 년 전인 구석기 시대 말기의 유강인(柳江人), 도안인(都安人) 후예를 주체로 하는 백복(百濮) 집단이 화남(華南)으로부터 북상하였는데, 그 중 일부는 장양인(長陽人), 대여인(大荔人), 정촌인(丁村人) 후예와 융합하여 묘만(苗蛮) 집단을 이루었고, 다른 일부는 화현인(和縣人), 산정동인(山頂洞人) 후예와 융합하여 복(濮) 집단을 이루었다.[3] 또한 묘만 집단의 일부는 황하 중상류 지역에 도착한 후 다시 하투인(河套人) 후예와 융합하여 강융(羗戎) 집단을 이루었고, 다시 서쪽으로 나아가 동쪽으로 흐르는 강[東流]의 아리안(雅利安) 인과 융합하여 아이태(阿爾泰) 집단을 이루었다.[4] 산정동인 후예의 일부는 북쪽으로 옮겨간 후 동북 안도인(安圖人) 후예와 융합하여 전체가 만(滿)-통고사(通古斯) 집단으로 통일되었다.[5] 서남지역의 자양인(資陽人), 여강인(麗江人), 동재인(桐梓人), 수역인(水域人) 후예는 융합하여 장면(藏緬) 집단이 되었다. 이러한 여러 개의 혈연집단이 중원지역을 중심으로 상호 침투하고 상호 융합하여 '혈연 소용돌이' 현상을 일으켰고, 점차 화하족(華夏族), 즉 한족을 핵심으로 하는 중화민족이 형성되었다. 이러한 '혈연 소용돌이' 과정에서 다원화 민족을 주체로 하는 한족과 기타 민족이 공동으로 중화민족이라는 개방적인 대가정을 이루게 된 것이다.

중화민족의 이러한 개방정신은 중국 내 소수민족들 간이나 외부 지

3) 처음 '百濮' 집단은 百이라는 글자가 상징하듯이 흩어져 있었고, 나중에 그 중 일부가 다른 종족과 결합하여 '濮' 집단으로 되었다.

4) 戎은 고대 중국의 서쪽에 있던 이민족을 가리킨다.

5) 滿 집단은 만(滿) 족, 通古斯[Tonggusi] 집단은 퉁구스 족을 가리킨다. 퉁구스 족은 "동부 시베리아, 중국 등지에 분포한 몽골계의 한 종족으로서, 광대뼈가 나오고, 코가 솟고, 눈과 머리털은 흑색, 피부는 황백색이며, 대부분 수렵을 주로 하고 유목과 농경에 종사하고 있다"고 사전에 소개되어 있다.

역 민족과의 문화충돌과 융합에서 잘 나타난다. 옛 중화민족의 역사를 보면 화하족(華夏族)과 이적족(夷狄族)의 문화가 장기간에 걸쳐 충돌·융합하여 한족(漢族)문화의 기초를 이루고, 그것이 다시 중국 내부 여러 소수민족의 문화와 충돌·융합하였다는 것을 알 수 있다.[6] 일찍이 서한(西漢)시대에 한나라 왕은 변경지역에 '관시(關市)'를 열어 한인과 흉노가 무역을 할 수 있게 하였다.[7] 짱치엔[장건(張騫)]은 서역에 두 번이나 감으로써 중원과 서역 소수민족들 간의 관계를 강화시키고 경제·문화의 교류와 발전을 촉진시켰다. 당, 송, 명, 청나라는 말시장[馬市]에서 소수민족이 비단, 차, 소금 등을 말과 교환하게 개방함으로써 한인과 소수민족 간의 교류를 촉진시켰다. 쩡허[정화(鄭和)]가 7차례나 서양으로 갔던 것은 중국과 서아시아, 아프리카 간의 수로를 통한 무역교류의 전형적인 사례이다. 육지의 실크로드를 통해서는 중원의 비단, 착정(鑿井)기술이 서역으로 전해지고 서역의 포도, 오이, 목숙(苜蓿) 등이 중원으로 유입되었다.[8] 해상의 비단길을 통해서는 취엔조우[천주(泉州)], 광조우[광주(廣州)]와 서아시아, 아프리카 간의 무역교류가 활발하였다.

일찍이 당대(唐代)에 쯔어지앙[절강(浙江)]의 밍조우[명주(明州)], 양조우[양주(敭州)], 광주는 중국의 3대 무역항이었다. 송대에 이르러 천주는 아랍국가들과의 무역교류가 빈번하였고, 해상 비단길의 주요 항구가 되었다. 오늘날 중화민족의 문화는 화하문화, 한문화, 그리고 인류의 다른 문화권 이질문화(주요한 것으로는 아랍의 이슬람 문화, 인도 문화, 그리

6) 夷狄族은 중국 고대 동방과 북방의 종족 이름이다.

7) 關市는 옛날 중국에서 변경의 교통 요로에 설치했던 시장을 가리킨다.

8) 鑿井 기술은 우물을 파는 기술을 말한다. 苜蓿은 거여목, 개자리라고도 하는 것으로서 목축용 사료나 거름재료로 쓰이는 풀 이름이다.

고 서양 문화를 들 수 있다)가 융합하여 이루어진 것이다. 중화민족의 문화는 장기간에 걸쳐 끊임없이 다른 민족들의 문화를 도입 · 흡수 · 융합함으로써 이질적인 것을 전부 수용하는 개방적인 전통을 만들어냈다. 이러한 문화적 전통이야말로 중화민족의 개방정신을 잘 보여주고 있는 것이다.

중화민족의 이러한 개방정신은 중국 고대 사상가의 개방관념의 형성과 발전에서도 잘 드러난다. 유가사상가들은 중국 전통 문명을 확대 · 발전시킴에 있어서는 "만물이 함께 성장하고 서로 방해하지 아니한다. 도(道)는 함께 나아가는 것이지 서로 등지는 것이 아니다"라는 말을 실천해야 하고, 문화생활에 있어서는 "길이 달라도 이르는 곳은 같다[殊途同歸]"나 "수많은 생각이 하나가 된다[百慮一致]"와 같이 이질적인 것을 모두 수용하는 정신을 실천해야 하며, 사고방식에 있어서는 "다른 산의 돌로 나의 옥을 갈 수 있다[他山之石, 可以攻玉]"는 이치를 명심하여 어느 한 관점이라도 함부로 배척하거나 포기하지 않도록 해야 하고, 대인관계에 있어서는 천지는 넓고 큰 도량을 지녀서 만물을 포용하며 풍부한 영양분으로 만물을 길러낸다는 것을 마음에 새겨 도량을 넓게 가지고 다양한 인물들을 모두 포용해야 한다고 주장한다.

4) 굳세고 힘 있고 유망한 존재가 되고[剛健有爲], 스스로 노력하여 게을리 하지 않는[自强不息], 분발하고 향상하는 진취정신

일찍이 중화민족의 선현은 수천 년 전에 세계를 향하여 씩씩하고 늠름하게 "천하가 견강하고, 군자는 스스로 꾸준히 노력해야 한다[天行健,

君子以自强不息]"는 민족정신을 제시했다.[9] 천백 년 동안 중화민족은 수많은 시련을 겪었지만 언제나 이러한 정신을 유지해 왔다. 부국강병을 목표로 얼마나 많은 사람들이 정신을 가다듬어 나라를 잘 다스릴 방법을 강구하였으며, 제도와 법제를 고쳐 국력을 배양하려 하였고, 과감하고 용감하게 앞으로 나아가려 하였는지 모른다. 바로 이러한 정신이 있기에 중화민족은 어떠한 어려움과 장애가 있어도 영원히 굴복하지 않고, 부강해지려는 꿈을 지니고 스스로 노력하여 게을리 하지 않고 분발 · 향상하려고 갈고 닦는 민족인 것이다. 중화민족이 지닌 이와 같은 분발 · 향상하는 진취정신은 아래와 같은 몇 가지 측면으로 나타난다.

첫째는, 묵은 것을 버리고 새 것을 창조하는 것[革故鼎新]과 법과 제도를 고쳐서 강국을 만들고자 하는 것[變法圖强]이다. 한 민족이 융성하고 발전하기 위해서는 끊임없이 묵은 것을 버리고 새 것을 창조하는 일이 필요하다. 사회가 발전하고 역사가 진보하는데 시기와 형세를 판단하여 새로운 역사조류에 순응하지 않는다면 도태되고 말 것이다. 중국 역사를 살펴볼 때 혁고정신과 변법도강은 중화민족 역사의 주류이다. 예로부터 지금까지 얼마나 많은 어질고 뜻 있는 사람들이 "이루고자 하는 일은 멀고도 멀기에 부단히 탐색해야 한다"는 굴원의 시구를 변법도강의 좌우명으로 삼았는지 모른다. 『예기(禮記)』, 『대학(大學)』에서는 "탕왕의 목욕탕에 새겨진 좌우명은 '진실로 새롭고, 나날이 새롭고, 또 다시

9) 역경에 나오는 말이다. 한국의 어떤 사람은 주역의 이 구절을 "하늘의 운행은 건실해서, 군자는 그런 이유로 해서 스스로 강력히 해서 쉬지 않는다"로 옮겼다. 풀이하기를 "'스스로 강력히 해서 쉬지 않는다'는 것은 '자포자기하지 않고 굳세게 멈추지 않는다.' 바꿔 말해서 '스스로 노력하며 게을리 하지 않는다'는 의미이다"라고 하였다.

새롭다[苟日新, 日日新, 又日新]'라고 했다."[10] 중국의 5천 년 역사를 살펴볼 때 유신변법(維新變法), 농민봉기[農民起義], 인민혁명은 모두 묵은 것을 버리고 새 것을 창조하자는 생각에서 일어난 일들이다. 일찍이 춘추전국시대에 수많은 정치가, 사상가들이 모두 법과 제도를 고쳐서 부국강병(富國强兵)의 길을 모색하려고 하였다. 대표적인 사례로는 관중혁신(管仲革新), 자산개혁(子産改革), 이리변법(李悝變法), 오기변법(吳起變法), 상앙변법(商鞅變法) 등이 있다. 진한(秦漢)시대 이후 변법도강 운동은 한걸음 더 발전하였다. 짜오 우링왕[조 무령왕(趙 武靈王)]은 호족의 복장을 하고 말을 타고 활을 쏘았으며, 베이웨이 씨아원띠[북위 효문제(北魏 孝文帝)]는 한화개혁(漢化改革)을 하였고, 류이엔[유안(劉晏)]은 경제개혁을 하였으며, 왕안쓰[왕안석(王安石)]는 변법을 하였다. 이 모든 변혁은 중화민족이 남보다 뒤지는 것을 달가워하지 않으며 낡은 틀에 매달리지 않고 항상 변하고 항상 새로운 민족이라는 것을 알려준다.

근대에 이르러 중화민족이 '천조왕국(天朝王國)'으로부터 몰락하여 식민지(殖民地)'가 되려 하자 어질고 뜻 있는 무수한 사람들이 민족의 생존이 위협받는 시기에 분연히 떨치고 일어나 투쟁하였다.[11] 홍쑤취엔[홍수전(洪秀全)]이 이끌었던 태평천국(太平天國) 봉기는 '신천지 신세계(新天地新世界)'를 만들고자 하였고, 캉요우웨이[강유위(康有爲)], 량치차오[양계초(梁啓超)], 탄쓰통[담사동(譚嗣同)]이 나섰던 무술변법(戊戌變法)의 기치는 "국제정세와 역사의 흐름을 살펴 낡은 것을 버리고 새로운 것을 창조한다"였다.[12] 위대한 혁명가이자 선구자인 쑨쭝샨[손중산

10) 한국에서 어떤 사람은 이 구절을 "진실로 하루를 새롭게 하였거든 날마다 새롭게 하고, 또 날마다 새롭게 하라"로 옮겼다.

11) 天朝王國은 옛날 외국에 대해 쓴 중국 조정의 자칭이다.

(孫中山)]은 "일을 할 때는 천리(天理), 인정(人情), 세계 조류(潮流), 인간의 요구에 부응해야 한다. 그러나 선지자, 선각자로서 한번 결심하면 실행해야 한다. 중단할 때는 뜻을 이루지 못할 것이다. 예나 지금이나 혁명과 유신을 하면 나라가 흥성할 수 있다"고 공언하였다. 이들이 말한 것은 모두 스스로 노력하여 게을리 하지 않는[自强不息] 정신을 강렬하게 표현한 것이다. 이것은 바로 중화민족이 단단한 마음으로 앞으로 나아가며, 새로운 것을 잘 받아들인다는 것을 구체적으로 보여주고 있다.

둘째로, 적극적인 사회참여[入世]와 자발적인 노력, 그리고 개척과 진취를 강조하는 것이다. 중화민족은 자연환경이나 각종 반동세력과 장기간 투쟁하면서 수많은 장애와 곤란을 극복하였고, 엄청난 재해재난과 싸워 이겼다. 어려움이 있음에도 용감하게 전진하여 활로를 개척하고 창의성을 발휘하여 기적을 하나하나 이루어냈다. 공자는 "인간은 진리를 발양할 수 있다[人能弘道]"고 생각했으며, 순자는 "사람은 운명을 결정할 수 있다[制天命而用之]"고 했고, 쭈씨[주희(朱熹)]는 "실제로 있는 힘을 다 쓴다면 못 해낼 일이 없다"고 말했으며, 왕후즈[왕부지(王夫之)]는 "성인의 뜻은 끝없이 노력하는 데 있다[聖人之志在勝天]"고 보았다. 이 말들은 모두 "일의 성공 여부가 사람의 노력 여하에 달려 있다[事在人爲]"는 것, 다시 말해서 스스로 노력하여 게을리 하지 않고 주체성과 자발성을 충분히 발휘하는 적극적인 태도를 취해야 성공할 수 있다는 점을 강조하고 있다.

이와 같은 중화민족의 적극적인 사회참여와 자발적인 노력 그리고

12) 戊戌變法은 1898년에 일어난 정치개혁 운동으로, 덕종(德宗)이 신진 인사인 강유위, 남사동 등을 채용하여 추진하려 했던 변법자강(變法自强) 운동이다. 이에 반대하는 보수파는 서태후(西太后)를 옹립하여 덕종을 북해로 유폐시키고 담사동을 사형시켰다. 강유위는 일본으로 망명하였다. 이 개혁운동은 103일 만에 좌절되었다.

개척과 진취정신은 자연과의 투쟁에서 발휘되었고, 또한 사회변혁 투쟁 중에도 발휘되었다. 특히 사회에 커다란 변혁이 있을 때는 개척 · 진취정신이 아주 강하게 부각되었다. 진시황은 6국을 통일하고 중국 역사상 최초의 통일된 다민족국가를 세웠다. 한우띠[한무제(漢武帝)]는 영토를 개척하고 사합(四合)을 소탕함으로써 중국 영토를 광활하게 만들었으며, 일시 가장 번성하였다. 당태종은 사람을 잘 알아보아 적재적소에 기용하였으며, 충고를 잘 접수하고 현인을 받아들임으로써 당제국을 일찍이 없던 강하고 부유한 나라로 만들었다. 당시 당제국은 세계에서 가장 부강하고 문명이 가장 발달한 국가들 중의 하나였다. 손중산이 이끈 신해혁명(辛亥革命)은 중국에서 2천여 년이나 지속되어 온 봉건제도를 무너뜨리고 근대 중국을 새로운 차원으로 끌어올렸다. 중국공산당은 빈궁하고 낙후된 구중국으로부터 번영과 번성의 첫발을 내디딘 신중국을 건설하도록 중국 인민을 인도하였다.

셋째로, 어렵고 힘든 일을 두려워하지 않고 고생을 기꺼이 감내하며 좌절조차 겁내지 않는 낙관적이고 낙천적인 정신이다. 힘든 일에 도전하고 수고로움을 기꺼이 수용하는 정신은 중국의 수많은 노동인민 군중들에게서 흔히 발견되는 것으로서 자자손손 전해져 내려온 미덕이다. 대동(大同)하여 태평한 세상을 실현하기 위하여 공자는 “먹되 배부르기를 바라지 말고, 기거하되 편안하기를 바라지 말라[食无求飽, 居无求安]”고 하였다.[13] 맹자는 사회적 이상을 실현하려면 반드시 정신적 · 육체적 고통을 두루 겪어야 하며, 그래야 비로소 세상에서 큰일을 해낼 수 있다고 하였다. 순자는 “군자는 빈곤하다고 해서 나태하지 않다[士君子不爲貧窮怠

13) 대동(大同)은 『예기(禮記)』 「예운편(禮運篇)」에 나타나는 국가와 계급이 없고 사람마다 평등하고 자유로운 이상향을 추구하는 세계관이다.

乎道]”고 했다. 북송의 범중엄이 말한 “세상에 걱정거리가 있으면 내가 먼저 걱정하고, 세상에 즐거운 일이 있으면 맨 나중에 내가 즐기겠다[先天下之憂而憂, 后天下之樂而樂]”는 명언은 가난한 생활 속에서도 편안한 마음으로 지내고[安貧樂道], 큰 도량을 가지고 낙관적으로 생활하는 모습을 생생하게 묘사하고 있다. 공자는 또한 ‘군자’는 힘들고 어렵고 고생스러운 일이 있어도 움츠러들지 말아야 하며, “인자(仁者)는 근심하지 않고, 지자(智者)는 의혹에 빠지지 않으며, 용자(勇者)는 두려워하지 않는다”는 말을 실천에 옮겨야 한다고 했다. 살면서 실의에 빠졌을 때 더욱 더 굳은 결심과 분발하는 마음이 필요한 것이다.

5) 용기 있게 탐색하고 진리와 실용을 추구하는 과학정신

중화민족은 총명하고 배우기를 즐겨 과학적 탐구력과 창의력이 풍부한 민족이다. 천백 년 이래 중화의 아들딸은 이러한 과학적 창의력을 마음껏 발휘해 왔다. 구체적인 예를 들면 아래와 같다.

첫째로, 사물의 본질을 탐구하여 세계의 객관적 법칙을 찾아냈다. 사물을 정확히 인식하기 위하여 중국 고대 과학자들은 몸을 아끼지 않았다. 션농[신농(神農)]은 인류의 생존에 필요한 식물(食物)을 찾기 위하여 생명의 위험을 무릅쓰고 몸소 각종 야생식물의 맛을 시식(試食)하였다. 사마천(司馬遷)은 역사의 진실을 밝혀내기 위하여 많은 문헌을 섭렵하고 전국 각지를 돌아다녀 마침내 유명한 저작 『사기(史記)』를 써냈다. 북위(北魏) 『수경주(水經注)』의 저자 리따오웬[력도원(酈道元)]은 많은 문헌을 뒤지고 437권의 서적을 인용하여 중국 고대 지리서 『수경(水經)』에 주를 달았다. 남북조의 조충지(祖沖之)는 작은 대나무 조각을 사용하여 밤낮 없이 작업하여 원에 내접한 정육각형을 12288각형까지 만들어 원주율을 계산해냈는데, 그 정확도는 소수점 7자리까지였다. 송대 심괄(沈括)은 북극성의 위치를 측정하기 위해 "18년 동안 노력한 끝에 성과를 보았다"고 하였다. 명대 쉬씨아커[서하객(徐霞客)]은 선조들이 만든 지리 기록이 만족스럽지 못하다고 생각하고 직접 명산대천(名山大川)을 탐사하였다. 그는 30여 년 동안 16개 성을 돌아다니며 중국 곳곳의 지질과 지형에 대해 새로운 과학적 해석을 하였다. 명대 리스쩐[이시진(李時珍)]은 광범위한 탐사와 채집을 하고, 800여 권의 의약(醫藥) 서적을 탐독하였으며, 산 넘고 물 건너 밤낮으로 각종 약재에 대한 감별을 하여 새로운 약재 374종을 첨가시켰고, 중국 고대에 가장 저명한 의약학 저작들 중의 하나인 『본초강목(本草綱目)』을 남겼다.

둘째로, 찬란한 고대 문명과 고대 과학기술을 창조하였다. 진한(秦漢)부터 명청(明淸) 초기까지 1천여 년 동안 중화민족은 인류문화 발전에 결정적 영향을 주었다. 중국은 세계에서 가장 먼저 농사를 지은 지역들 중의 하나이다. 절강(浙江)의 여요현 하모도(余姚縣 河姆渡) 유적의 논벼 유물은 중국이 이미 7000년 전에 벼농사를 하였다는 것을 알려주고 있다. 이것은 일본보다 4400년, 인도보다 2400년 이른 것이다. 자기(瓷器)의 발명도 중화민족이 인류문명에 기여한 것 중의 하나로서 중국은 '자기의 조국'으로 세계에 널리 알려졌다.

중국은 세계에서 제일 먼저 생사(生絲)를 이용하여 잠사(蠶絲) 제품을 생산한 나라이다. 중국인의 청동과 강철 제련기술은 유럽보다 2000년이나 앞선 것이다. 천문학에서도 중국인은 가장 풍부하고 전통이 오랜 천문 관찰기록을 가지고 있다. 중국 고대의 천문관측 기구는 세계에서 오랜 기간 동안 선도적 위치에 있었다. 짱헝[장형(張衡)]이 발명한 지진의(地震儀)는 서구보다 1700여 년 앞선 것이다.

수학 연구에서도 중국 고대 수학은 빛나는 성과를 이루었다. 십진법, 할원술(割圓術), 정밀한 π의 계산, '대연구일술(大衍求一術)'의 잉여정리(剩余定理) 연구 등이 모두 중국인이 해낸 것이다.[14] 건축·토목분야에서 중국은 세계적으로 널리 알려진 기적을 이루었다. 도강언수리추유공정(都江堰水利樞紐工程), 경항대운하(京杭大運河), 조주교(趙州橋), 진시황병마용(秦始皇兵馬俑), 만리장성 등이 모두 최고의 과학 수준을 보여준다. 기하학, 광학, 물리학, 화학, 지학 등에서도 중화민족은 독창적인 업적을 남겼다. 완전한 통계는 아니지만 15세기 이전 세계에서 가장 중요한 발명과 발견 298개 중 중국이 이룩한 것이 173개로 58%를 차지하고, 세계 다른 국가들이 이룩한 것이 125개로 42%이다. 중국 고대 과학기술의 중요한 특징은 실용적인 기술이 많고 실제 생산과정과 긴밀히 연계되어 있다는 것이다. 예를 들면 쑹잉씽[송응성(宋應星)]의 『천공개물(天工開物)』, 쉬꽝치이[서광계(徐光啓)]의 『농정전서(農政全書)』, 이시진의 『본초강목』 등이 모두 실용성이 강한 과학기술서들이다.

6) 이상적인 인격체가 되고자 하고 수신을 통해 좋은 품성을 기르고자 하는 전통

첫째로, 수신(修身)과 양성(養性)은 사회를 안정시키고 나라를 다스리는 기초이다.[15] 중국 역사에서 어질고 뜻 있는 사람들은 모두 수신과

14) 割圓術은 무한 소분할 방식으로 원의 면적과 원주율의 근사치를 구하는 방법이다. 大衍은 50을 가리킨다. 잉여정리는 프랑스 수학자 Etienne Bezout(1730–1783)가 만든 정리이다.

15) 양성(養性)은 천성(天性)을 함양하는 것을 가리킨다.

양성을 중시하였다. 공자는 자기 저작에서 수기(修己)와 극기(克己)를 거듭 강조하면서 "어질고 덕망이 있는 사람을 보면 본받아야겠다는 생각을 하고, 어질지 못한 덕망 없는 사람을 보면 마음 속으로 자신을 돌아보아야 한다"고 했으며, "선한 행위를 보면 자신의 모자람을 반성하고, 선하지 못한 행위를 보면 그렇게 하지 않겠다고 작심하라[見善如不及, 見不善如探湯]"고 말했다. 쩡즈[증자(曾子)]는 각자가 매일 "세 번 자신을 돌아보아야 한다"고 했다. 맹자는 '양성'과 더불어 '양신(良身)'도 해야 한다고 했다. 송대 성리학자 주희(朱熹)는 '양지(良知)', '양능(良能)'을 말하며 '존덕성(尊德性)'을 주장했다.[16] 유가는 '수신'과 '양성'을 실천해야 '제가치국평천하(齊家治國平天下)'라는 목적을 달성할 수 있다고 보았다.

오랜 역사를 통하여 발달해 온 중화민족의 이러한 수신정신은 굽히지 않는 강건한 정신을 강조하는 인생철학과 관련이 있다. 또한 '식음을 전폐한 채 단단히 마음먹고 노력하며[發憤忘食]', '걱정거리를 잊고 낙관적이며[樂以忘憂]', '할 수 없는 일처럼 보여도 시도해 보는[知其不可爲而爲之]' 태도를 갖게 하여 살신성인(殺身成仁), 사생취의(捨生取義), 무사봉헌(無私奉獻), 용우희생(勇于犧牲)의 정신을 실천하는 기초가 되었다.

둘째로, 도덕을 숭상하고 인품을 중시하는 것을 인생의 준칙으로 삼는다. 도덕을 숭상하고 인품을 중시하는 것은 중화민족이 수천 년 이어온 좋은 전통이다. 중화민족의 찬란한 역사에서 얼마나 많은 사람들이 도덕정조를 지키기 위해 안간힘을 썼는지 모른다. 그들은 "부귀를 누려

16) 양지(良知)양능(良能)은 경험이나 교육에 의하지 않고 선천적으로 사물을 알고 행할 수 있는 마음의 작용을 가리킨다.

도 방탕하지 않았고, 빈천하여도 흔들리지 않았으며, 권력과 무력에 굴복하지 않았다." 그리하여 불의를 보면 목숨을 아끼지 않고 달려들었으며, 희생되는 것을 두려워하지 않았다. 그 결과 "삼군(三軍)이 장수를 탈취할 수는 있으나 필부(匹夫)의 뜻은 탈취할 수가 없다"는 정신적 품격을 갖게 되었다. 이것은 중화민족의 호연정기(浩然正氣)를 보여주는 것이다.[17)]

중화민족의 이러한 도덕적 수양(修養)은 아주 고차적인 가치준칙이다. 예를 들면 전체와 개체 간의 관계에서 대공무사(大公無私)를 강조하여 "세상에 걱정거리가 있으면 먼저 걱정하고, 세상에 즐거운 일이 있으면 나중에 즐기라"고 했고, 대인관계에서는 선인후기(先人后己), 성신무기(誠信无欺)를 강조하여 "자기가 원하지 않는 일을 타인에게 시키지 말라"고 했으며, "자기가 하고 싶은 일이 있으면 남이 먼저 하게 하고, 자기가 이루고 싶은 일이 있으면 남이 먼저 이루게 하라"고 했다. 또한 이(利)와 의(義)의 관계에서 '견리사의(見利思義)', '의이위상(義以爲上)', '선의후리(先義后利)', '의연후취(義然后取)'를 강조하고 '견리망의(見利忘義)'에 반대하였으며, 생사(生死) 문제에서는 견의용위(見義勇爲), 사생취의(捨生取義) 등을 강조하였다. 이러한 것은 중화민족이 덕(德)과 의(義)를 숭상하는 고상한 품격과 덕망을 지니고 있음을 보여준다.

셋째로, 어려움을 참고 견디며, 수고로움을 아끼지 않고 근검절약하며 소박한 생활을 한다. 중화민족은 어려움을 참고 견디고 고생을 마다하지 않을 뿐만 아니라 부지런해서 기적을 하나하나 이루어냈다. 중화민족은 근면하고 용기 있고, 검소하고 솔직 담백하고 순박한 국민성을 지

17) 호연정기(浩然正氣)은 공명정대하고 넓고 큰 바른 마음과 기운을 가리킨다. 조금도 부끄러울 데 없는 도덕적 품성을 가리키는 말이다.

니고 있다. 예나 지금이나 중국인은 사치를 좋아하지 않고 쾌락을 추구하지 않으며, 규모 있는 살림을 꾸려 근검절약하는 소박한 생활을 해왔고, 사치와 낭비를 수치로 알았다. 오랜 역사를 통하여 근검절약하고 소박하게 생활하는 것이 미덕이라는 생각이 머리 속에 뿌리박혀 자손 대대로 많은 격언과 경구가 전해져 온다. 예를 들면 "근면성실이 천재를 만든다", "근면성실이 지혜를 낳는다", "근면하면 조금 모자라도 잘 살 수 있고 검소하면 청렴하게 살 수 있다", "검소하면 복이 오고, 사치하면 가난하게 살 징조이다" 등이 그것이다.

넷째로, 성실하고 겸허한 인격체가 되고자 한다. 성실은 중화민족의 전통적 미덕이다. 지난 1천여 년 동안 중화민족은 성실을 생활의 근본으로 삼아 언행일치(言行一致)를 강조했고, 겉치레나 허례허식을 부끄럽게 생각했으며, 신용을 지키고 약속을 중하게 여겼다. "정성이 미치면 쇠나 금도 갈라진다[精誠所至, 金石爲開]", "말에는 신용이 있어야 하고, 행위는 결과가 있어야 한다"는 것을 강조했고, 마음에 거리낄 일 없이 정정당당하게 살았으며, 용기 있게 잘못을 인정하고, 잘못인 줄 알면 바로 고치고, 자기 잘못을 감추려하지 않았다. "신용을 잃으면 큰일 나는 줄 알았으며", "집안에 금과 옥보다 신의와 성실을 두고자 했고", "성실을 진짜 보물로 알았다."

중화민족이 지닌 인격과 도덕의 특징은 오늘날 겸허근신(謙虛勤愼)으로 나타나고 있다. "거만하면 손해를 보고, 겸허하면 이익을 본다"는 생각은 오기와 허세를 부리지 않으며, 인간관계에서 교만하지 않고 그렇다고 알랑거리지 않으며, 좌절해도 비관하거나 낙담하지 않는 인격적 특징으로 나타나 복잡하게 급변하는 역사 속에서 중국인들이 끝없이 진보하고 발전할 수 있게 해준다.

2. 중화민족의 우수한 전통 도덕이 지닌 현대적 의미

중국 도덕교육론은 중화민족의 전통 도덕이 중국 문화의 정수(精髓)로서 오늘날에도 가치가 있다고 본다(蘇振芳, 204-206). 그 의미를 구체적으로 살펴보면 아래와 같다.

1) 중화민족으로서의 긍지와 자신감을 갖게 만든다

중화민족의 우수한 전통 도덕을 확대 · 발전시키는 일은 사람들에게 중국 문화에 대한 강한 자존심과 자긍심 그리고 자신감과 자부심을 느끼게 한다. 민족구성원이 강한 자신감과 자부심을 가지고 있다면 민족의 발전기에 한층 더 분발하여 앞으로 나아감으로써 더 많은 성취를 이룰 수 있을 것이다. 또한 민족의 시련기에도 견인불발의 정신으로 분투하게 만들고, 실패는 성공으로, 위기는 기회로 바꾸어 곤경조차 의연하게 받아들이며, 어려움을 극복하여 새로운 국면을 개척함으로써 민족의 흥성과 국가의 번영을 기약할 수 있을 것이다.

2) 중화민족 전체의 통일된 가치관 형성에 적극적인 도움을 준다

중화민족의 우수한 전통 도덕은 이론적 연구, 행위와 실천, 사회심리와 의식 등 어느 측면을 막론하고 민족 전체의 가치관 형성에 적극적인 도움을 줄 것이다. 이것은 다른 물질적 요소로 대체할 수 없는 것이다. 예를 들어 전통 도덕의 일부인 애국주의는 굴원(屈原), 악비(岳飛)와 같은 걸출한 인물들이 생겨나게 했을 뿐만 아니라, 중국 역사에서 과거는 물론 현재에도 사람들의 마음 속에 애국심을 갖게 해주고 있다. 근대에 중국 인민이 제국주의의 압제에 맞서 불요불굴의 정신으로 투쟁한 일은 이러한 애국주의 전통과 밀접한 연관이 있다고 본다.

3) 중화민족 전체가 합심단결하기 위한 응집력을 갖게 해준다

중화민족의 우수한 전통 도덕은 지역, 계급, 정당, 파벌, 종족, 혈연, 종교 등의 벽을 허물고 민족구성원 개개인의 머리 속, 마음 속에 쉽게 무너뜨릴 수 없는 응집력을 갖게 만들고, 한 마음 한 뜻으로 민족의 이익과 앞날을 위해 평생을 바쳐 매진할 수 있게 해준다. 강한 응집력을 갖게 됨으로써 외적이 침입하더라도 중화민족은 모두 하나가 되어 물리칠 수 있다. 또한 내란이 있다 할지라도 같은 민족이라는 데 기초하여 묵은 원한을 버리고 분열을 화합으로, 혼란을 안정으로 바꿀 수 있다.

4) 중화민족의 새로운 문화창달(暢達)에 적극적인 추진력으로 작용한다

중화민족의 우수한 전통 도덕은 문화적 역량이 드러난 결과로서 민족 전체가 동일한 가치와 심리를 갖게 만들며, 민족의 통일과 사회의 발전을 위해 온 힘을 다하게 만드는 근원이다. 또한 그것은 쉽게 무너뜨릴 수 없는 응집력을 갖게 만들어 주는 정신적 추진력이며, 이성적인 국민성을 갖도록 단련시켜 주기도 한다. 전통 도덕은 지역과 종족의 한계를 넘어 보편성을 지니고 있고, 민족을 분발시키는 공동 심리의 출처로서 민족문화를 공유한다는 의식을 갖게 만들어 준다.

중화민족의 우수한 전통 도덕은 강한 추진력과 응집력 그리고 침투력을 지니고 있어 국가의 흥망성쇠에 큰 영향을 줄 수 있다. 그러므로 민족의 우수한 전통 도덕을 확대 · 발전시키는 일은 현재 추진중인 정신문명 건설에서 중요한 과제들 중의 하나이다. 당면한 사상 관련 사업에서 해결해야 할 중대한 임무는 바로 부패하여 몰락한 문화의 잔재와 오염된 정신을 버리고 수많은 인민군중에게 그러한 독소들에 대한 면역력을 강화시켜 주는 것이다. 이러한 과제를 해결하기 위한 주요 관건은 수많은 청소년들에게 중화민족의 우수한 전통 도덕을 가르쳐 제대로 알려주는 일이다. 중화민족이 지구상의 수많은 민족들 중에서 수천 년 동안 존립해 온 저력들 중의 하나가 바로 독특한 민족의 전통 도덕이 있었기 때문이며, 여러 차례 이민족의 침입으로 격랑을 겪었지만 다시 부흥한 것도 전통 도덕이 없어지지 않았기 때문이다. 전통 도덕이 없어지지 않으면 민족에게 부흥할 희망이 있지만, 일단 전통 도덕이 사라지면 그 민족도 영원히 사라지고 말 것이다.

3. 우수한 전통 도덕의 확대 · 발전, 전파, 실천 주체로서의 중국공산당

중국공산당은 탄생하자마자 역사발전의 요구에 순응하면서 우수한 전통 도덕을 확대 · 발전시키고 전파하며 실천하는 역사적 중임(重任)을 짊어지고 전통 도덕이 나아갈 방향을 제시하였다는 것이 중국 도덕교육론이 강조하는 내용이다. 새로운 시대를 맞이하여 중국 문화를 발전시켜온 역사적 경험을 진지하게 총결산하고, 중국의 우수한 전통 도덕이 나아갈 방향을 심도 있게 파악하는 일은 사회주의 건설사업의 전면적 추진에 있어서 아주 뜻 깊은 일이다.

1) 중국 근대사에서 중국공산당만이 우수한 전통 도덕을 확대 · 발전시키고 전파하며 실천하는 역사적으로 중대한 임무를 짊어질 수 있었다

중화민족은 5천 년의 찬란한 문명을 갖고 있으며, 그 속에서 독자적인 전통 문화를 발전시켜 왔다. 이러한 전통 문화는 중화민족의 지속적인 발전에 있어서 사상적 기초이자 내재적인 동력이었고, 민족의 통일, 자립, 자강, 진보의 정신적 힘을 유지하여 홀로 설 수 있는 기초였다. 그러나 부인할 수 없는 것은 근대 이후 청왕조의 부패와 무능으로 말미암아 오랜 문명을 지닌 중국은 외래 침입자가 마음대로 유린할 수 있는 어린 양이 되었다. 중화민족의 크나큰 치욕에 대해 얼마나 많은 어질고 뜻있는 사람들이 중국이 나약하고 가난하게 된 원인과 민족을 진흥시킬 수 있는 길을 탐색하려 했는지 모른다.

중국공산당이 창당되기 이전에 이미 민족의 발전을 위해 투신했던 수많은 인민 영웅들이 조국의 처지와 운명을 바꾸기 위해 힘들고 어려운 저항투쟁을 하였다. 그러나 외국의 침략에 반대하는 여러 차례의 전쟁, 태평천국을 내세운 농민혁명, 애국정신으로 망해가는 나라를 구하고자

변법도강(變法圖强)을 도모했던 무술유신(戊戌維新) 운동, 사회 하층민까지를 포함하여 광범위한 군중이 참여했던 의화단 운동 등이 차례로 실패하고 무수한 지사인인(志士仁人)이 한을 품고 세상을 달리하였다. 위대한 애국주의자이고 민주주의자인 쑨쭝산[손중산(孫中山)] 선생이 이끈 신해혁명(辛亥革命)은 중국공산당이 이끈 인민혁명 이전에 있었던 가장 중요한 혁명이었다. 그렇지만 선진된 사상과 문화의 인도가 없었던 까닭에 신해혁명은 기대했던 목적을 달성하지 못하였으며, 결과적으로 실패하고 말았다.

신해혁명이 실패한 후 중국의 진보적 인사들은 극도의 고민과 방황에 빠졌다. 5·4운동 이전 초기의 신문화 운동은 신해혁명의 경험과 교훈을 바탕으로 새로운 출로를 모색하였다. 그러나 초기의 신문화 운동은 실제로 봉건계급의 문화에 반대하는 자본가 계급의 신문화 투쟁이었다. 그들은 '독립된 인격'과 '평등한 인권'을 강조하면서 개인의 해방을 추구하였던 것이지 노동인민 전체의 해방을 추구한 것이 아니었다. 그런 까닭에 도탄에 빠진 중국 인민에게 진정한 출로를 마련해 줄 수 없었다.

5·4운동은 중국혁명사에서 한 시대를 구획짓는 의의 있는 사건이었다. 그것은 중국 신민주주의 혁명의 위대한 시작을 알리는 것이었다. 러시아 10월혁명의 영향을 받아 5·4운동 중에 원래는 다양한 경력을 지니고 있었던 수많은 진보 인사들이 심사숙고하며 거듭 비교해 봄으로써 경로는 저마다 다르지만 마르크스주의자가 되었다. 다양한 경력을 지닌 이들 진보 인사들이 서로 다른 길을 통하여 같은 목적지에 도달하였다는 것은 자본주의에 기초한 건국방안을 포기하고 마르크스주의에 기초한 과학적 사회주의가 인도하는 길로 나섰다는 것을 가리킨다. 이것은 상당수 중국의 진보 인사들이 공동으로 행한 역사적 선택이었다. 이것이 5·4운동 이후 신문화 운동의 가장 두드러진 특징이다.

마르크스주의가 중국에 전파되어 중국 노동자 운동과 결합함에 따라 대규모 진보 청년 집단과 초보적인 공산주의 사상을 지닌 지식인들이 마르크스주의자가 되어 무산계급의 진보 인사 집단을 형성하였다. 이들이 중국 노동자 계급, 수많은 인민, 그리고 중화민족 전체의 이익을 대표하는 중국공산당을 탄생시켰다. 중국공산당은 창당 초기부터 중국의 우수한 전통 도덕을 발전시켜야 한다는 요구를 수용하여 그것을 확대 · 발전시키고 전파하는 역사적 중임을 떠안았다. 이것을 구체적으로 설명하면 다음과 같다.

(1) 국가와 민족을 구하기 위한 방안을 탐색하면서 중국공산당은 한 시대를 지배한 위대한 사상인 마르크스주의를 선택하였으며, 그것을 중화민족의 우수한 전통 문화와 유기적으로 융합시켰다. 그리하여 중화민족의 우수한 전통 문화가 현대적으로 새롭게 발전하는 계기를 마련하였다.

우쓰윈뚱(5 · 4운동)을 전후하여 마르크스주의가 중국에 소개되었다. 그 무렵 중국에는 다양한 문화사조들이 있었는데, 그 중 대표적인 것은 자유주의를 내세운 '서방문화파(西方文化派)'와 보수주의를 표방한 '신유가학파(新儒家學派)'였다. 서방문화파는 '서학동점(西學東漸)'의 필연적 결과로 출현한 것으로서, 초기에는 민중을 일깨우고 해방사상을 계몽하였으며, 공학(孔學)을 비판하고 민주주의와 과학정신을 전파함으로써 건전한 문화풍토를 조성한 공로가 있다. 그러나 서방문화파는 형식주의에 빠져 있었고, 형이상학적 편향성을 드러냈으며, 그들 중 일부가 중화민족의 전통 문화에 대하여 부정적 태도를 취함으로써 중국에는 민족 허무주의와 문화 허무주의로 흘러 중국 문화를 완전히 서구화시키자는 극단적 주장까지 하게 되었다. 이러한 주장은 문명의 시대성만 보고 문화의 민족성을 보지 않는 극단적 태도로서, 필연적으로 중국의 현대 문화를 늪 속에 빠뜨리는 결과를 초래한다. 신유가학파는 동서양 문화에 대한 논쟁이 벌어지는 가운데 돌출된 것으로, 현대 서구 문명의 이면에는 정신적 위기가 있다는 것을 알려주었고, 중국의 고유한 문화를 세계의 우수한 전통 도덕들 속에 포함시켰으며, 중화민족의 우수한 전통 문화가 지닌 가치를 제대로 평가함으로써 응집력과 자신감을 갖게 해주었다. 또한 전통 유학의 원시성과 직관성을 탈피할 수 있게 해주었다는 점에서 합리성을 지니고 있었고, 나름대로 공헌도 하였다. 그러나 신유가학파의 주장은 필경 문화 복고주의로 흐를 위험이 있었고, 시대감각과 호소력이 결여되어 있었다.

중국공산당은 국가를 구할 수 있는 해결책을 모색하면서 서구문화파와 신유가학파의 주장을 모두 검토하였으나 최종적으로는 마르크스주의를 선택하게 되었다. 마르크스주의는 인류사회가 차례로 발전해 가는 과학적 법칙을 제시해 주었고, 중화민족이 지닌 수천 년 역사와 문화를 제대로 인식할 수 있는 방법을 제공해 주었으며, 중화민족이 보다 살기 좋은 사회를 향해 나아갈 수 있는 방향도 명확히 제시해 주었다. 역사가 말해주듯이 중국 인민은 마르크스주의의 인도가 있었던 까닭에 떨치고 일어나 우뚝 서서 세계의 다른 민족들과 더불어 어깨를 나란히 하며 당당한 풍모를 자랑할 수 있게 되었다.

(2) 사회주의를 건설하면서 중국공산당은 처음부터 끝까지 우수한 전통 도덕을 확대 · 발전시키는 일과 사회 · 경제발전을 촉진하는 일을 긴밀히 결합시켰다.

문화란 관념의 한 형태이다. 역사발전 단계에 따라 상이한 문화가 존재하고, 동일한 역사발전 단계에서도 민족, 지역, 계급, 계층, 직업에 따라 상이한 문화가 존재한다. 한 민족의 문화가 온갖 풍상을 다 겪으며 수천 년 변화하면서 쇠퇴하지 않고 내우외환에도 꿋꿋이 견디어낼 뿐만 아니라 우여곡절을 다 겪으면서도 부단히 발전하고 장대해지는 근본 원인은 일정한 역사발전 단계의 문화가 그 단계의 사회 · 경제발전과 더불어 물질적 이익을 추구하는 인간의 활동과 상호 연계되어 있기 때문이다. 문화는 과정이지 원천이 아니며, 말(末)이지 본(本)이 아니다. 이 말의 의미는 결국 물질적 이익과 무관하게 문화를 논할 수 없다는 것이다. 마르크스는 "사람들이 노력하여 쟁취하는 모든 것은 이익추구와 관련이 있다"고 말하였고, 또한 "일단 '이익' 개념을 제쳐놓고 '사상' 문제를 논하게 되면 언제나 공허한 이야기가 된다"고도 말하였다. 따라서 물질적 이익추구를 도외시하고 문화의 발생과 발전의 근원을 관념적으로만 이야기해서는 안 된다.

일반적으로 우수한 전통 도덕에는 언제나 강한 생명력을 지닌 문화가 있고, 우수한 전통 도덕의 생명력은 생산력의 발전에 적응하고 또 그것을 촉진하는가의 여부에 따라 좌우된다. 선진 생산력은 선진문화를 만들어내고, 반대로 선진문화는 생산력의 발전을 한걸음 더 진보시킨다. 신민주주의 혁명이 역사적 승리를 거둘 무렵 마오쩌둥은 믿음에 찬 목소리로 "인구가 많고, 재화가 풍부하고, 생활이 윤택하고, 문화가 발달한 중국이 오래지 않아 도래할 것이다"라고 예언하였다. 또한 "중국 인민은 해방전쟁과 대혁명에서 위대한 승리를 거둠으로써 위대한 중국 인민의 문화를 이미 부흥시켰고 또 부흥시키고 있다"고도 말하였다. 1949년 9월 21일 마오쩌둥은 정치협상회의[政協] 제1차 전체회의 개막식에서 자부심을 가지고 "경제건설이 고조되면 당연히 문명건설도 고조될 것이다. 중국인에게 있어서 문명이 뒤진 시대는 이미 지나갔다. 이제 중국인은 고도의 문명을 지닌 민족으로 지구상에 등장할 것이다"라고 세계를 향해

선언하였다.

개혁개방 과정에서 덩샤오핑은 우수한 전통 도덕으로 현대화 추진을 촉진해야 한다고 거듭 강조하면서 "우리에게는 언제나 이상, 도덕, 문화, 기율이 있다. 그 중에서 가장 중요한 것은 이상과 기율이다. 이상이 바로 사회주의 현대화이다"라고 말했다. 1987년 10월 당 제13대는 "사회주의 초급단계는 개혁과 탐색을 통하여 사회주의 경제 · 정치 · 문화체제를 활기가 넘치게 건립하여 발전시키는 단계이다"라는 의견을 제시하였고, 또한 "반드시 과학기술과 교육사업을 가장 중시하고, 경제건설이 과학기술을 진보시키고 노동자들의 소양을 제고하는 수준에 도달하도록 해야 한다"라는 의견도 제출하였다.[18]

1996년 10월 당 제14기 제6차 중전회(中全會)는 '사회주의 정신문명 건설을 강화하는 일과 관련된 주요 문제에 대한 건의'를 통과시키며, 당이 사회주의 현대화를 진행시키면서 반드시 진지하게 해결해야 할 역사적인 과제 3개를 제시하였다.[19] (1) 경제건설에 초점을 두면서 어떻게 충돌하지 않게 두 문명을 발전시킬 것인가, (2) 사회주의 시장경제에 걸맞은 이상, 가치관, 도덕규범을 어떻게 건립할 것인가, (3) 대외적으로 개방하여 세계의 새로운 과학기술 혁명을 수용하면서 어떻게 전통 문화를 확대 · 발전시키고 외래문화의 우수한 성과를 흡수하며, 적대세력의 '서화(西化)'나 '분화(分化)' 같은 정치적 음모를 좌절시킬 것인가가 그것이다. 이 '결의(決議)'가 갖는 역사적 의미는 덩샤오핑의 이론, 특히 그의 정신문명 건설사상에 의거하여 사회주의 시장경제를 발전시키고, 대외

18) '당제13대'는 '중국공산당 제13차 전국대표대회'의 약칭이다.

19) '당제14* 제6차 동전회'는 '중국공산당 제14기 중앙위원회 제6차 전체회의'의 약칭이다.

적으로 개방을 표방한 역사적 조건에서 어떻게 사회주의 정신문명을 건설할 것인가에 대해 분명하게 답변하고 있다는 것이다. 이것은 우수한 전통 도덕을 사회주의적으로 재해석하는 문제와 관련하여 중국공산당이 중요한 공헌을 한 것으로 평가할 수 있다.

1997년 9월 당 제15대를 열면서 중국에서 사회주의가 건설된 이후 처음으로 중국공산당은 사회주의 초급단계의 (경제 · 정치 · 문화부문과 관련된) 기본 강령을 제시하였다. 이 일이 갖는 중요한 의미는 경제건설에 초점을 두겠다는 당의 목표를 분명하게 제시하였다는 것이다. 정치건설이나 문화건설은 경제건설에 정신적 추진력, 지식, 지혜를 제공하고 사상적 뒷받침을 함으로써 도움을 주어야 한다는 것이다. 또한 경제, 정치, 문화 3측면을 상호 결합시키고 상호 촉진작용을 하게 하여 사회의 전면적 진보와 발전을 도모해야 한다는 것이다.

역사적으로 중국공산당은 사회주의 건설 문제에서 구불구불하고 복잡하게 얽힌 길을 걸어왔다. 중국공산당 제11기 중앙위원회 제3차 전체회의 이래 당은 덩샤오핑의 이론에 기초하여 사회주의 문화건설의 위상을 정립하고 목표 임무방침 정책을 정하였다. 이때부터 전국의 모든 민족과 인민은 당 중앙의 정확한 영도 아래 중국의 경제와 정치에 걸맞은 아름다운 사회주의 문화를 충분히 꽃피울 수 있게 되었다.

(3) 개혁과 개방이라는 큰 흐름에 따라 중국공산당은 적시에 역사의 경험과 교훈을 정리하고 민족정신의 시대적 특징을 도출하여 우수한 중화민족의 정신에 새로운 내용을 추가시켰다

중국 근대사에서 중국 인민은 외부로부터의 침략을 막아 조국을 지키고 민족의 독립과 존엄을 보존하기 위하여, 그리고 '싼쭈오따산(3개의 큰 산, 三座大山)'을 넘기 위하여 한 몸을 희생해 가며 용감하게 전진하였

다.[20] 이렇게 한 최종 결과가 중국공산당의 영도 아래 민족의 독립을 실현시킨 것이다. 조국을 통일시키고 중화를 진흥하는 대업을 완수해 가는 과정에서 국가를 사랑하고, 인민을 위해 온몸으로 봉사하며, 개인 이익보다 민족 이익을 중시하고, 공익을 위해 사익을 희생시키며, 사생활보다 공무를 우선시하는 것과 같은 정신은 여전히 확대 · 발전시켜야 할 중화민족의 우수한 전통이다.

그러나 개혁개방을 시작한 이래 사람들의 사상과 문화의식에 시장경제가 주는 영향이 날로 커져서 수많은 사람들이 돈만 벌려 하고, 국가와 민족의식은 약해졌으며, 돈벌이를 위해서라면 인격은 물론 국가에 대한 자긍심조차 버리는 일들이 빈번히 나타나고 있다. 현실문제에 직면하여 우수한 중화민족의 정신을 확대 · 발전시키는 것은 아주 중요한 일이지만 과거의 내용과 방법을 단순히 되풀이하는 것이어서는 안 될 것이다. 중국공산당의 정확한 영도에 따라 적시에 역사의 경험과 교훈을 총결산하고 민족정신에 시대적 특징을 반영하여 오랜 역사를 지닌 중국의 우수한 민족정신에 새로운 내용을 첨가시켜야 할 것이다.

전쟁을 하던 시기의 주요 정신으로는 징깡산[정강산(井岡山)] 정신, 창정[장정(長征)] 정신, 옌안[연안(延安)] 정신, 난니완[남니만(南泥灣)] 정신, 위공이산[우공이산(愚公移山)] 정신, 바이치우언[백구은(白求恩)] 정신, 짱쓰더[장사덕(張思德)] 정신, 루쉰[노신(魯迅)] 정신, '랑야산우쭈앙쓰[낭아산오장사(狼牙山五壯士)]' 정신, 쌍깐링[상감령(上甘嶺)] 정신 등이 있다.[21] 사회주의 건설 시기의 주요 정신으로는 따칭[대경(大慶)]

20) 세 개의 큰 산이란 제국주의, 봉건주의, 관료 자본주의를 가리킨다.

21) 남니만 정신은 항일 전쟁기간 동안 산서성 남니만에서 황무지를 개간하여 의식(衣食)을 자급자족했던 팔로군의 정신을 가리킨다.

정신, 레이훵[뇌봉(雷鋒)] 정신, '난찡루샹하오빠리엔[남경로상호팔련(南京路上好八連)]' 정신, 콩판썬[공번삼(孔繁森)] 정신 등이 있다. 이렇게 정형화, 성숙화, 사회화된 혁명정신은 화려한 정신 군체(群體)를 형성하여 시대정신의 주된 선율(旋律)을 연주하여 주었다.

중국공산당원은 민족해방전쟁 중 현대적 민족정신을 스스로 연마하였을 뿐만 아니라, 사회주의를 건설하는 위대한 실천과정에서도 새로운 민족정신을 계속 확대 · 재생산하여 전국의 각 민족 인민들에게 실천과정에서 중화민족 정신을 현대적으로 해석한 대표적인 선진 모범을 학습하라고 호소함으로써 중화민족 정신의 의미를 끊임없이 풍부히 하고 또 발전시켰다. 그리하여 중화민족 정신을 현대적으로 재해석한 내용을 수많은 인민 군중들 사이에 깊이 뿌리내리게 만들었다.

2) 중국의 우수한 전통 도덕의 요구에 따라 사회주의 문화건설을 전면적으로 추진한다

중국공산당은 문화가 '세 대표'의 주요 내용 중의 하나로 보며, 문화문제는 그 자체로 중요할 뿐만 아니라, 당의 선진성과 직접 관련이 있고 당의 성격, 목적, 역사적 위상 및 역할과 관련된 큰 문제라고 본다. 이와 같이 중요한 사상을 진지하게 학습하고, 심도 있게 이해하며, 전면적으로 파악하여, 중국의 우수한 전통 도덕이 나아갈 방향을 확실히 파악한 후 사회주의 문화건설을 추진하는 과정에서 중시해야 할 것으로는 아래와 같은 3가지 문제가 있다.

(1) 처음부터 끝까지 문화가 사회주의를 지향하도록 해야 한다.

중국은 인민 민주주의 독재정치를 하는 사회주의 국가로서,[22] 중국이 추진하는 모든 사업을 영도하는 핵심 역량은 중국공산당이며, 중국 인민의 사상을 지도하는 이론적 기초는 마르크스 · 레닌주의이고, 중국이 추진하는 모든 사업은 4가지 기본 원칙을 전제로 하여야 한다. 마오쩌둥은 "(관념의 한 형태인) 특정한 문화는 특정 사회의 정치와 경제를 반영하며, 그것은 다시 그 사회의 정치와 경제에 큰 영향을 주며 작용한다. 그러나 경제는 기초이고, 정치는 경제의 집중적 표현이다. 이것이 문화와 정치경제 간의 관계, 그리고 정치와 경제 간의 관계를 바라보는 우리의 기본 관점이다. 그러므로 특정한 형태의 정치와 경제는 우선 특정 형태의 문화를 결정하고, 그런 후에 그 특정 형태의 문화가 다시 특정 형태의 정치와 경제에 영향을 주며 작용하는 것이다"라고 말했다.

마오쩌둥은 중국이 현대화 건설을 추진하는 과정에서 2가지 책임을 이행해야 한다고 보았다. 하나는 세계적으로 자본주의의 현대화된 문명을 중국에 맞게 참조해야 한다는 것이고, 다른 하나는 우세한 위치에 있는 현대 자본주의 문화와 부단히 투쟁해야 한다는 것이다. 문화는 모든 제도와 행위의 기초이고, 자본주의 문화는 현대 문명에 대해 여전히 크나큰 추진력을 지니고 있어 문화적 이념체계를 확립하여 약세인 사회주의 국가에 거대한 압력을 행사하고 있다. 이런 까닭에 중국공산당은 4대 현대화를 추진하면서 전국 인민을 영도하여 시종 문화가 사회주의를 지

22) '인민 민주주의 독재정치'는 '프롤레타리아 독재정치'로부터 비롯된 말이다. '인민민주주의'는 '소비에트 민주주의'의 중국식 표현으로서 '부르주아 민주주의'에 대비되는 의미를 갖는다.

향하도록 견지해야 하고, 자본가 계급의 문화에 대해서는 변증법적이고 역사적인 비판과 분석을 가해야 하는 것이다.

(2) 문화를 이끌고 관리하는 권력을 견고하게 장악해야 한다.

문화가 사회주의를 지향하도록 이끌어 가는 과정에서 중국공산당은 문화를 영도하는 역사적 사명을 짊어지고 있다. 집권당으로서 강력한 이념이 필요하고 사상적 · 문화적 자원이 풍부해야 당원들을 단결시키고 인민을 동원할 수 있으며, 시대의 최전방에서 현대 사회의 문화조류를 파악하고 예견할 수 있다. 당은 문화를 이끌고 관리하는 일을 행정에만 맡겨서는 안 된다. 가장 중요한 것은 사상과 관련하여 문화적 호소력과 결집력을 갖추는 일이다.

첫째로, 사상을 해방하고 실사구시를 염두에 두어 시대적 요구를 반영하는 실천활동을 진리판단의 기준으로 삼아야 '좌(左)'의 교조(敎條)와 금지구역을 깨뜨릴 수 있고, 경직된 문화 지도체제와 관리체제도 돌파할 수 있으며, 시대의 진보적인 문화조류를 정확히 파악 · 반영하여 시대적 특징과 변혁발전의 요구를 수용하고, 중국이 처한 국가적 정황과 민족적 특색을 반영한 사회주의 문화 건설의 청사진을 마련할 수 있을 것이다.

둘째로, 문화의 시대적 특징과 발전법칙을 과학적으로 제시하되, 특히 그것들이 현대 중국 사회에서 어떻게 나타나고 있는지를 과학적으로 제시해야 한다. 이렇게 해야 중국 사회주의 건설에 이론적 지도와 사상원칙을 제시할 수 있고, 이러한 이론 지도와 사상원칙을 당의 문화 영도 방침, 정책, 시책 등으로 바꾸어 시대를 진보시키는 정신적 역량으로 활용할 수 있을 것이다.

셋째로, 문화가 새 시대에 어떤 가치목표를 향하여 나아가는지 정확히 파악하여 공동의 이상과 정신적 지주를 확립해야 한다. 그리해야 문화가 민족진흥과 발전의 강력한 정신적 지주가 될 수 있고, 인민을 동원 단결 고무시켜 새 시대에 새로운 국면을 개척하여 부강하고 민주적이며 문명화된 사회주의 중국을 건설할 수 있을 것이다.

(3) 서구의 문화를 변증법적 · 역사적으로 분석하여 선진적인 성과는 참고 흡수하되 부패한 쓰레기는 제거해 버림으로써 민족 전체의 문화적 창조력을 증강시켜야 한다.

동서고금의 모든 문화를 어떻게 바라볼 것인가 하는 문제와 관련하여 일찍이 레닌은 상세한 분석을 하였다. 그는 "인류 전체의 발전과정에서 창조된 문화들을 정확히 이해하여야만 그러한 문화를 개조할 수 있고, 무산계급의 사상과 문화를 건설할 수 있다"고 말했다. 또한 그는 "무산계급의 혁명사상 체계인 마르크스주의가 세계사적으로 의미가 있는 이유는 자본가 계급 시대의 가장 중요한 성과를 버리지 않았으며, 오히려 2천여 년간 인류가 발전시켜 온 문화와 사상에서 가치 있는 모든 것을 흡수하고 개조하였기 때문이다"라고도 말했다. 자본주의 사회라는 특정한 시간과 공간에서 생겨난 서구의 사상과 문화는 선명한 계급성, 시대성, 민족성을 지니고 있으며, 결코 시간과 공간을 초월한 초계급적 문화가 아니다. 그러므로 서구의 사상과 문화에 대해서는 반드시 변증법적이고 역사적인 분석을 해보아야 한다.

첫째로, 서구의 사상과 문화유산을 비판적으로 흡수해야 한다. 세계의 문화 발전과정을 살펴볼 때 지역과 민족이 다른 문화들이 서로 개방, 교류, 촉진, 경쟁, 흡수, 상호 보완의 과정을 겪어 각양각색으로 나타난다. 이것이 세계 문화발전의 기본 법칙이다. 어떤 국가 어떤 민족일지라도 문화를 발전시키려면 인류의 우수한 문화유산을 흡수하여야 한다. 그렇게 하지 아니하고 자기 문화만 고집한다면 결코 발전을 기약할 수 없을 것이다. 역사가 알려주듯이 한당(漢唐)의 문화가 찬란한 색채를 내뿜고 있는 주요 원인들 중의 하나는 당시 사람들이 대담하게 외래문화의 정신을 배워 수용하였기 때문이다.

둘째로, 좋은 점을 따라 배우고 과학적으로 평가하여 서구의 사상과 문화를 흡수해야 한다. 서구의 사상과 문화에도 좋은 점과 나쁜 점이 함께 있으므로 진지한 취사선택이 필요하다. 자본가 계급의 의식이 깊이 침투되어 있는 사상과 문화, 예를 들면 '삼권분립', '다당제에 기초한 정권교체'와 같은 정치제도, '개인 중심적인' 자본가 계급의 도덕, '개인 중심', '개인의 자유', '개인의 자아의식'을 지나치게 강조하는 대인관계 등에 대해서는 분석과 비판이 가해져야 한다. 반면, 시대성을 반영하고 있는 사상과 문화를 비롯하여 현대 자연과학이나 경영 · 관리분야의 연구성과는 최대한 흡수해야 한다. 특히 서구 국가들이 개발한 현대 과학기술을 적극 도입해야 한다.

셋째로, 중국이 처한 국가적 정황을 감안하여 서구 문화를 흡수해야 한다. 중국과 서구의 문화적 교류는 단순히 이루어지는 것이 아니라 큰 충돌을 겪은 후에 유기적으로 융합되는 것이다. 두 문화가 교류하며 큰 충돌이 있을 때 분쇄되는 부분도 있고 서로 융합되는 부분도 있어야 새로운 정치 · 경제발전이 요구하는 신문화를 창조할 수 있다. 서구 사상과 문화의 정수를 흡수할 때는 중국이 처한 국가적 정황에 근거해야 한다. 특히 중국 사회주의 건설에 무엇이 필요한지, 그리고 서구 사상과 문화에 대한 인민들의 수용능력이 어떠한지를 충분히 고려하여야 한다. 그리하여야 중국인들이 무리 없이 받아들일 수 있고 중국이라는 대지에서 꽃을 피울 수 있을 것이다.

중국공산당은 종래로 중국과 서구 문화의 유기적 결합을 주장하며 두 문화가 쌍방향으로 영향을 주고받아야 한다는 점을 강조해 왔고, 어느 한 쪽이 다른 쪽을 흡수 통일하는 것에 반대해 왔다. 중국과 서구 문화의 교류와 융합이라는 문제를 과학적으로 해결하는 것은 중국 문화를 현대적으로 발전시키는 일에 새로운 영양분을 공급해 주는 일인 동시에 중국공산당이 넓은 도량으로 서구의 우수한 문화를 어떻게 수용하는가를 보여주는 일이다. 문화에 대한 이러한 정신이야말로 중국의 민족문화를 새로운 출발점에서 인류문명이 나아가는 큰 흐름에 합류할 수 있게 해줄 것이다.

4. 도덕 이론 연구의 강화와 덕으로 나라를 다스리는' 수준 제고

'덕으로 나라를 다스리는 일[以德治國]'은 당의 제3대 영도집단이 중국의 사회 · 경제가 새로이 발전하는 시기에 진입한 후 제시한 주요 치국방략(治國方略)이다. 이것은 국내외의 국가경영 경험을 심도 있게 검토하여 작성한 것으로서 마르크스 · 레닌주의, 마오쩌둥 사상, 덩샤오핑 이론, '세 대표' 주요 사상을 크게 발전시킨 것이라고 할 수 있다. 이러한 국가 경영전략의 의미를 진지하게 학습하여 심도 있게 이해하는 일은 민족 전체의 도덕 수준을 높이고 2가지 문명 건설을 촉진하는 문제와 관련하여 이론적으로나 실제적으로 중요한 의미를 갖는다. 이제 우리는 아래에 제시한 도덕 이론의 3가지 문제를 중점적으로 연구하여 '덕으로 나라를 다스리는' 수준을 부단히 높여가야 할 것이다.

1) 중국의 우수한 전통 도덕사상을 확대 · 발전시키고 현대적인 도덕적 가치관을 정립한다

중국의 전통 도덕은 복합적인 체계로 되어 있다. 전통 도덕의 기본 구조는 유(儒), 도(道), 석(釋) 3가지가 핵심이다. 그것은 무어쟈[묵가(墨家)]의 "군신부자부처(君臣父子夫妻)가 모두 효자(孝慈)하여야 한다"는 '겸애(兼愛)' 사상을 포함하며, 화쟈[법가(法家)]의 "신하는 임금을 섬기고, 자식은 부모를 섬기고, 아내는 남편을 섬긴다[臣事君, 子事父, 妻事夫]"는 '천하상도(天下常道)'를 포함할 뿐만 아니라[이 두 가지는 유가(儒家)의 삼강(三綱)과 일치한다], 그밖에 중국 전통 도덕의 3가지 핵심 요소 중 2가지인 도가의 '도덕(道德)'과 불교의 '불성(佛性)'도 포함한다. 봉건적 도덕의 핵심인 이러한 삼강오상(三綱五常)에 대해서는 반드시 심도 있는 비판과 철저한 검토가 필요하다. 그러나 진선미(眞善美)를 포함하고 있는 합리적인 우수한 전통 도덕사상은 계승하여 확대 · 발전시켜야 한다. 거기에는 (1) 조국통일을 수호하고 민족분열을 방지하며, 외국의 침략을 방어하고 외국의 지배에 반항하며, 나라 일을 걱정하고 조국을 마음에 새기는 애국주의(愛國主義) 전통(傳統)과 품성을 비롯하여, (2) 원만한 대인관계와 후덕한 인심을 갖고 위기에서 구해주고 곤란할 때 서로 도우며 기꺼이 다른 사람을 돕는 단결협동(團結協同) 정신, (3) 강건하고 실력을 갖추기 위해 쉬지 않고 노력하며, 낡은 것을 바꾸어 새롭게 하고 법과 제도를 고쳐 부강한 나라를 만들며 어렵고 힘든 일을 두려워하지 않고 낙관적으로 살아가는 진취(進取) 정신, (4) 사물의 본질을 파악하려 하고 객관적 세계의 변화법칙을 탐색하며 진리진실을 탐구하는[求眞求實] 정신, (5) 이상적인 인격체가 되려 하고 수신과 양성(養性)

을 강조하며, 고상한 도덕적 정서를 추구하는 순박하고 소박한 민족 정서[淳厚朴實民風]를 기르고자 하는 도덕적 전통이 포함된다.

중화민족의 우수한 전통 도덕은 중화민족이 지닌 우수한 문화의 집중적인 표현으로서 특수한 시대적 의의를 지닌다. 그것을 구체적으로 설명하면 아래와 같은 4가지이다.

첫째로, 민족의 자긍심과 자부심을 강화시킨다. 우수한 민족의 전통 도덕을 확대 · 발전시키는 일은 자신을 존중하고 사랑하게 만들어 문화에 대한 자부심과 자긍심을 갖게 한다. 한 민족에게 문화에 대한 자긍심과 자부심이 있다면 민족이 발전하는 시기에는 더욱 더 노력하고 진보하여 훨씬 더 큰 성취를 이룰 수 있으며, 민족이 좌절을 맛보는 시기에도 견인불발의 의지로 분투하여 실패를 성공으로 바꾸고 위기를 기회로 바꾸는 과감하고 낙관적인 자세로 인내심을 가지고 곤경을 헤쳐나가 민족의 새로운 활로를 모색할 수 있을 것이다.

둘째로, 민족 전체에 통일된 가치관을 갖게 하여 적극적인 소통작용을 한다. 민족의 우수한 전통 도덕은 이론 연구는 물론이고 행위와 실천, 사회적 심리와 의식 측면에서도 민족 전체가 통일된 가치관을 가지게 함으로써 적극적인 소통작용을 한다. 이러한 소통작용은 결코 물질적 가치로 해결할 수 없는 것이다. 예를 들면 중국 인민이 제국주의의 압제에 굴복하지 아니하고 저항하면서 투쟁한 과정은 애국주의적인 우수한 전통과 무관하지 않은 것이다.

셋째로, 민족 전체를 단결시키고 서로 협동하게 만드는 응집력을 준다. 민족의 우수한 전통 도덕은 지역, 계급, 정당, 파벌, 종족, 혈연, 종교를 초월할 수 있게 해준다. 민족의 전통 도덕은 민족구성원 개개인의 머리와 마음 속에 깊이 뿌리박혀 민족 전체에 쉽게 무너뜨릴 수 없는 강력한 보루를 만들어 주고, 합심 · 협력하여 민족의 이익과 앞날을 위해 평생토록 몸 바쳐 일하게 만든다. 민족에게 강력한 응집력이 있을 때에는 외적이 침입하더라도 일치단결하여 막아낼 수 있으며, 국내에 내란이 있더라도 민족공동체 의식이 있으므로 보다 용이하게 묵은 원한을 해소하고 분열을 단합으로 바꾸고 혼란을 안정으로 전환시킬 수 있을 것이다.

넷째로, 민족에게 문화공동체 의식을 갖게 해준다. 민족의 우수한 전통 도덕은 민족문화 중에서도 건전하게 발달한 부분이므로 민족 전체가 공유하는 심리와 가치가 추구하는 사상적 유대를 형성시킨다. 또한 민족 전체에 민족의 통일과 사회발전을 위해 몸 바쳐 일하도록 호소할 수 있는 힘의 원천이며, 민족에게 파괴할 수 없는 응집력을 갖게 해주는 정신적 힘이기도 하다. 그리고 국민이 이성적으로 판단하고 행동하도록 인격을 도야할 수 있게 해주는 역할도 한다.

민족의 전통 도덕은 모든 지역, 모든 종족에게 적용되는 보편성을 지니고 있어 민족 전체가 함께 분발하여 노력하게 하고, 민족구성원 모두에게 문화 공동체 의식을 갖게 한다. 중화민족의 우수한 전통 도덕은 아주 강력한 추진력, 응집력, 침투력을 가지고 있으므로 중국의 흥망성쇠에 엄청난 영향을 줄 것이다. 그런 까닭에 우수한 전통 도덕을 확대 발전시키는 일은 이미 현대 중국의 정신문명 건설에서 가장 중요한 사업 중의 하나로 되어 있다. 현재 사상과 관련된 국가사업에서 중요한 임무들 중의 하나는 퇴폐 · 타락한 문화의 잔재를 청산하고 정신적 쓰레기의 영향을 봉쇄하며, 수많은 인민 군중에게 그러한 것에 감염되어 병들지 않도록 면역력을 길러주는 것이다. 이러한 임무를 완수하는 한 가지 방도는 수많은 청소년들에게 중화민족의 우수한 전통 도덕을 확대 · 발전시키게 하여, 중화민족이 지구상의 수많은 민족들 중에서 수천 년 동안 사라지지 않고 살아남을 수 있었던 이유를 제대로 이해시키는 것이다. 또한 중화민족은 수천 년 역사를 통하여 독특한 전통 도덕을 발전시켰고,

수차에 걸쳐 이민족의 통치를 받았음에도 불구하고 부흥할 수 있었던 가장 중요한 이유가 바로 중화민족의 전통 도덕이 사라지지 않았기 때문이라는 것을 확실하게 알려주어야 한다. 전통 도덕이 사라지지 않은 민족에게는 다시 부흥할 희망이 있지만, 전통 도덕이 사라진 민족에게는 그러한 희망이 없다는 것을 알려주어야 하는 것이다.

2) 서구의 도덕 이론을 비판적으로 수용하고 참고한다

세계의 여러 도덕을 살펴보면 상호 개방, 교류 촉진, 경쟁, 흡수 취사선택의 과정을 거쳐 각양각색의 다채로운 특징을 드러내고 있음을 알 수 있다. 이것이 세계 각국의 도덕이 발전하는 기본 법칙이다. 어떤 국가나 민족의 도덕도 인류가 만들어낸 우수한 도덕유산을 흡수하지 않고 자기 울타리만 고집해서는 발전을 기약할 수 없다. 외부로부터 유입되는 도덕에 대해 어떤 태도를 가져야 할까? 우리가 취해야 할 올바른 자세는 외부 도덕을 정확히 평가해서 장점을 취하고 단점을 버리는 것이다. 서구 자본가 계급의 도덕은 자본가 계급의 세계관과 이론 형태를 드러낸 것으로서 자본주의 제도와 자본가 계급의 이익을 옹호한다.

자본주의 사회의 도덕에는 퇴폐적이고 음란하고 부패한 부분이 많지만 전부가 그런 것은 아니다. 우리는 경계심을 늦추지 말고 맑은 정신을 유지하며 자본주의의 부패한 도덕이 유입되는 것을 막아야 한다. 그러나 구더기 무서워 장 못 담그는 것은 말이 안 된다. 옥석을 가려서 자본주의 도덕에서 나쁜 점은 버리고 좋은 점은 적극 수용해야 할 것이다. 서구 자본가 계급의 도덕에는 장단점이 혼재되어 있다. 우리는 그런 점을 분명히 알고 적절히 대처해야 할 것이다. 자본가 계급 의식을 대변하는 도덕의 침투는 정확히 분석하고 비판해야 할 것이지만 시대적 특성을 잘 드러내 주는 도덕은 적극 수용해야 하며, 민족적 특성을 잘 반영하고 있는 도덕도 우리에게 도움이 되는 부분을 잘 선별하여 배워야 할 것이다.

3) 중국공산당의 도덕 이론을 과학적으로 총결산하여 개괄한다

중국 근대사에서 중국 인민은 외부로부터의 침략에 대항하고 조국을 수호하며 민족의 독립과 존엄을 지키고 '3개의 큰 산' 을 넘기 위해 피를 흘리며 싸웠고, 앞사람이 넘어지면 뒷사람이 이어받아 가며 중국에는 중국공산당의 영도로 민족의 독립을 실현하였다. 조국통일을 완수하고 국가를 발전시키는 대업을 해가면서 애국주의 정신을 가지고 전심전력으로 인민에게 봉사하며, 개인의 이익보다 민족의 이익을 앞세우고, 공익을 위해 사익을 희생시키는 정신 등을 크게 확대 · 발전시켰다. 이제 이러한 정신은 중화민족의 좋은 전통으로 자리 잡았다.

그러나 개혁개방 이후 시장경제는 사람들의 사상과 의식에 점점 더 큰 영향력을 행사하게 되어 수많은 사람들이 돈벌이에 집착하고, 국가와 민족의식은 박약해졌으며, 심지어는 돈벌이를 위해 인격은 물론 국가의 위신마저도 저버리는 일들이 빈번히 일어나고 있다. 이런 현실 문제 해결을 위하여 중화민족의 우수한 전통 도덕을 확대 · 발전시키는 일이 절실해졌다. 그러나 중화민족의 정신을 확대 · 발전시키는 일이 내용적으로나 방법적으로 과거의 유산을 단순히 되풀이하는 것이어서는 안 된다. 중국공산당의 올바른 영도 아래 역사의 경험과 교훈을 총결산하고 민족정신에 시대성을 반영하여 오랜 역사를 지닌 우수한 중화민족의 정신에 새로운 내용을 첨가시켜야 한다.

중국공산당의 도덕 이론은 마르크스주의와 중국 혁명과 건설의 위대한 실천과정이 상호 결합하여 생겨난 것으로서 중화민족의 우수한 전통 도덕을 새로운 시대에 맞게 계승 · 발전시킨 것이다. 중국공산당은 중국 특색의 사회주의를 건설하면서 공산주의의 숭고한 이상을 실현하는 것을 최종 목적으로 하였으며, 인민에게 봉사하겠다는 것을 핵심 목표를 삼고 집단주의를 원칙으로 세웠다. 그리고 (1) 해방사상과 실사구시 정신, (2) 시대를 이해하고 과감하게 창의성을 발휘하는 정신, (3) 어려움을 알면서도 힘차게 앞으로 나아가는 정신, (4) 어려움을 감내하고 끝내 목표를 달성하는 정신, 그리고 (5) 명예와 이익에 대한 욕심을 버리고 사적인 이익보다 공익을 앞세우는 정신을 배양하였다. 우리는 이러한 '5가지 정신' 을 크게 확대 · 발전시켜야 하며, 당과 전국의 각 민족 인민이 부단히 이러한 정신으로 무장하고 모두가 깨어나 기회를 놓치지 말고 발전을 가속화하여 중화민족을 부흥시킬 위대한 정신력을 배양해야 한다. 위대한 사업에는 숭고한 정신이 필요하며, 또한 그러한 사업이 숭고한 정신을 만들어낸다. 그리고 다시 그 숭고한 정신이 위대한 사업을 지탱해준다. 견고하고 강력한 정신이 없는 민족에게는 앞날이 없다.

제7장_공민도덕교육

1. 공민도덕교육의 본질과 특징

개혁과 개방이 활발히 이루어지고 사회주의 시장경제를 배양 · 육성하는 일이 원활하게 진행됨에 따라 중국의 경제, 정치, 사상, 문화, 사회생활 모두가 엄청나게 변하고 있다. 이러한 변화는 대개 앞을 향해 나아가는 것들이다. 그러나 도덕을 일으켜 세우는 일은 뒤처져 있는 모습이라는 것이 중국 도덕교육 관련자들의 생각이다. 특히 공민도덕 의식을 함양하고 교육하는 일은 심각할 정도로 낙후되어 있다고 본다. 이런 까닭에 사회주의 시장경제라는 상황에서 공민도덕 의식을 어떻게 함양하고 교육할 것인가 하는 문제를 진지하게 연구하지 않으면 안 된다고 말하고 있다. 이 장에서는 공민도덕교육의 주요 특징을 살펴보고, 중국 도덕교육론에서 공민도덕의 재건문제를 어떻게 다루고 있는지 알아본다.

1) 공민도덕의 의미와 주요 특징

공민도덕은 인류가 사회생활을 하면서 공동생활에 필요하기 때문에 생겨난 것으로서 사회구성원 모두가 반드시 지켜야 할 개인의 행위규칙이자 공동생활의 규범이다.[1] 그러니까 공민도덕은 '공동생활을 위한 최소한의 규범'이라고 말할 수 있다. 거기에는 예절과 매너를 지키는 일, 기꺼이 다른 사람을 돕는 일, 공용 물건을 아끼는 일, 환경을 보호하는 일, 기율을 지키고 법을 준수하는 일 등이 포함된다. 이런 일들은 일견 사소한 것처럼 보이지만 중국의 도덕실태를 보면 오히려 공민도덕의 기초이자 버팀목일 뿐만 아니라, 공민의 도덕적 기풍이 건전한지의 여부를 가늠하는 기준이기도 하다. 이들 규범은 사회의 공익을 위해 구성원들 모두에게 지켜줄 것을 요구하며, 공동생활을 유지하고 대인관계를 원만하게 조정하는 데 중요한 기능을 한다. 중국 헌법에는 '공민도덕 존중'이 공민의 의무로 명문화되어 있어 공민도덕이 중국의 사회생활에서 중요한 역할을 담당한다는 점을 강조하고 있다.

공민도덕은 인간이 사회 안에서 공동생활을 하며 반드시 지켜야 할 기본 도덕으로서 아래와 같은 몇 가지 특징을 지닌다.

첫째로, 공민도덕이 생성 · 발전하게 되는 것은 물질적인 사회생활 여건과 긴밀한 관련이 있다. 마르크스주의는 인류사회의 발전과 변화가 복잡하지만, 그런 복잡한 사회현상에서 주도적 역할을 하는 것이 물질적인 사회생활 여건이라고 본다. 사회적 존재가 사회적 의식을 결정한다는 것이 역사유물주의의 기본 원리이다. 사회적 의식의 한 형태인 공민도덕

1) 한국에서 '국민윤리'는 '국민 공동생활의 원리'라고 정의되었다.

은 '절대관념(헤겔의 개념)'의 외화(外化)나 '인간에게 고유한 본능(포이에르바하의 개념)'에 의해서가 아니라 인간의 물질적인 생활여건에 의해 생겨난 것이다. 마르크스와 엥겔스는 "개인의 위상은 그가 하는 생산활동의 물질적 조건에 달려 있다"고 말했다. 또한 그들은 "인간이 알든 모르든 결국에는 생산과 교환이라는 실질적인 경제적 관계로부터 그들의 계급과 지위가 결정되고, 일정한 도덕관념을 받아들이게 된다"고도 말했다. 여기서 말한 경제적 관계는 실제로 물질적인 이익관계를 가리킨다.

이러한 관점은 이미 사회적 · 역사적 발전에서 객관적 사실로 증명되었다. 원시사회의 도덕기준은 평등, 성실, 용기, 단결, 상부상조, 괴로움을 참고 힘든 일을 견뎌내는 것, 공동체의 결정에 복종하는 것 등이었다. 이와 같은 도덕기준은 물질적 재화가 공유였고 생산력이 미약했기 때문에 생겨난 것이다. 생산력이 발전하고, 계급이 출현하고, 공유제 대신 사유제가 나타남으로써 노예사회가 등장하자 노동이 경시되고, 공익보다 사익을 중시하게 되고, 탐욕스러워지고 잔인 포악해졌다. 봉건적 토지소유제도와 봉건적 신분제도가 확립된 봉건사회가 되자 도덕의식도 그에 따라 변화했다. 충효절의(忠孝節義), 삼강오상(三綱五常), 삼종사덕(三從四德) 같은 것이 봉건사회의 도덕기준이 되었다.

자본주의 사회에서는 자유경쟁, 자유무역이 경제의 기본 원칙이므로 도덕규범도 이전과는 달라졌다. 자본주의 사회의 도덕원칙은 이기주의와 개인주의로 요약할 수 있는데, 보수와 재산 정도가 도덕기준이 되었고, 이것은 자본주의적 자유경쟁 원리가 도덕에 반영된 것이다. 무산계급의 도덕원칙은 앞서 말한 여러 사회의 도덕원칙과 다르다. 무산계급은 자기 자신 이외에 가진 것이 없으므로 자신의 노동력을 팔 수밖에 없고, 이러한 물질적 생활여건이 그들로 하여금 일치단결하여 자본주의 제도를 무너뜨리고 착취와 억압이 없는 사회주의 제도를 만들게 하여 무산계급 자체의 공평무사(公平無私) 한 집단주의 도덕원칙이 생겨난다.

둘째로, 공민도덕은 보편성을 지니고 있다. 사람들이 공공장소에 있을 때는 원래의 모습과는 다른 모습으로 활동하게 된다. 어떤 모습으로 행동하는가는 그 장소의 성격에 따라 달라진다. 버스를 타고 있을 때는 승객이지만 상점에 갔을 때는 고객의 모습으로 행동한다. 이것은 어떤 장소에서 사람들을 만나느냐에 따라 역할이 달라진다는 것을 의미한다. 자기가 사는 사회의 정치, 경제, 사상, 문화 등에 의한 간접적인 영향이 있기는 하지만 활동하는 장소는 인간관계에 직접적인 영향을 준다. 공적인 장소에서는 거기에 걸맞은 역할전환이 모두에게 필요하고, 그렇지 않을 경우에는 공동생활을 하기가 어려울 것이다. 이러한 역할전환은 누구에게나 차별 없이 적용된다는 특징이 있다. 여기서 사람들이 사회생활을 하며 지키는 규칙은 모두에게 구속력을 갖는다.

공민도덕의 이러한 보편성은 그것이 일부 사람의 이익만 대변하는 것이 아니라 사회 전체의 공동 이익을 대변한다는 것을 의미한다. 다시 말해 공민도덕이 기초로 하는 이해관계는 사회 전체의 이익과 관련된 것이다. 따라서 공민도덕은 반드시 사회구성원 전체의 공동 신념과 여론에 기초해야 한다. 실제로 사회생활을 하면서 예절 있는 행동을 하고, 매너 있게 대화를 나누고, 손님을 따뜻하게 맞이하고, 질서를 지키는 일과 같은 도덕적 행위는 칭찬을 받는 반면, 타인에게 피해를 주고, 자기 이익만 챙기고 공공질서를 파괴하는 행위는 반감을 사고 사회적 지탄을 받는다.

2. 공민도덕교육의 중요성과 필요성

오늘날 중국인은 20세기를 지나 21세기를 맞이하였다. 세기가 바뀌는 전환기에 사람들의 도덕의식과 행동도 급격하게 변하고 있다. 이러한 변화는 미래지향적인 것으로서 긍정적인 요소가 많다. 그렇지만 그냥 지나칠 수 없는 것은 오늘날 중국인의 도덕의식과 행동방식의 변화 속에는 사람들을 불안하게 만드는 요소가 없지 않다는 것이다. 새로운 시대를 살아가는 사람들에게 도덕교육을 어떻게 해나가야 할 것인가, 어떻게 도덕성을 함양할 것인가 하는 것이 우리가 당면한 가장 중요한 문제들 중의 하나이다. 여기서는 새로운 시대에 걸맞은 공민도덕교육의 중요성 및 필요성과 아울러 공민도덕교육을 실시하면서 제기되는 문제점, 그리고 공민도덕교육의 특징과 내용 등의 문제에 대해 살펴보기로 한다.

1) 공민도덕교육 강화의 중요성과 필요성

(1) 새 시대는 도덕적 품성의 제고를 공민에게 요구하고 있다.

새 시대의 공민은 확고한 애국자가 되어야 할 뿐만 아니라 도덕적인 인격을 갖추고 새로운 사업을 힘써 일구어 나가는 세대가 되어야 한다. 개혁개방 이후 사회주의 시장경제와 과학문화의 전반적 발전에 따라 공민의 도덕적 풍조도 엄청나게 변하였다. 예를 들어 사회주의 시장경제에 적응하면서 공민들이 갖게 된 자주, 자강(自强), 평등, 경쟁, 독창성 같은 도덕관념이 날이 갈수록 사람들의 마음 속에 깊이 뿌리내리고 있다. 다만 눈여겨 보아야 할 것은 현재 중국이 전통적인 농업사회로부터 현대적인 공업사회로 가고 있으며, 계획경제 체제로부터 시장경제 체제로 가고 있다는 점이다.

이와 같은 엄청난 변혁, 발전, 개방이 이루어지는 사회 전환기를 맞이하여 과거에 유효했던 공민도덕교육 체계는 사회적 · 경제적 발전의 요구에 더 이상 부응하지 못하고 있는 측면이 적지 않다. 만일 계획경제 시기에 만들어진 도덕규범을 개혁과 개방이 이루어지고 사회주의 시장경제가 발전하는 시기에 그대로 적용하려 한다면 많은 무리가 따를 것이다. 개혁개방 과정에서 사회주의 시장경제 발전이 요구하는 것에 부합하는 사회주의 도덕 이론과 규범체계가 아직 만들어지지 않아 공민들 사이에 여러 가지 도덕문제가 표출되고 있다. 이러한 문제점은 이미 공민도덕교육에서도 그대로 드러나고 있다.

중국 도덕교육론은 새 시대에 공민이 두 가지 심각한 도전에 직면해 있다고 본다. 하나는 경제발전 수준과 신기술혁명의 도전이고, 다른 하나는 서방 적대세력의 '화평연변(和平演變)'의 도전이다(蘇振芳, 158).[2] 이런 두 도전에 직면하여 우리가 경제건설을 중심으로 4가지 기본 원칙과 개혁개방을 견지하고 정치 · 경제 · 사회안정을 도모하여 경제발전과 사회진보를 추진할 수 있는가 하는 것은 중국 특색의 사회주의가 성공인가 실패인가의 여부와 중화민족의 전도와 운명에 직접적으로 관련된다.

2) '和平演變'은 '평화적인 역행 또는 변화'라고 옮길 수 있다. 이 용어는 문화대혁명 기간 중에 사회주의로부터 자본주의로의 변질을 비난하는 말로 사용되었다. 여기서는 중국이 '사회주의 시장경제'로 전환한 것을 자본주의로 변질된 것으로 매도하는 외국의 비난을 경계하는 말로 풀이된다.

그러므로 이러한 도전은 젊은 세대를 포함한 공민 모두에게 심각한 시련이 아닐 수 없다.

21세기에 들어서서 공민 개개인은 중대한 역사적 책임을 짊어지고 있다. 조국과 인민에게 부과된 중대한 역사적 책임을 완수하기 위하여 공민은 사회주의에 대한 신념을 확고히 해야 하고, 중국 특색의 사회주의를 건설하기 위해 노력해야 한다. 또한 마르크스주의, 마오쩌둥 사상, 덩샤오핑 이론, '세 대표' 주요 사상을 진지하게 학습하고 연구해야 하고, 중국이 처한 현실상황을 심도 있게 인식하여 중국 특색 사회주의 질서를 어떻게 세울지 탐색해야 한다. 이것이 중국 도덕교육론의 주장이다. 뿐만 아니라 현대 과학기술과 관리지식을 습득하려 노력하고, 그것의 적용과 확대 · 보급을 위한 준비를 하여 창조적인 활동을 해나가야 한다. 아울러 민족 전체의 도덕 · 과학 · 문화 수준을 높이는 일에서도 단단히 한 몫을 해야 한다. 나아가 민주적인 법과 제도를 마련하기 위한 이론 연구는 물론 실천 측면에도 심혈을 기울여야 한다. 그밖에 주요 정책결정이 과학적으로 이루어지도록 역량을 발휘해야 한다. 전체적으로 중국 특색의 사회주의 건설과 관련한 이론과 실천에서 중국 인민에게 지금처럼 광범위하고 절박한 요구가 제기된 적은 없다.

새 시대의 공민은 현대 과학기술을 배우고 업무에 정통해야 할 뿐만 아니라 정치적 방향설정도 정확해야 하며, 도덕적 가치관도 과학적으로 점차 정립해 가야 한다.[3] 마르크스는 중학시절에 이미 '인류의 행복과

3) '과학적 도덕가치'를 점진적으로 수립해 가는 일의 의미는 달리 해석할 수도 있다. 과학의 도덕적 의미를 고찰하는 일이 그것이다. 그러나 과학과 도덕의 비중을 고려할 때 중국에서는 도덕보다는 과학, 그리고 아마도 과학보다는 경제 쪽에 더 많은 비중을 둘 것으로 보인다. 그래서 여기서는 '도덕적 가치관을 과학적으로' 정립하는

내 자신의 인격적 완성'이 직업선택의 주요 지침이라고 보았다. 또한 그는 "인간은 동시대 사람들의 인격적 완성과 그들의 행복을 위해 일해야만 자신도 완전한 인격을 갖출 수 있다"고 생각했다. 인류의 행복을 위하여 노력해야겠다는 도덕관을 가지고 있었던 까닭에 마르크스는 청년시절부터 노동 대중의 고통에 관심을 갖고 세계 전체의 노동 대중을 해방시키는 방법을 탐색하게 되었으며, 혁명을 위한 실천적 투쟁에 투신하여 유심주의로부터 유물주의로, 혁명적 민주주의로부터 공산주의로 전환하였고, 무산계급의 입장에 서서 인류 전체를 해방시키는 일에 평생을 바쳤다.

새 시대의 공민은 도덕적으로 우선 조국에 열정을 바치고, 인민에게 충성하며, 조국과 인민의 이익을 무엇보다 중시하고, 조국의 독립과 부강을 위해, 그리고 인민의 해방과 행복을 위해 최선을 다하는 것을 인생의 최고 가치로 삼아야 한다. 또한 진리를 추구하고, 굳건한 마음으로 정진하며, 진리를 위해 헌신하는 정신을 갖추어야 한다. 인생의 가치를 실현해 감에 있어서는 이론과 실제를 연계시켜 노동자 · 농민군중과 일체가 되고, 이상을 추구하면서 개척정신과 창의력을 발휘함과 동시에 힘써 노력하고 희생봉사하는 정신을 결합시켜야 하며, 자신을 이상, 도덕, 문화, 그리고 기율이 있는 사회주의 사업의 계승자로 만들어야 한다.

(2) 새 시대 공민에게는 스스로 도덕적 품성을 제고시키고 싶어하는 내적인 욕구가 있다.

새 시대 공민은 새로운 시대의 개척자로서 부지런히 사고하고 과감

일로 해석하였다.

하게 탐색하며, 창의적인 사고방식을 가지고 있어 독창적인 관점으로 끊임없이 시대의 흐름을 파악하는 사회발전의 견인차이다. 그러나 새 시대 공민도 결국은 이론과 실천이 빈틈 없이 맞물리는 과정에서 존재한다.[4] 그들은 고도의 심오한 과학적 지식을 알고 있지만 그러한 지식을 어떻게 현실의 요구에 적용해야 하는지, 특히 시장경제에서 자신의 가치관과 사회의 가치관을 어떻게 유기적으로 통일시켜야 하는지, 그리고 자신의 가치관을 어떻게 충분히 실현시켜 사회진보에 기여해야 하는지를 잘 모르고 있다. 이러한 문제들이 새 시대 공민이 안고 있는 가장 풀기 어려운 문제들이다. 이러한 난제들을 구체적으로 표현하면 아래와 같다.

- 현대화 과정에서 개인주의가 아니라 집단주의가 인도하는 인생관과 가치관이 과학적이라고 보는 이유가 무엇인가?[5]
- 개인과 집단을 유기적으로 통일하는 가치관을 어떻게 정립할 수 있을까?
- 정의와 이익, 이익추구와 희생봉사 간의 갈등문제를 어떻게 해결할 수 있을까?
- 고통과 쾌락, 영예와 치욕, 선과 악, 미와 추(美醜) 같이 대립되는 가치문제를 어떻게 잘 해결할 수 있을까?
- 생사, 운명, 신앙 같은 문제를 잘 해결하는 방법은 무엇일까?
- 타인에게 피해를 주며 자기 이익을 챙기거나, 오직 이익만 탐하거

4) '이론과 실천이 빈틈없이 맞물리는 과정'이란 역사유물주의적인 표현 중의 하나이다. 흔히 '이론과 실천의 변증법적 통일'이라고 알려져 있는 표현이다.

5) '集體主義'를 '집단주의'라고 옮겼다. 집체와 집단의 의미는 다르지만 우리에게 집체보다는 집단이라는 용어가 귀에 익숙하기 때문이다.

나, 금전만능에 빠지거나, 공익을 도외시하고 사리사욕만 채우는 일 등을 없애고 사람들에게 요구되는 다양성과 합리성 등을 충분히 수용하는 문제의 해결방법은 무엇인가?

새 시대 공민은 인생관, 가치관과 관련하여 이론적 · 실천적으로 앞서 서술한 문제들에 봉착하여 간절한 마음으로 그것들을 해결하고 싶어 한다. 이론적으로나 실천적으로 어떻게 새 시대 공민을 도와 적극적이고 건강하고 과학적인 가치관을 갖게 만들 수 있을까? 어떻게 새 시대 공민들이 객관적인 사회발전 법칙을 따르면서도 전통, 현실, 미래를 긴밀히 연결시켜 중국 특색의 사회주의를 자신 있게 건설하고 새 시대의 걸출한 인재가 되도록 할 수 있을까? 이러한 문제들이 현재 고등교육기관에서 이루어지고 있는 새 시대 인재양성의 가장 중요한 임무들 중의 하나이다.[6)]

(3) 도덕적 품성을 함양하는 일은 공민교육에서 가장 중요한 일들 중의 하나이다.

중국에서 공민의 자질을 높이는 일은 21세기 학교개혁의 주요 내용이다. 새 시대의 공민을 양성하는 교육은 단순히 그들에게 과학기술이나 자연과학적 지식을 전수하는 것이 아니라, 인문과학 · 사회과학 · 자연과

6) '고등교육기관'은 고교(高校)를 옮긴 말이다. 중국에서 고교(高校)는 고등학교(高等學校)의 약칭이다. 그런데 중국의 경우 등학교(高等學校)는 한국처럼 중학교를 졸업하고 진학하는 중등학교의 일부가 아니라 전문대학이나 대학교 등 고등교육기관의 통칭이다.

학적 사고능력을 갖추고 21세기의 요구에 맞추어 광활한 미래 세계를 개척해 나갈 수 있는 능력을 길러주는 것이다. 20세기의 경험이 우리에게 알려주고 있는 것은 인류의 지식과 기술이 비약적으로 발전하여 한 세기에 축적된 지식이 인류역사에서 그 이전까지 축적되었던 지식 전체보다 많다는 것이다. 지식의 이와 같은 비약적 발달은 21세기에 더욱 가속화될 것이다. 그러므로 새 시대의 공민을 양성하는 일은 단순히 기초 지식만 가르치는 것이어서는 안 되며, 지식을 새로이 창출해내는 능력을 길러주는 것이 훨씬 더 중요하다. 공민이 이러한 능력을 가지고 새로운 지식을 끊임없이 창출하여 변화 · 발전하는 새 시대의 요구에 부응할 수 있게 해야 하는 것이다.

그런데 반드시 지적해 두어야 할 점은 공민의 자질을 높이는 교육을 하는 과정에서 창조력 개발도 물론 중요하지만 훨씬 더 중요한 도덕적 자질 함양 교육을 최우선 과제로 해야 한다는 것이다. 도덕적 자질을 높이는 교육은 다른 모든 교육의 기초이자 전제이다. 도덕적 자질을 함양하는 교육은 공민교육에서 중요한 부문들 중의 하나로서, 대학교육 전체를 선도하고 뒷받침한다. 계급사회에서는 도덕성 함양 교육이 계급성을 선명하게 드러낸다. 중국 대학의 도덕교육은 사회주의 대학의 도덕교육으로서 무산계급의 계급성을 중시해야 하며, 무산계급의 목적달성에 기여해야 한다. 현 단계에서는 중국 특색의 사회주의 건설을 위해 개혁개방에 발맞추어 이상(理想), 도덕, 문화, 기율이 있는 자격 있는 인재를 육성해야 한다. 자격 있는 공민을 길러내는 일은 방향과 진로를 설정하는 큰 문제이다. 장기적으로 볼 때 고등교육기관에서 길러낸 인재들이 확고한 정치관을 가지고 있는가의 여부는 앞으로 중국 사회를 짊어질 사람들의 기본적인 도덕적 자질, 당과 국가의 운명, 개혁개방과 중국 특색 사회주의 건설의 전도와 관계된다.

공민에 대한 도덕성 함양 교육이라는 문제를 다룸에 있어서 반드시 극복해야 할 두 가지 잘못된 경향이 있다. 하나는 정치결정론적 경향이다. 이것은 단순히 '계급투쟁', '노선투쟁', '정치로 모든 것을 대체할 수 있다'는 생각을 가지고 도덕성 함양 교육을 바라보는 것으로, 이러한 시각은 도덕성 함양 교육을 완전히 왜곡시켜 버린다. 문화적 소양을 함양하는 교육 대신에 도덕적 소양을 길러주는 교육만 하게 되면 문화 소양교육이 타격을 받게 되고, 도덕과 문화과학 지식이 분리되어 문화 소양교육의 발전과 신장은 유명무실하게 되어버린다.[7] 또 다른 경향은 방임론적 경향이다.[8] 공민의 자질을 높이는 교육에서 도덕적 소양교육은 있어도 되고 없어도 되는 것으로 보고 문화 소양교육만을 중시하는 시각이 그것이다. 문화 소양교육을 잘 하게 되면 도덕 소양교육은 자연적으로 이루어진다고 보는 것이다. 이러한 방임론적 경향은 문화 소양교육이 사상 소양교육을 대체해 버리게 되어 결국에는 도덕 소양교육을 부정하게 된다. 이와 같은 잘못된 두 경향은 일반적 인식의 문제가 아니라 정치적 방향과 원칙을 설정하는 문제와 관련되기 때문에 아주 중요한 문제라고 아니할 수 없다.

여기서 강조하고 싶은 것은 공민 중에 도덕 소양교육을 어찌해야 할지 막연한 생각을 가지고 있는 사람들이 적지 않다는 점이다.[9] 일부에서

---

7) 중국에서 도덕 소양교육과 문화 소양교육을 분리해서 바라보려는 시각이 있음을 보여준다. 마치 한국에서 사회과 교육과 도덕과 교육, 교육활동 전반과 도덕교육, 정치교육과 도덕교육, 철학교육과 도덕교육, 종합 학문적 시각과 독립 학문적 시각 간에 벌어지는 논쟁을 연상시킨다. 여기서 필자는 도덕교육이 정치교육이나 사상교육과 관련이 있지만 동시에 일반적인 문화교육과도 무관하지 않다는 점을 지적하고 있는 것으로 보인다.

8) 방임론은 자연론(自然論)을 옮긴 말이다.

는 문화 소양교육만 좋으면 도덕 소양은 당연히 좋은 줄 안다. '한 가지가 좋으면' '세 가지까지는 좋을 것'이라고 여긴다. 적지 않은 사람들이 문화 소양을 높이는 일만 중시하고 도덕 소양을 기르는 일은 경시하고 있다. 구체적으로 말하면 정치는 헛된 이야기라고 보고 정치 이론 학습은 소홀히 하면서 경제적 이익추구가 현실적이라고 본다.[10] 당연히 있어야 할 조직의 기율이 없어 집단 소속감은 갖고 있지 못하면서 집단활동의 오락성을 강조하고 그것을 취미생활 정도로 보며 흔히 사상성조차 무시한다. 건전한 노동관을 갖지 못해 힘써 노력하지도 않는다. 도덕관념이 희박하여 당연히 지켜야 할 예절과 매너도 지키지 않는다. 이러한 문제들은 공민에 대한 도덕 소양교육이 절실히 필요하다는 것을 말해준다. 교육활동에서 도덕교육을 가장 중요하게 다루어야 사회주의 대학의 학사운영이 정상화될 수 있고 중국 특색의 사회주의 건설이 필요로 하는 인재를 제대로 양성할 수 있다는 장쩌민의 말을 되새길 필요가 있다.

2) 현대 중국의 공민인 청년 학생집단의 도덕실태 분석

중국에서는 개혁개방이라는 큰 물결 속에서 공민의 도덕적 소양은 사회주의 시장경제가 발달함에 따라 다양한 양상으로 나타나고 있다. 오늘날 공민에 대한 도덕 소양교육의 방향을 제대로 설정하려면 먼저 젊은 세대인 청년의 도덕적 소양에 대한 심도 있고 세밀한 분석이 필요하다.

오늘날 청년들이 지닌 도덕 소양의 변화는 모든 측면에서 다양하게

9) 도덕 소양교육은 도덕 소질교육(道德 素質教育)을 옮긴 말이다.
10) 중국인들은 도덕교육을 이야기하면 먼저 정치사상 교육을 떠올린다.

나타나고 있다. 그러나 구체적으로 아래와 같이 5가지로 요약할 수 있다(蘇振芳, 164-167).

(1) 청년들이 원대한 이상을 실현하려는 목표를 갖고 노력하고 있는 것은 예나 지금이나 마찬가지이지만 추구방식은 나날이 구체적 · 현실적으로 바뀌고 있다.

이상은 눈부신 광채를 발하는 아주 매력적인 단어이다. 재기발랄한 청년들에게 있어서 그것보다 더 매력적인 말은 없을 것이다. 오늘날의 중국 청년들도 중책을 짊어지고 있으므로 어떤 이상을 세우고 그것을 실현하려 노력하는 것은 사회에 있어서나 개인에 있어서나 매우 중요한 문제이다. 전체적으로 오늘날의 청년들은 이상을 인생의 나아갈 목표이자 역량을 발휘하는 원천으로 삼고 영혼의 지침이자 인생의 최고 준칙으로 삼아야 한다. 한창 나이의 젊은이들은 저마다 자기의 미래상을 한 폭의 아름다운 그림에 담는다. 그들은 "하늘까지 높이 치솟은 나무라도 뿌리를 땅에 박고 자라고, 아무리 높은 빌딩이라도 단단한 기초공사로부터 시작하여 세워지며, 인생의 원대한 이상도 현실이라는 흙 속에 뿌리를 내려야 하고, 근거 없는 환상은 열매 맺지 못하는 한 송이 꽃이며 부단한 노력만이 이상이라는 천국으로 가는 계단이다"라고 굳게 믿고 있다.

그러나 생각하지 않으면 안 될 것은 사회주의 시장경제에서 실현시켜야 할 목표이자 정신적 좌표인 이상은 미래 사회에서나 실현될 수 있는 것이고, 현 시점에서 보면 발전하고자 하는 욕구와 희망을 표현한 것이다. 오늘날의 청년들은 실현성이 없는 이상이나 '진공 신앙(眞空 信仰)' 같은 무엇인지 모르는 목표를 추구하는 것에 반대한다.[11] 그들은 이상이 실현 가능한 구체적인 것으로서 단계별 소목표가 정해져 있어 실제로 인생에서 실현할 수 있는 것이어야 한다고 본다. 이러한 이상관은 첫째로, 인물평가에서 완전무결한 인간상보다는 비록 결함이 있어도 개성과 창의성이 있는 인간의 모습을 마음에 들어하는 것에서 드러나고, 둘째로, 정치를 바라보는 시각에 있어서 한편으로 정치에 대한 열정을 가지고 그것을 개선하려 하면서도 다른 한편으로는 정치가 맹목적 · 충동적이어서는 안 된다고 보고, 먼저 이론을 학습하고 냉정하게 관찰한 후 생각해 보는 습관을 이미 가지고 있다는 점에서도 드러난다. 그들은 비교적 정치성이 강한 일에 대해서 성급한 결론을 내리기를 피하며, 그 일이 정치무대에서 완전히 사라진 다음이라야 비교적 적절한 평가를 내릴 수 있다고 본다.

(2) 사회진보와 발전에 관심을 갖고 사회경쟁에 참여하려는 청년들의 의식은 날로 높아지고 있으나 참여기회는 부족하다.

사회진보 문제는 인류의 공동 관심사이다. 개혁개방도 결국은 사회진보를 촉진하기 위한 것이다. 사회진보는 각 단계마다 경제발전, 사회민주화, 건전한 법과 제도의 정착, 행복하고 편안한 생활의 보장, 사상 · 문화의 번영과 같은 다방면의 변화가 수반되는 복잡한 역사현상이다. 사회진보와 인류의 발전은 동시에 이루어진다. 인류의 발전은 사람들이 지닌 소질을 개발하는 일과 각종 착취와 억압으로부터 해방시키는 것으로 나타난다. 인간은 자신이 지닌 소질과 능력으로 과학기술 또는 생산력을

11) 진공(眞空)이란 불교 용어로서 일체의 색상(色相)을 초월한 참으로 공허한 경지를 가리킨다. 여기서는 구체적인 실체가 없는 것을 목표로 삼는 것 또는 무엇인지 잘 모르는 것을 목표로 삼는 것을 가리킨다.

발전시키고, 생산력의 발전은 사회를 진보시킨다. 사회진보에 따라 인간 해방의 정도도 높아진다. 인간이 지닌 소질과 능력은 인간을 해방시키는 과정에서 최대한 발휘될 수 있다. 공산주의의 새로운 인간은 자신의 능력과 소질을 최대한 발휘할 뿐만 아니라 진정으로 자유로운 인간이다. 사회주의 물질문명 건설과 정신문명 건설은 모두 인류의 발전목표이자 전제이다. 오늘날의 청년들은 사회진보와 자기 개발에 대한 관심이 아주 크다. 그들은 조국과 사회를 떠나서 자기 발전이 있을 수 없으며, 스스로 깨달아 자유롭게 자기 발전을 도모하는 일과 인류를 행복하게 만드는 일이 같은 맥락에서 이루어질 수밖에 없다는 것을 너무도 잘 알고 있다. 개인은 사회발전 과정에서 인류가 자유로워지고 깨달음을 얻을 수 있도록 노력해야 한다. 바꿔 말해 인류사회의 진보를 위해서 심혈을 기울여야 한다.

그러나 주목해야 할 일이 있다. 오늘날의 청년들은 사회진보에 주목하고, 국가건설과 발전에도 관심을 기울이며, 배운 것을 활용하여 사회에 나가 일하기를 모두 바라고 있다. 시장경제 체제가 확립되고 대학 졸업생들에 대한 직장배치제도가 개혁됨에 따라 인력시장이 경쟁체제로 바뀌어서 그들에게는 사회현상에 대해 관심을 갖고, 사회진보와 발전을 이해하고 사회 적응능력을 기르는 일이 절실히 요구되고 있다. 문제는 객관적 조건의 제약으로 청년들이 사회생활에 참여할 기회가 상대적으로 적다는 것이다. 그렇지만 그들이 사회경쟁에 뛰어들려는 의식은 아주 강렬하여 사람들의 주목을 끄는 문제가 생기기만 하면 곧바로 달려든다. 고등교육기관에서 일찍이 모두가 장사하려고 나섰던 풍조가 바로 그 증거이다.[12)]

12) 모든 사람이 장사 또는 상업에 종사하려고 드는 사회풍조를 '경상열(經商熱)'이라

(3) 오늘날 청년들은 자신의 도덕 수준을 높이려는 마음이 아주 강렬하고, 사회적 부조리와 비리에 대한 비판의식도 강하며, 도덕교육의 목표는 높은 수준을 요구하지만 실제 사회구성원들의 행위는 도덕적으로 낮은 수준인 까닭에 그 간격이 커서 고민하고 있다.

도덕은 정신적 역량의 하나이다. 실제로 사회생활을 하는 사람은 주어진 도덕규범을 지켜야 할 의무가 있으며, 어느 누구도 예외가 될 수 없다. 인재가 되기를 원하고 성공하기를 원하는 오늘날의 청년들은 '이상, 도덕, 문화, 기율' 4가지를 갖춘 새로운 인간이 되려고 노력하면서 자연스럽게 도덕적으로 높은 수준에 도달할 것을 요구받고 있다. 이것이 오늘날 청년들이 지닌 정신적 힘이다. 청년 학생은 우리 시대 청년들 중에서 지식 수준이 상대적으로 높고 전문지식도 비교적 잘 갖춘 집단이므로 다른 청년들보다 여러 가지 장점을 지니고 있다. 그들은 국가의 미래를 책임질 사람들이고 장래의 인재들이다. 바로 이런 까닭에 오늘날 청년 학생들은 사회 전체의 도덕 재무장이라는 벗어던질 수 없는 역사적 책임을 인식해야 한다. 스스로 깨달아 도덕적 수양을 강화하고, 자신의 언행을 엄격히 다스리며 도덕적 품성을 닦는 일을 게을리 해서는 안 되고, 선진 도덕사상을 전파하며, 사회 전체의 분위기를 건강하게 바꾸고, 사람들의 정신생활 환경을 정화하고 개선하도록 노력해야 하는 것이다.

그러나 유념해야 할 점이 있다. 오늘날 청년들 중 다수는 중화민족의 우수한 도덕적 문화 전통을 창달하는 일에 찬성하고 사회적 행위준칙을 확립하는 일에 지지를 보내며 좋은 도덕규범을 만들어내려 한다. 한편, 사회적 인맥과 권력을 이용하여 사리사욕을 채우는 일과 같은 추악한 사

고 말한다.

회현상에 대해서는 반감을 표시한다. 그들은 “세상이 흥하고 망하는 것은 보통 사람들의 책임이다”는 애국정신을 숭상하고, 사람들 사이에 우애와 관용 그리고 상호 이해가 있기를 기대하고 희망하며, 묵묵히 일하며 정진하고, 언행일치라는 준칙을 좋아한다. 언행이 일치하지 아니하여 겉으로는 따르는 척하면서 속으로는 그렇지 않다든가, 요리조리 권세에 빌붙어 이익을 취한다든가, 허장성세를 부리며 사리사욕을 채우든가, 타인에게 피해를 주면서 자기 이익을 도모하든가 하는 좋지 않은 사회적 행위에 대해서는 반대한다. 아울러 도덕의 홍보와 교육은 높은 수준을 요구하지만 사람들의 실제 말과 행동은 거기에 따르지 못하는 것에 대해 심각한 우려를 나타내기도 한다. 개중에는 ‘도덕의 재건’을 거론하는 사람도 있다. 이러한 관점들이 모두 정확하다고는 할 수 없지만, 오늘날 도덕 재건과정에서 제기되는 문제들에 대한 청년들의 우려와 의식의 일면을 보여주고 있는 것이다.

(4) 인재가 되려는 것은 여전히 청년들이 추구하는 목표이다. 그러나 인재가 되는 과정에서 많은 공민들이 전업형으로부터 통용형으로 나아가고 있다.[13)]

진로와 관련하여 청년들은 당과 인민에게 유용한 인재가 되기를 갈망하고 있다. 그러나 시장경제의 치열한 경쟁에 직면하여 그들은 원래는

13) 전업형은 무엇이고 통용형은 무엇인가? 하나의 전공으로 평생 살아갈 수 있다면 전업형이 적합할 것이다. 대를 이어 가업을 전승한다든지, 평생직장을 구한다든지, 하나의 직업을 평생 사업으로 해나갈 수 있다면 전업형이 유효하다. 그러나 그렇지 못할 경우에는 통용형으로 나아갈 수밖에 없을 것이다.

하나의 전공만 공부하면 되었지만 이제는 하나의 전공을 공부하되 다양한 기능을 동시에 학습하고 있다. 전공지식의 내용도 보다 심화되고 실용성을 강조한다. 실용적인 기능 수준을 높이도록 요구할 뿐만 아니라 실제로 활용할 수 있는 능력도 요구하고 있으므로 하나의 전공을 공부하더라도 다양한 능력을 동시에 갖춘 '통용형' 인재가 되어야 한다고 생각하고 있다. 컴퓨터 활용능력은 물론이고 영어 능력시험에 4급 이상 또는 6급 이상을 획득해야 하며, 교양과목이나 학원 공부를 통하여 제2의 전공을 공부하거나 아예 2개의 학위과정을 이수하여 전공지식을 보완하는 일 등이 이미 전국 고등교육기관의 주요 관심사가 되었다.[14)]

(5) 진선미를 추구하는 일은 청년들의 변함없는 관심사이지만 그 중에서도 근년에는 미에 대한 추구가 두드러지게 눈에 띈다.

청년들은 심미적인 것에 관심이 많다. 그들은 예술작품 감상하기를 좋아하고, 미학교육을 받으려는 의식이 강하며, 스스로를 아름답게 꾸미는 행동도 증가했다. 그들은 미학 강의를 듣는 것 이외에도 서예, 회화, 무용 등 예술창작에도 많은 관심을 기울인다. 대학문화는 사회문화의 발달에 점점 더 큰 영향력을 행사하고 있다.

이상과 같은 분석에서 우리가 분명히 알 수 있는 것은 시장경제라는 조건 하에서 한편으로 청년들의 경쟁의식이 점차 강해지고 있으며, 창의

14) 2개의 학위를 받는 일은 '쌍학위(雙學位)' 획득으로 표현한다. 한국의 복수전공제도를 연상시킨다. 복수전공제도의 경우 대개는 2개의 전공을 이수하는 것으로 인식하고 있지만 본래의 의미는 2개 이상의 전공을 이수한다는 의미를 담고 있는 말이다. 교양과목은 선수과(先修課)를 옮긴 말로서, 선수과는 한국의 '선수과목'과는 의미가 다르다. 학원 공부는 培訓班 輔修를 옮긴 말이다.

적이고 진취적인 열정도 계속 커지고 있다는 것이다. 다른 한편으로는 시장경제 활동에서 나타나는 부정적 요소가 청년들의 도덕의식에 좋지 않은 영향을 주고 있는 측면도 있다는 것이다. 사회환경이 날로 복잡해지고 공민의 도덕관념이 다양하게 발전하기 시작하면서 충돌과 갈등도 생겨나게 되었다. 예를 들면 이상을 추구하는 목표와 이익을 추구하는 목표 간의 충돌, 집단주의와 개인주의 간의 충돌, 창의적인 개척정신과 물질만능주의 간의 충돌 같은 것이 그것이다. 이러한 현실에서 어떻게 청년들을 인도하여 공산주의의 이상과 신념을 갖고, 정확한 정치노선을 견지하며, 높은 수준의 도덕의식을 가지고, 자신이 지닌 재능을 충분히 발휘하여 인생의 최고 가치를 실현하게 할 수 있을까 하는 것이 고등교육기관의 청년 학생들에 대한 도덕교육이 당면한 중요한 과제이다.

3) 새 시대 공민인 청년집단의 도덕변화의 특징과 원인

(1) 새 시대 청년 도덕변화의 특징

개혁개방의 큰 흐름 속에서 성장한 오늘날의 청년들은 이전 세대에 비하여 도덕적으로 독특한 특징을 지니고 있다.

① 다원화된 가치관

사회개혁과 변화에 따른 가치관의 충돌로 말미암아 청년들의 도덕의식은 다원화되었다. 전체적으로 볼 때 20세기 1980년대 이후 청년들의 가치기준과 선택목표는 이미 단일화로부터 다원화로 바뀌었다. 이것을 세 가지 상황으로 설명할 수 있다. 첫째로, 청년들 중에는 과거에 교육받은 이상적 인간상에 동의하지 않으면서도 여전히 인간이 경제적 동물이어서는 안 된다고 생각하는 부류가 있다. 이상적 인격에 대한 자기만의 독특한 생각이 있으면서도 최고의 이상적 인격은 공산주의적 새 인간이어야 한다고 생각하는 것이 그것이다. 그러니까 그들은 진정한 공산주의적 새 인간은 풍부한 감성과 독특한 개성이 있는 인간이어야지 '냉동인간' 이어서는 안 된다고 생각한다. 둘째로, 일부 청년들은 공산주의적으로 이상적인 인격을 갖추는 것이 현실성이 없다고 보고 회의적인 태도를 취한다. 공산주의적으로 이상적인 인격의 과학성과 합리성을 믿지 않는 것이다. 셋째로, 다수 청년들은 이미 상이한 가치관이나 심지어 전혀 상반된 가치관을 동시에 가지고 있다. 그런가 하면 하나의 가치관을 가진 경우에도 행동은 전혀 다르게 하는 경우조차 있다.

② 단편적 사회인식

사회는 사람들로 구성되어 있다. 사회를 구성하고 있는 개개인과 사회 전체 간의 관계를 어떻게 이해할 것인가 하는 것은 사회 발전과정에서 개인이 어떤 위치에서 어떤 일을 해야 하는가를 판가름해 주는 문제이다. 오늘날 청년들은 자기 자신과 사회를 전체적으로 일관성 있게 바라보고 있지 못하다. 자아 개념과 관련하여 그들은 자신이 사회의 일반 구성원들보다 지식 측면에서나 의지력 측면에서 우월하다는 편견을 가지고 있어 인생설계를 제멋대로 하고 있다. 사회관과 관련해서는 사회의 이상과 현실을 동태적으로 이해하지 못한다.[15] 사회주의의 이상이 좋다고 생각하면서도 사회주의의 현실에서 드러나는 병폐에 실망하고는 나중에는 사회주의의 이상조차 의심한다. 오늘날의 청년들은 자기 자신이

15) '동태적 이해' 는 '辨證理解' 를 옮긴 말이다.

나 사회를 단편적으로 이해한다. 그런 까닭에 사회주의 사회에 대한 제대로 된 인식과 평가를 하지 못하고 있다.

③ 감성적 가치판단

이성적으로 생각하고 행동하는 것이 오늘날 청년들이 지닌 특징들 중의 하나이다. 그러나 이성을 중시한다고는 하지만 대개는 '지식'을 획득하는 일에 치중하고 있다. 그들은 개인과 사회, 이상과 현실 간의 관계와 같은 도덕문제의 이해에 어려움을 겪는다. 그러다 보니 가치 판단과 행동이 흔히 감성적이 되는 경향이 있다. 예를 들어 개혁개방에 대해서 그들은 자신의 이익과 개혁의 성패를 연계지어 개혁을 옹호하거나 개혁에 순응하거나 개혁에 참여하거나 한다. 문제는 그들이 개혁의 복잡성, 장기성, 곤란성 등을 냉철하게 이해하지 못하고 있다는 것이다. 그런 까닭에 그들은 마음 속으로 개혁의 목표를 이상화시켜 놓고 개혁의 실천이 늦어진다고 지나치게 조급해하는 편협한 정서를 드러낸다. 이런 정서가 특정 상황에서는 극단적으로 표출된다.

(2) 오늘날 청년의 도덕이 변화한 원인

우선 사회주의 시장경제의 건설과 발전이 청년들의 주체의식을 변화시킨 근본 원인이다. 중국에서는 현재 4대 현대화가 한창 진행중이다. 이것은 사회주의 시장경제를 기초로 한다. 다시 말해 중국에서 진행되고 있는 현대화는 사회주의적이라는 것이 특징이다. 그러므로 중국 특색의 사회주의 시장경제라는 말을 사용한다. 이 말은 자본주의에서 벌어지는 노동자와 노동의 결과인 생산물, 노동행위와 노동자 자신 간의 분리현상을 피하지 않으면 안 된다는 것이다. 또한 사회주의의 주체의식은 단순히 상품 자체에 가치를 두는 의식이나 사회와 분리된 개인의 자유와 같은 것으로 보아서는 안 되며, 사회 전체의 창조적 노동에 기초한 개성이 주체적 자아 가치의 진정한 실현으로 보아야 한다는 것이기도 하다. 오직 이러한 주체 가치관의 재건만이 사회주의의 초기 단계인 현실에 적응할 수 있고, 공산주의의 이상적인 인격을 반영할 수 있다.

그렇지만 사회의식은 상대적 자율성을 가지고 있으므로 도덕적 가치관도 경제와 정치체제가 개혁되고 발전한다고 저절로 따라서 변하는 것은 아니다.[16] 그것은 경제적 토대와 상부구조가 상호 작용하여 발전하는 과정의 일부이다.[17] 그러므로 사회주의 초기 단계에서 사람들은 모든 시장경제의 특성과 민주정치의 형식적 특성에 지대한 관심을 갖게 되고, 그 결과 청년들이 전통적 가치관을 바로 잡으려다가 정도를 지나치게 되는 것 같다. 흔히 그들은 시장경제의 일반적인 가치척도를 직접 도덕적 가치관에 원용한다. 그리하여 시장이 지닌 부정적 요소가 인생관과 가치관의 재건에 부정적 영향을 주게 되는 것이다. 일부 청년들이 물질적 이익에 탐닉하고, 자기 중심적이 되어 지나친 개성 표현이 나타나며, 주체의식을 개인 중심으로 여기게 되는 것이 그러한 예이다.

다음으로 서구 사회의 문화적 충격이 청년들의 도덕관을 변화시킨 외부적 원인이다. 개혁개방 과정에서 중국은 한편으로 해외의 선진 과학기술과 관리경험을 도입하고, 다른 한편으로 해외의 우수한 문화성과를 수입하여 활용한다. 그러나 유념해야 할 것은 문호를 개방하고 눈을 들어 세계를 바라보며, 해외의 선진 과학기술과 문화·예술을 수입할 때에는 특히 서구의 각종 사회사상도 개혁개방의 조류와 함께 흘러들어와 정

16) 상대적 자율성은 相對獨立性을 옮긴 말이다.

17) 경제적 토대는 經濟基礎를 옮긴 말이고, 상부 구조는 上層建築을 옮긴 말이다.

보에 굶주린 청년들에게 엄청난 영향을 미친다는 점이다. 이러한 서구 문화의 영향은 결코 무시할 수 없는 것이다.

서구 문화가 청년들에게 주는 영향은 아래와 같은 특징을 지닌다. 첫째는, 서구 문화 인식의 모호성이다. 다수 공민이 서구 문화를 접촉하는 통로는 주로 소개서를 읽거나 다량의 문예작품을 보는 것이다. 그들은 서구 문화가 어떤 역사적 배경 아래에서 생겨난 것인지 깊이 따져보지 않으며, 거기에 실린 사상의 논리체계를 치밀하게 분석하지 않아 그 내용을 정확히 파악하기 어렵다. 따라서 서구 문화에 대한 인식은 모호할 수밖에 없다.

둘째는, 서구 문화에 대한 주관적 · 임의적 평가이다. 인식이 모호함으로 인해 서구 문화의 줄기에 확연히 대립되는 관점들이 있음에도 불구하고 모두에 일리가 있다고 보아 수많은 청년들이 실제 생활에서 다양한 사상에 곤혹감을 느끼고 있다. 그들은 흔히 아무 상관도 없는 '경구' 같은 것을 주관적 임의적으로 발췌하여 서구 문화에 대한 자기 지식을 뽐내려 한다.

셋째는, 서구 문화에 대한 맹목적 추종이다. 현대 서구 문화에는 4가지 주류가 있다. 웨이이쯔룬[유의지론(唯意志論)], 실용주의, 프로이드주의, 실존주의가 그것이다.[18] 이 4가지 주류는 서구에서 이미 급속하게 열기가 식었지만 중국에서는 신선한 사상으로 여겨져 사람들이 그것들을 추종하는 정도가 자본가 계급이 등장하던 시기에 활동하던 철학자들의

18) 프로이드주의는 弗洛伊德主義[fuluoyidezhuyi]를 옮긴 말이고, 유의지론은 意志主義를 옮긴 말이다. 유의지론은 의지와 이성이 우주의 본체요 본질이라는 유심주의 학설이라고 설명한다. 칸트는 물론 니체까지도 유의지론에 포함시키고 있다. 실존주의는 存在主義를 옮긴 말이다.

철학사상에 대한 열기를 훨씬 뛰어넘었다.[19] 이러한 맹목적 열기만 보아도 전체 흐름을 알 수 있다.

넷째는, 서구 문화 유파에 대한 추종 열기에 기복이 심하다는 점이다. 서구 문화에 대한 청년들의 열기는 시기마다 상이한 양상으로 나타났으며, 열기가 과열되었다가 갑자기 식기도 하고 서로 교차되기도 하는 등 변화가 심하다는 특징을 보인다. 20세기 1980년대 초에는 실존주의에 대한 열기가 타올랐다가 1983년에 갑자기 조용해졌다. 1985년에는 실존주의의 열기가 부활하면서 프로이드와 니체에 대한 열기도 타올랐고, 1987년 상반기에 열기가 식더니 1988년에 니체 사상에 대한 열기가 다시 재현되었으며, 실용주의도 시장을 찾고 있었다. 그러더니 1990년대가 시작되자 점차 모든 열기가 식고 다수의 청년들은 표면적으로는 열광상태로부터 벗어나 다시 현실적인 사고로 돌아왔다.

오늘날 청년의 도덕이 변화한 원인 가운데 마지막으로는 청년들의 미성숙이 그들의 도덕관에 변화를 초래한 내재적 원인이다. 오늘날의 청년들이 지닌 도덕관이 성숙되지 못했다는 것은 아래와 같은 여러 측면으로 나타난다.

첫째로, 생각은 많지만 세상물정을 모르고 경험도 부족하다. 일부 청년들은 일견 새롭고 독특하게 보이는 사조를 받아들여 선배들의 전통을 경솔하게 부정적으로 평가한다. 다른 일부 청년들은 고차적인 변증법적 사고를 할 줄 모르고, 모르는 영역에 대해서 이분법적으로 단선적인 사고를 하거나 미해결로 남겨두는 발산적 사고를 하거나 해서 양 극단을 오고간다.

둘째로, 자기 반성을 모르고 자제력이 없다. 청년 학생들은 자아의식

---

19) 자본가 계급은 資産階級을 옮긴 말이다.

이 일반 청년들에 비교할 때 훨씬 강하다. 또한 자기 발전에 대한 관심과 필요성도 크고 절박하다. 뿐만 아니라 자신감, 자존심, 경쟁심도 현저하게 강하다. 문제는 사회경험이 별로 없고, 자신감과는 달리 자기 평가력, 통제력, 조절력을 갖추고 있지 못하다. 강한 자신감과 약한 조절능력 간의 간격으로 말미암아 청년 학생은 이상과 현실 사이에서 괴로워하다가 강한 자존심을 지킨다는 것이 여러 사람의 의견에 맹목적으로 따르는 것이 되어 결국에는 공민도덕관의 형성과 발전에도 영향을 받게 된다.

셋째로, 청년은 정서적으로 안정되어 있지 못하다. 일반적으로 청년들에게는 흥분성과 섬세성이 병존하지만 흥분성이 더 강하고, 불안정성과 안정성이 공존하지만 불안정이 더욱 강하며, 내향성과 외향성이 병존하지만 외향성이 더 강하다. 자아의식은 강하지만 인식 수준이나 자기 평가능력이 뒤지므로 낯선 일에 쉽게 적응하지 못하여 정서적으로 지나치게 강한 반응을 보이기 쉽다. 흥미 있는 일에는 열성적이나 흥미 없는 일에는 무관심하다. 청년들의 이러한 정서적 특징은 사회의 빠른 발전에 민감하게 반응한다는 장점을 지니고 있지만 사회문제 해결에 필요한 심리적 준비성이 부족하다는 단점도 지니고 있다. 인간관계가 변하면 초조해하고, 생활환경이 변하면 쉽게 고독감에 빠지며, 환상이 깨지면 쉽게 실망하고, 목표가 달성된 후에는 오히려 허탈감에 빠지곤 한다. 이 모든 것은 오늘날 청년들이 도덕적으로 성숙하지 못했다는 구체적 증거들이다.

4) 새 시대 공민인 청년 학생집단의 도덕적 품성을 함양하는 방법

도덕적 품성을 함양하는 일은 새로운 세기의 출발점에 선 청년 학생들에게 있어서 아주 중요한 일이다. 청년 학생 개개인은 모두 끊임없이 성장하는 과정에 있기 때문에 가소성(可塑性)이 아주 강하고 도덕적 품성을 부단히 갈고 닦아야만 복잡한 사회생활을 해나가며 올바른 정치관을 정립할 수 있기 때문이다. 새로운 시대의 공민에게 도덕적 품성을 함양하는 일은 아래의 3가지 측면에 치중해야 한다.

(1) 오늘날 청년 학생들은 중국이 처한 국가 정세를 알고, 중국의 근현대사를 이해하며, 민족에 대한 자존심과 자긍심을 갖고 애국정신을 드높여야 한다.

21세기를 살아가는 중국인은 누구나 중국 역사를 깊이 이해해야 한다. 조국인 중국은 5천 년의 찬란한 문명을 가지고 있고, 인류문명의 발원지 중 하나이며, 중국 고대 문명은 오랜 기간 세계 문명의 발전을 이끌어 갔다.[20] 중화민족은 부지런하고 지혜롭고 용감한 민족이며, 강한 구심력과 응집력을 지니고 있다. 그러나 근대에 제국주의의 침략과 봉건왕조의 부패로 말미암아 야피엔짠쩡[아편전쟁(阿片戰爭)] 이후 1백여 년간 중국은 점차 국토를 유린당하고, 민족이 굴욕을 당했으며, 가난하여 낙후된 반봉건 반식민지(半封建 半植民地) 국가가 되었다. 그렇지만 용감한 중국 인민은 침략자들이 강요한 전쟁을 두려워하지 않았다.

지난 1천1백 년 이래 중화민족은 외침을 당했을 때 머리를 숙이거나 허리를 굽히지 않았다. 수많은 애국지사들이 희생을 무릅쓰고 앞으로 나섰으며, 수없이 꺾여도 결코 굽히지 아니하고 조국의 통일과 민족의 흥성을 위하여 피를 흘리며 애국주의 정신을 이어왔다. 위에훼이[악비(岳

20) 인류 문명의 발원지는 황허문명을 가리킨다.

飛)]가 "몸과 마음을 다하여 국가에 충성하자[精忠報國]"고 외친 일부터 원티엔샹[문천상(文天祥)]이 대도(大都)에서 희생된 일까지[血染大都], 양자쟝(양씨 집안, 楊家將)의 충성심으로부터 스커화[사가법(史可法)]가 죽음으로 나라에 보답한 일까지, 치찌꽝[척계광(戚繼光)]과 위따요우[유대유(兪大猷)]가 왜구(倭寇)를 물리친 일부터 쩡청꽁[정성공(鄭成功)]이 대만(臺灣)을 수복한 일까지, 린저쉬[임즉서(林則徐)]가 호먼[호문(虎門)]에서 아편을 태운 일부터 싼위엔리[삼원리(三元里)] 인민들이 영국군에 저항한 일까지, 꽌티엔페이[관천배(關天培)]가 영국 군함을 크게 격파한 일부터 떵쓰창[등세창(鄧世昌)]이 황해를 피로 물들이며 장렬히 전사한 일까지, 이허투안[의화단(義和團)]이 8국 연합군에 저항한 일부터 전국 방방곡곡에서 8년 동안 저항하고 반격하여 일본 침략자들을 물리친 일까지, 이 모든 일들은 중화민족이 외침을 막아내고 외국의 침략과 압박에 저항하고 반격했던 위대한 애국정신이 승화된 생생한 기록들이다.

그러나 반드시 기억해 두어야 할 일은 중국 인민이 1백여 년 이래 어렵고 힘든 투쟁을 해오며 농민계급, 자본가 계급 개량파와 혁명파를 막론하고 모두 힘을 합쳐 나라를 구하는 책략을 세우고 엄청난 희생을 치렀지만 중국의 운명을 변화시키지는 못하였다는 것이다. 중국공산당이 전국의 각 민족 인민들을 영도하여 장기간 혁명투쟁을 하였고, 최후에 '3개의 거대한 산[三座大山]'을 뒤집고 사회주의적인 신중국(新中國)을 세워 세상이 주목하는 위대한 업적을 이루었다.[21] 동시에 유념해 두어야 할 일이 있다. 그것은 중국에는 인구가 많고 산업기반이 부실하기 때문에

21) '3개의 거대한 산'이 무엇을 의미하는지 정확히는 모르겠다. 아마도 중경, 상해, 남경 싸움에서의 승리를 말하는 듯하다.

경제건설, 과학기술, 관리기술이 발달한 국가들과 비교할 때 상당한 격차가 있다. 그러므로 온 국민이 한마음 한뜻으로 힘을 합쳐 가장 짧은 시간 내에 최대한 노력하여 간격을 줄여나가야 한다. 조국이 일시 가난하고 낙후되어 있다고 해서 불쾌하게 생각할 필요는 없다. 중국공산당의 올바른 영도로 사회주의 제도의 우월성을 충분히 발휘한다면 조국의 앞날이 모두가 바라는 것처럼 찬란하게 빛날 것임을 굳게 믿어야 한다. 중국 인민이 중국 근현대사를 깊이 있게 학습하고, 당에 대한 믿음과 애국정신을 함양하며, 민족의 자존심과 자긍심을 기르기만 한다면 조국을 부강한 나라로 번영시킬 수 있을 것이다.

(2) 오늘날의 청년들은 마르크스 · 레닌주의, 마오쩌둥 사상, 덩샤오핑 이론, '세 대표' 주요 사상을 열심히 배워야 한다.

마르크스 · 레닌주의는 '세상 어디에도 맞는' 이론이며, 중국의 사업을 항상 승리로 이끄는 강력한 사상적 무기이다. 개개인은 마르크스 · 레닌주의, 마오쩌둥 사상, 덩샤오핑 이론, 그리고 '세 대표' 주요 사상을 이해하고 학회는 마르크스주의의 입장, 관점, 방법을 이용하여 문제를 관찰 · 분석하고 해결책을 모색한다면 올바른 정책노선을 유지할 수 있고, 과학적 사고와 실천을 보다 잘 할 수 있을 것이므로 사업에서 새로운 경지를 개척하고 새로운 성과를 창출할 수 있을 것이다. 중국공산당은 장기간의 어렵고 고생스러운 투쟁을 거쳐 '징깡산찡션[정강산정신(井岡山精神)]', '옌안찡션[연안정신(延安精神)]', '홍옌찡션[홍암정신(紅岩精神)]' 등을 새롭게 만들어냈다. 이것들이 바로 마르크스주의, 마오쩌둥 사상으로 무장한 공산당원들이 혁명투쟁에서 만들어낸 공산주의 정신이다. 그런 까닭에 마르크스주의, 마오쩌둥 사상, 덩샤오핑 이론을 배워 이해하는 일은 혁명가로서 당성(黨性)을 강화하고, 혁명노선을 견지하며, 진위와 시비를 변별하는 능력을 제고하는 데 있어 가장 중요하다. 역사적으로 중요한 사명을 짊어지고 있는 오늘날의 공민들에게는 더욱 그러하다.

오늘날의 청년 학생들은 마르크스주의, 마오쩌둥 사상, 덩샤오핑 이론, 그리고 '세 대표' 주요 사상을 학습하면서 반드시 이 사상과 이론들을 중심으로 마르크스주의와 학습하는 전문지식 간의 관계를 정확히 파악해야 한다. 자신의 정치적 소양을 높이는 과정에서도 사회와 사상을 실질적으로 연계시켜 스스로 마르크스주의, 마오쩌둥 사상, 덩샤오핑 이론, '세 대표' 주요 사상을 학습하고 군중 관점, 노동 관점, 변증유물주의와 역사유물주의 관점을 세워 정치가 나아가는 올바른 방향을 파악하고, 스스로 깨달아 당의 기본 노선을 따르며 사회주의적 신념을 확고히 해야 한다.

여기서 반드시 지적해 두어야 할 점이 있다. 오늘날의 청년 학생들은 특히 덩샤오핑 이론과 '세 대표' 주요 사상을 열심히 배워야 한다. 덩샤오핑은 중국의 사회주의 개혁개방과 현대화 건설을 전체적으로 설계한 사람이다. 덩샤오핑이 내세운 중국 특색의 사회주의 이론은 현대 중국의 마르크스주의로서, 청년 학생들을 지도하여 인재로 만드는 사상적 기초이자 행동 강령이다. 덩샤오핑 이론과 '세 대표' 주요 사상을 배우는 일은 오늘날의 청년 학생들에게 중요하다. 그러한 중요성은 아래와 같이 4가지로 설명할 수 있다.

첫째로, 덩샤오핑 이론과 '세 대표' 주요 사상을 배우는 일은 청년 학생들이 올바른 세계관, 가치관, 인생관을 정립하는 데 도움을 준다. 오늘날의 청년 학생들은 중국 특색의 사회주의 건설이라는 막중한 역사적 책임을 지고 있다. 그러므로 덩샤오핑 이론과 '세 대표' 주요 사상을 배우는 것은 지금의 형세를 똑바로 이해하고 올바른 세계관, 가치관, 인생관을 정립하게 하여 풀기 어려운 난제를 해결하는 데 도움을 줄 것이다. 이러한 일은 사회에 나가 자격 있는 사회주의의 건설자로서 일하게 하는 데 있어 대단히 중요하다. 한 시대의 위인이자 지도자로서 덩샤오핑의 위대한 인격과 숭고한 품성은 청년 학생들이 올바른 세계관, 가치관, 인생관을 정립하는 데 결정적 영향을 줄 것이다.

둘째로, 덩샤오핑 이론과 '세 대표' 주요 사상을 배우는 일은 청년 학생들이 국가의 정세를 더 잘 이해하고 사회주의적 신념을 확고히 하는 데도 도움을 줄 것이다. 국가의 정세와 관련된 내용은 아주 광범위하다. 거기에는 중국의 자연환경, 정치제도, 경제적 기초, 사회구조를 비롯하여 역사적 · 문화적 전통과 국제환경 등도 포함된다. 그 중에는 상대적으로 안정되어 있는 객관적 상황도 있고 수시로 변화하는 것들도 있어 장기적으로 관찰과 연구가 필요한 복잡한 과제이다. 덩샤오핑 이론의 학습을 통하여 청년 학생들은 국가와 사회에 관련된 현상들이 변화하는 추세를 어느 정도 알게 될 뿐만 아니라, 더 나아가 중국이 지금 나아가고 있는 길이 사회주의 발전법칙에 맞는 길이라는 것을 알게 될 것이다. 그리하여 사회주의 제도의 우월성을 깨닫고 막중함 책임감을 느끼며 미래에 대한 믿음을 가지게 될 것이다.

셋째로, 덩샤오핑 이론과 '세 대표' 주요 사상을 배우는 것은 청년 학생들 스스로가 사회주의 사회에 유용한 인재가 되기 위한 실력을 배양하는 데 도움을 줄 것이다. 새 시대를 맞아 사회가 발전하는 과정에서 성장한 청년들은 실력 배양에 필요한 이론을 가치 있게 생각한다. 그런 까닭에 쓸모없다고 생각하는 이론에 대해서는 무시해 버리는 경향이 있고 그 반대인 경우에는 지대한 관심을 쏟는다. 특히 청년 학생들의 가치관이 다원화되면서 그러한 경향이 아주 심해졌다.

오늘날 청년 학생들은 덩샤오핑 이론과 '세 대표' 주요 사상이 자기들의 성장에 도움을 준다고 생각한다. 이것은 크게 3가지로 나타난다. (1) '쓰요우[4유(四有), 4가지를 갖춘 사람]' 라는 신인간 이론이다.[22] 이것은 자격 있는 공민이 되기 위한 아주 새로운 조건들을 제시하고 있다. 이러한 사상은 다른 시대나 다른 국가가 제시하는 자격 있는 공민의 조건과 전혀 다른 것이다. (2) 개혁개방과 중국의 중흥 이론이다. 이 이론은 오늘날의 공민에게 자기 재능을 마음껏 발휘할 수 있는 무대를 마련해 주었다. (3) 등소평의 인재관과 교육관이다. 이것을 깊이 이해하면 자기 자신을 돌아보고 부족한 점을 보완하여 사회 경쟁력을 높이는 데 크게 도움이 된다. 청년 학생들의 경우 덩샤오핑의 이론과 '세 대표' 주요 사상에 따라 일을 해야만 성공할 수 있다. 그렇지 않을 때에는 사회에서 도태될 것이다.

넷째로, 덩샤오핑 이론과 '세 대표' 주요 사상을 학습하는 것은 청년 학생들이 이론적 인식을 심화하는 데 도움을 준다.[23] 사회와 역사가 발전하는 장기적인 과정 속에서 흔히 생겨나는 일은 급격한 사회변동이 일어날 때 그러한 변동을 이끄는 이론이 가져올 이해득실과 성공 실패 여부를 신속히 체득하기가 쉽지 않다는 것이다. 오래 살아볼수록 이런 생각을 더 많이 하게 된다.[24] 계급투쟁 중심의 노선이 경제건설 중심으로 바

22) 사유교육(四有教育)은 4가지가 구비되게 하는 교육을 말한다. 이상, 도덕, 문화, 규율성 아니면 이상, 도덕, 지식, 체력을 구비한 사람을 양성하기 위한 교육을 가리킨다.

23) '세 대표' 주요 사상은 '세 가지 대표적인' 주요 사상을 말한다. 줄여서 '세 대표' 라고들 말하는 듯하다. '세 대표' 는 '세 명의 대표자', 즉 사람을 가리키는 것이 아니라 대표적인 사상을 가리킨다.

24) 혁명적 실천에 몰두하다 보면 그것을 인도하는 이론이 가져올 예상되는 결과를 생

뀐 후 청년 학생들은 점차 마오쩌둥이 만년에 실책을 저질렀다는 생각을 버리고 마오쩌둥의 사상체계가 완전하고, 정확하며, 위대하다고 생각하게 되었다. 20세기 1980년대 중반과 후반에 청년 학생들의 서구 사상에 대한 열기가 국학(國學)에 대한 열기로 바뀌었고, 다시 마오쩌둥에 대한 열기가 살아나 이론에 대한 관심이 커졌으며, 이론 인식도 나날이 심도 있고 구체적인 것이 되었다.[25]

1990년대에 들어선 후 특히 1992년에 덩샤오핑의 난팡장화[남방강화(南方講話)] 이후 중국은 새로운 개혁과정으로 들어섰고, 덩샤오핑 이론이 현대 중국의 마르크스주의임이 증명되었다. 새로운 시대에 덩샤오핑 이론이 마르크스주의의 기본 원리에다가 현대 중국의 현실과 시대적 상황을 결합한 것임이 실증된 것이다. 중국 특색의 사회주의를 건설하자는 덩샤오핑의 이론은 오늘날 중국의 위대한 변혁을 통해 중국을 번영과 부강으로 인도하는 적실성 있는 이론임이 증명되었다. 일반적으로 청년 학생들은 마오쩌둥의 사상이 신중국을 건국하는 문제를 해결해 주었고, 덩샤오핑의 이론과 '세 대표' 주요 사상이 중국을 번영 · 발전시키는 문제를 해결해 주었다고 생각한다. 덩샤오핑의 이론을 학습함으로써 사상의 모호성과 인식의 편차를 없앨 수 있고, 덩샤오핑 이론과 '세 대표' 주요 사상이 지닌 핵심을 제대로 이해하면 중국의 발전을 이끄는 사상적 방향

각해볼 겨를이 없다. 그러나 세월이 지나서 돌아보면 실천도 중요하지만, 그것을 인도하는 이론이 적실성이 있는 것인지를 살펴보는 일이 의외로 아주 중요하다는 것을 알게 된다는 의미인 듯하다. 그러나 여기서 마오쩌뚱의 사상에 대해서는 혁명적 실천의 결과에 대한 반성과정에서 그 사상의 이해득실과 성공 실패 여부에 대한 평가가 엇갈렸다는 것을 지적하고 있는 것 같다.

25) 國學은 중국 전통 사상을 가리키는 말이겠지만 여기서는 마르크스 · 레닌주의와 마오쩌뚱 사상을 가리키는 말로 쓰이고 있는 듯하다.

을 잘 알 수 있다. 덩샤오핑 이론과 '세 대표' 주요 사상을 굳건히 믿고 따른다면 중국은 훨씬 더 큰 업적을 이룩하게 될 것이다.

다섯째로, '세 대표' 주요 사상을 배워 철저히 이해하는 일은 '날이 갈수록 진보한다[與時俱進]'는 정신을 확대 · 발전시키는 일과 결합된다.[26] 우선 "역사가 진보한다"는 것은 마르크스주의가 등장하여 발전하게 된 방법론적 원칙이다. 마르크스와 엥겔스는 무산계급 혁명의 전체 과정을 다룬 학설을 처음으로 만들었다. 이 학설을 관통하고 있는 정신은 바로 역사가 진보한다는 것이다. 만일 이러한 생각이 없었다면 마르크스와 엥겔스는 헤겔과 포이에르바하의 사상을 뛰어넘어 마르크스주의 철학을 만들어낼 수 없었을 것이다.[27] 또한 낡은 봉건주의와 자본주의의 울타리를 벗어나지 못하고 『독일이데올로기』, 『정치경제학비판』 같은 깊이 있고 원대한 식견을 보여주는 '고전'을 집필하지 못했을 것이다. 일찍이 마르크스는 이와 같은 "역사가 진보한다"는 정신에 대해 "사상의 섬전(閃電)", "비판의 무기"라고 말했다.

아울러 그는 변증법적 해석을 하여 "역사가 진보한다"는 말은 실제로 "기존의 모든 형식이 끊임없이 운동중에 있으므로 그것을 일시적인 것으로 이해해야 하며, 변증법은 어떠한 것도 숭배의 대상으로 삼지 않

26) 与時俱進은 '날이 갈수록 나아진다' 또는 '시간이 갈수록 진보한다'는 의미로 옮겼지만 마르크스 사상의 진보사관적 특징(進步史觀的 特徵)을 가리키는 것으로 보인다. '역사는 진보한다'는 사고의 특징은 역사를 바라보는 낙관적인 관점이라는 것이지만, 또 다른 특징은 사회변동을 동태적으로 바라본다는 것이다. 여기서는 이 구절을 '역사는 진보한다' 또는 '시대에 따라 진보한다'로 옮긴다. 이 개념은 중국 특색의 사회주의 건설을 정당화하기 위한 가장 중요한 개념들 중의 하나로 보인다. 특히 이것은 중국이 계획경제로부터 시장경제로 나아간 것을 마르크스주의적 시각으로 정당화하는 핵심적 개념들 중의 하나이다.

27) 헤겔은 黑格爾[Heigeer], 포이에르바하는 費爾巴哈[Feierbaha]이다.

으며 본질적으로 모든 것을 비판적이고 혁명적으로 바라본다"고 말했다. 마르크스와 엥겔스가 "역사가 진보한다"는 정신을 굳게 믿지 않았다면 극도로 어렵고 힘든 역경 속에서 과학적 이론을 가지고 온힘을 기울여 유럽 대륙과 동양의 역사를 분석하고 봉건사회와 자본주의 사회를 분석하여 『공산당선언』, 『자본론』과 같은 인류사회의 객관적 발전법칙을 제시하여 한 시대의 획을 그은 저작을 집필하지 못했을 것이다.

다음으로 "역사가 진보한다"는 정신을 확대 · 발전시키는 일은 '세 대표' 주요 사상을 관철하는 전제이다. 우리가 사는 현실 세계는 끝없이 변화하고 발전한다. 또한 현실 세계를 바라보는 사람의 사상과 관념도 현실 세계의 변화에 따라 함께 변한다. '세 대표' 사상의 주요 내용은 선진적 생산력, 선진적 문화, 그리고 수많은 인민 군중의 근본적 이익이다. 그런데 이것들도 동태적으로 끊임없이 변하고 있다. 중국공산당이 중국 노동자 계급의 선봉대로서 선진성을 영원히 간직하려면 당의 지도사상, 노선강령, 방침정책이 끊임없이 변화하는 생산력의 발전 요구, 우수한 전통 도덕이 나아가는 방향, 그리고 수많은 인민의 근본 이익에 부합하도록 시대발전과 사회변동에 따라 새로운 내용을 첨가시키고 새로운 의미를 부여하지 않으면 안 된다. 마르크스주의의 과학적 태도에 따라 새로운 상황을 연구하여 새로운 문제를 해결하고 새로운 이론을 정립하고 새로운 경지를 개척해야만 당 전체를 마르크스주의 이론의 새로운 내용과 인식으로 통일시키고, '세 대표' 주요 사상이 제시하는 진리와 가치 원칙으로 통일시키며, 사회주의 단계의 국정과 시대발전이 요구하는 정권 인식으로 통일시켜 합심 협력하여 모든 사업을 잘 해나갈 수 있다.

셋째로, 역사가 진보한다는 정신을 확대 · 발전시키는 일은 사회주의적 인식을 새로운 과학 수준으로 끌어올리는 데 도움을 준다. 객관적 세계는 변화하고 발전한다. 그에 따라 인간의 인식도 변화한다. 역사가 진보한다고 보는 정신은 인류사회 역사가 끊임없이 변화하고 발전하는 과정이라고 본다. 이 정신이 요구하는 것은 현실, 그것도 경직되어 생명력을 잃은 현실이 아니라 살아 있어 생동적으로 끝없이 변화 발전하는 인류사회의 실질적인 활동인 현실로부터 출발하라는 것이다. 바꿔 말해 역사를 진보시킨다는 것은 변화된 객관적 현실에 기초하여 사람들이 지닌 인식의 낡은 관념을 바꾸고 새로운 이론을 창출하여 역사발전의 큰 흐름에 사람들의 사상을 끊임없이 적응시키는 임무이다. 사회주의 사회가 발전하는 여러 단계마다 인간의 실천내용, 범위, 결과가 다르고 새로이 만들어낸 사회적 현실조건도 다르다. 사회주의 사회가 발전하는 객관적 법칙도 단계마다 형식, 내용, 작용방식 등이 같지 않은 까닭에 반영된 법칙들 간의 관계를 보여주는 이론도 고정불변이 아니다.

또한 사회주의의 본질에 대한 인식도 실천의 발전에 근거하여 창신(創新)과 돌파(突破)가 있어야 한다. 역사가 진보한다는 사상은 사회주의가 발전하는 과정에서 나타나는 이론과 실천 간의 모순을 끊임없이 해결하는 것이다. 오늘날 세계 경제, 정치, 문화, 과학기술에는 엄청난 변화가 일어나고 있으며, 중국의 사회주의 건설에도 거대한 변화가 일어나고 있다. 우리는 이러한 변화를 정확하게 파악하고 당의 기본 이론, 노선, 강령, 그리고 '세 대표' 사상이 요구하는 자각성(自覺性)과 견정성(堅定性)을 제고해야 한다. 역사가 진보한다는 사상을 견지해야만 이론적으로 새로운 돌파구를 마련할 수 있고 실천적으로도 새로운 비약을 할 수 있다.

넷째로, 시대에 따라 진보한다는 정신은 중국공산당이 장기간 집권하면서 간직해 온 선진성(先進性)과 창조력의 핵심적 요소이다. 중국공산당은 집권하고 있는 노동계급 정당으로 자체에 생기와 활력을 영원히 유지해야 하고, 영원히 인민 군중의 지지를 받아야 한다. 그러려면 반드시 시대와 함께 발전하는 정신을 확대·발전시켜야 한다. 새로운 조건,

새로운 시대, 새로운 실천에 근거하여 마르크스주의의 내용을 풍부히 하여 발전시키는 동시에 발전된 마르크스주의를 이용하여 새로운 실천을 지도해 나가야 한다. 장쩌민[강택민(江澤民)]이 '공산당 집권법칙, 사회주의 건설법칙, 인류사회 발전법칙'이라는 '세 법칙'을 심도 있게 이해하라고 끊임없이 요구했던 것은, 마르크스주의가 생겨난 이래 150여 년 동안 있어온 사회주의 운동의 경험을 진지하게 종합하고, 중국공산당 창당 이후 80여 년간의 투쟁경험과 신중국 건국 이후 50여 년의 집권경험에 기초하여 제기된 것이었다. 그것은 이론적으로 깊은 의미를 함축하고 있으며, 시대적 특징을 선명하게 드러낸 것으로서 이론적으로는 물론 실천적으로도 중대한 의미를 갖는다. '세 법칙'에 대한 심도 있는 이해는 중국공산당 전체가 역사적인 집권기간에는 물론 사회주의 발전기간 전 과정에서 이론적으로 장기간에 걸쳐 수행해야 할 임무이다. '세 법칙'에 대한 이해를 심도 있게 해나가려면 반드시 마르크스주의의 기본 원리와 구체적인 실천을 공히 결합시킨 원칙을 지켜나가며, 대담하게 새로운 것을 창조하고, 새로운 상황을 시의적절하게 연구하여 새로운 문제들을 해결해나가야 한다.

다섯째로, 시대에 따라 진보한다는 정신을 확대 · 발전시키는 일은 이론 무장을 강화하고 이론을 새롭게 하는 데 있어서 반드시 거쳐야 할 길이다. 마르크스주의 이론이 지닌 본질은 날이 갈수록 나아지며 끝없이 새로운 것을 창조하는 것이다. 모든 이론과 학설은 일정한 사회환경과 역사 단계의 산물이다. 그러니까 불변하는 신성불가침한 것이 아니라는 말이다. 사회환경과 역사단계가 변하면 이론과 학설도 변해야 한다. 충분히 자기 갱신(更新)을 할 수 있고, 새로운 환경에 적응하지 못하는 부분을 즉시 고칠 수 있으며, 새로운 단계에서 시대에 뒤진 것을 즉시 새로운 환경에 맞출 수 있고, 새로운 단계의 출현에 따라 생겨난 새로운 문제

해결을 위해 새로운 이론과 학설을 만들 수 있는 이론이 생명력 있는 이론이다. 마르크스주의가 바로 그러한 이론으로서, 시대에 따라 진보하는 이론이라는 특징을 지니고 있어 가장 강력한 자기 갱신 능력을 갖추고 있다. 우리는 옛 조상을 저버려서는 안 되며, 마르크스주의의 기본 원리를 확고부동하게 견지해야 할 뿐만 아니라 마르크스주의 이론 발전의 새로운 경지를 개척해 나가야 한다.

이것은 시대발전의 요구이다. 시대에 따라 발전하는 정신이 없다면 과학적인 태도로 마르크스주의를 이해한다고 말할 수 없으며, 마르크스주의 정신의 본질을 이해할 수도 없다. 시대에 따라 진보하는 정신이 없으면 새로운 사상, 관념, 이론을 제기할 수 없을 것이며, 인간의 두뇌는 '고리짝', '낡은 교과서', '미신' 속에 갇혀 발전을 언급하기조차 어려울 것이다. 시대에 따라 진보한다는 정신이 없으면 발전은 맹목성에 빠지게 될 것이다. 시대에 따라 진보한다는 것은 과학적 방법론으로서, 이 방법론을 이해한다면 마르크스주의의 정신과 핵심 요소를 파악한 것이고, 마르크스주의 철학과 방법론의 근본을 해득한 것이며, 중국공산당이 주어진 현실 속에서 혁명과 건설을 실천해 온 법칙 그리고 변증유물주의와 역사유물주의를 '세 대표' 사상 속에 관철시킨 관건을 이해한 것이다. 시대에 따라 진보한다는 정신을 확대 · 발전시켜야만 마르크스주의의 이론적 특징을 구체화시킨 '세 대표' 주요 사상을 진정으로 발전시킬 수 있고, 당 전체의 사상이 마르크스주의를 견지 발전시키며 고차적인 차원에서 통일될 수 있다.

개혁개방 그리고 사회주의 현대화를 실현하는 일은 실제로 하나의 새로운 혁명이다. 국제적으로 날로 치열해지는 국가 간 경쟁과 국내적으로 일찍이 경험한 적이 없는 새로운 난제들에 직면하여 우리는 '세 대표' 주요 사상을 성실하게 실천에 옮기고, 시대에 따라 진보한다는 정신의

견정성과 자각성을 확대 · 발전시켜 단단한 마음으로 개혁에 임하고 진취적 기상을 가지고 개척해 간다면 개혁의 새로운 돌파구를 마련할 수 있을 것이며, 경제와 사회의 전면적 발전을 도모할 수 있을 것이다.

(3) 오늘날 청년 학생들은 올바른 정치관과 원대한 이상을 갖고, 희생 봉사정신으로 뼈를 깎는 노력을 기울이며, 언제나 조국과 인민의 이익을 우선시하고, 국가 · 집단 · 가정 · 개인의 문제를 원만히 처리하며, 사회와 인민에게 도움이 될 수 있는 사람이 되겠다는 포부를 가져야 한다.

숭고한 이상은 운항중인 배의 방향타처럼 사람들이 정해진 목표를 향해 나아가도록 고무하는 동력이다. 청년들은 이상에 대해 말하기를 좋아한다. 새 시대의 청년 지식분자들은 미래를 동경하고 미래에 대해 많은 사색을 한다. 그러나 이론적 지식이 확고부동하지 못해서 복잡다단한 사회현상을 보면 갈피를 잡지 못하고 곤혹스러워한다. 숭고한 이상은 오늘날의 청년 학생들을 끝없이 전진하게 만드는 동력이다. 우리가 살아가는 개혁개방 시대는 숭고한 이상을 세우고 그것을 실현시키기에 가장 적합한 시대이다. 청년들에게 숭고한 이상과 원대한 포부가 없다면 사업열과 책임감이 부족할 것이고, 열심히 끈기 있게 공부하려는 동기 부여가 매우 힘들 것이다.

희생 봉사는 개개인에 대한 시대와 사회의 요구이다. 특히 오늘날의 청년 학생들은 기꺼이 희생 봉사하고 그것을 감수하는 정신을 갖추어야 한다. 오늘날 자발적으로 희생 봉사하는 일은 공민이 추구하는 일일 뿐만 아니라 시대가 우리에게 부여한 책임이기도 하다. 온 몸을 다 바쳐 인민을 위해 일하는 희생 봉사정신은 중국공산당이 만들어진 기본 취지이다. 옌안[연안(延安)] 시기에 중국공산당은 이러한 취지를 더욱 체계화 · 구체화 · 활성화시켰다. 홍쥔[홍군(紅軍)]이든 젊은이든 간에 당시 사람들이 연안을 찾아온 것은 혁명에 헌신하기를 결심하고 기꺼이 분투하다 희생되기를 원해서였다. 희생 봉사정신은 중국 지식분자들의 좋은 전통이다. 판쭝옌[범중엄(範仲淹)]의 "세상 사람들의 걱정거리는 맨 먼저 걱정하고 세상 사람들이 즐거워하는 일은 맨 나중에 즐긴다"는 말을 비롯하여 루쉰[노신(魯迅)]의 "먹는 것은 풀이되 짜내는 것은 젖과 피다"라는 말에 이르기까지가 모두 현대 지식분자들의 '얻는 것보다 더 많은 희생 봉사를 하자[奉獻多于索取]'는 정신이다. 기꺼이 희생 봉사하는 이와 같은 정신은 중국 지식분자들이 지닌 인격의 일부이다.

각고 분투하는 일은 오늘날 청년 학생들의 경우에 인재가 될 수 있는가나 건강하게 성장할 수 있는가의 여부를 판가름하는 중요한 척도이다. 각고 분투하는 정신과 스스로 노력하여 게을리하지 않는 정신이 부족한 사람은 큰 인물이 되기 어려울 것임이 분명하다. 특히 오늘날처럼 세상이 엄청나게 빠른 속도로 변화 · 발전하는 시기에는 더욱 그러하다. 예로부터 중화민족은 부지런하고 용감하며 각고 분투하는 것으로 세상에 널리 알려져 있다. 검소하고 소박한 것은 중화민족의 미덕이며, 개인에게도 없어서는 안 될 미덕의 하나이다. 이러한 미덕은 인재가 되고 위대한 인물이 되는 비결들 중의 하나이기도 하다. 마오쩌둥, 저우언라이[Zhouenlai, 주은래(周恩來)], 덩샤오핑 등과 같은 제1세대 무산계급 혁명가들은 평생토록 검소하고 소박한 생활을 하여 전국 인민 모두가 간고(艱苦)하고 소박한 생활을 영위하도록 모범을 보여주었다.

오늘날의 청년 학생들이 성공하기를 원한다면 사치와 향락을 인생의 목표로 삼지 말고 반드시 근검절약하는 생활을 자신의 도덕적 신조로 삼아 실천해야 할 것이다. 생활이라는 저울에서 근검이라는 정신적 저울

추를 잃으면 사치와 향락의 진흙구덩이에 빠져 헤어나오지 못하게 되고, 심지어 패가망신할 수도 있다. 개혁개방 시대를 살아가는 새 시대의 청년 학생들은 생활 수준이 과거보다 엄청나게 달라졌다. 그러나 생활 수준이 달라졌다 할지라도 '각고 분투하는' 미덕을 버리는 것은 결코 바람직하지 않다. 오히려 그와는 반대로 청년 학생들은 앞서 말한 중화민족의 우수한 전통을 영원히 계승하여 확대 · 발전시켜 나가야 할 것이다.

3. 공민도덕교육의 당면과제

지구상에서는 엄청난 변화가 일어나고 있고, 중국에서도 현재 사회주의 제도를 발전시켜 완성해 가는 자기 개혁을 진행시키고 있다. 공민도덕을 일으켜 세우는 일은 훨씬 더 복잡한 상황에 직면해 있어 해야 할 일은 많고 힘들며, 사업도 대단히 어렵고 힘겹다. 새로운 환경, 새로운 상황에 직면하여 공민도덕을 세우는 일은 우수한 전통을 계승 · 발전시키고 낡은 것을 새롭게 고쳐나가는 일이다. 특히 시대성, 적실성, 실효성, 자발성을 강화하여야 한다. 이것이 공민도덕을 세우는 일에 있어서 중점 사안이다. 여기서는 현재 공민도덕을 세우는 일이 당면한 문제점과 그 해결책에 대해 주로 살펴보기로 한다.

1) 공민도덕 건설에 나타난 '원형상실과 변형' 현상

주관적 · 객관적 원인들로 말미암아 현재 공민도덕을 세우는 일에는

'원형상실과 변형' 현상이 나타나고 있다. 구체적으로 말하면 아래와 같다.

(1) 인식의 편차로 말미암아 공민도덕을 세우는 일은 푸대접을 받고 있다. 일부 사람들은 현재와 같은 시장경제에서는 살아남기 위해 경쟁하고, 환경이 사람을 변화시키며, 스스로 환경에 적응하려 하기 때문에 공민도덕을 세우는 일이 필요없다고 생각한다.

(2) 위상 약화로 공민도덕을 세우는 일을 제대로 진척하기가 어렵다. 정치사상 활동을 하는 간부들은 구조조정당했고, 기구는 폐지되었다. 어떤 사람들은 두세 개의 부서를 돌며 순회 근무를 하고 있어 공민도덕을 세우는 일은 부수적인 것이 되었다.

(3) 대상의 편차로 말미암아 공민도덕을 세우는 일에 '손이 미치지 않는 곳[盲區]'이 나타났다. 일례로 현급(縣級) 이상의 지도 간부의 도덕 건설은 중시하고 있지만 일반 간부와 직원은 방임해 두고 있다. 공민도덕을 세우는 일에서 전체적으로 시너지 효과를 찾아볼 수 없으며, 지도자 그룹과 일반 간부나 직원들의 사상 수준에 격차가 크다. 다른 예로는 기관사업 단위 당원 간부의 도덕 소양교육만 중시하고 일반 군중의 도덕 소양교육을 소홀히 하고 있다. 그 결과 공민도덕을 세우는 일이 지도집단 내부에서만 맴돌아 사회적 영향력이나 다른 확산효과가 거의 없다.

(4) 내용의 변질로 말미암아 공민도덕을 세우는 일이 본래의 모습을 잃어버렸다. 우선 해당 기구들이 경제적 수익사업에 열을 올리거나 실적 위주의 사업에 열중하고 있다. 공민도덕을 세우는 일은 제대로 하지 못하고 자금과 물자만 낭비하는 결과를 초래했다.

다음으로 '새로운 사상, 새로운 관념'에 대한 교육만 강조하고 각고분투하거나 자력갱생하는 전통 교육을 도외시하여 공민도덕을 세우는 일이 '새 것만 좋아하고 옛 것은 혐오하는' 것이 되어 절름발이가 되었다. 끝으로 활동 건수는 엄청나게 많지만 죄다 '전시효과[鏡斗效應]'만 노리고 매스컴에 선전만 하는 형식주의에 흐르고 있다.

(5) 방식이 낙후되어 공민도덕을 세우는 일이 지지부진하다. 첫째로, 통일성만 강조하다 보니 지도 간부든 일반 간부든 똑같은 교재, 주제를 다루고 있고, '같은 식구들끼리의 잔치[일과자(一鍋煮)]'가 되어 대상별 · 수준별 교육이 제대로 이루어지지 않고 있다. 둘째로, 체계성과 계획성이 부족하여 공민도덕을 세우는 일에 대한 기본 목표나 방침이 없다. 그저 생각나는 대로 일하고, 상급 기관에서 강조하니까 중요하게 다룬다. 셋째로, 말로 가르치는 내용은 많지만 솔선수범하는 일은 거의 없다. 지도 간부들 중에는 다른 사람에게 올바른 도리를 말하면서 자기는 실천하지 않는 사람조차 있다. 심지어 앞에서는 옳은 도리를 말하고 뒤에서는 지키지 않는 사람이 있어 다른 사람들의 눈살을 찌푸리게 한다. 공민도덕을 세우는 일에서 말과 행동이 일치해야 하는데 효과를 거두지 못하고 있는 것이다.

(6) 조정능력이 부족하다. 공민도덕을 세우는 일에서 사회적 조정 능력이 부족한 것이다. 사업과 생활의 리듬이 빨라짐에 따라 공민도덕에 의해 자연스럽게 해소되기를 기대하는 사회문제들이 나날이 많아지고 있다. 그러나 오늘날 그러한 사회문제들을 해결하는 과정에서 주로 활동하고 있는 것은 공민도덕을 세우는 일을 전담하는 사람들뿐이고, 당원과 간부 개개인 또는 사회도덕이나 여론의 작용은 미미하다.

2) 공민도덕 건설의 다양한 모순

개혁개방을 전개 · 심화함에 따라 중국의 공민도덕을 세우는 일은 아래와 같은 5가지 모순에 직면해 있다. (1) 지식경제 시대가 요구하는 것과 중국의 인구문화적 특징 간의 모순. 지식경제 시대는 민족 전체가 상대적으로 높은 문화 수준을 갖출 것을 요구하고, 고도의 과학적 지식과 높은 수준의 지성과 능력을 갖춘 인재를 요구하고 있다. 그러나 중국은 앞으로 수십 년은 노력을 기울여야 현재 선진국들의 문화 수준에 도달할 수 있을 것이다.

(2) 문명을 고도로 진보시키는 일과 부패와 같은 부정적인 요소 간의 모순. 21세기에 중국은 고도 문명을 갖추고 민주적으로 현대화된 사회주의 국가를 건설하고, '4가지를 갖춘[四有]' 새로운 인간 육성을 정신문명 건설의 목표로 삼고 있다. 그러나 중국 사회에는 부정부패나 시장경제의 어두운 부분과 같은 부정적 요소들이 잔존해 있어 새 시대 사람들의 정신을 침식시키고 있다.

(3) 사회 전체를 부유하게 하는 일과 소수만 부유하게 되는 일 간의 모순. 개혁개방을 시작한 지 20여 년이 되었고, 중국의 계층분화도 비교적 커졌다. 계층 간의 수입격차도 커졌으며, 적지 않은 사람들이 기초 생계비에도 못 미치는 수입으로 생활하고 있다. '빈곤계층'이나 '극빈계층'과 '부유계층' 간의 격차가 심해지면 인민 내부의 모순으로 자리 잡게 될 것이다.

(4) 경제발전 속도와 취업난 간의 모순. 21세기에 들어서서 중국은 경제적으로 고도성장을 계속하고 있다. 그러나 2030년대가 되면 인구문제와 관련하여 출산율이 절정에 이를 것이고, 인구증가 속도와 경제발전 속도 간에 간격이 커져 하나의 모순으로 등장할 것이다.

(5) 사회성원 개인의 모순과 사회구성원들 간의 모순. 생활 리듬이 빨라짐으로써 사회성원들이 받는 심리적 · 생리적 압박이 날로 커지고 많아져 이미 사회문제의 하나로 등장하였다.

이와 같은 5가지 모순은 행정적 법률적 수단으로 해결할 수도 있으나 상당 부분은 공민도덕을 일으켜 세움으로써 직접 간접으로 해결해 나갈 수 있을 것이다.

3) 예방치료가 필요한 각종 소극적 심리상태

개혁 중에 생겨난 여러 가지 문제를 어떻게 적절히 처리할 것인가에 대해 사람마다 생각이 다르다. 아래에 제시한 세 가지 소극적 심리상태는 앞으로 공민도덕을 세우는 일과 관련하여 심도 있게 연구해야 할 문제들이다.

(1) 낙후된 생각을 가지고 그럭저럭 나날을 보내는 소극적 태도이다. 중년 이상의 사람들 중에 많은 사람들이 예전에 근무하던 '퇴출 걱정이 없는 든든한 간부직[鐵高椅]'이나 '면직될 염려가 없는, 특히 국영기업체 직위[鐵飯碗]'를 그리워하면서 체제 개혁과정에서 벌어진 구조조정이 사회주의의 우월성을 잃어버리게 한 일이며, 글자 그대로 '노동 청년[打工仔]'만이 사회의 주인인 사회가 되어버렸다고 잘못 생각하고 있다. 이러한 인식 차이로 말미암아 일부 사람들은 그럭저럭 세월만 보내자는 생각에 깊이 빠져 있다.

(2) 장래에 대한 자신감을 잃어버리고 세상을 비관하고 혐오하는 태도이다. 생산성을 높이기 위한 구조조정 과정에서 어떤 사람들은 원래의 좋은 일자리를 잃어버리고, 이렇다 할 수입도 없어 경제생활에 곤란을 받게 되고 절망하게 된다. 뾰족한 해결책도 찾지 못하고 위축된 삶을 살고 있는 것이다. 이러한 현상은 나이든 연령층에 많으며, 특히 문화 수준이 낮고 변변한 기술도 없는 사람들에게서 현저히 나타난다.

(3) 도덕, 법률, 기율을 지키지 않고 가정과 사회에 피해를 주는 태도이다. 실직한 사람들 중의 일부는 자포자기하여 기율을 지키지 않는 것은 물론 일부러 소란을 일으키고, 심지어 법을 어겨 범죄의 길로 들어서기도 한다. 그 중 어떤 사람은 실의에 빠져 가족에게 화풀이를 하고, 가정불화를 일으키며, 가정파탄에까지 이르기도 하여 가정과 사회의 안정을 해치고 있다.

4) 사회적 신뢰에 대해 위기감을 느끼는 사람들의 출현

개혁개방 이후 생활이 물질적으로 풍족해지고 문화생활도 윤택해졌다. 그러나 사회적으로 분배가 불공정하고 빈부격차도 커져서 불만의 소리가 높다. 시장경제에서 이익추구의 주체가 다원화되고 생산력의 발전도 가속화되고 있다. 그렇지만 시장경제가 끼치는 부정적 영향도 적지 않다. 돈이면 안 되는 일이 없다고 생각하거나 수단방법 안 가리고 돈만 벌려고 하거나 하는 일들이 그것이다. 문호를 개방한 후 외국으로부터 여러 사상이 흘러들어 왔고, 국내에서도 봉건문화의 찌꺼기가 되살아나서 문화시장에는 생화와 독초가 병존하며, 봉건적 미신까지 성행하고 있다. 부정부패가 사라지기는커녕 오히려 확산되어 사법부의 부패나 매관매직과 같은 것이 사람들의 마음을 매우 불안하게 만든다. 한편, 공민도덕을 세우는 일은 적실성도 부족하고 유효성도 적어 널리 알려진 문제들조차도 흔쾌하게 해결하지 못하고 있다. 현재 일부 사람들에게 나타나고 있는 사회적 신뢰의 위기는 다음과 같이 요약된다. 첫째로 생산물과 대민업무에 대한 불신이 사회적 신뢰의 기초를 뒤흔들고 있으며, 둘째로 그러한 일을 담당하고 있는 사람들도 불신을 받고 있다. 셋째로 낯선 사람들 또한 불신을 받고 있으며, 넷째로 친지와 친구조차 믿지 않는다. 다섯째로 법을 집행하는 사람들과 관리자들을 믿지 않으며, 여섯째로 법과 제도 자체에 대해서도 불신하고, 일곱째로 기본적 가치관까지도 의심한다. 신뢰는 중요한 사회 통제 메커니즘이다. 신뢰를 잃어버린 사회에는 수많은 위험요소가 잠재되어 있다.

4. 공민도덕 의식 함양방법

중국 도덕교육론은 시장경제에 걸맞은 공민도덕 가치관을 정립하기 위해서는 아래와 같은 점들에 유의하여야 한다고 본다(蘇振芳, 184-190).

1) 사회적으로 바람직하지 않은 심리상태를 적극 해소시키고 사회적 모순을 적시에 해결하여 공민의 도덕적 가치관을 새로운 방향으로 이끌어야 한다

지금 사람들의 공민도덕 의식에는 사회적으로 상반된 심리가 존재한다. 예를 들면 한편으로는 공금으로 흥청망청 먹고 마시는 부패현상을 극도로 미워하면서도 온갖 방법을 동원하여 나라의 돈을 쓰려고 한다. "공짜 밥이 아니면 먹지 않는다. 먹으면 공짜 밥이 아니다. 공짜 밥도 먹어야 한다"와 같은 말이 바로 그러한 심리상태를 잘 대변해 주고 있다. 차를 탈 때 사람들이 먼저 타서 자리를 잡으려는 것을 비난하면서도 노약자를 배려하는 마음이 없어 나이 많은 노인이 옆에 서서 휘청거리는 것을 보고도 자리를 양보할 생각을 하지 않는다. 주위 환경이 너저분하고 더럽다고 탓하면서도 정작 자기는 침을 함부로 뱉고 과일 껍데기나 종이조각을 함부로 버린다. 대개 이 모든 모순은 사람들이 공민도덕적으로 바람직하지 않은 것을 고치려는 마음은 있지만 잘못된 사회분위기를 고치려면 반드시 자기 자신부터 고쳐야 한다는 것을 모르고 있다는 것을 보여준다.

이와 같은 상반된 사회 심리상태는 시장경제에서 사회활동의 주체가 다원화되면서 경제생활, 정치생활, 정신상태, 사상관념, 그리고 행위방식에 광범위한 변화가 생긴 일과 깊은 연관이 있다. 낡은 체제가 새로운 체제로 바뀌면서 다양한 사회집단이 지닌 이해관계가 저마다 다르며, 사고방식, 행동양식, 가치취향, 도덕기준 등에서 모두 현저한 차이를 드러낸다. 사람들의 생각에 일종의 편파성이 뒤섞여 작용하고 있으며, 무언가 불순한 요소가 끼어들어 안정되어 있던 심리상태가 균형을 잃고 있는 것이다.

이러한 상반된 심리상태에 대해서 이미 가망 없는 일로 보거나 보고도 못 본 척해서는 안 된다. 중요한 것은 사회적으로 바람직한 심리상태를 가질 수 있는 환경을 조성하고, 수준 높은 정신문명을 건설하며, 가치관과 인생관을 올바른 방향으로 정립하고, 고상한 사회분위기와 정신세계를 만들어 가며, 여론을 건전한 방향으로 인도하고, 심리적 · 문화적 분위기가 건강해지도록 선도하며, 인간관계가 조화롭고 화목하게 되도록 힘써야 한다. 또한 사회적 모순을 해소하고, 경직된 사회정서를 순화하며, 사상적 혼란과 심리적 불균형을 근본적으로 치유하고, 공민의 도덕의식을 적극적으로 향상시켜서 공민도덕을 세우는 일을 정해진 순서대로 착오 없이 추진해 가야 한다.

2) 공민도덕과 개인도덕 간의 관계를 정확히 이해시켜야 한다

공민도덕은 집단, 조직, 계급을 비롯하여 사회 전체, 민족, 국가와 관련된 도덕인 반면, 개인도덕은 사생활에서 생겨나는 애정, 혼인, 가정문제를 비롯하여 개인의 품성, 태도, 습관 등을 다루는 도덕이다. 전통적 도덕체계에서는 공민도덕과 개인도덕을 하나로 보았다. 바꿔 말해 사회와 국가의 도덕적 책임을 개인의 인격수양에 미루었다. 그 결과 한편으로는 개인적인 차원에서 보아야 할 도덕행위 문제가 잘못 해석되었고, 개인 차원의 도덕문제에 대한 발전이 지체되었다. 다른 한편으로는 공민도덕에 대한 관심이 충분하지 못하여 장기적 관점에서 되돌아 볼 때 과학적인 규범체계를 형성하지 못하였고, 전체적으로 공민도덕의 실종이라는 결과가 되었다. 여기서 반드시 강조하고 싶은 것은 공민도덕이 개인도덕을 배척하는 것은 아니라는 점이다. 공민도덕은 개인도덕을 인정하고 존중하는 일을 기초로 하여 세워질 수 있다. 개인도덕이 없다면, 그리고 수많은 개인들이 도덕적이지 않다면 사회 전체의 공민도덕은 존립하기 어려울 것이다.

그러나 개인도덕도 구속력이 조금도 없는 개체행위만은 아니다. 개인이 자신의 충동을 억제하고 사회규범이 허용하는 권리만 행사할 때 개인의 권리와 사회 구속력은 조화를 이룬다. 비록 강제성이 있는 것은 아니지만, 개인이 공민도덕에 저촉되는 행위를 하면 사람들의 반감을 불러일으키고, 그러한 반감이 개인에게 압력으로 작용한다. 그래서 개인은 그러한 반감과 압력을 고려하여 자기 행동을 자제하게 된다. 사람들이 오랜 기간 사회생활을 해오면서 축척되고 수많은 대인관계를 통하여 체득한 도덕적 경험과 도덕적 의식이 구체화되어 개인을 초월하여 사회 전체에 보편적으로 적용되는 것이 공민도덕이라는 것을 이해할 때, 비로소 사람들은 그것을 충심으로 기쁘게 수용하게 되고, 사회의 통제를 자기의 통제로 바꾸게 되며, 도덕적인 약속을 도덕적인 의무로 보게 되고, 강력한 사회여론을 조성할 수 있으며, 인민군중이 공동으로 준수하는 공민도덕 규범이 확립될 수 있다. 그러할 때가 되어야 공민도덕을 어긴 모든 행위를 비도덕적인 것으로 질책할 수 있게 될 것이다.

3) 국가 이익이 가장 중요하다는 신념을 갖도록 교육하는 일을 공민도덕 의식의 함양에서 최고의 준칙으로 삼아야 한다

우리는 제멋대로 공민의 이익을 해치는 행위에 대해서는 반대를 하지만 공민 개인의 합법적 이익을 인정할 뿐만 아니라 보호한다. 그러나 국가와 집단의 이익을 도외시하고 개인과 소집단의 이익만 챙기는 것에는 반대한다. 공민 개인의 이익은 국가 이익의 아래에 두어야 한다. 공민 개인의 이익과 국가 전체의 이익이 상충되는 경우에는 국가 전체의 이익을 위하여 공민 개인의 이익은 희생되어야 한다. 국가에 이익이 되지 않는다면 공민 개인에게도 이익이 될 수 없을 것이기 때문이다. 대개 국가 이익을 해치는 행위는 모두 비도덕적인 것이다. 이런 까닭에 국가 이익, 집단 이익, 개인 이익, 이 세 가지 이익들 간의 관계를 어떻게 바라보느냐가 주어진 국가의 공민도덕 수준이 높은지 낮은지를 알아볼 수 있는 지표이다. 국가 이익, 집단 이익, 개인 이익 간의 관계를 제대로 다루지 못하면 다른 것은 고려하지 않고 오로지 개인 이익만 추구하는 극단적 개인주의 사상과 행위가 나타날 수 있다.[28)]

이런 사상과 행위를 하는 사람의 경우, 언제나 개인의 이익을 가장 중시하며, 개인의 이익을 충분히 도모하지 못하면 심중에 불만이 가득하게 될 뿐만 아니라, 심지어 국가 이익을 도외시하며 온갖 수단으로 나라의 재산을 낭비하여 자기 뱃속을 채우고 자기 이익을 위해 타인에게 피해를 주는 일까지 서슴지 않게 된다. 극단적 개인주의와 대공무사(大公無私), 공이망사(公而忘私), 선공후사(先公後私) 같은 집단주의 정신은 물과 불처럼 서로 용납하기 힘들다.[29] "사리사욕을 채우거나 소극적으로 태업을 하거나 매관매직을 하거나 자기 과시를 하는 일 등은 가장 비열하고 천박한 일이다. 사심 없이 국민 대중을 위해 일하고, 적극적으로 일의 능률을 올리며, 자기 절제를 통해 공익을 위해 봉사하고, 업무에 몰두하는 정신은 존경받을 만하다." 이러하기에 우리는 강력한 사회여론을 조성하여 국가와 집단의 이익을 중시하는 한편, 스스로 배금주의, 향락주의, 극단적 이기주의 사상과 행위를 비판하게 만들고, 국가와 인민을 사랑할 뿐만 아니라 전심전력으로 공평무사하게 인민에게 봉사하는 집단주의 정신이 공민도덕 의식의 함양에 있어서 최고의 준칙이 되게 해야 한다.

28) '극단적 이기주의'가 아니라 '극단적 개인주의'라고 표현한 것은 흥미롭다. 아마도 개인주의와 이기주의를 거의 같은 의미로 이해하고 있을 뿐만 아니라 이기주의보다 개인주의에 대한 경계심이 더 크기 때문이 아닌가 생각한다. 생각해 볼 문제는 "이기심 자체는 나쁘다 좋다의 대상이 아니라 자연적인 것이다. 도덕적으로 문제가 되는 것은 지나친 이기심 또는 타인에게 피해를 주는 이기심일 것이다"라는 주장이다.

29) 大公無私는 오로지 국민 대중을 위해 생각할 따름으로 전혀 사심이 없는 마음을 가리킨다. 公而忘私는 공적인 일을 위해 사사로운 일을 잊는 것, 바꿔 말해 집단적 이익을 위해 개인의 이익을 희생하는 것을 가리킨다. 先公後私는 공적인 일을 먼저하고 사적인 일을 뒤로 미루는 것을 가리킨다.

4) 공민도덕을 일으켜 세우는 일을 담당하는 사람의 인격, 학식, 능력을 제고해야 한다

첫째로, 고상한 인격을 갖추어야 한다. 공민도덕을 일으켜 세우는 일을 담당하고 있는 사람은 임무수행을 효과적으로 해야 하며, 주로 경륜과 식견에 기초하여 사상적 · 인격적 · 도덕적으로 영향력을 행사해야지 권력에 의지해서는 안 된다. 옛 선인(先人)은 "덕에 복종하게 하는 것이 상책이고, 재능에 복종하게 하는 것은 차선책이며, 권력에 복종하게 하는 것은 하책이다"라고 말하였다.[30] 공민도덕 건설을 담당하고 있는 사람은 먼저 덕으로 사람들을 설득해야 한다. 그리고 전심전력하여 인민에게 봉사하는 정신을 자신의 세계관, 인생관과 인격수양의 최고 목표로 삼아야 한다.

구체적으로 말해 실제로 활동하면서 분발하여 국가의 부강을 도모하고 적극적 · 진취적으로 부단히 자기 실력을 쌓아 '부귀에 유혹되지 않고, 빈곤에 동요하지 않으며, 권력에 굴복하지 않는' 인격을 갖추어야 한다. 또한 총애를 받거나 모욕을 당해도 놀라지 않으며[寵辱不惊], 이해득실을 초월하여 마음에 두지 않는 절조[貧不仿志的脊梁]로 사람들의 모범이 되어야 한다. 사람들을 대할 때에는 도량이 넓어서 자기에게는 엄격하고 타인에게는 너그러워야 한다. '마음이 한없이 넓어서 누구라도 받아들이는' 도량을 가지고, 언제나 '이권을 탐하지 않음으로써 사람이 모여들게 하고, 자기 통제를 통하여 타인을 설득하며, 사람을 대함에 있어서는 관대하고, 솔선수범함으로써 타인을 이끄는 것' 을 기준으로 자신

30) 先人은 선조를 말한다.

을 돌아보며, '스스로 알아서 신중하고[자중(自重)], 스스로 반성하며[자성(自省)], 스스로 경계하고[자경(自警)], 스스로 격려해야[자려(自勵)]' 한다.

둘째로, 풍부한 학식을 쌓아야 한다. 지식은 공민도덕을 세우는 일을 담당하고 있는 사람의 통찰력, 예견력, 창조력, 설득력, 그리고 감수성을 높여주는 기초이다. 새 시대에 공민도덕을 일으켜 세우는 사람이 되려면 마르크스·레닌주의, 마오쩌둥 사상, 덩샤오핑 이론, 장쩌민의 주요 저술을 비롯하여 당의 노선, 방침, 정책을 열심히 배우는 일 이외에 경영과학, 행동과학, 심리학, 교육학, 인력관리학, 사회과학 등의 지식도 심도 있게 학습해야 한다. 이러한 지식은 많으면 많을수록 좋다.

셋째로, 능력을 강화해야 한다. 옛 선인이 말하기를, "부강하면 질서가 잡히고 부강하지 못하면 혼란스러워진다. 부강하면 편안하지만 그렇지 못하면 위기가 닥친다"고 하였다. 또한 "세상 일은 모두 좋은 일인지 나쁜 일인지 가늠하는 능력에 달려 있다"고도 하였다. 이러한 말은 공민도덕 건설을 담당한 사람들에게도 그대로 적용된다. 공민도덕 건설을 담당한 사람은 최소한 아래와 같은 세 가지 능력을 배양하여 갖추어야 한다. 첫째는 개혁을 주도하는 창의력이다. 둘째는 사실을 조사하고, 그것을 말과 글로 표현하며, 해결책을 탐색하고, 계획을 수립하여 결정하며, 조직을 결성하고 이끌어 가는 능력이다. 셋째는 올바른 입장, 관점, 방법을 가지고 무엇이 걸림돌이고 무엇이 잘못된 것인지 분석하여 해결책을 마련하고, 권력에 빌붙는 자들의 허위를 과감하게 폭로하며, 적극적이고 창의적인 열정을 촉발하여 격려하고, 지혜롭게 사람들을 올바른 방향으로 인도하며, 근거 없는 말로 인해 주변이 혼란한 와중에도 자기 감정을 통제할 수 있고, 전체적 입장에서 국지적인 일을 판단하며, 미래를 고려하여 현재의 실태와 변화양상 그리고 각종 사건의 충격을 파악하는 능력이다.

5) 공민도덕을 세우는 데는 4가지 새로운 자리매김이 필요하다

첫째로, 교육의 역할과 관련하여 정치관 정립과 인생관 정립 간에 통일성이 있어야 한다. 정치관 정립 기능은 주로 당의 노선, 방침, 정책을 홍보하는 일과 관련하여 올바른 정치적 태도를 갖게 하고, 당의 노선, 방침, 정책을 제대로 시행하여 사회보장을 이룩하는 것이다. 인생관 정립 기능은 주로 개인에게 인생의 목표와 방향을 제시하여 주고, 능력을 계발해 주고 정신적으로 격려하여 적극성, 활동성, 창의성 등을 길러 자기 발전을 하도록 도와주는 것이다. 이상과 신념을 갖도록 교육하는 일은 사람들에게 자기 개발의 동력을 갖게 한다는 데 근본적인 의의가 있다. 인류의 발전이라는 보다 심층적인 측면에서 보면 사람들이 자발적으로 적극 진선미를 추구하게 하여 자신이 지닌 능력과 소질을 최대한 발휘하도록 해주는 데 의의가 있다. 따라서 '정치적 인간'이라는 시각에만 중점을 두고 이상과 신념에 대한 교육을 해오던 것을 바꾸어 이제는 '도덕적 인간' 또는 '만발기능인[自由全面發展的人]'이라는 시각에 보다 큰 비중을 두고 해나가야 한다.[31]

둘째로, 목표와 관련하여 정치 사회화와 도덕 사회화 간의 통일성이 있어야 한다.[32] 사회화는 개인이 성장 · 발달하여 자격 있는 사회성원이 되는 것을 가리킨다. 사회화 이론에 따르면 한 사람의 사회인이 된다는

31) 自由全面發展的人은 fully-functioned man을 중국어로 옮긴 말인 듯하다. 장상호는 이 말을 '충분기능인'이라고 옮겼다. 또 다른 사람은 '만발기능인'이라고 옮겼다.

것은 일정한 능력을 갖춘 '주체적 인간'이 되는 것을 말한다. 그것은 사회 행위규범을 내면화하는 것이고, 이상과 신념, 정치적 태도 등을 내면화하는 것이다. 이상과 신념에 대한 교육은 정치 사회화를 촉진시키는 활동이다. 이렇게 볼 때 이상과 신념에 대한 교육의 목표는 바로 정치 사회화이다. 현대인에게 있어 정치 사회화와 도덕 사회화는 매우 밀접하게 연계되어 있다. 정치 사회화는 건전한 정치적 태도를 갖게 하는 과정이기 때문이다. 그러니까 건전한 정치적 태도를 갖게 하는 것이 이상과 신념을 교육하는 중요한 목표들 중의 하나이다.

셋째로, 내용과 관련하여 숭고성과 현실성 간에 통일성이 있어야 한다. 모든 민족이 중국 특색의 사회주의를 건설한다는 공동의 이상을 확고하게 갖고 당의 기본 노선을 확고부동하게 지켜나가겠다는 신념을 견고하게 지니는 것이 현 단계에서 중국 이상 신념교육의 내용이다. 사회에 공민도덕을 건설하면서 이상 신념교육의 숭고성을 반드시 지켜나가자는 것과 관련하여 조금의 동요도 있어서는 안 된다. 당연한 일이지만, 눈앞의 이익에 급급하여 사회 공동의 이상을 경시하는 일을 방지해야 하고, 사회주의 초기 단계에서 다수 군중이 지닌 평균 수준의 정신력이나 수용능력에도 못 미치는 일을 방지해야 하며, 현실적 요구에 부합하지 않는 이상론만을 떠벌이는 일도 방지해야 하고, 이상과 신념에 대한 교육이 '현실성을 잃어버리거나, 지나치게 과장되거나, 공허한 말만 늘어놓는' 잘못된 현상으로부터 벗어나게 해야 한다.

넷째로, 방법과 관련하여 이론을 체계적으로 주입하는 일과 사고력을 길러주는 일간에 통일성이 있어야 한다. 현대 사회에서 과학적 · 문화

우리말에는 '전인(全人)'이라는 용어가 있다.

32) 心理優良化를 도덕 사회화로 옮겼다.

적 수준은 높아졌지만 마르크스주의 이론을 이해하는 수준도 높아진 것은 아니며, 사고능력은 좋아졌지만 정치적 의지력이 동시에 강해진 것은 아니다. 따라서 선진적 이론으로 무장한 조직이나 개인이 홍보와 주입에 나서서 사람들을 정치적으로나 도덕적으로 계도할 필요가 있다. 개혁개방은 사람들의 사고방식에 중대한 변화를 초래하여 개방적이고, 독자적이며, 비판적이고, 확산적인 사고방식을 갖게 만들었다. 그러나 유념해야 할 일은 단편적이고 맹목적이며 극단적인 잘못된 사고에 빠져 헤어나오지 못하는 사람들이 더러 있다는 것이다. 사회를 제대로 바라보게 하고 과학적인 사고방식을 갖게 하여 사상적 오류에서 벗어나게 돕는 일이 사상과 신념교육의 중요한 과제들 중의 하나가 되었다.

6) 중화민족의 우수한 공민도덕 정신을 확대 · 발전시켜야 한다

공민도덕을 숭상하는 것은 중화민족의 우수한 전통으로서 세상에 광범위한 영향을 미쳤다. 사회주의 시장경제에 부합하는 공민도덕을 건설하면서 반드시 중화민족의 우수한 공민도덕 정신을 확대 · 발전시키는 데 힘써야 한다. 중화민족은 수천 년간 발전해 오면서 우수한 도덕규범을 만들어냈다. 이것은 현재 진행되고 있는 공민도덕 의식 교육에서 중요한 참고자료가 된다. 앞으로 우리는 중화민족이 지닌 공민도덕 정신 중 아래와 같은 4가지 측면을 확대 · 발전시키는 데 힘써야 한다.

첫째로, 중화민족이 숭상해 온 인애(仁愛)라는 공민도덕 정신을 확대 · 발전시켜야 한다. 인애사상은 일찍이 중국에서 등장하였다. 중국 고대의 인(仁)이라는 글자는 '인(人)' 자와 '이(二)' 자가 결합되어 만들어진 글자이다. '일(一)' 자가 아니고 '이(二)' 자가 결합된 이유는 무엇인가? '인이(人二)'는 두 사람을 의미한다. 사람과 사람 사이, 즉 내가 있어 네가 있고 네가 있어 나, 타인, 그리고 사회가 있을 수 있다는 의미이다. 고립된 인간에게는 대인관계라는 것이 있을 수 없고, 사회적 문제라는 것도 있을 수 없다. 두 사람이 있기에 어떻게 함께 살아갈 것인가, 어떻게 서로 사랑할 것인가, 어떻게 서로 도와야 하는가 하는 문제들이 생기는 것이다. 그것이 인의 의미이다. 인애(仁愛)의 글자 그대로의 의미는 사람과 사람 사이가 서로 친근해야 하고 서로 사랑해야 한다는 것이다.

'인(仁)'과 '애(愛)'를 연계시켜 체계화 · 이론화하여 인애사상을 정립한 사람은 중국 고대의 위대한 사상가이자 교육자인 공자이다. 공자 이전에는 인애와 관련된 사상들이 단편적으로 흩어져 체계화되지 못하고 함축된 의미도 깊지 못하여 하나의 체계를 이루지 못하였다. 공자는 인애와 관련된 개념들을 정리하고 이론화하여 깊이 있는 사상과 학설의 핵심으로 만들었다. 인애는 공자의 철학사상에서 핵심 개념이지만 동시에 그의 정치사상, 윤리사상, 교육사상에서도 이론적 기초이자 전제이다.

중화민족의 우수한 공민도덕의 하나로서 인애는 다음과 같은 여러 의미를 함축하고 있다.

(1) 숭고한 인도주의 정신을 나타낸다. 인애정신은 노동자를 사람으로 여기도록 요구하며, 통치자가 인민을 귀하게 여기고 중하게 여기며 사랑하도록 요구한다. 계급 대립적인 고대 사회에서 이러한 생각을 내세웠다는 것은 아주 훌륭하다고 말할 수 있다.

(2) 중화민족의 넓고 큰 도량을 드러낸다. 인애정신은 인민대중을 사랑하고, 그것도 친소(親疎)를 가리지 않고 모든 사람을 두루 사랑할 것을 요구하였다.[33] 이것은 어떤 의미에서 시간과 공간의 제약을 초월하여 보편적 의미를 지니는 것이다. 달리 말해서 인애정신은 중화민족의 정신문명이 높은 수준이라는 것을 알려주는 하나의 증거이다.

(3) 중화민족이 지닌 숭고한 도덕적 정서를 보여준다. 인애정신은 자기의 마음으로 미루어 남을 헤아려 보는 것, 즉 입장을 바꾸어 생각해 보는 것[推己及人], 다른 사람을 불쌍히 여길 줄 아는 마음을 갖는 것[惻隱爲杯], 다른 사람을 보고 자신을 돌아보는 것[視人若己], 다른 사람의 위험과 곤란을 구제하는 것[濟人危難], 남을 돕는 것을 기쁘게 생각하는 것[助人爲樂], 다른 사람의 좋은 일을 도와 이루게 하는 것, 즉 남을 도와서 성공시키거나 남을 위해서 공덕을 쌓는 것[成人之美] 등을 요구하여 언제나 다른 사람을 먼저 생각하는 정신적 경지를 구체화하고 있다.

(4) 인애는 정치적 실천에 있어서도 중요한 수단들 중의 하나이다. 인애는 도덕사상의 하나일 뿐만 아니라 정치현실에 적용할 것을 요구한다. 덕(德)으로 세상을 다스리며, 민중의 입장에서 생각하고, 인민에게 혜택을 주며, 인민을 이롭게 하여야 한다고 주장함으로써 인애학설은 정치현실과 사회발전에 큰 영향을 주었다.

인애정신을 숭상하는 것은 공민도덕을 새로이 세우는 과정에서 사람들 사이를 단결시키고, 서로 돕고 배려하게 하며, 어려움을 극복하여 앞으로 나아갈 수 있게 하는 힘을 주고, 강한 응집력을 형성하여 사회를 발전시키는 정신적 힘이 될 것이다. 어떤 민족, 국가, 사회일지라도 사람마다 마음에 인애정신만 가진다면 민족이 단결할 수 있고, 국가가 평안할 수 있으며, 사회가 안정될 것이고, 세상이 태평하게 될 것이다.

중화민족의 우수한 공민도덕으로서 인애는 인민을 귀하게 여기고 중시하며 사랑하는 중화민족의 숭고한 인도주의 정신을 보여주고, 사람

33) 친소를 가리지 않고 모든 사람을 사랑할 것을 요구하였다는 것은 要求兼愛, 愛一切人을 옮긴 것이다. 국내에 이런 부분에 대한 다른 해석이 있을 수 있다는 생각을 한다.

을 넓고 깊게 사랑하는 중화민족의 폭넓은 도량을 나타낸다. 또한 인애 정신은 자기의 마음으로 미루어 남을 헤아려 보는 것, 즉 입장을 바꾸어 생각해 보는 것, 다른 사람을 불쌍히 여길 줄 아는 마음을 갖는 것, 다른 사람을 보고 자신을 돌아보는 것, 다른 사람의 위험과 곤란을 구제하는 것, 남을 돕는 것을 기쁘게 생각하는 것, 다른 사람의 좋은 일을 도와 이루게 하는 것, 즉 남을 도와서 성공시키거나 남을 위해서 공덕을 쌓는 것 같은 중화민족의 숭고한 도덕적 정서를 보여주기도 한다. 나아가 인애 정신은 중화민족의 정신문명이 높은 수준이라는 것을 알려주는 하나의 증거이다. 인애는 사람들이 단결하고 서로 돕고 배려하게 만들 수 있으며, 곤란을 극복하고 앞으로 나아갈 수 있게 해주는 힘이고, 응집력을 갖게 하여 인류사회가 발전할 수 있게 해주는 정신적인 힘이다.

둘째로, 중화민족의 성실 독신(篤信)의 미덕을 확대 · 발전시켜야 한다. 중화민족의 우수한 공민도덕 중에서 역사적으로 성실과 독신은 수신과 창업의 기본이었고, 중국인의 공민도덕관에 지대한 영향을 주었다. 일상생활의 대인관계로부터 개인의 도덕적 수양에 이르기까지, 일상적인 공민도덕 의식으로부터 모든 사물의 근원에 대한 생각에까지 선철(先哲)들은 '성(誠)'과 '신(信)'에 대한 깊이 있는 탐구를 하였고, 그것은 중화민족의 도덕, 사회생활, 사고방식, 가치관에 큰 영향을 주었다.

중화민족의 수천 년 문명사에서 '성'과 '신'에 대한 해석은 수없이 많지만 그 기본적인 의미와 내용에는 상통하는 점이 있다. 그것은 속이지 말고 진실하게 살아가라[誠實不欺]는 것이다. 오늘날 공민도덕교육에서 '성'과 '신'은 다음과 같은 3가지 내용을 담고 있다. (1) 대인관계에서 사람을 속이지 말고 성실해야 하고[誠實不欺], 약속한 말을 충실히 지키며[信守諾言], 신용을 지키도록 힘써라[講究信用]. (2) 개인의 수양과 성품에서 속이지 말고 진실해야 하며[眞實不欺], 완전한 도덕적 인격을 갖추도록 하라. (3) 특정한 사회적 관계에서 '성'과 '신'은 대인관계의 도덕규범이다.

성과 신은 개인의 도덕수양에서 내부적으로 반드시 갖추어야 할 품성이자 정조인 동시에 외부적으로는 행동으로 나타나야 한다. 또한 내적인 품성과 외적인 행동이 일치해야 한다. 성신(誠信)이라는 공민도덕 정신은 중화민족이 성실하고, 진지하며, 신용을 지킬 뿐만 아니라 안과 겉이 같은 민족이라는 것을 보여주는 전통적인 미덕이다. 그것은 역사 대대로 인민들이 숭상하고 실천해 온 것이었으며, 오늘날 중국 노동인민의 가장 중요한 특징이 되었다. 노동인민은 말을 하고, 일을 하고, 사람과 사물을 대할 때 솔직하고 정직한 태도를 중시한다. 바꿔 말해 1은 1이고 2는 2다. 옳은 것은 옳고 그른 것은 그르다. 거짓이 섞이거나 과장, 허풍, 요행을 용납하지 않는다. 불성실은 사업에 막대한 손실을 가져다 주고, 좋은 공민도덕 풍조를 만드는 데 걸림돌이 되며, 자기와 타인 그리고 사회 전체에 해를 끼침으로써 세상 사람들로부터 멸시를 받는다. 공민도덕을 건설하는 과정에서 수많은 인민 군중이 성실한 도덕적 기풍을 갖게 해야 한다. 그러기 위해서는 성실독신(誠實篤信)이라는 중화민족의 우수한 전통을 중국 인민의 사회생활, 경제생활, 사생활과 수양 등 모든 부문에서 확대 · 발전시켜야 한다.

셋째로, 괴로움을 참고 힘든 일을 견뎌내며[吃苦耐勞], 절약하여 검소하게 사는 중화민족의 미덕을 다시 살려야 한다. 중화민족은 괴로움을 참고 힘든 일을 견뎌내는 민족으로서, 땀을 아끼지 않고 고생을 마다하지 않으며 두 손을 부지런히 놀려 기적을 차례로 이루어냈다. 우(禹) 임금은 치수사업을 벌이며 세 번이나 집 앞을 지나면서도 집에 머무르지 않았고, 13년이나 걸려 끝내 홍수를 다스렸다. 만리장성은 중화민족의 상징이다. 중화 인민은 뛰어난 지혜와 부지런한 두 손으로 인간 기적을 창출한 것이다. 전체 길이가 1,794km인 찡항따윈허[경항대운하(京杭大運河)]는 중국 인민이 피와 땀으로 구축한 세계에서 가장 긴 인공 하천이다.

중화민족은 부지런하고 용감할 뿐만 아니라 검소하고 소박하며, 순박하고 인정이 두텁고, 꾸밈이 없으며 성실하다. 예로부터 중국 인민은 화려하고 사치스러운 것을 좋아하거나 향락을 추구하지 않았고, 규모 있게 살림을 하여 근검절약하고 소박하게 검소한 것을 영예로 여겼으며, 사치하고 낭비하는 일을 부끄럽게 여겼다. 오랜 역사 발전과정에서 근검, 절약, 소박, 검소가 미덕이 되어 중화민족의 머리 속에 뿌리깊이 박혀 대대로 전해져 수많은 격언과 경구를 남겼다. “근면하면 어리석은 것을 보완해 줄 수 있고, 검소하면 청렴하게 될 수 있다”, “검소함은 복의 근원이고, 사치함은 가난의 징조이다”, “그릇에 담긴 밥은 알알이 땀이로다” 등이 그것이다. 경험을 통해 알 수 있듯이 근면, 검소, 절약은 행복한 생활의 원천이고, 사치와 낭비는 가난하고 낙후된 생활의 시작이다. 개인적으로 사치와 낭비는 정신을 피폐화시켜 사악한 생각을 하게 만드는 반면 근면, 절약, 검소는 인간을 내적으로 충실하고 풍부하게 해주어 더 나은 생활을 개척해 가게 해준다. 사회 전체적으로 근면하고 검소하며 어려움을 참고 견디면 민족과 국가가 강대하게 번성할 수 있는 반면, 사치와 낭비를 일삼으면 민족과 국가의 운명이 끝날 수도 있다. 중국 역사에서 깨달은 군주는 모두 정신을 가다듬어 나라를 잘 다스릴 방법을 강구해야 한다[勵精圖治]고 주장하였다. 원찡쯔즈[문경지치(文景之治)]를 이룬 한원띠[한문제(漢文帝)]와 쩐꽌쯔즈[정관지치(貞觀之治)]를 이룬 당타이중[당태종(唐太宗)] 등이 그러한 군주들이다. 그와는 달리 국가를 망하게 한 군주들은 모두 탐욕스럽고 부패하여 사치하고 방탕한 생활을 하였고 진취적인 생각이 없었다.

넷째로, 중화민족이 추구하는 고상한 도덕적 정서를 삶의 길잡이로 확대 · 발전시켜야 한다. 중화민족의 눈부신 역사에서 헤아릴 수 없이 많은 중국의 아들딸들은 "부귀를 탐하지 않고, 가난에 흔들리지 않으며, 권력과 무력에 굴복하지 않는" 고상한 도덕적 정서를 지켜왔으며, "삼군(三軍, 육해공군 또는 상중하군)이 장수를 빼앗을 수는 있으나 필부의 의지를 빼앗을 수는 없다"는 숭고한 정신적 경지를 지녀왔다. 중화민족의 이러한 도덕적 정서는 높은 차원의 도덕준칙이 되었다. 사회 전체와 개인 간의 관계에서 "세상 사람들의 걱정거리를 먼저 걱정하고, 세상 사람들이 즐기는 것은 나중에 즐긴다"고 말하듯이 오로지 국민 대중을 생각할 따름으로 전혀 사심이 없는 마음[大公無私]를 강조하였고, 대인관계에서 "타인을 먼저 배려하고, 성실하고 신용을 지키며 속이지 않는다"는 것을 강조하였으며, 의(義)와 이(利)의 관계에서 "이(利)를 보면 의(義)를 생각하라"나 "의가 우선이고 이는 나중이다"를 강조하고 "이익이 눈앞에 있으면 의리를 저버린다"는 것에 반대하였고, 생사문제에서 정의를 보고 용감하게 뛰어들거나[見義勇爲] 정의를 위해 목숨을 바치는 것[捨生取義]을 칭송하였다.

중화민족의 오랜 발전과정에서 형성된 이와 같은 우수한 도덕적 정서는 강력한 응집력과 침투력을 지니고 있다. 바로 이러한 도덕적 정서가 수없이 많은 중국의 아들딸들을 건강하게 키워내고 있다. 이와 같이 우수한 도덕적 정서를 깊이 마음에 새긴다면 중국은 발전하여 잘 사는 국가가 될 것이고, 그러한 정서를 잊어버리거나 왜곡시키면 국가에 여러 가지 병폐가 생겨날 것이다. 오늘날 중국 사회에 존재하는 문제들 중의 일부는 바로 이런 우수한 도덕적 정서를 망각한 결과라고 볼 수 있다. 공직자들 개개인이 "부귀하다고 방탕하지 않고, 가난하다고 동요하지 않으며, 권력과 무력에 굴복하지 않는다"는 맹자의 말을 기억하고 있다면 부정부패 현상이 결코 나타날 수 없을 것이다. 당원 개개인이 "세상의 걱정거리는 내가 먼저 걱정하고, 세상의 즐거움은 내가 맨 나중에 즐긴다"는 판쭝옌[범중엄(範仲淹)]의 말을 떠올린다면 권리로 사욕을 도모하는 일이 결코 일어날 수 없을 것이다. 여기에서 중국의 우수한 도덕적 정서는 우리가 민족 허무주의나 역사 허무주의적 태도에 빠지지 말 것을 역설적으로 알려주고 있다.

제8장_가정, 학교, 사회의 도덕교육

한 국가 내에서 이루어지는 도덕교육을 가정, 학교, 사회로 세분하여 검토해 볼 수 있다.[1] 그 중에는 의도적이고 계획적인 것도 있고, 무의도적이고 무계획적으로 이루어지는 것도 있다.[2] 가정, 학교, 사회의 도덕교육 중 가장 계획적으로 이루어지는 것은 학교의 도덕교육이다.[3] 사회화의 매개체로서 가정, 학교, 사회는 상호 연계되어 있다. 특히 개방사회에서는 가정, 학교, 사회 간에 활발한 상호 침투가 있다.

1) 여기서 다루어지는 내용을 '사회화의 동인(動人)'으로 설명할 수 있다(정세구, 1980).

2) 계획적 · 의도적 · 조직적으로 이루어지는 도덕교육은 공식적 교육과정을 통해서 이루어지는 도덕교육이다. 반면 무계획적 · 무의도적 · 비조직적으로 이루어지는 도덕교육은 잠재적 교육과정으로 볼 수 있다. 잠재적 교육과정은 환경의 영향에 의하여 자연적으로 이루어진다.

3) 중국 도덕교육론에서는 학교의 도덕교육이 가정, 사회의 도덕교육을 총괄하는 구심적 역할을 해야 한다고 보는 것 같다.

1. 가정의 도덕교육

가정은 혼인과 혈연관계로 맺어진 사회 내의 일차집단이다.[4] 가족들은 함께 거주하면서 의식주 문제를 함께 해결하고, 재산을 공유하며, 서로 사랑을 주고받으며 출산과 육아 그리고 교육 등의 문제를 해결해 나간다.[5] 가정에는 여러 가지 기능이 있지만 그 중에서 가장 중요한 것은 종족을 번식시키는 재생산기능과 도덕 사회화를 포함하는 문화기능이다.

1) 가정의 구조와 기능 및 가족관계의 변화

전통 사회에서 가정은 종족 번식과 더불어 생활에 필요한 물질을 생산 · 소비하는 기본 단위였다. 가족들은 상대적으로 독립성이 적었고, 남성 중심이라는 특징을 지니고 있었다.[6] 가정 내에서 기성세대는 젊은 세

4) 현대 가족은 혼인과 혈연관계 이외의 형태도 많다. 나이 들어 혼자 살거나 젊지만 결혼하지 않고 혼자 사는 사람들의 1인 가족뿐만 아니라 단순히 동거만 하는 가족조차도 있다.

5) 가족이 반드시 동거해야 한다는 개념도 달라졌다. 이산가족이 아닐지라도 직장이 같은 도시에 있지 않아서 멀리 출퇴근하는 주말 부부나 가족구성원이 서로 다른 도시에서 홀로 생활하고 단지 간헐적으로만 만나는 가족들도 많다. 지방에 있는 대학에서 자취 · 하숙하며 공부하는 대학생들도 그러한 예에 속할 것이다. 또한 아내와 자녀가 외국에 나가 공부하므로 국내에서 혼자 생활하는 '기러기 아빠'도 한 예가 될 것이다.

대에게 삶의 방식과 사고방식을 가르쳤다. "어른 말 들어 손해볼 것 전혀 없다"든지 "그 아버지에 그 아들"이라는 말이 자연스럽게 사용되었다. 또한 "혼사가 만사의 시작"이라는 말처럼 가정생활은 혼인으로부터 시작되는 것으로 생각하였다. "남여가 있은 후에 부부가 있고, 부부가 있은 후에 부자가 있고, 부자가 있은 후에 군신이 있고, 군신이 있은 후에 상하가 있고, 상하가 있은 후에 예의가 있다"고 말하였다. 전통 사회의 혼인은 지위, 신분, 재산 등의 제약을 받았다. 또한 혼사의 결정권도 가장이 장악하고 있었다. 엥겔스는 『가족, 사유제, 국가의 기원』에서 "사유제 사회에서는 재산이 혼인 및 가정의 성립과 매우 밀접한 관계가 있다"고 말하였다. 부자관계는 부부관계보다 중시되었다. 자녀는 부부관계를 유지시키는 유일한 고리였다(김익수 외, 1997). 부모의 사회적 위상은 자녀의 위상을 통해서 구현되었다.[7] 전통 사회의 폐쇄성은 가정에 상대적으로 독립적인 경제생활 기능을 부여했으며, 가정에서의 도덕교육은 기성세대 주도로 이루어졌다.

공업사회가 되면서 사회이동(social mobility)이 활발해졌다. 이러한 변화는 가정의 생활방식에도 영향을 주었다. 전통 사회의 대가족은 점차 부부와 미혼 자녀로만 구성된 핵가족으로 바뀌었다. 부부가 모두 직장에 나가 일하는 '맞벌이 부부'가 늘어났고, 심지어 딩크(DINK)족까지 나타났다.[8] 이러한 추세는 가족 해체로 이어진다. 세대 간의 유대는 약해진 반면, 가족구성원이 지닌 상대적 독립성은 강해졌다.[9] 여성, 아동의 사회

6) 가부장제를 가리킨다.

7) 전통 사회에서 최고의 효도는 '입신양명(立身揚名)'으로 표현되었다.

8) DINK는 Double Income No Kids의 약칭이다.

9) 세대 차 또는 세대 간의 갈등은 현대 사회의 중요한 사회문제들 중의 하나이다.

적 지위는 강화된 반면, 가장의 권위는 상대적으로 약화되었다.[10] 혼인도 재산, 지위, 신분보다는 당사자 간의 의사를 중시하게 되었다. 현대 사회의 가정에서는 출산 · 육아기능보다 문화기능이 상대적으로 더 중요해졌다. 사회보장제도가 확립되면서 전통적인 효도관념은 약화되거나 변질되었다. 이것은 자녀의 부모 봉양 의무가 약해진 것을 의미할 뿐만 아니라, 자녀에게 노후를 전적으로 의지하던 부모의 '자녀에 대한 의무 이행 부담'이 헐거워진 것을 의미한다. 자녀에 대한 부모의 기대치가 낮아짐으로써 자식에 대한 부모의 압력과 영향력도 약해졌다. 이에 따라 가족구성원들 간의 정신적 유대도 약화되었다.

중국 전통 사회는 가정으로부터 이웃, 마을, 도시, 나라로 확대되어 가는 사회였다. 가족구성원 간에는 친밀감이 높았고, 도덕교육이 직접적으로 이루어졌다. 현대 사회에서도 가족 간의 친밀도는 여전하지만 개별 구성원의 독립성이 강해졌다. 사회는 가정 중심으로 조직되어 있다기보다 개인 중심으로 조직되어 있다.[11] 가장의 권위가 약해짐에 따라 가정의 통제기능도 약화되었다.[12] 가정환경이 개인의 인격형성에 영향을 주지만 전통 사회만큼 크지 않다. 가정의 도덕교육 기능이 약해진 것이다.

10) 현대 사회에서 사회적 약자는 흔히 아동, 여성, 노인, 장애인 등을 가리킨다. 전통 사회에서 노인은 사회적 약자가 아니었다.

11) 한국 사회에서 연좌제 폐지는 가정 중심을 개인 중심으로 바꿔놓은 계기였다. 또한 한국의 법률제도는 개인주의에 기초해 있다. 법정에서 행위 당사자를 문제 삼지 그 가족을 문제 삼지 않는다.

12) '고개 숙인 아버지' 이외에 호주제 폐지도 이러한 추세를 반영한다.

2) 현대 사회에서 가정의 도덕교육이 지닌 의미

안정성, 친밀성을 특징으로 했던 전통 사회의 가정에서는 도덕교육이 직접적으로 이루어질 수 있었다. 그러나 개방성과 유동성을 특징으로 하는 현대 사회의 가정에서는 도덕교육이 효과적으로 이루어지기 어렵게 되었다. 아주 어린 시절을 제외하고 자녀에 대한 부모의 영향력도 상대적으로 약화되었다. 그렇지만 현대 사회의 가정이 도덕교육에 유리한 측면도 있다. 부모와 자녀 간의 친밀성은 여전히 존재하며, 핵가족은 가족구성원 수가 적으므로 대가족보다 도덕교육에 있어서 성인들의 의견 불일치를 줄일 수 있다.[13] 일관성 없는 가정교육은 자녀에게 심리적 상처를 줄 수가 있었는데 그러한 위험요소가 줄어든 것이다.

또한 현대 사회의 가정은 과거보다 문화환경이 좋아졌다.[14] 이것은 부모가 자녀에게 더 좋은 도덕교육의 기회를 제공해 줄 수 있음을 의미한다. 자녀의 도덕적 성숙도에 따라 다양한 문화매체를 이용하여 효과적인 의사소통 수단으로 도덕교육을 시킬 수 있게 되었다. 가정, 학교, 사회 간의 의사소통 통로가 개방적으로 변화하여 부모가 가정교육을 학교교육 및 사회교육과 보다 쉽게 연계시킬 수 있게 되었다.[15] 그러나 현대 사

13) 마투라나(Maturana)는 가정교육에 대한 가족구성원의 방침이 다를 경우 자녀가 심리적으로 '이중구속(double bind)' 상태에 놓여 정신장애를 일으킨다고 말한다. 친밀감이 도덕교육에 도움을 주는지 그 반대인지는 중요한 연구거리가 될 수 있다.

14) 텔레비전, 컴퓨터, 핸드폰, 캠코더, 디카 등 정보통신기술의 발달이 가져온 여러 매체들이 가정에 흘러넘치고 있다.

15) 상대적으로 한국의 각급 학교는 가정과 사회에 대해서 아직도 개방적이지 못하다. 학교 정문에 붙어 있는 '외부인 출입 금지' 팻말부터 시작하여 학부모들의 학교 방

회의 가정은 유동성과 불안정성이 특징이다. 특히 이혼율 증가 등으로 확인되는 가족 해체현상은 가정에서의 도덕교육에 치명적일 수 있다. 맞벌이 부부의 증가는 부모와 자녀 간의 대화 시간을 감소시켰으며, 자녀는 다양한 문화매체를 통해 보다 빨리 성인화된다.[16] 전반적으로 다양성과 개방성이 증가한 현대 사회의 가정은 도덕교육 측면에서 그 기능이 약화되었다고 말할 수 있다. 이런 상황에서 자녀의 도덕교육에 대한 부모의 관심과 책임의식이 더욱 절실히 요청되고 있다.

우선 부모는 자녀에게 물질적으로 풍요롭고 윤택한 생활을 마련해 주어야 한다. 그렇지만 그것만으로는 부족하다. 물질적 가치에 지나치게 집착하는 각박한 현대 사회에서 부모는 자녀에게 정신적 가치의 중요성을 일깨워 주어야 한다.[17] 흔히 부모는 자녀에게 자신에게 가장 이익이 되는 일을 하라고 가정에서 가르친다. 그러나 경쟁사회에서 살아남기 위한 자기 보호와 자기 이익만 가르쳐서는 보다 살기 좋은 사회를 만들어 갈 수 없을 것이다. 장기적으로 도덕적인 사고와 행위가 보다 큰 이익을 가져다 줄 수 있음을 가르쳐야 한다. 현대 사회에서 가족구성원의 독립성은 더욱 강해졌다. 자녀에게도 대등한 발언권과 대화 기회를 제공하여야 할 것이다. 가족구성원 간의 상호 신뢰와 존중은 가정에서의 도덕교육에서 가장 중요한 요소라고 할 수 있다. 그리하면 자녀에게 보다 창의

문은 자유롭지 못하다. 최근에 와서 학교 홈페이지를 통하여 학교와 가정 간에 의사소통이 활발해지는 것 같았으나 인터넷 실명제 논쟁 이후 학교 홈페이지는 대부분 접근방식을 바꾸어 폐쇄적으로 변하였다.

16) 중국 도덕교육론에서는 중국 학생들의 경우 인터넷 등을 통하여 성인 오락물을 접하는 연령층이 해마다 빨라지고 있다고 보고한다.

17) 이와 관련하여 한국 사회에서 부모가 자녀에게 가르쳐 줄 수 있는 정신적 가치로는 청빈 사상, 헝그리 정신 등을 예로 들 수 있을 것이다.

적으로 문제를 해결할 수 있는 자신감과 실천 및 체험기회를 마련해 줄 수 있을 것이다.

2. 학교의 도덕교육

학교에서의 도덕교육은 가장 계획적이고 체계적으로 이루어진다. 그만큼 통제 가능성이 크다. 학교교육은 국가사회의 요구를 반영하게 되므로 교육목적, 내용, 방법, 평가 등 교육의 모든 과정이 그러한 요구를 충족시키게 된다. 문제는 사회를 이끌어가는 지배집단의 요구를 가장 많이 수용하게 된다는 점이다.[18] 목표와 내용이 확실하게 명시된 학교교육은 운영 면에서 체계성을 특징으로 한다. 학교의 모든 교육활동은 위계를 이루고 있고, 그러한 위계의 한 부분에 이상이 생기면 전체 교육활동에 영향을 주게 된다. 따라서 학교교육은 불가피하게 일정 부분 주입식 또는 지시전달식으로 나타나기 쉽다.[19] 도덕교육도 각급 학교별로 위계를 이루고 있고 상호 연계되어 있다. 이런 위계와 연계성을 무시하면 안 되지만 체제유지적으로만 도덕교육이 이루어져서는 안 될 것이다. 학교에서의 도덕교육은 가정이나 사회의 도덕교육보다 통제하기가 상대적으로 더 쉽다. 그렇지만 도덕교육은 현실에 안주해서는 안 되고 보다 나

18) 중국의 도덕교육론은 이러한 측면을 역사적 사례를 들며 반복해서 언급한다. 그러나 신교육사회학자들이 말하는 교육 불평등 개념까지는 언급하지 않고 있다.

19) 구체적으로 학교 현장의 이러한 권위주의적 문화는 학교 교육의 각 단계에서 전문화가 아직 부족해서일 수도 있고 행정조직의 관료주의 때문일 수도 있다.

은 사회를 지향해 가야 한다. 여기에 도덕교육의 어려움이 있다.[20)]

학교의 도덕교육도 시대와 사회에 따라 변모해 왔다. 과거에는 통치집단이 학교교육을 체제유지의 수단으로 이용했고, 도덕교육도 그러한 측면에서 예외가 아니었다. 오늘날도 도덕교육은 사회의 요구를 수용하여 목표와 내용을 선정한다. 그 과정에서 지배집단의 영향이 가장 크게 작용하는 것은 어쩔 수 없는 일이다. 그러나 그러한 영향력도 과거보다는 많이 감소되었다. 현대 사회가 유동성과 이질성을 특징으로 하기 때문이다. 현대 사회에서 학교의 도덕교육은 과거와 다른 몇 가지 특징을 갖고 있다. 우선 현대의 학교 도덕교육은 다원사회, 개방사회로 변함에 따라 과거처럼 통치이념을 직접적 일방적으로 피교육자에게 주입할 수는 없게 되었다. 학교교육의 정치적 중립성이 공식적으로 천명되고 공정한 사회를 지향해 가는 일이 당연한 일로 여겨지게 되었다.[21)] 도덕교육도 정치교육적 성격을 탈피하여야 한다는 여론의 영향을 받아 직접적인 설교, 훈계, 구호, 맹세, 신조, 문답 등의 낡은 방식을 그대로 사용하기 어렵게 되었다.[22)]

그러나 그러한 직접적인 방식 대신 간접적인 방식으로 전환하기는 했지만 학교교육은 국가사회의 요구를 수용할 수밖에 없으며, 도덕교육도 그러한 점에서는 마찬가지이다. 단지 보편성과 공정성을 보다 강조하게 되었고 교육방법이 다양하게 바뀌었다는 점이 달라졌다.[23)] 한편, 현대 학교 도덕교육은 과거보다 안정성이 약해졌다. 주기적 · 비주기적으로

---

20) 중국 도덕교육론도 도덕교육이 이상과 현실 간의 간격을 효과적으로 축소시켜 나가야 한다고 본다.

21) 교육의 정치적 중립성 논쟁은 1970년대 말과 1980년대 초에 활발하게 전개되었다.

22) '국민교육헌장 시대' 로 표현되는 구시대의 교수기법들이 신랄한 비판을 받았다.

23) 실제로 최근의 추세는 종합적 또는 통합적 접근법이 주도하고 있다.

교육개혁을 하고 교육과정을 개편하는 일이 잦아진 것이다.[24] 사회이동이 심해진 것과 개방성이 커져서 사회집단들 간의 교류가 활발해진 것, 그리고 국가 간 교류가 확대된 것도 하나의 원인일 것이다. 결과적으로 오늘날 학교의 도덕교육은 강력한 변화의 요구에 직면해 있다.

학교의 도덕교육은 이러한 요구와 압력을 적절히 수용하면서도 일관성을 유지해 가야 한다. 직접적인 방식을 버리고 간접적인 방식을 주로 사용하게 되었다고 해서 방임을 의미하는 것은 아니다. 가정, 사회와 연계하여 학교는 젊은 세대의 도덕교육에 보다 적극성을 가져야 할 것이다. 특히 현대 사회에서 이혼율, 범죄율 상승 속도는 놀랄 정도이다. 이런 현상을 지적하며 학교 도덕교육의 실효성을 의심하는 사람들도 있다.[25] 학교에서는 훌륭한 인격과 이상적인 사회에 대해 가르치지만 현실 사회는 전혀 그렇지 않다. 젊은 세대는 학교에서 배운 것과 사회현실 간의 간격에 충격받게 된다.[26] 현실 사회는 다양한 행위규범과 가치체계가 존재하지만 학교에서는 추상적이고 보편적인 도덕원칙을 가르친다. 문제는 그러한 추상적인 도덕원칙을 현실 사회에 적용하기가 쉽지 않다는 점에 있다. 그렇다고 학교의 도덕교육이 현실 영합적인 세속적 목표와 내용을 교육과정에 그대로 반영하기는 어렵다.[27] 오늘날 중국 학교의 도덕교육

24) 한국의 경우 교육과정을 10년마다 개편하다가 5년으로 바꾸었고, 최근에는 수시 개편 쪽으로 나아가고 있다.

25) 중국이나 한국이나 도덕교육에 대한 관심도와 인지도는 유사한 것을 발견한다.

26) 어찌하여 학교의 우등생이 사회의 열등생이 될까? 우리는 어느 정도 그것을 당연시하고 있다. 학교 교육을 비판하면서도 사교육비 지출은 엄청나다. 국가사회의 요구와 학부모 및 학생들의 요구가 충돌하는 모습이다.

27) 중국 도덕교육론의 문제의식은 가치가 있다. 한국의 도덕교과가 안고 있는 문제도 바로 이것이다. 이제 국정이던 도덕교과서가 검정으로 바뀌었고, 교과서를 새로이 만들어 가는 과정에서 이러한 문제가 어느 정도 해소되기를 기대한다.

은 이러한 딜레마에 빠져 있는 것이다. 이러한 난관을 잘 해결해 나갈 때 학교의 도덕교육은 생명력을 갖게 될 것이다.

3. 사회의 도덕교육

사회라는 개념은 다양하게 정의되지만 사적 유물론에 따르면 생산 과정에서 사람들의 상호 교류로 생겨난 생활공동체이다.[28] 마르크스는 "사회는 인간 상호작용으로 생겨났다. 생산력이 발전함에 따라 교환과 소비형태가 결정되고, 그에 따라 사회제도, 가정, 계층, 계급이 생겨난다. 이것이 시민사회이고, 그 안에서 정치적 국가가 생겨난다"고 말했다.

1) 사회 도덕교육의 일반적 특징

사회 내의 도덕교육은 유동적이고 확정적이지 않다. 따라서 강한 교차성과 복합성을 지닌다. 전통 사회에서는 생활경험 등이 동질적이었고, 그에 따라 도덕교육도 안정성을 지녔었다. 그러나 고도로 분업화된 현대 사회의 도덕교육은 이질적인 개인 경험에 기초하여 이루어지고 있다. 인간관계도 복잡해졌고, 경우에 따라 이중 또는 다중인격을 가질 수밖에 없는 상황조차 생겨났다.[29] 도덕교육은 사회 내에서 다층적으로 이루어

28) 중국 도덕교육론은 마르크스주의의 사회 이론을 인용하며 사회 개념을 설명한다.
29) 인구가 많은 중국에서는 이러한 문제가 일상화되어 있었을 것이다. 도시화 현상에

진다. 사회조직, 사회제도, 동료집단, 대중매체, 생활환경 등이 매개체로 작용한다.[30] 사회조직과 제도는 비교적 안정성을 지닌 반면 동료집단, 대중매체, 생활환경은 심한 유동성을 지닌다.[31]

2) 현대 사회 도덕교육의 주요 매개체

동료집단 또는 또래집단은 대면적인 것도 있고 비대면적인 것도 있다. 특히 대면적인 동료집단은 상호 간에 도덕적으로 직접적인 영향을 주고받는다. 언어, 행동, 사고 모든 면에서 도덕적 성향을 전수하고 전수받는다. 이러한 교제관계는 다양하고 수시로 변할 수 있다. 그런 까닭에 개인은 상충되는 메시지를 전수받아 혼란을 일으킬 수 있다. 청소년들에게 동료집단의 영향은 상대적으로 크다고 할 수 있다. 심리적인 친밀감, 공동의 화제가 있으므로 자연스럽게 상호 영향을 주고받는 것이다.

도덕 사회화에 미치는 대중매체의 영향은 현대 사회에서 엄청나다. 텔레비전, 컴퓨터, 핸드폰을 포함한 정보통신기술의 발달은 대중매체의 영향을 획기적으로 증대시켰다.[32] 이에 따라 대중매체를 통해서 청소년

따른 복잡한 인간관계는 다중인격을 갖게 만든다. 일례로 낮에는 결혼식장에 축하해 주러 가고 밤에는 상갓집에 애도하러 가는 일이 그것이다. 전통 사회에서처럼 3년씩이나 애도하는 마음을 유지하기는 거의 불가능해졌다.

30) 이른바 사회화의 동인들이다. 구체적으로 도덕사회화의 동인이라고 말할 수 있다.

31) 한국 사회에서는 민주화 과정에서 사회제도와 조직조차도 안정성을 상실하였다. 지나치게 잦은 제도개혁과 시민단체를 비롯한 '새로운 공동체'들이 짧은 기간에 너무 많이 생겨났기 때문이다.

32) 대중매체의 메시지 전달이 쌍방향적인가 일방적인가 묻는다면 아직도 이들 매체들은 일방적인 메시지 전달 수준을 크게 벗어나지 못하고 있다고 대답할 수밖에 없을

들에게 도덕적으로 좋은 내용을 광범위하게 전파시킬 수 있게 되었다. 그러나 동시에 도덕적으로 바람직하지 못한 정보도 아무런 여과 없이 전달되고 있다. 유통되는 정보량이 많아짐으로써 간접 경험이 풍부해지고 사회화가 보다 빨리 진행될 수 있게 되었으나 상업광고에서 보게 되듯이 물질적인 욕망을 과도하게 부추기는 것도 가능하게 되었다. 분별력과 자제력이 더욱 필요하게 된 것이다. 문화예술조차도 상품화되고 향락추구만이 삶의 목표인 것처럼 호도되는 측면이 있다.[33] 도덕교육적 측면에서 볼 때 과연 대중매체를 건전한 방향으로 인도할 수 있는지가 관건이다. 법적 · 제도적 장치를 마련하여 불건전한 상업행위에 대해서는 제동을 걸어야 할 것이다.[34]

정치적 · 경제적 · 사회적 · 문화적 생활환경이 도덕교육에 미치는 영향은 지대하다. 이러한 환경은 정치 · 경제제도나 사회발전 정도처럼 간접적으로 영향을 주는 것과 가정, 지역사회, 직장처럼 직접적으로 영향을 주는 것이 있다. 간접적인 환경은 사회 전반의 가치체계를 보여줌으로써 개인의 인격형성에 영향을 준다. 직접적인 환경은 개인의 선호와 선택에 즉각적으로 영향을 미친다. 생활환경의 영향은 기성세대보다 젊은 세대에게 더 큰 영향을 행사하며, 젊은 세대 중에서도 나이가 어릴수

것이다.

33) 실제로 도덕윤리도 상품화되어 있다. '양심 냉장고'로 표현되는 프로그램 등을 참조하라.

34) 도덕윤리의 법제화가 바람직한지에 대해서는 논란이 많다. 도덕이 개인과 가정의 책임을 강조하는 특징을 지니고 있는 반면, 법률은 국가와 정부 당국의 책임을 강조한다. 효도라는 덕목은 노인복지를 가정의 책임으로 돌리는 측면이 있는 반면, 사회보장제도 중의 노인 복지문제 등은 주로 인권문제로 다루어지며 정부 당국의 책임을 강조하는 측면이 있다.

록 환경의 영향을 크게 받는다.

요약하면 전통 사회에서는 가정이 도덕교육에 결정적인 작용을 했고, 학교는 중심적인 기능을 했으며, 사회는 보조적인 역할을 했다. 그러나 현대 사회에서는 가정이 도덕교육에 보조적인 역할을 하며, 학교는 기본적인 기능을 하고, 사회가 중심적인 역할을 하고 있다. 앞으로의 도덕교육은 이러한 특징을 고려하여 가정, 학교, 사회가 긴밀한 유대를 가지고 해나가야 할 것이다. 특히 사회 내의 동료집단, 대중매체, 생활환경의 영향이 커진 만큼 여기에 보다 많은 관심을 기울이고 도덕교육을 해나가야 한다. 그렇지만 도덕교육을 주도할 핵심적인 주체에 대해서도 고려하지 않으면 안 된다.[35)]

현대 사회에서 피교육자를 비도덕적인 환경으로부터 격리시킬 수는 없다. 또한 설교나 훈화 같은 주입식 교육방법이 비효과적이라는 것은 널리 알려져 있다. 오히려 분별력과 판단력을 비롯한 사고능력을 길러주는 쪽에 더 많은 비중을 두어야 한다.[36)] 그러기 위해서는 피교육자의 생활경험을 적극 활용하고, 자신들의 주변 도덕문제를 스스로 해결해 보게 하고, 사회 전체가 당면한 도덕문제까지 탐구해 보게 하며, 피교육자의 실천과 체험기회를 보다 많이 제공하는 쪽으로 도덕교육의 방향을 전환하여야 한다. 물론 전통적인 주입식 방법도 필요할 경우 적절히 활용하여야 할 것이다. 장기적으로 도덕교육을 받는 피교육자의 생활환경을 도덕교육에 유리하게 바꾸는 일을 실천으로 옮겨야 할 것이다.

---

35) 중국 도덕교육론은 학교가 이와 같은 주도적인 역할을 할 수 있다는 생각을 하는 것 같다.

36) 이미 한국도 이와 같은 생각이 실천에 옮겨지고 있다. 수능부터 시작하여 논술 그리고 교과서 개편문제까지 모두 이러한 측면에 초점이 맞추어져 있다.

제9장_중국의 학교 도덕교육

지구촌 어느 지역 어느 국가의 학교 도덕교육일지라도 모두 단순한 교육활동이 아니다. 학교 도덕교육은 언제나 그것이 이루어지는 국가와 사회의 정치, 경제, 사상, 문화의 영향을 받을 뿐만 아니라 민족 전통의 영향도 받는다. 그런 까닭에 국가와 사회마다 학교 도덕교육이 차이점을 드러낸다. 그렇지만 공업시대에 들어선 후 특히 고도의 과학기술 및 정보사회가 도래함으로써 그러한 차이는 날로 줄어들고 있다. 과학기술이 고도로 발달하고 정보화가 급속하게 진행되면서 인류에게는 날이 갈수록 함께 해결해야 할 도덕문제들이 더욱 더 많아졌다. 정치, 경제, 과학기술, 문화 등 사회환경의 급격한 변화가 새로운 윤리 · 도덕문제를 만들어 냈고, 많은 국가와 사회들이 더 많은 관심을 기울이게 되었다. 그에 따라 이제는 학교 도덕교육에 대한 관심도 국경을 초월하여 인류 전체의 공동 관심사가 된 것이다.

1. 21세기 지구촌 학교 도덕교육의 경향

1) 지구촌 여러 지역의 국가들은 사회과 인간의 자기 발전 요구를 도덕교육의 목표와 내용에 반영하고 있다

어떤 사회와 국가일지라도 모두 교육을 통하여 구성원을 사회화시키고 있으며, 그 과정에는 공동으로 지켜야 할 규범과 요구가 있게 마련이다. 수많은 사회와 국가들에서 이루어지는 학교 도덕교육의 다양한 내용을 분석 종합해 보면 어떤 공통요소를 찾을 수 있는데, 그것이 바로 사회와 인간의 자기 발전 요구를 반영하고 있다는 점이다.

(1) 여러 국가와 사회는 도덕교육의 목표를 설정하고 내용을 선정할 때 그들 국가사회의 요구를 반영하는데, 대개 아래와 같은 몇 가지 내용을 포함시키고 있다.

첫째로, 도덕규범을 알려주는 것이다. 한 사회 안에서 서서히 형성되어 전해내려 온 생활규칙 등을 수신, 종교, 공민, 품덕 같은 교과나 생활지도를 통하여 학생들에게 이해시켜 사회생활에 필요한 행동방식을 익히게 하는 것이다. 이와 같이 하는 목적은 학생들에게 기본적인 도덕관을 형성시키고 일정한 행위규범을 이해시키기 위한 것이다.

둘째로, 사회규범의 전수이다. 사회질서를 유지하기 위한 사회생활 준칙을 정치, 경제, 사상, 문화, 민사(民事) 등과 같은 사회생활 영역에 대한 교육을 통하여 일정한 권력관계가 법으로 제정되어 있음을 알려주고, 학생들이 자기의 권리를 행사하고 당연히 해야 할 의무를 완수하여 정상적으로 사회생활에 적응할 수 있도록 해주는 것이다.

셋째로, 국가 이익을 수호하는 것이다. 이념과 체제가 국가마다 다르지만 모든 국가는 국가 이익 수호를 공히 학교 도덕교육의 목표와 내용에 포함시키고 있다. 적대국가들 간에는 도덕교육의 목표와 내용이 상반되는 부분이 있지만 애국심을 고취하여 조국에 몸과 마음을 다 바쳐 충성하도록 가르치고 있는 점은 공통적이다. 어떻게 하면 애국심을 고취할 수 있을까 하는 것이 모든 국가들의 연구과제로 되어 있다.

넷째로, 정치적 목표의 달성이다. 교육과 정치의 관계는 긴밀하다. 교육받은 사람이 어떤 정치적 신조와 신념, 그리고 인격을 갖추게 되는가 하는 것은 결코 무시할 수 없는 문제로서, 이것은 도덕교육이 해야 할 중요한 임무들 중의 하나이다. 그러므로 도덕교육의 목표와 내용은 반드시 국가가 설정한 정치적 목표와 부합해야 한다. 바꿔 말해 정치적 목표에 의거하여 도덕교육의 내용이 선정되는 것이다. 이 점에서 중국공산당은 공산주의 정치사상 교육이 도덕교육의 핵심이라고 명확하게 규정하고 있으며, 도덕교육의 정치적 목적을 명시하고 있다. 서구의 자본주의 국가들은 학교교육이 정치적으로 간섭받아서는 안 되고, 도덕교육에서 학생들에게 특정 정파의 정치적 관점을 주입해서는 안 된다고 보고 있지만 그것은 이들 국가들의 정치체제가 중국과 다르기 때문이다. 그럼에도 불구하고 정치가 학교 도덕교육에 어떤 제약을 가하고 있다는 사실을 부인할 수는 없을 것이다. 실제로 자본주의 국가들에서도 도덕교육을 통하여 자기 국가의 정치질서를 따르게 하고, 국가가 내세우는 정치적 목표를 지지하며 실천해 가도록 교육하고 있다.

(2) 개인의 도덕발달을 강조해야 한다는 것이 각국 도덕교육자들의 공통된 인식이다.

도덕교육은 발전하고자 하는 국가와 사회의 요구를 목표와 내용에 반영함과 동시에 도덕적으로 성숙하고자 하는 개인의 요구도 반영하고 있다. 도덕교육은 사람들을 사회에 적응시켜야 한다는 사회의 요구를 수용해야 하는 한편, 불합리하고 낙후된 측면을 개혁하여 사회를 부단히 진보시켜야 한다는 사람들의 요구도 수용해야 한다. 그러므로 학교 도덕교육은 기존 사회규범이나 생활규칙을 단순히 전수만 해서는 안 되고 배운 것을 근거로 새로운 도덕적 문제상황에 적용해 보게 하여야 하며, 학생들이 자기 위치에서 교사의 지도를 받아 스스로 생각하고 행동하는 기회를 통하여 도덕적으로 성숙해 가도록 인도해야 한다. 구체적 내용은 아래 4가지 측면이다.

첫째로, 도덕이란 개인이 지닌 의식이자 개인이 세계를 이해하는 특수한 방식이다. 일종의 사회현상으로서 도덕은 현실 생활에서 사회도덕과 개인도덕 두 가지 형태로 존재한다.[1] 그런 까닭에 도덕은 사회적 의식형태이고 인류 전체가 세계를 이해하는 특수한 방식인 동시에 개인적 의식형태이며, 개인이 세계를 이해하는 특수한 방식이기도 하다. 개인도덕이 사회도덕과 무관하게 존재하는 것은 아니지만 개인도덕에는 상대적 자율성이 있으므로 개인도덕 나름의 특수한 문제가 있는 것이다.

둘째로, 개인도덕은 도덕체계를 구성하는 중요한 요소들 중의 하나이다. 생성발달 과정을 볼 때 개인도덕과 연관짓지 않고는 사회도덕의

1) 한국에서는 '사회도덕'이라는 말보다 '사회윤리'라는 말이 더 익숙하게 사용된다.

현실적 의미를 이해할 수 없다. 도덕은 자발성에 기초한 규범이며, 개인이 자신의 사상, 의식, 정서, 의지에 따라 스스로 자각하여 실천하고 내면화하여야 진정한 활력을 가질 수 있기 때문이다.

셋째로, 개인도덕에는 선택의 과정이 있다. 개인도덕은 사회도덕을 내면화하고 개성화한 것이지만, 그러한 내면화 · 개성화 과정에서 개인은 사회도덕을 그대로 기계적으로 수용하는 것이 아니라 취사선택을 한다. 바꿔 말해 사회도덕을 학습 · 실천 · 수양하면서 개인은 자기 나름대로 선택을 하는 것이다. 개인은 사회도덕을 그대로 수용하는 피동적 존재가 아니라, 판단과 선택을 할 뿐만 아니라 주체적으로 새로운 규범을 만들어내기도 한다. 실제로 개인도덕은 사회규범의 영향을 받으면서 개인이 자주적으로 선택한 결과 생겨난 것이며, 사회의 공동의지와 개인의 자유의지, 그리고 사회가 도덕적으로 요구하는 것과 개인이 도덕적으로 바라는 것이 변증법적으로 통일되어 나타난 것이다.

넷째로, 개인도덕에는 능동적 반작용이 있다. 사회도덕과 개인도덕의 관계에서 사회도덕이 개인도덕에 일방적으로 영향을 주는 것이 아니라 상호 영향을 주고받는다. 일단 형성된 개인도덕은 개인이 지닌 독특한 정서와 행위를 통하여 사회도덕에 직접 간접으로 영향을 주게 된다.

2) 지구촌 여러 지역의 국가들 대부분에서 민족정신의 확대 · 발전이 학교 도덕교육의 주요 내용으로 되어 있다

20세기 1990년대에 들어서서 세계 여러 국가들에서는 학교 도덕교육에 세계적인 것과 민족적인 것을 유기적으로 통일시키는 경향이 나타났다. 이러한 유기적 통일은 두 가지 양상을 보였다. 하나는 세계 여러 국가들이 시야를 세계로 넓히면서 시대정신을 받아들여 인류 역사에서 형성된 공동의 가치관과 도덕관을 가장 중시하여 확대 · 발전시키려 한 것이다. 도덕, 윤리, 가치관이 21세기 인류가 당면한 가장 중요한 문제라고 보고 이상, 신념, 책임감, 자립정신, 강인한 의지, 뛰어난 환경 적응력, 감수성 등이 21세기 인간의 중요한 특징이 될 것이라고 생각하게 된 것이다. 다른 하나는 세계 여러 국가들이 자신들의 민족정신을 계승하여 확대 · 발전시키는 일을 점점 더 중시하게 되었는데, 이것은 전통을 중시하여 뿌리를 찾는 추세로 나타났다. 바꿔 말해 자신들의 민족문화 전통을 중시하는 일은 민족의 우수한 전통 문화를 소화 · 흡수하면서 자기 국가의 사상, 도덕, 문화, 가치관을 재정립하는 것이다. 실제로 학교 도덕교육의 실천과정에서 민족정신을 배양하고 교육하는 일을 중시하면 할수록 학교 도덕교육의 성과는 더욱 더 크다. 이미 세계 여러 국가들은 공히 자신들의 민족 전통 문화 교육을 중시하는 것을 학교 도덕교육의 핵심 내용이자 목표로 삼고 있다.

중화인민공화국 '교육법' 제1장 '총칙' 제7조에는 "교육은 당연히 중화민족의 우수한 역사와 문화전통을 계승하여 확대 · 발전시켜야 하며, 인류 문명 발전의 우수한 성과 모두를 흡수하여야 한다"고 명시되어 있다. 장쩌민은 중국공산당 제14기 중국공산당 중앙위원회 제5차 전체회의 폐막식 제2부 연설에서 중화민족의 우수한 사상과 문화를 확대 · 발전시키는 일은 사회주의 정신문명 건설에서 중요한 임무들 중의 하나라고 말했다. 우수한 전통 문화 가치관의 핵심은 애국주의와 집단주의이다. 이것은 민족의 역사적 산물로서 학생들의 사상 수준, 인격도야, 고상한 정서의 함양에 중요한 요소이다.

3) 세계 각국의 교육 전문가들은 도덕적 사고, 도덕적 행위와 품성에 대한 연구를 주요 과제로 다루고 있다

역사적 · 현실적 이유로 말미암아 세계 여러 지역 국가들의 학교 도덕교육에서는 상당히 오랜 기간 동안 거시적 연구만을 주로 해왔다. 학교 도덕교육에 대한 이러한 거시적 연구는 개인의 도덕적 사고, 행위, 품성 등 개인의 도덕적 문제도 다루기는 했지만 연구대상을 주로 거시적 관점에서만 다루었다. 따라서 그 연구결과는 흔히 불완전하고 체계성이 부족하고 불명확하여 "내게 도덕이 필요한 이유는 무엇인가?", "내가 어떠한 도덕관을 정립해야 하는가?", "내 행위에 대해서 도덕적으로 어떤 판단을 내려야 하는가?"와 같이 사람들이 관심을 가지고 생각하는 도덕 문제들에 대해서 설득력 있는 대답을 하지 못하였으며, 가치의 다원화와 가치 상대론적 경향이 나타나서 학교 도덕교육과 도덕연구를 하는 사람들의 우려를 자아냈다.

20세기 1970~1980년대에 들어와 윤리학계의 일부 전문가들이 '개인도덕' 연구의 필요성에 관심을 기울이기 시작하였다. 여기서 말하는 개인도덕 연구는 개인도덕의 존재근거, 발생과 발전의 메커니즘, 존재양상, 사회통제 및 자아개발을 비롯하여 개인이 완전한 도덕적 인격체가 될 수 있는가 하는 일반성, 보편성 문제까지를 포함한다. 개인도덕에서 말하는 개인은 자율성을 갖고 있는 존재이고, 자기 초월적 존재이며, 사회화하는 존재이고, 개성을 가진 존재이다. 또한 사회의 보편적 의지를 대표하는 존재이고, 개인의 자유의지를 생각, 말, 행동으로 구현하는 존재이다. 뿐만 아니라 국가의 한 구성원이면서 지구촌의 일원인 존재이기도 하다. 이와 같이 사회성과 개인이 지닌 개성을 상호 통일시키려는 도덕 이론이 나타난 것은 시장경제 활동이 필연적으로 초래한 일들 중의 하나로서, 특히 21세기에 개인의 도덕적 사고와 사고능력을 어떻게 개발하고 신장시킬 것인가 하는 것이 세계 여러 국가의 보편적 관심사들 중의 하나가 되었다.

4) 세계 여러 지역의 국가들은 학교 도덕교육에서 잠재적 교육과정을 점점 더 중시하고 있고, 비지시적 방법으로 학교 도덕교육을 강화하려 한다

20세기 1960~1970년대에 세계 여러 국가의 교육과정 전문가들은 '잠재적 교육과정[隱性課程]'의 연구와 개발에 주목하기 시작하였다. 다수의 이름 있는 교육 전문가들은 잠재적 교육과정이 공식적 학교교육과는 다르며, 교수 · 학습과정을 통해 이루어지는 것과 다르다고 본다. 이것은 교실에서 수업을 하거나 집회 때 설교나 훈시를 하여 이루어지는 것이 아니라 훌륭한 교사들, 좋은 교육과정, 수준 높은 학교 경영방향, 양호한 교육환경 등에 의하여 이루어지는 것이라고 본 것이다. 학생들은 이와 같은 좋은 풍토나 분위기 속에서 자기도 모르는 사이에 감동 · 감화를 받고, 생활과 인생에서 가치 있는 것이 무엇인지 알게 되며, 학습태도가 진지해지고 건실한 삶의 자세를 갖게 된다는 것이다. 잠재적 교육과정에 대한 고려가 학교 도덕교육에 예상하지 못한 좋은 결과를 가져다 주었기 때문에 최근 수십 년간 수많은 국가들에서 공식적 교육과정[顯性課程]과 더불어 잠재적 교육과정에 점점 더 많은 관심을 기울이게 되었고, 학교 도덕교육에서 교사들의 훌륭한 말과 행동, 교육과정 운영의 개선, 도덕적인 학교 분위기와 교풍 등을 중시하게 되었으며, 정규 수업시간이나 집회가 아닌 일상적인 학교생활 속에서 도덕교육이 자연스럽게 이루어지게 되었다.

전통적인 의미의 교육과정은 교과, 교재, 교실수업 중심이었고, 대개 계획적이고 체계적으로 가르치는 교육내용을 지칭했으며, 일련의 교과목들을 의미했었다. 구체적으로는 교과운영 계획, 교수 · 학습 지도안, 교과서에 나타난 내용들을 가리켰다. 바꿔 말해 교과운영 계획은 교육과정의 실행방안을 설계한 것이고, 교수 · 학습 지도안은 교과운영 계획을 교실수업에 실행하기 위한 설계이며, 수업은 주로 교과서를 중심으로 하는 활동이었고, 이러한 모든 과정은 교사의 주도 하에 이루어졌다. 그러나 오늘날 교육과정 개념의 외연은 훨씬 더 확대되어 학교생활을 통해 학습하는 문화 전체를 의미하게 되었다. 이리하여 잠재적 교육과정 개념이 생겨났지만 원래 교육과정에 대해 말할 때는 실제로 언제나 공식적 교육과정을 가리킨다. 이렇게 볼 때 문화가 숨쉬는 학교 도서관의 복도, 진지한 면학 분위기, 무엇인가 열심히 해보려는 정신, 진리탐구를 가치있게 여기는 풍토, 도덕적인 학교 분위기, 그윽하고 품위 있는 학교 풍경 등이 모두 유기적으로 문화적 환경을 구성하고 있으며, 이 모든 것이 학교의 잠재적 교육과정이다.

학교 도덕교육에서 잠재적 교육과정이 학생들에게 큰 영향을 주고 있다는 것은 말할 필요도 없다. 학생들은 학교의 문화적인 분위기를 자연스럽게 받아들여 그러한 문화환경에 빠져들게 된다. 잠재적 교육과정의 여러 요소들은 피교육자를 수동적인 위치에 두지 않는다는 특징을 지닌다. 학생들은 이들 잠재적 교육과정과 관련된 활동들에 의도적으로 참여하는 경우도 있지만 정감, 흥미, 취미 등을 가지고 자기도 모르는 가운데 참여하는 경우가 대부분이다.

인간의 도덕적 · 문화적 소양과 자질은 내재적인 것이다. 이러한 내재적 소양과 자질은 행위를 통하여 겉으로 드러나므로 다른 사람은 말과 행동을 보고 그 사람의 도덕적 · 문화적 소양과 자질을 판단할 수 있다. 여기서 주목해야 할 것은 좋은 도덕적 · 문화적 소양을 획득하는 일은 일종의 내면화 과정으로서, 오늘 하나의 원리나 원칙 또는 관점을 배웠다고 해서 곧바로 그 사람의 소질이나 소양이 되는 것은 아니라는 점이다. 똑같은 지식을 알고 있는 사람일지라도 그 소양이나 소질이 똑같은 것은 아니며, 중요한 것은 내면화 과정이다. 잠재적 교육과정과 공식적 교육과정을 적절히 결합함으로써 그러한 내면화 과정을 가장 효과적으로 도울 수 있다.

도덕적 · 문화적 소질교육을 중시하게 됨으로써 세계 여러 국가들은 잠재적 교육과정에 주목하기 시작하여 그것에 대한 많은 연구를 하게 되었으며, 그러한 연구는 다시 도덕적 · 문화적 소질교육을 더욱 중시하게 만들었다. 잠재적 교육과정이 공식적 교육과정을 대체할 수 없으며, 또한 그럴 가능성도 없다. 양자는 상호 보완적 관계이다. 당연한 일이지만 학교의 공식적 교육과정은 여전히 다른 것으로 대체할 수 없는 중요성을 지니고 있다.

그러나 오늘날 학교, 특히 대학교에서 진정으로 대체할 수 없는 가장 유효한 것은 잠재적 교육과정이다. 획기적인 교육공학의 발전, 원격교육의 실시, 개방대학의 개설 등이 이루어진다고 해서 전통적인 의미의 대학을 없애버릴 수는 없다. 그 가장 중요한 이유는 학교의 잠재적 교육과정이다. 공식적 교육과정은 각종 기술을 통해 학교 밖으로 전해지지만 잠재적 교육과정은 그럴 가능성이 없으며, 그러한 정신은 오직 학교 안에서 배운 다음에 나중에야 학교 밖으로 가지고 나가게 되는 것이다. 대개 대학들 간의 차별성도 잠재적 교육과정으로 말미암아 생겨난다. 저명한 대학들이 자랑하는 첫 번째 요소는 당연히 훌륭한 교수진이다. 그러나 그렇게 훌륭한 교수진과 학생들 간에는 어떤 무형의 중개물이 필요하다. 그러한 중개물은 사오백 명의 훌륭한 교수들이 있다고 하여 저절로 생겨나는 것이 아니며, 학교 안에서 일정한 일체화 과정을 거쳐야 한다. 학교 안에서 이루어지는 이와 같은 일체화 과정이 직접 학생 개개인이 자기 나름의 도덕문화를 내면화하도록 효과적으로 돕게 되는 것이다.

2. 서구 학교 도덕교육의 경험과 교훈

제2차 세계대전이 끝난 후 서구의 여러 국가들은 전쟁의 상처를 치료하고, 경제를 부흥시키며, 과학기술을 발전시키는 등 많은 성과를 거두었다. 그러나 집고 넘어가야 할 것은, 이런 국가들에서도 경제와 과학기술은 발전했지만 동시에 사회적 모순이 심화되고 사회적 도덕 수준이 저하되는 등 많은 사회문제가 생겨났다는 점이다. 특히 청소년 범죄율은 날이 갈수록 높아지고, 범죄연령도 점점 더 낮아지고 있는 상황을 많은 지성인들이 우려하게 되었다. 이런 까닭에 20세기 1960년대 이후 서구의 일부 선진국에서는 경제와 과학기술을 발전시키려고 힘쓰면서 다른 한편으로는 학교 도덕교육에 관심을 기울여서 이 분야의 연구가 인문사회과학 전반의 주요 관심사가 되었다. 그리고 도덕교육이 다시 학교로 회귀하는 추세도 나타났다. 서구 선진국들에서 학교 도덕교육에 대한 열기가 식었다가 다시 불붙게 된 이유는 무엇인가? 이것은 우리가 심도 있게 검토하고 연구해 볼 가치가 있는 문제이다.

1) 서구 학교교육이 번창하다가 쇠퇴하게 된 원인

서구 주요 선진국들에서 학교 도덕교육은 20세기에 가장 변화가 심했다. 전체적인 과정은 번성하다가 쇠퇴했고 다시 부흥하였다. 19세기 말과 20세기 초 서구의 학교 도덕교육은 홀대받기 시작하였고, 20세기 중반에 실제로 쇠퇴하였다. 이 시기에 서구의 학교 도덕교육이 쇠퇴하게 되었던 이유는 무엇인가?

(1) 서구의 학교 도덕교육이 급격히 쇠퇴하게 되었던 사회적 배경

첫째로, 서구 주요 선진국 내부의 교파 간 분쟁이 종교에 기초한 학교 도덕교육을 쇠퇴하게 만들었다. 서구의 주요 선진국들에서는 역사적으로 영혼을 구원하고 선행을 하게 이끄는 것을 목적으로 하는 종교교육을 중시하였고, 이것이 국가나 학교 도덕교육의 기초가 되는 가치관이었다. 예를 들어 영국, 미국, 프랑스 같은 국가의 학교는 대개 교회가 지배하였고, 학교 도덕교육은 처음부터 종교와 긴밀히 연계되어 있었으며, 종교가 학교 도덕교육의 핵심이었다. 그러나 19세기 말에 이르러 교파들 간의 분쟁으로 말미암아 종교에 기초한 학교 도덕교육은 약화되었고, 서구 주요 국가의 학교 도덕교육은 한번 약화된 후 다시 복구되지 못하였다.

둘째로, 과학이 발전함으로써 종교도덕이 도전받게 되었다. 당시 자연과학은 전에 없이 빠른 속도로 발전하기 시작하였다. 특히 다윈의 생물 진화론, 세포학설, 그리고 에너지 보존 전환의 법칙 등 생물학과 물리학의 발전이 자연계에 대한 사람들의 과학적 인식 수준을 높여주었고, 이에 따라 오래도록 인간의 사상을 묶어두었던 종교와 종교적 가치관이 의심받고, 비판받고, 부정되기 시작하였다.

셋째로, 급속한 공업화가 사람들의 가치관에 충격을 주었다. 공업혁명은 경제발전을 촉진시킴과 동시에 전통적인 생활방식과 도덕적 가치관을 의심하게 만들었다. 특히 도시 현대화가 가속화되어 현대화된 도시가 양적 · 질적으로 확대되고, 인구가 급속히 불어나게 되었으며, 사회이동도 날로 심해졌다. 이와 같은 엄청난 사회변동을 겪으면서 사람들의 생활방식, 사상과 문화관념, 가치관도 따라 변하였다. 이러한 변화는 도덕은 물론 학교 도덕교육에도 일찍이 없었던 커다란 충격을 주었다.

이와 같은 세 가지 원인으로 말미암아 서구 주요 선진국의 학교 도덕교육에는 원래의 종교적 교리, 가치관, 도덕규범과 사회발전과 더불어 생겨난 새로운 상황과 문제 사이에 충돌이 생겼고, 그러한 충돌은 계속 확대되었다. 그러나 이러한 충돌과 갈등을 해결할 새로운 도덕적 가치관은 아직 생기지 못하였고, 생겼다 하더라도 불완전하였으며, 따라서 구시대의 가치관이 지니고 있던 것과 같은 권위를 갖지 못하였다. 이렇게 낡은 가치관이 무너지고 새로운 가치관은 생겨나서 아직 권위를 인정받지 못하는 상태에서 학교 도덕교육은 무시되지 않을 수 없었던 것이다.

(2) 서구 주요 선진국 학교 도덕교육의 쇠퇴양상

첫째로, 도덕과목이 있는 경우, 실제 생활과 관련되어야 할 도덕수업이 서서히 추상적 이론만 다루는 것이 되었다. 교사는 도덕적 개념, 준칙의 의미를 설명하고 논리체계를 분석하며 각종 윤리 · 도덕체계를 비교하는 일만 하였으며, 현실생활에서 부딪히는 도덕문제와 규범윤리학은 다루지 않음으로써 학교 도덕교육에서 수업이 순전히 이론적인 윤리학만을 다루는 것이 된 것이다.

둘째로, 학교 도덕교육 목표의 경우, 공민교육적 목표는 더 이상 중요하게 여겨지지 못하였고, 그 자리를 취업과 관련된 직업교육의 수업과 훈련이 대신하게 되었다. 예를 들어 미국의 수많은 학자들은 미국은 다문화사회여서 보편적으로 인정되는 도덕적 가치관을 가르칠 수 없으므로 취업을 위한 일반적 취업관만을 가르칠 수 있다고 주장하였다.

셋째로, 학교는 교칙이나 생활규범을 더 이상 강조하지 않았고, 교장과 교사는 학생들의 언행을 문제삼지 않았으며, 학생들의 품행을 평가조차 하지 않았다. 교사들은 오로지 학생들의 학업성적에 대해서만 관심을 기울였다.

넷째로, 교사 초빙의 경우, 교사가 되려는 사람의 인격이나 신앙은 더 이상 강조하지 않게 되었고, 업무능력과 학력만을 중시하게 되었다.

다섯째로, 학교 경영의 경우, 학교 경영자들은 겉으로는 학생들의 품행에 대해 관심을 기울이는 것처럼 보였지만 실제로는 도덕과 무관한 일상적 행정업무에만 관심이 있었다.

이와 같은 여러 상황이 벌어짐으로써 서구 주요 선진국의 학교 도덕교육은 처음으로 직업교육이나 전문교육과 분리되어 별개의 영역이 되어버렸다. 이런 까닭에 제2차 세계대전 시기에는 서구 주요 선진국의 학교들에서 도덕교육이 거의 사라질 지경에 이르렀고, 이런 상황은 20세기 1960년대 말과 1970년대 초까지 계속되었다.

2) 서구의 도덕교육이 다시 학교로 돌아온 이유와 그 양상

20세기 1950년대 말부터 1970년대 초에 이르기까지 서구 주요 선진국의 학교 도덕교육은 무시받던 상태를 벗어나 큰 변화를 일으켰고, 다시 학교로 돌아오는 추세가 나타났다. 이와 같은 근본적인 변화가 일어난 이유는 무엇이었는가?

(1) 서구의 도덕교육이 다시 학교로 돌아온 원인

첫째로, 경제발전에 학교 도덕교육이 상응하지 못한다는 반성을 하게 되었다. 1950년대에 구소련이 인공위성을 쏘아올린 것에 충격을 받아 서구 주요 선진국, 특히 미국은 과학기술 교육이 위기라는 인식을 하게 되었고, 이에 따라 대규모 교육개혁 운동이 벌어져 '국가교육법'을 제정하였으며, 수학과 외국어를 학교교육에서 가장 중시하게 되었으나 도덕교육은 여전히 중시되지 못하였다. 이와 같이 수학과 외국어는 중시하면서 도덕교육을 무시한 결과 한편으로는 과학기술 발전이 경제적 번영을 촉진하여 생활 수준이 엄청나게 높아졌으며, 다른 한편으로는 물질적인 생활 수준은 높아졌으나 사람들의 정신은 날로 타락하여 도덕 부재현상이 심해졌고, 특히 학교 도덕교육은 날이 갈수록 더욱 황폐화되었다. 미국의 관련 기관이 조사한 통계에 따르면 대학원생 대다수는 공부를 하는 주요 동기가 돈을 벌고 이름을 날리며 다른 사람을 지배하기 위한 것이라고 답변했으며, 사회에 공헌하겠다거나 환경오염이나 인종문제를 해결하겠다는 답변은 거의 없었다. 당시 서구 주요 선진국들에서는 경제가 고속으로 발전하고 있었으나 학교 도덕교육은 그와 달리 낙후되어 있었고, 경제분야와 도덕분야 간의 이와 같은 엄청난 부조화가 서구 선진국들의 우려를 불러일으켰다.

둘째로, 당시 서구 주요 선진국들에서는 수많은 사회문제들이 출현했는데, 그 중에는 도덕적인 문제가 대부분이었다. 이것을 크게 두 가지로 나누어 볼 수 있다. 하나는 민권운동, 여권신장 운동, 반전운동, 환경오염 등과 같이 사회를 동요시키는 것들이었고, 다른 하나는 뇌물수수, 빈곤, 낙태, 마약복용, 동성애, 안락사, 인공수정, 인체실험과 같이 풀기 어려운 사회적 난제들이었다.

이상과 같은 사회적 난제들은 모두 도덕문제, 가치문제로서 공민 개개인의 판단과 선택이 필요한 것들이다. 그러나 전통적 가치관은 붕괴되었고 전통적인 학교 도덕교육은 각급 교육기관에서 유명무실한 상태에 있어, 사회 전체는 물론 어떤 개인에게도 명확하고 규범적인 도덕관이나 가치관 또는 도덕규범 체계가 없었으므로 수많은 복잡한 도덕문제나 가치문제를 해결할 수 없었다. 이런 상태에서 한편으로 변화와 발전이 가져온 도덕적 곤경에 대해 어찌할 바를 모르는 모습이 나타났고, 다른 한편으로 사람들의 도덕 소양과 수준이 급격히 저하되는 모습이 나타났다. 바로 이런 상황에서 관련 부처들은 도덕문제의 중요성과 절박성을 인식하기 시작하였고, 사회, 특히 학교가 학생들의 도덕 및 가치관 교육을 강화해 줄 것을 호소했으며, 사회 전체의 도덕 수준을 높이기 위하여 학교, 특히 대학이 '건전한 학교 도덕교육'을 해나감으로써 대학생들이 공민으로서의 강한 책임감을 가지고 도덕적으로 높은 수준에 도달하도록 도와줄 것을 요구하였다.

(2) 서구 주요 선진국의 도덕교육이 학교로 회귀한 양상

첫째로, 서구 주요 선진국들은 교육개혁을 하면서 도덕교육이 국가의 운명을 좌우할 정도로 중요하다고 보았다. 미국 연방 교육부 부장 패내특(베넷, Bennet, Beineite, 貝內特)은 1988년 4월 총통 리근체교(Ligen-dijiao, 浬根遞交)에게 올린 5년간의 교육개혁 결과를 보고하면서 학생들에게 "성공적으로 민족정신을 강화시키고 투철한 애국심을 심어주려면 반드시 '도덕수업', '기율과 질서 지키기', '면학 분위기' 세 가지가 개선되지 않으면 안 된다"고 강조하였다. 미국 총통 조지 부시[Qiaozhi Bushen, 교치 포십(喬治 佈什)]는 「우등교육 중시[重視優等教育]」라는 문건에서 학교는 학생의 지력뿐만 아니라 지력과 더불어 품성도 발전시켜야 하며, 이것이야말로 교육의 목적이라고 말하였다. 그는 "도덕적 가치관의 정립과 가정의 참여를 중시하여 이것을 교육계획 속에 반드시 다시 포함시켜야 한다"고 힘주어 말하였다. 1990년 2월 워싱턴(Huachengdu, 華盛頓)에서 열린 미국 전체회의에서는 조지 부시가 서명한 「전미 교육목표 보고서(全美教育目標報告書)」라는 문건을 통과시키며, "공민의식과 사회봉사 정신 그리고 책임감을 느낄 수 있는 활동에 모든 학생을 참여시켜 그런 의식과 정신을 함양하고", "미국 전역에서 마약 복용과 폭력이 없는 학교를 실현하여 좋은 면학 분위기에서 공부할 수 있는 환경을 학생들에게 제공하여야 한다"는 점을 명시하였다.

근년에 영국 교육부는 「학교 도덕교육 요강(學校 道德 教育 要綱)」을 공포하며 학교는 반드시 학생들에게 도덕적 가치관을 전수해야 한다고 규정하였다. 이러한 결정은 영국 학생들을 '도덕 공백' 상태에서 벗어나게 하기 위하여 내려진 것이다. 영국의 국가 교육과정개정위원회 회장

대위 백사가(Dawei Baisika, 大衛 柏斯卡)는 "교육과 도덕은 불가분의 관계이다. 학생들에게 도덕교육을 실시하는 것은 학교가 하지 않으면 안 될 당연한 책임이다"라고 말했다. 약극(Yaoke, 約剋) 대주교 약한 합발고(Yaohan Habogu, 約翰 哈勃古) 박사는 "학교 교육과정에 도덕교육을 포함시키는 것이 한 가지 방편이지만, 더 중요한 것은 학교가 성실한 인성을 북돋워 주고 다른 사람을 존중하는 분위기를 만들어 주는 일이다"라고 힘주어 말했다.

일본 임시교육심의회는 1988년에 발표한 「교육개혁 보고」에서 "21세기 일본을 이끌어나갈 도덕적이고 창의력 있는 젊은 세대를 양성할 수 있는가의 여부가 장래 일본의 운명을 결정할 것이다. 가장 시급한 것은 학교 도덕교육을 강화하는 것이다"라는 의견을 제출하였다. 일본 문부성은 1988년도 『교육백서』에서 "학교 도덕교육은 슬기롭고 마음이 따뜻한 인간을 양성하는 데 커다란 기여를 한다"고 강조하였다.

둘째로, 서구 주요 선진국의 일반 대중은 도덕교육이 학교로 돌아와야 한다고 보고 있다. 미국 『기독교과학잠언보(基督教科學箴言報)』에는 "미국 학교들의 성공 여부는 3R[讀書算] 이상의 것을 가르칠 수 있는가에 달려 있다. 사람들은 교육자들에게 잊혀진 영역이었던 품성을 다시 가르쳐 달라고 날이 갈수록 더 많이 요구하고 있다"는 글이 실려 있다. 보스톤대학(波士頓大學) '윤리도덕 및 인격교육발전센터' 소장인 개문서안(Kaiwen Ruian, 凱文 瑞安)은 인격교육 운동이 실패한다면 "공교육이 사망하는 결과가 될 것으로 본다. 사회는 가치관과 무관한 교육을 받아들일 수 없을 것이다"라고 예견했다. 또한 서안은 학교에서 인격교육을 하는 것이 실제로 공립학교의 전통적 교육과정을 회복시키는 일이라고 생각하여 "학교는 피교육자들을 지도하는 곳일 뿐만 아니라 사회에서 인간관계가 어떻게 이루어지는지를 가르치는 곳이기도 하다. 도덕 언어가 반드시 중심이 되어야 한다"고 하였다. 여론조사는 서안의 이러한 주장이 일반 사람들의 폭넓은 지지를 받고 있음을 보여주고 있다. 1994년 개락보[갤럽(Gailuopu), 盖洛普]가 학부모를 대상으로 실시한 여론조사에서 "공립학교에서 당연히 가치관 교육을 해야 하는가?"라는 설문에 대해 49%의 학부모가 당연히 해야 한다고 대답하였다. 학부모들은 "근면, 동정심, 예절 등을 가르쳐야 하는가?"라는 설문에 대해서 90%가 찬성한다고 회답함으로써 더 많은 지지를 보여주었다.

공민의 도덕 수준을 높이기 위하여 서구 주요 선진국의 교육 전문가들은 그들 국가에 적합한 학교 도덕교육 계획을 수립해야 한다고 보았다. 미국은 먼저 '도덕발달 단계[品德計分計劃]'를 설정하고 '워싱턴 도덕교육 동반자 계획[華盛頓品德教育伙伴計劃]'을 차례로 수립하였다. 계획을 수립한 팀은 학교 도덕교육이 타인을 존중하고 공민의 권리와 의무를 행사하는 것과 같은 공민도덕 문제에 중점을 두어야 한다고 보았다. 또한 그들은 도덕교육 계획이 학교에서 이루어지는 모든 활동, 예컨대 역사수업이나 화학수업 등에서도 성실하고 책임감 있고 신용을 지키는 인성을 기르도록 하여 공민도덕을 통하여 사람들이 지닌 의식형태의 간격을 줄이도록 돕는 데 최종 목적이 있다고 주장하였다.[2] 이 계획이 제대로 실시되고 실효를 거둘 수 있도록 하기 위하여 서구 주요 선진국들은 단기 연수 예산을 편성하여 교사들이 수업의 질을 높일 수 있게 도와주었다. 단기 연수를 받은 교사들은 이러한 연수가 꼭 필요하며, 양적으로나 질적으로 학교 도덕교육의 수준을 높이는 중요한 방법이라고 입을 모았다.

2) 의식형태란 이데올로기를 가리킨다. 가치관, 인생관, 역사관 등이 모두 의식형태의 일종이다.

셋째로, 서구 주요 선진국들은 잇달아 학교 도덕교육 연구기관과 학교 도덕교육 연구 실험실을 세웠다. 미국의 하버드대학교[哈佛大學], 미네소타대학교[明尼芳達大學], 스탠포드대학교[斯坦福大學], 성모(聖母)대학교, 캐나다의 토론토대학교[多倫多大學], 브리티시 컬럼비아대학교[不列顚哥倫比亞大學校], 영국의 뉴진대학교[牛津大學], 에딘버러대학교[愛丁堡大學校] 등에서 차례로 학교 도덕에 대해 연구하고 실험하는 기관을 설립하여 학교 도덕교육의 심화 · 발전을 촉진하였다. 미국은 20세기 1960년대 말에 '대학생의 윤리교육, 도덕 심리분석 연구'를 사회과학 연구의 가장 중요한 주제로 정하였다. 그 결과 대학생의 학교 도덕교육을 다룬 연구가 3백 건 이상이나 되어 사회과학 분야에서 다른 주제를 다룬 연구를 훨씬 상회하였다.

넷째로, 서구 주요 선진국들에서는 학교 도덕교육에 대한 다양한 이론과 학설이 나타났다. 이것들을 대별하면 3가지이다. (1) 지구 전체 차원의 도덕 이론으로서 생태윤리학, 과학적 인도주의 학설(科學的 人道主義 學說), 사회 관심 교육철학(社會關心 教育哲學) 등을 포함한다. (2) 사회 차원의 도덕 이론으로서 스키너[斯金納]의 신행동주의 도덕 이론, 반듀라[班杜拉]의 사회 관찰학습 도덕 이론, 에릭슨[艾浬克森] 등의 신프로이드주의 도덕 이론 등을 포함한다. (3) 개인 차원의 도덕 이론으로서 실존주의 철학의 극단적 개인주의 도덕 이론, 인간주의 심리학에 기초한 도덕 이론, 인지구조 심리학에 기초한 도덕 이론 등을 포함한다.

다섯째로, 서구 주요 선진국들에서 윤리 · 도덕은 각 대학 전공 교과과정의 일부가 되어 중시되었다. 대학의 전공과정에 윤리 · 도덕강좌를 개설하는 것이 하나의 추세로 되었다. 예를 들면 정법대학은 행정윤리학 강좌를 개설하여 정치계의 스캔들[丑聞] 등과 관련된 도덕, 가치관에 관한 세미나를 하였고, 경상대학은 경제윤리학 강좌를 개설하여 경제활동에서의 비윤리적 행위 등을 다루었으며, 의과대학에서는 의료윤리학 강좌를 개설하여 낙태, 안락사, 인공수정, 생체실험 등의 문제에 관해 토론하였다. 또한 신문방송대학에서는 매스컴 윤리 강좌를 개설하여 허위보도 등의 문제를 다루었으며, 법정대학에서는 법윤리학 강좌를 개설하여 법윤리에 대한 세미나를 하였다.

통계에 따르면 1977~1978년 미국 전체에서 623개 대학이 2757개의 윤리 관련 강좌를 개설하였다. 미국 변호사협회와 법학회는 법학원의 모든 졸업생이 직업윤리 시험에 통과해야 취업할 수 있도록 의무화하였다. 경제인협회에서도 경상대학에서 직업윤리 강좌를 필수과목으로 이수하게 하였고, 기업과 경영인이 겪는 직업상의 도덕적인 문제를 다루게 하여 대학생들이 졸업 후 사회에 진출해서 적응하는 데 도움을 주도록 하였다. 수업의 질을 높이기 위하여 학교에서는 학생들이 실제 활동에 참여하며 도덕적인 문제를 스스로 해결해 볼 수 있는 기회를 제공하였다. 예를 들면 대학생 윤리헌장과 행동강령을 제정하여 시행하였으며, 학생들이 사회적으로 유익한 각종 단체활동에 참여하도록 지도함으로써 대학의 환경과 풍토를 도덕적인 것으로 바꾸어 나갔다. 학생들의 도덕적 소양을 높이기 위하여 학교교육에서 '책임 있는 공민' 양성이라는 목표를 가장 중시하도록 하였다. 1980년대 말 미국, 영국, 독일 등 서구 국가의 학교들에서는 체벌제도를 폐지하는 동시에 사회 · 정치 관련 강좌를 증설하였고, '문명 공민 개론', '법제' 등 새로운 강좌를 개설하여 학생들의 개성과 도덕품성을 계발하였다.

3. 21세기 중국 학교 도덕교육이 당면한 문제들

20세기 1980년대 이래 중국 사회발전의 주요 특징들 중의 하나는 전통 사회로부터 현대 사회로 바뀐 것이다. 이런 전면적인 사회변동 과정에서 농업국에서 공업국으로, 향촌사회에서 도시사회로, 계획경제에서 시장경제로, 일원사회로부터 다원사회로, 인치(人治)사회로부터 법치사회로 바뀌는 것과 같은 다양한 변화가 나타났다. 이러한 변화는 학교 도덕교육에 엄청난 영향을 주었다. 지구촌 전체 학교 도덕교육의 변화를 지켜보며 중국은 한편으로 선진국 학교 도덕교육의 이론과 방법을 수용하면서, 다른 한편으로는 중국 학교 도덕교육의 과거를 반성하고 현재의 실태를 올바로 파악하여 미래 계획을 새로이 구상해 보아야 한다.

중국의 학교 도덕교육을 발전시키기 위해서는 먼저 아래에 제시한 여러 거시적인 관점들을 검토해 보아야 한다.

1) 새로운 과학기술 혁명이 학교 도덕교육에 미친 영향

(1) 새로운 과학기술 혁명의 대두와 그 특징

지난 40여 년 동안 과학기술은 놀라운 속도로 발전하여 수없이 많은 새로운 과학기술들이 등장하였다. 예를 들면 전자공학, 생물공학, 레이저 기술, 통신기술, 우주항공기술, 해양기술 등이 그것으로 새로운 과학기술군을 형성하고 있다. 이와 같은 새로운 기술들은 21세기 초 또는 수

십 년 안에 생산현장과 사회현실에 적용되어 사회 생산력의 새로운 비약을 초래할 것이며, 그에 상응하여 사회생활도 크게 변화할 것으로 보인다. 이것이 바로 현재 사람들이 주목하고 있는 '신기술혁명' 이다.

20세기 1920년대 이래 국외의 경제학자, 사회학자, 미래학자들은 자본주의 세계의 과학기술 진보와 경제성장에 대해 다양한 관점에서 여러 가지 예측을 하였다. 예를 들면 '정보사회', '제3의 물결', '제4의 공업혁명', '제3의 기술혁명', '탈공업사회', '성장의 한계' 등이 사람들의 주목을 받았다. 미래 사회를 예측해 보는 토론에서 미국의 사회학자 앨빈 토플러가 독특한 관점을 제시하여 사람들의 주의를 끌었다. 토플러는 기술진보라는 관점에서 출발하여 생산력의 변화에 기초하여 인류 문명의 진화과정을 고찰하였으며 '제3의 물결' 이라는 개념을 제시하였다.

미래학자 토플러의 예측은 인류 역사의 분석에 기초한 것이다. 그의 미래관은 그가 지닌 역사관의 연장이다. 그의 분석에 따르면 인류는 이미 두 차례 문명의 물결을 거쳐왔다. 첫 번째 물결은 '농업혁명' 으로서 원시적인 집단 생산방식으로부터 씨를 뿌리고 가축을 기르는 농경 시대로 진입한 것을 가리킨다. 수천 년에 이르는 첫 번째 물결의 문명 시대에 중국, 모스크바로부터 그리스, 로마에 이르는 지역에 살던 여러 민족의 문명사는 각기 다르지만 기본 내용은 같다. 모두 토지를 경제 · 문화 · 가정구조와 정치제도의 기초로 하였다. 모든 사람들은 가사(家事)가 단순하고, 계급이 많지 않으며, 강력한 정권이 지배하는 권위적인 사회에서 자급자족적인 경제생활을 영위했다.

두 번째 물결은 3백여 년 전에 출현한 것으로서 '공업혁명' 이다. 이것은 한 가지 기이하고 강력한 문명을 창조하였다. 공업화가 만들어낸 사회제도는 인류생활의 모든 영역에 영향을 주어 첫 번째 물결의 문명이 지녔던 모든 특징을 변형시켰다.

인류 문명의 새 물결에 따라 이전의 생활방식은 전혀 새로운 생활방식으로 대체되었고, 새 물결이 이전의 물결을 덮어버렸다. 공업화는 제2차 세계대전 이후 10년 사이에 최고조에 이르렀고, 제2의 물결은 거의 막바지에 다다랐으며, 제3의 물결이 서서히 밀어닥치기 시작했다. 우리가 지금 당면하고 있는 것이 바로 문명의 제3의 물결이다. 토플러는 오늘날 서구 사회가 곤혹스러워하는 경제, 정치, 문화, 심리 등의 문제가 모두 제3의 물결이 가져온 낡은 공업문명과의 충돌로 보고 있다.

이런 충돌을 이해하고 문명의 제3 물결이 지닌 특징을 이해하기 위해서 토플러는 반드시 제2의 문명의 구조를 제대로 알아야 한다고 보았다. 제2 물결 시대의 사회구조에는 6개의 서로 연계되어 있는 준칙이 있는데 바로 표준화, 조직화, 집중화, 동질화[同步化], 대형화[好大狂], 중앙집권화가 그것이다. 이들 6가지는 제2차 문명이 지닌 원칙이다. 이 6가지 준칙은 무정하게 관료주의 원칙을 등장시켰고, 아주 방대하고 경직되어 있으면서도 최고 권력을 가진 관료기구를 만들어내어 개인이 거대한 조직, 친구가 없는 조직에 빠져 방황하게 하고 길을 찾을 수 없게 만들었다. 토플러는 이런 현상에 근거하여 서구 공업사회의 일정한 사회문제와 사회현상을 해석하였다. 그는 서구 사회에서 자주 볼 수 있거나 자랑스럽게 여기거나 또는 곤혹스러워 하는 온갖 현상이 단지 인류문명의 제2 물결의 산물이며, 그것들은 그 이전에는 존재하지 않았고, 미래에는 제3 물결에 의해 씻겨버릴 것으로 보았다. 사람들은 제2물결에 대한 분석과 비판을 통해 문명발전의 방향과 추세를 가늠할 수 있다.

토플러는 4개의 서로 연관된 공업부문이 크게 발전할 것이며, 제3물결 시대 공업의 골간이 될 가능성이 아주 크고, 이에 따라 경제 · 정치 · 사회변동을 초래할 것이라고 예측하였다. 이 4가지 부문은 전자공학, 우주항공 산업, 해양 관련 산업, 유전공학이다. 기술의 관점에서 그가 예측한 제3물결 문명의 특징을 구체적으로 서술해 보면 다음과 같다.

첫째로, 제3물결 시대 정보구조의 특징은 집단화되지 않은 전파매체가 제2물결 시대 집단화된 전파매체를 대체하게 된다는 것이다. 제2물결은 일치성과 표준화를 강조하였지만 제3물결은 다양성을 강조한다.

둘째로, 제3물결은 집중화를 배척한다. 가정의 시설이 정보화됨으로써 전자가정이 만들어져 가정이 제1물결 시대처럼 다시 생산의 중심이 되며 많은 사람들이 집에서 일하게 된다. 생산자와 소비자는 다시 합쳐져 하나가 된다.

셋째로, 대기업의 조직형태가 점차 와해된다. 새로운 형태의 '행렬[구진(矩陣)]조직'이 나타나고, '지도체제가 다원화[多元 領導 制度]'되며, 집권(集權)을 주요 특징으로 하던 지도체제가 변화된다. '큰 것을 좋아하던 풍조[好大狂]'가 '큰 것을 혐오하는 풍조[惡大狂]'로 변할 것이다.

넷째로, 제2물결 시대 사람들은 자연을 정복하고자 했다. 제3물결 시대 사람들은 인간과 자연이 화목하게 지내야 한다고 생각한다. 대결구도가 협력구도로 전환된다. 제3물결 시대의 문화는 사물의 구조와 관계, 그리고 전체[整體]를 집중적으로 연구하게 된다.

다섯째로, 제3물결 시대의 청년은 연장자에게 무조건 순종하지는 않는다. 소비를 문제 삼지 않으며, 그렇다고 향락에 빠지지도 않는다.

여섯째로 제3물결 시대가 요구하는 노동자는 책임감이 있고, 타인과 협동하는 방법을 잘 알며, 더욱 많은 임무를 완수할 수 있고, 상황변화에 적응하여 주위 사람과 마음을 합쳐 잘 협력할 수 있다.

일곱째로, 제3물결 문명이 요구하는 지도자의 인격은 자신감이 지나쳐 제멋대로 하기보다는 타인의 충고를 잘 받아들이고, 경직된 사고를 하지 않고 상상력이 풍부하며, 감정에 치우쳐 판단력을 잃거나 무턱대고

거만하게 행동하는 것이 아니라 자신의 결점과 능력을 정확히 알고 있다는 특징을 지닌다.

토플러가 말한 신기술의 영향, 문명사 분석, 신기술이 초래할 사회변동 등은 참고할 가치가 있다. 그가 지적한 많은 문제들은 이전에 존재하지 않던 것들이다. 토플러는 자기의 많은 저술에서 세계의 과학기술, 경제, 문화 등 인류 문명구조 전체가 변화하고 있으며, 인간은 이러한 변화에 적응하기 위하여 끊임없이 노력해야 하며, 그렇지 않을 경우 곤경에 처하게 될 것이라고 반복해서 경고하고 있다.

(2) 신기술혁명이 인류의 도덕문화에 끼친 영향과 대책

세계적인 신기술혁명은 인류사회 전체의 물질적 생활은 물론 정신적 생활에까지 엄청난 변화를 초래하였다. 신기술이 발표될 때마다 사회에 직접 간접으로 영향을 주었으며, 그에 따라 사람들의 사고방식과 소비 패턴 그리고 가치관까지 변화시켰다. 신기술이 학교 도덕교육에 미친 긍정적인 영향으로는 (1) 청소년에게 민주적인 의식을 갖게 하고, 사실을 중시하고 시간관념을 갖게 하였으며, 효율을 따지고 탐구정신을 과감하게 발휘하도록 만들었다. (2) 과학기술의 발전은 청소년의 학습방법에 영향을 주었다. 정신노동을 특징으로 하는 과학 · 정보사회는 다매체와 인터넷을 통한 정보 고속화 시대여서 청소년들이 과거처럼 지식을 주입받는 일방적 학습방법을 버리고 정보를 선택하고 판단하는 학습방법을 익히게 되었다. (3) 과학기술의 발달은 청소년의 생활방식도 바꾸어버렸다. 고도의 과학기술 정보사회에서 사람들의 생활방식은 교양성, 미학성, 과학성, 체험성, 영감성, 심리성 등의 특징을 보여주고 있다. 이런 특징들은 앞으로 청소년의 생활방식을 완전히 바꾸어 버릴 것이다.

신기술이 학교 도덕교육에 미친 부정적인 영향으로는 아래와 같은 것들이 있다. (1) 고도의 과학기술은 한 사회의 전통 문화를 침식시켰고, 그 결과 전통 문화와의 단절 현상이 나타나 청소년이 자기 민족의 전통에 대해 무관심하게 되는 위기가 나타났다. (2) 과학기술의 발전이 만들어낸 상품들은 청소년을 물질과 향락 추구에 빠져들게 만들었다. (3) 급속한 과학기술의 발전이 초래한 생태계 파괴 문제는 인류의 생활환경을 심각할 정도로 위협하게 되었고, 인간은 자신의 생존방식과 생활방식에 대해 다시 생각하게 되었다.

과학기술의 급속한 발전이 가져온 도덕적 가치관의 변화에 따라 학교 도덕교육은 아래와 같은 세 가지 대책을 세워야 한다. (1) 전통 문화의 가치관과 현대 과학기술의 정신 사이에 연결점과 전환점을 적극적으로 찾아 현대화를 추진하면서도 중화민족의 우수한 도덕적 · 문화적 전통을 잃지 않게 하는 동시에 현대 과학기술을 발전시킨 과학정신에 융합시켜야 한다. 이것은 새로운 시대의 학교 도덕교육이 구체적으로 연구하고 탐색해야 할 이론적 과제이자 실천적 과제이다. (2) 과학기술 시대에 부응하는 가치 체계를 새로이 확립하고, 그 중에서 핵심 가치를 찾아야 한다. 우수한 민족문화 전통을 계승하는 동시에 과학적이고 유기적인 변화 과정을 거쳐 민족문화 전통을 과학기술 시대의 가치관에 융합시켜야 한다. 전통적 가치관과 현대적 가치관의 상호 융합시킴으로써 새로운 도덕적 가치관을 정립할 수 있을 것이다. (3) 세계화 시대에 걸맞은 학교 도덕교육 과정과 체계를 세워야 한다. 바꿔 말해 인도(人道), 윤리, 문화, 과학기술을 하나로 결합시켜 인문과학의 일부로 학교 교육계획에 수용하여 구체적인 실시방안을 수립해야 한다. 학교의 교수 · 학습과정에서 학교의 분위기와 풍토가 도덕교육에 도움을 줄 수 있게 하고, 학생들이 주체적으로 활동할 수 있는 기회를 만들어 주어 스스로 생각하여 선택하며,

자율적으로 판단하고 행동할 수 있는 능력을 길러줌으로써 청소년의 도덕적 가치관의 형성과 발전을 촉진해야 한다.

2) 세계화가 중국 청소년에게 미친 영향

(1) 지구촌 문제의 해결이 어려운 이유

지구촌 문제는 인류 역사의 발전단계에서 생겨난 특수 현상으로서, 20세기 중반 과학기술이 급속하게 발전한 일과 관련이 있다. 지난 수십 년 동안 과학기술이 급격히 발전함으로써 한편으로 인간은 새로운 활동영역을 개척하여 문명의 번영에 유리한 공간환경을 조성하였고, 다른 한편으로 자연에 대한 인간의 지배능력을 크게 향상시켜 거주환경이 획기적으로 달라졌다. 인간이 자연계에 대한 지배능력을 상실하면 예측하기 힘든 결과가 나타날 것이다. 그럴 경우 인간의 미래에 해결하기 힘든 복잡한 사회문제들이 생겨날 것이다. 그런 문제들은 복잡하게 상호 맞물려 분석하거나 해결하기가 어렵게 되고 말 것이다. 이런 문제들은 규모 면에서 지구 전체를 포괄하기 때문에 인류 전체의 이익과 관련되며, 해결을 위해서는 지구촌 전체 사람들의 협조와 노력을 요구한다. 지구촌 전체의 문제들로는 아래와 같은 것들이 있다. 통제하기 힘든 인구증가, 사회들 간의 격차와 한 사회 내부의 갈등, 사회적 불공평, 기아와 영양실조, 빈곤과 실업, 인구증가, 인플레이션, 에너지 위기, 자원의 고갈, 국제무역과 환율의 불안, 보호주의, 저학력과 시대에 뒤진 교육, 세대 간의 갈등, 인간 소외, 거대 도시화와 도시의 공동화, 범죄와 마약, 고문, 공포정치, 법과 질서의 실종, 핵 확산, 부당한 제도, 관료제, 환경파괴, 도덕의 실종,

사회적 신뢰의 부재, 신앙심의 상실, 정서불안 등이 그것이다. 우리에게는 이러한 문제들 각각에 대한 이해뿐만 아니라 이들 문제들의 상호 연계에 대한 이해도 부족하다.

세계화 과정과 관련된 문제들은 서로 맞물려 있으며, 이들 문제에 대한 해결책을 찾기 위하여 각국의 지도자들과 전문가들은 고민하고 있다. 이들 문제의 해결이 어려운 이유를 몇 가지로 요약해 볼 수 있다. (1) 지구촌 문제들은 서로 맞물려 있어 어느 한 문제만 분리하여 정확하게 분석하여 해결책을 모색하기가 어렵다. (2) 어느 한 문제의 해결책이 다른 문제의 해결을 방해하거나 새로운 문제를 만들어낼 수 있다. (3) 과거와 같이 단선적 또는 연속적 관점에서 사태를 바라볼 경우 서로 맞물려 있는 지구촌 문제들을 해결하기가 어렵다. 지구촌 문제의 해결에는 시스템적인 사고가 요구되며, 문제의 각 부분과 각 방면의 연계에 의거하여 협력하고 조정해야 해결의 실마리를 찾을 수 있다. (4) 지구촌 문제는 어느 한 사회의 사회제도, 정치제도의 경계를 넘어 외부로 확산되는 경향이 있으며, 규모 면에서 지구 전체를 포괄한다. (5) 국제성, 지역성, 국가적 · 지방적 특수성 등의 문제는 세계화로 말미암아 없어지는 것이 아니라 오히려 더욱 강화되고 복잡하게 되어 파악하기가 어렵게 되었다. 세계화 추세 속에서 아직도 자발성이 충분히 발휘되고 있다고 보기 어려우므로, 각국의 인민과 정부, 국제기구, 정치단체, 과학기구가 관심을 기울일 필요가 있다. 그러나 실제로는 사람들이 그러한 문제들에 별로 관심을 갖지 않으므로 적시에 해결될 것이라고 기대하기 어렵다. 이것이 세계화 추세와 지구촌 문제를 더욱 복잡하게 만들고 그것의 해결을 어렵게 만들고 있다.

(2) 지구촌 문제의 기본 특징

오늘날 인류가 당면한 지구촌 문제는 다음과 같은 특징을 지니고 있다. 첫째로, 지구촌 문제는 어느 한 국가나 특정 지역만의 문제가 아니라 지구촌 전체가 당면한 문제라는 특징을 지니고 있다. 지구촌 곳곳의 경제생활은 날로 국경을 넘어 끊임없이 상호 연계되고 있다. 개별 국가와 지구촌 전체의 사회 · 경제발전은 형태나 규모는 다르지만 다른 국가들의 사회제도와 국가발전에 영향을 미친다. 사회적 · 경제적 형태가 다르고 해결방식에도 차이가 있지만 문제의 성격은 지구촌 전체에 영향을 미친다는 점에서 보편성을 지닌다. 따라서 지구촌 문제라는 것은 지구상에서 발생하는 온갖 사회변화, 자연변화가 보편적으로 상호 맞물려 영향을 주고받음으로써 생겨난 것이다.

둘째로, 지구촌 문제는 인류의 현재와 미래의 근본적 이익과 관련된다. 현재와 미래에 인류에게 근본적으로 이익이 되느냐 아니면 불이익이 되느냐 하는 것이 문제될 때 지구촌 문제가 된다. 그러므로 세계 전체가 함께 해결책을 모색하지 않으면 해결할 수 없는 것이 지구촌 문제이다. 또한 이런 문제를 해결하지 않으면 현대 문명이 위태롭게 되고 인류 자체의 생존마저 위협받게 되는 문제가 지구촌 문제이다.

셋째로, 지구촌 문제는 상호 맞물려 있다는 점에서 복잡하므로 해결을 위해서 세계 모든 국가들의 협조와 노력을 요구한다. 어느 한 국가에서 어떤 대책을 강구하여 해결에 나서도 그러한 해결책이 다른 문제의 해결을 가로막거나 경우에 따라서는 전혀 새로운 또 다른 문제를 만들어낼 수 있다. 예를 들어 대기오염 문제는 어느 한두 국가의 노력만으로는 해결할 수 없으며, 세계 모든 국가들의 협조가 필요하다.

넷째로, 지구촌 문제들 중에는 아직도 인간이 완전히 파악하지 못하고 있는 것들도 있다. 이미 존재하지만 인간이 심각성을 아직 모르고 있거나, 지금까지는 문제가 되지 않았지만 앞으로 크게 문제로 대두될 수 있는 지구촌 문제들이 있다고 보아야 할 것이다. 지구촌 문제들 중에는 실태, 원인, 진행 후 나타날 결과에 대해 정확히 모르고 있는 것들이, 즉 변화의 추세와 법칙을 모르고 있는 문제들이 있는 것이다.

(3) 세계화가 인류의 도덕문화에 미치는 영향

로마클럽 회장 뻬이치에이(貝切伊)는 현대인이 겪고 있는 위기의 징후를 10가지로 요약하였다. 이것은 실제로 세계화가 인류 사회에 가져온 10가지 징후이다. 구체적으로는 다음과 같다. (1) 인구폭발, (2) 세계 각국의 수많은 군중의 생활에 필요한 것들을 충족시키고 최소한의 생활을 보장할 수 있는 계획과 기획의 절대적 부족, (3) 강탈당해 퇴화하는 생물계, (4) 세계 경제위기, (5) 군비경쟁, 세계 각국의 군사 대국화, (6) 고질적이지만 사람들이 별로 의식하지 않는 사회악, (7) 통제가 안 되는 기술과 과학의 발전, (8) 낡고 현실에 맞지 않는 제도, (9) 동서문제와 남북문제, (10) 도덕적 · 정치적 리더십의 결여 등이 그것이다. 예를 들면 인류사회는 혼잡, 물질만능, 이기심, 불공정, 편협함, 소외, 냉대, 범죄, 마약흡입, 반항, 폭행, 공포주의, 학대, 살해 등의 사회악에 대해 주목해야 하고, 특히 이러한 문제들이 인류의 도덕과 문화발전에 미치는 영향에 대해 관심을 기울여야 한다.

첫째로, 세계화와 더불어 지구촌 전체의 문화 가치관을 확립하는 일은 큰 의미가 있다. 지구촌 전체의 경제적 · 문화적 교류가 날로 확대되면서 국가들 간에 상호 영향을 주고받는 일이 더 많아진 결과 공통적인 문화양식이 점차 확산되어 지구촌 전체에 통용되는 표준이 생겨나고 있다. 인류가 겪고 있는 세계화 과정은 현대 과학기술이 가져온 역사적 산물이다. 세계화는 지구촌 곳곳의 경제, 사상, 문화에 엄청난 영향을 주고 있다. 그러나 세계화의 출발점은 민족문화이며, 개별 민족문화 간의 교류에 의해 형성된 것이다. 인류 문명사에서 각 민족과 국가는 자신들의 고유한 문화를 보존하는 동시에 다른 국가가 지닌 문화의 장점을 받아들여 발전해 온 것이다. 개별 민족문화들에 기초하여 발전한 지구촌 문화는 인류 전체가 공동으로 창조하고 향유하는 문화이다. 그것은 (1) 건축문화, 교통문화, 기구(器具)문화 등과 같은 실체성이 있는 문화, (2) 소비문화, 교제문화, 광고문화, 영상문화 등과 같은 상징성을 지닌 문화, (3) 그리고 풍습문화, 예술문화, 종교문화, 가치문화 같은 관념성을 띤 문화로 대별할 수 있다. 지구촌 전체의 정치, 경제, 문화가 날이 갈수록 밀착되어지고 있는 오늘날 지구촌 전체의 공통 문화를 학습하고 수용하여 지구촌 전체의 가치관을 확립하는 일은 학교 도덕교육의 중요한 과제들 중의 하나라고 할 수 있다.

둘째로, 지구촌 문화를 하나로 만드는 일이 21세기의 세계적 과제가 될 것이다. 오늘날 세계에서 경제발전에 영향을 주는 요인은 다양하지만 그 가운데 가장 중요한 것은 '지구촌 문화 전체가 하나가 되는 일'로서 21세기에 직면할 가장 중요한 세계적 과제이다. 지구촌 문화 전체가 하나가 되는 일이 세계 각 지역과 국가에 미칠 영향은 아래 4가지이다. (1) 개별 국가의 경제발전이 민족국가의 경계를 넘어 지구촌 전체에 시장과 경영 네트워크를 형성하여 인력 재화 상품의 세계적 교류가 이루어지게 된다. (2) 폭넓은 지식을 갖고 세계 경제와 문화를 잘 알며 국제법을 이해하고 여러 국가 언어에 능통하여 다국적 경영에 적합한 국제적 인재가 다량으로 필요하게 된다. (3) 국제화 · 세계화 교육이라는 새로운 개념과 새로운 시각의 확립, 지구촌 교육의 발전, 그리고 세계적인 인재의 양성이라는 것이 여러 지역의 각 국가들이 해결해야 될 공통의 과제가 된다. (4) 지구촌 문화 전체가 하나가 된다는 것은 개별 국가 경제 · 문화발전을 촉진함과 동시에 지구촌 전체의 경제 · 문화교류와 발전을 한 걸음 더 진척시킬 것이다. 쇄국정책의 결과는 정체와 낙후 그리고 소외로 나타나 결국에는 지구촌에서 추방되는 운명에 처하게 될 것이다.

(4) 세계화와 학교 도덕교육의 과제

첫째로, 국제사회가 발전하는 새로운 동향을 파악하고 지구촌의 일원이라는 의식을 함양해야 한다. 다시 말해서 인류 전체의 발전이라는 시각에서 국가와 개인의 문제를 이해해야 한다. 이렇게 하려면 인류 사회 전체에 더 많은 관심을 가져야 하고, 인류 생존의 유일한 터전인 지구에 대해 더 깊이 있는 이해가 필요하며, 인류 전체의 이익을 고려하여 인생의 진로와 가치를 고찰해야 한다.

둘째로, 민족의 전통 문화를 확대 · 발전시키면서 지구촌 전체의 우수한 문화를 과감하게 흡수하고, 중화민족의 우수한 문화전통을 창달하면서 민족문화의 특색을 유지해 가야 한다. 이것은 모든 국가와 민족이 미래를 향해 발전해 가기 위한 하나의 기본 원칙이다. 이미 역사가 보여주고 있듯이 민족적인 문화일수록 더욱 세계의 주목을 받게 되고, 또한 더욱 세계적인 것이다. 당연한 일이지만, 민족의 전통 문화를 확대 · 발전시키는 일은 해외의 우수한 문화를 배척하지 말고 수용하면서 동시에 지구촌 전체의 공통 문화를 적극적으로 흡수해야 가능하다. 민족문화와 외래문화가 충돌하여 융합하는 과정을 거쳐야만 지구촌 문화 전체가 하나가 될 수 있는 것이다.

셋째로, 개인 가치를 추구하는 동시에 인류 사회의 공동 가치에 지대한 관심을 갖고 주목해야 한다. 중화민족이 지닌 우수한 전통 문화의 본질은 사회 공동 가치에 관심을 집중시켰다는 것이며, 이것은 서구 문화가 개인 가치를 지나치게 중시하는 것과는 전혀 다르다. 세계화의 끊임없는 충격 속에서 (1) 청소년들의 잘못된 가치관을 어떻게 바로 잡아 바르게 인도할 것인가, (2) 정당한 개인 이익을 추구하는 동시에 사회의 공익에도 주목하게 할 수 있을까, (3) 어떻게 개인 수양을 중시하는 동시에 공공 도덕에도 주목하게 할 수 있을까, (4) 어떻게 개인 가치를 추구하는 동시에 인류 전체의 공동 가치에도 관심을 갖게 할 수 있을까 하는 것이 학교 도덕교육이 해결해야 할 중요한 과제라고 하겠다.

3) WTO 가입이 중국 도덕교육에 미친 영향

15년의 준비를 거쳐 2001년 12월 11일부터 중국은 정식으로 세계무역기구에 가입했다. 이것은 중국의 대외 개방이 새로운 단계에 들어섰다는 것을 의미한다. WTO(세계무역기구, 入世) 가입은 중국의 정치, 경제, 사회에 엄청난 영향을 주는 역사적 사건이다. 중국이 시장을 전면적으로 개방하는 충격을 이겨낼 수 있을 것인가? 중국 국민들이 냉철하고 지혜롭게 WTO 가입이 가져올 충격을 견뎌내고 정치적 · 경제적 사회적 안정을 유지할 수 있을 것인가? 경제가 세계화로 치닫는 격변기에 국익을 수호하고 중화민족의 부흥이라는 목표를 달성할 수 있을 것인가? 이러한 모든 문제들이 중국 정부와 국민 개개인이 정면으로 돌파하지 않으면 안 될 당면 과제들이다. 여기서는 주로 WTO 가입이 중국의 사회와 도덕에 미칠 영향에 대해 살펴보기로 한다.

WTO 가입이 중국의 도덕교육에 미칠 영향은 다음과 같다.

(1) 사회의 구조 개혁이 더 큰 무대에서 분화 · 재구조화 · 가속화될 것이다.

첫째로, 시장경제에서 전문분야가 더욱 세분화되고 사회 대중의 생존과 발전방식이 다원화되어 사회계층 분화가 가속화하고 새로운 집단과 조직이 끝없이 생겨나게 되었다. WTO 가입 후 여러 생산요소들이 더 큰 무대에서 분화되고 조합되었다. 이것이 의미하는 것은 경제영역에서의 독점이 점차 없어지게 되고 사람들의 신분, 역할, 지위의 변화가 더욱 다양해지고 용이해졌다는 것이다. 또한 중국과 세계를 연결하는 통로가 더 넓어지고 사회 내부의 개방도 훨씬 활성화되었다는 것을 의미한다.

둘째로, WTO 가입과 더불어 중국의 여러 사회집단이 받는 충격의 크기와 종류는 각기 다르다. WTO 가입 이후 이익과 손해, 위기와 기회, 수입 · 지출 · 분배 등의 균형이 깨졌다. 주목해야 할 것은 중국과 세계의 융합과 충돌, 중국 내부 여러 집단들 간의 충돌과 재구조화이다. 특히 새로운 권력집단, 고소득집단, 빈곤집단의 대두와 확대에 주목해야 한다.

셋째로, 사회구조의 개혁으로 생겨난 새로운 조직들이 사회환경 전체를 변화시킨다. 정부의 관리기능이 변하고 시장에서의 자율적 활동이 날로 증가하므로 진정한 의미의 민간 주도성, 공리성, 개방성, 평등성을 기본 특징으로 하는 경제조직을 만들어 중개조직과 기업이 자율적인 역량을 발휘할 수 있게 해야 한다. 사회에서 자율적 영역이 끊임없이 확대되고 공산품의 다양화에 대한 사회적 요구도 커짐으로써 정부와 개인 사이에서 공민사회의 성장을 촉진하고 제3부분의 출현과 발전을 도울 것이다.

WTO 가입이 중국의 사회구조를 분화 · 재구조화하여 역사에 미칠 영향은 계획경제를 시장경제로 바꾸고 개혁과 개방으로 돌아선 일이 미친 영향에 결코 뒤지지 않는다. 이러한 전환기를 잘 극복하려면 다음과 같은 3가지 과제를 잘 해결해야 한다. (1) 노동자의 사회적 위상을 정립하고 각종 제도적 제약을 없애야 한다. 특히 도시나 지방, 어느 한 쪽에 묶어놓은 거주의 제약을 없애야 하고, 더 나은 일자리를 찾아 자유롭게 이동할 수 있게 해주어야 한다. (2) 최대한의 이익을 얻을 수 있도록 구조를 조정하고, 이익주체 간의 새로운 평형관계를 세우며, 필요한 자원 흡수능력을 유지하고, 사회보장제도와 이익보상 체제를 완벽하게 만들어 노동자의 취업능력을 제고하고, 집단들 간의 충돌을 조정해야 한다. (3) 법과 제도의 개혁을 가속화하여 사회 정합(整合) 체제를 세우며, 공민 사회가 나아갈 방향을 효과적으로 인도하고, 정치적 권위의 실추를 예방하여 정치와 법질서를 안정시켜야 한다.

(2) WTO 가입의 충격은 세대마다 다르다.

WTO 가입이 도덕교육에 준 영향은 아주 광범위하다. 또한 집단마다 세대마다 다르다. 구체적으로는 다음과 같다.

첫째로, WTO 가입으로 가장 큰 충격을 받은 것은 45~60세 사람들이다. 이 세대 사람들의 대다수는 20세기 1980년대 이전에 학교에 다니며 공부한 사람들로서, 그 시기에 배운 지식과 기능은 현재 필요로 하는 것과는 전혀 다르며, 또한 그들이 활동하던 시기는 계획경제 시대로서, 계획경제는 그들에게 보수적인 가치관을 심어주었다. 공무원이든 국영기업체의 직원이든 그들은 WTO 체제가 되자 시장경제에 적응하지 못하고 있는 측면이 많다. 이 부류의 사람들이 할 수 있는 선택은 두 가지이다. 하나는 퇴직이고, 다른 하나는 원래 일자리에서 계속 일하는 것이다. 만약 원래의 일자리에서 계속 일을 한다면 반드시 재교육을 받아야 할 것이다. 그러나 실제로 이러한 재교육은 아주 힘들고 견디기 어려운 것이다. 고생을 마다하지 않는 정신과 끊임없이 자신을 극복하는 정신이 없으면 견디기 어려울 것이다.

둘째로, WTO 가입으로 영향을 받은 제2부류는 30~45세 사람들이다. 이 세대의 대다수는 대학입시제도가 부활한 후 대학에 입학한 사람들로서, 20세기 1990년대 이전에 대학을 다닌 사람들과 그 이후에 대학을 다닌 사람들로 나뉜다. 1990년대 이전에 대학을 다닌 사람들은 인생경험은 많지만 그들이 학교에서 배운 지식은 이미 오늘날 중국 사회가 요구하는 지식과는 거리가 있다. 그런 까닭에 그들에게도 일정한 재교육이 필요하다.

셋째로, WTO 가입의 영향을 받은 제3부류는 30세 이하의 사람들이다. 이 사람들에 대한 사회의 요구는 가장 많고 크다. 그런 까닭에 그들은 여러 가지 지식을 배워 자신을 복합형 인재로 만들어야 한다. 이들에게는 가장 많은 기회가 주어져 있으나 동시에 사회의 요구도 가장 많다.

(3) WTO 가입은 기업의 직원들에게 기쁨과 슬픔을 동시에 안겨주었다.

국영기업과 사기업의 혼합형태인 공사 직원들에 대한 조사에 따르면 대다수 직원들은 WTO 가입에 대해 환영을 나타냈다. 그들은 WTO 가입이 선진기술과 경영방식을 도입하고, 산업 구조조정을 앞당기며, 인민의 생활수준을 제고하는 데 유리한 조건을 제공하므로 지구촌 경제가 하나가 되는 흐름이 중국을 부강하게 해줄 것이라고 믿고 있다. 이들의 생각이 막연한 것만은 아니며, 냉철한 판단 후 이루어진 것이라고 본다.

그러나 WTO 가입이 반드시 기쁨, 이익, 진보만을 약속하고 있는 것은 아니며 슬픔, 손해, 퇴보의 위험도 있다는 것을 알아야 한다. WTO 가입은 중국 경제에 엄청난 충격을 주었고, 특히 기업의 직원들에게 큰 우려를 가져다 주었다.

첫째로, 자신이 일하는 기업 자체의 장래에 대해 그들은 걱정하고 있다. 관세 장벽이 없어짐으로써 국외 상품이 다량으로 수입되어 국내 상품의 경쟁력이 떨어질 것을 우려하고 있다. 한편 해외 기업들이 들어와 국내 기업들을 희생양으로 삼을지 모른다고 걱정하는 사람들도 있다.

둘째로, 민족기업이 충격받을까 우려하는 사람들도 있다. 많은 기업의 관리자들은 중국이 시장경제를 시작한 지 얼마 되지 않는 데 반해 외국 기업들은 1~2백 년의 경험을 가지고 있고, 시장환경, 경제역량, 경영방식, 운영형태 등에서 앞서 있어 유년단계인 중국 기업과 비교가 되지 않는다고 걱정한다. WTO 가입 이후 개방이 가속화되어 많은 인재들이 해외로 유출되고 시장도 대량으로 유실되었다. 중국의 민족 기업이 나아갈 길은 무엇인가? 원로 지식인들은 심지어 '양무운동(洋務運動)'까지 거론한다.

셋째로, 기업의 직원들은 해고와 실업을 걱정하고 있다. 40~55세인 사람들이 가장 큰 걱정을 하고 있다. 이들은 여러 가지 역사적 사건으로 문화 수준이 높지 못하고 전문기술도 변변치 못하여 외국 기업과의 경쟁과정에서 정리해고당할지 모른다고 두려워하며, 또한 자신이 몸담고 있는 기업이 외국 기업과의 경쟁에서 낙오하여 도산함으로써 자신이 희생양이 될 것을 우려하고 있다.

(4) WTO 가입 후 나타난 취업과 실업위기 그리고 기회

장기적으로 더 많은 취업기회를 가져올 것이다. 첫째로, WTO 가입은 중국의 개혁을 가속화시키고, 장기적으로 경제 활성화와 시장경제 체제의 완비에 도움을 줄 것이며, 국민소득을 증대시켰고, 취업기회를 확대하며 노동시장에 활기를 불어넣을 것이다. 특히 금융, 보험, 전자통신, 소매업과 중개업[分銷 服務], 고도의 신과학기술 산업을 빠르게 발전시켜 취업기회를 증대시킬 것이다. 동시에 방직, 패션산업, 건축, 건자재 등 노동집약 산업도 취업기회를 증대시킬 것이다. 관련 전문가들은 WTO 가입 후 SDP는 매년 2.94% 증가하고, 이것으로 말미암아 매년 2400억 원의 생산가치와 1176만 개의 일자리를 창출할 것으로 보고 있다.

둘째로, WTO 가입은 해외 시장 확대에 도움을 준다. 시장개방을 통하여 무역 다변화가 가능하고, 대외 무역환경을 개선할 수 있으므로 일부 산업의 발전이 촉진될 것이다. 패션, 방직, 전자제품, 금속 등 공산품 수출이 이미 대폭 증가하였는데, 증가 폭이 가장 큰 패션산업의 경우 18%에서 44%로 증가하였다.

셋째로, WTO 가입 후 서비스업[服務業]이 비교적 큰 폭으로 증가하였다. 관련 통계에 따르면 외국 투자 기업이 서비스업에 투자한 것은 25% 미만이다. WTO 가입 후 금융, 보험, 전기통신, 상업, 여행, 외무(外貿), 운송, 건축, 교육, 보건, 출판 등과 같은 분야의 대외 개방이 빨라져 중국에 취업기회를 33% 증가시킬 것으로 보인다.

넷째로, WTO 가입은 국내 자원을 해외에 투자하는 일[優化 配置 擴大]을 용이하게 해줄 것이며, 세계의 자원을 충분히 이용하며, 노동력 토지 천연자원과 정부의 거시적 조절능력 등 우수한 자원을 국제시장에

'과분하게 남아도는' 자본, 선진 기술설비, 풍부한 광물자원, 선진 경영기술 등 우수자원과 서로 보충하여 경제발전을 가속화시키고 취업기회를 증대시킬 것이다.

그러나 단기적으로는 취업에 상대적으로 큰 압력이 가해질 것이다. 국가통계국의 보고에 따르면, 2000년 중국의 제1차 산업 취업 인원이 처음으로 50% 이하로 떨어졌으며, 제2차 산업의 취업 인원은 각각 24%와 27%로 증가했다. 국영기업의 취업 인원은 1995 초기의 7,000여만 명으로부터 1995말기에는 5,000만 명으로 내려갔다. 그러나 사기업과 외자 기업의 취업자수는 눈에 띄게 증가하였다. WTO 가입 후 중국의 취업구조는 커다란 변화를 겪고 있으며, 그 결과 취업난이 가중되고 실업보험제도의 정착에 어려움이 생겼다. 국가통계국의 보고에 따르면 '15' 기간에 중국에서 매년 증가하는 노동인구는 800만 명 이상이며, 여기에 '95' 기간의 실업자 595만 명과 현재 직업 중심에 있는 650만 명을 더하면 노동력 제공 총량은 5200만 명 전후이다. 그러나 실제로 제공될 수 있는 일자리는 4000여만 개이다. 따라서 중국은 1915기간 동안 실업률이 1995 말기의 3.1%로부터 5%로 증가할 것으로 보인다.

WTO 가입 후 중국이 봉착할 취업 압력을 세 가지 측면으로 나누어 살펴볼 수 있다.

(1) 우선 산업구조 면에서 자본과 기술집약형 산업은 대부분 수입으로 대체될 것이다. 자금, 차, 의약, 화학 공업 등을 예로 들 수 있다. 이런 산업들은 국제 경쟁력이 부족하므로 이미 손실을 보고 있다. WTO 가입으로 인한 대량실업의 충격을 막기는 어렵다. 심지어 기술이 별로 필요 없는 노동력은 노동시장에서 완전히 축출될 수도 있으며, 장기간 노동 예비군으로 남을 가능성이 크다.

(2) 다음으로 지역 측면에서는 경제환경이 비교적 좋고, 대외 의존도

가 높으며, 지역 우세가 뚜렷한 연해 도시와 중심 도시들은 WTO 가입 후 경제성장이 가속화되고 일자리도 늘어날 것이다. 반면 경제환경이 좋지 않고 기간산업도 낙후되어 있는 중서부 도시와 다른 오래된 공업기지들은 WTO 가입 후 경쟁이 치열해짐에 따라 경제발전이 어려워지고 취업난도 가중될 것이다.

(3) 끝으로 농업부문은 국내의 구조조정 이후 이미 설 자리를 잃고 있다. WTO 가입 후 주류 농산품의 수입이 증가하고 국내 시장가격이 떨어져 농민들의 수익이 감소하게 되어 농촌의 잉여 노동력이 도시로 몰려들게 되고, 도시의 취업난은 가중될 것이다.

WTO 가입이 중국의 도덕교육에 미치는 영향에 어떻게 대처해야 할 것인가? 첫째로, 전통적인 관념을 바꾸어 지구촌 의식을 확립하고 국제경쟁과 분업에 참여해야 한다. 20여 년의 개혁과 개방을 통하여 중국의 경제체제는 이미 근본적으로 변화되었다. 그러나 부정적인 전통적 관념이 잔존하고 있어 중국 경제체제가 세계무역기구가 요구하는 조건에 적응하는 것에 걸림돌이 된다.

(1) 지방 보호주의가 문제이다. 국내의 어떤 지방은 외국 기업이 자기 지방에 들어오는 것을 배척하고 인위적으로 장벽을 설치하며 시장을 봉쇄하고 있다. 이러한 일은 WTO의 시장개방, 자국민 대우, 무역 편이라는 기본 원칙에 어긋나는 것으로서 통일되고 개방된 시장을 만드는 데 직접적인 영향을 준다.

(2) 강한 소농경제 의식이 문제이다. 중국인은 수천 년간 봉건사회를 경험하며 농업경제 의식을 갖게 되었고, 이러한 의식이 현대의 경제생활 등 각 영역에 침투되어 '소이전(小而全)', '대이전(大而全)'의 산업방식이 사상의 근원을 형성하였다. 이것은 중국 기업이 WTO 가입 후 국제경쟁에 참여하는 데 아주 불리하게 작용하여 해외 다국적 기업과의 경쟁을

불가능하게 만든다.

(3) 법치 개념이 희박한 것이 문제이다. 중국인은 대개 혈육과 친구 간의 친밀감을 중시하고, 이런 친밀감이 사회 · 경제생활 각 영역에 침투되어 '인정경제', '관계경제'를 형성하였으며, 보편적으로 현대적인 협동의식, 신용의식이 부족하다. 경제활동에 작용하는 이와 같은 인간관계의 네트워크는 시장경제나 법치사회의 운용원리와 조화되지 않으므로 중국 경제가 WTO 체제에 적응하는 데 걸림돌이 된다.

(4) '관(官) 중심' 의식이 문제이다. 일부 공무원들은 '관 중심' 사상이 뿌리박혀 '공권'이 '사권'보다 크다고 보고, 정부는 최고 권력을 가지고 있으므로 법률의 제약조차 받지 않는다고 생각하여 공무를 집행할 때 언제나 다른 법인이나 자연인에게 위압적인 태도를 보인다. 이런 관념은 정부와 기업이 분리되지 않고 모든 일을 정부가 관리하던 시절의 사고방식이며, WTO의 규칙과 시장경제의 작동원리에 대립되는 것으로서, 대외 개방과 현대적인 기업제도 정착에 직접적인 장애가 된다.

중국 대외 무역부 부장이며 중국이 WTO에 가입할 때 수석 대표였던 용영도(龍永圖)는 중국이 WTO의 일원이 된 후 모든 중국 사람이 이 변화 때문에 변하게 될 것이며, 그 중 가장 중요한 것이 의식의 변화라고 보았다.

(1) 지구촌 경제의식이다. 한 부문이나 기업의 구조조정은 반드시 지구촌 전체를 염두에 두고 해야 한다. '지구촌 경제', '상호 보완경제', '서비스 정신'이라는 개념이 있어야 하고, 통계수치의 허구에 매달릴 것이 아니라 실질적인 효과를 고려해야 한다.

(2) 법치의식이다. 국제법을 지키면서 일해야 하고, 특히 법에 따른 행정을 강조해야 한다. 기업이 정부에 소송을 제기하는 일이나 국제 소송에서 지는 일 등을 부정적인 시각에서만 보아서는 안 된다.

(3) 신용의식의 강화이다. 진정한 신용제도는 법치에 기초할 때 존립 가능하다.

(4) 정부 역할의 변화이다. 실제로 정부의 기능을 바꾸어 정부가 기업을 위하여 무엇을 할 것인지, 그리고 기업활동을 잘 할 수 있게 도울 것인지 연구해야 한다. 정부활동에 대한 평가척도는 기업활동을 제대로 돕고 있는지, 그리고 재정운영을 잘하고 있는지이다. 이것은 국제적인 평가기준이다.

(5) 중개기구에 관한 법과 제도의 개편이다. 특히 사업자협회, 회계사 사무소, 원가 회계 사무소 등 중개기구의 기능이 원활하도록 법과 제도를 정비해야 한다.

(6) 인재 개념을 바꾸어야 한다. 뛰어난 인재, 특히 기업가를 양성해야 하며, 임명된 기업가를 인재로 보아서는 안 된다. WTO 체제에서 필요한 인재는 시장경험이 풍부한 기업가이다.

둘째로, 정부의 경제관리 기능을 새로이 정립해야 한다. WTO 조항의 대부분은 정부에 관한 것이다. 한 국가의 무역 관련 법규를 포함하여 경제운영 법률은 모두 정부가 제정한 것이며, 기업의 활동을 변화시키려면 먼저 정부활동을 변화시켜야 한다. 그러므로 WTO의 규칙이 직접 규제하고 있는 것은 정부이며, 그것은 정부의 관리기능, 체제 등의 조정을 요구한다. 근년에 중국 정부의 관리체제에도 많은 변화가 있었고, 큰 진보를 가져왔다. 그러나 전체적으로 볼 때 정부가 경제를 관리하는 체제는 아직도 사회주의 시장경제가 요구하는 것과 간격이 있고 WTO의 규칙과는 더 큰 간격이 있다. 이 간격을 줄이기 위해 해야 할 일은 다음의 5가지이다.

(1) 정부의 관리범위를 줄여야 한다. 정부 사업의 중점은 거시적 관리, 바꿔 말해 관련된 법과 제도를 정비하여 시장질서를 정립하고 다양

한 시장활동에서 공정한 경쟁이 이루어질 수 있는 환경을 만드는 데 두어야 한다. 경제적인 수단 등의 적절한 방법을 활용하여 전체적인 경제 관계를 재조정해야 한다. 예를 들어 총 공급과 총 수요의 균형, 국제수지의 균형 등을 포함하여 공공 상품의 생산, 공용 사업의 건립, 공공 서비스의 제공, 공공 사회보장의 건립 등 '사공(四公)'도 포함한다.

(2) 정부가 관리하는 경제활동의 규칙을 제조정해야 한다. 큰 정부로부터 작은 정부로, 간섭하는 정부로부터 서비스하는 정부로 개편해야 하며, 국유 경제를 위해 일하던 정부로부터 모든 경제활동 주체를 위해 일하는 정부로, 그리고 국민 경제 전체를 위해 일하는 정부로 탈바꿈해야 한다.

(3) 정부의 운영절차를 규범화해야 한다. WTO의 규칙이 요구하는 대로 정부는 효율을 높이고 공정성을 보장하며 부패를 줄여야 한다. 그러기 위해 정부의 운영절차를 규범화해야 한다. 다시 말해 모든 행정절차를 간소화하여 번잡한 부분을 간단명료하게 바꾸어야 할 뿐만 아니라 공개적이고 투명하며 규범화하여 법치를 정착시켜야 한다.

(4) 관리방식을 바꾸는 것이다. 경제적 수단을 최대한 활용하고 시장방식을 위하여 행정수단의 운용을 필요한 범위 내에 제한시켜야 하며, 동시에 가능한 한 필요한 행정수단을 법률과 법규형식으로 바꾸어야 한다. 또한 최대한으로 중개조직의 조화 규범화 작용을 이용하고 발휘하여 현재 정부가 직접 지배하던 것들을 시장 중개조직에 효과적으로 이전하여야 한다.

(5) 정부활동에 대한 감독을 강화해야 한다. 한편으로는 정부의 감독기능을 축소시키고 다른 한편으로는 정부에 대한 감독을 강화해야 한다. 법과 제도에 기초하여 정부의 활동에 대한 효과적인 감시와 감독이 필요하다. 정부활동이 아무런 제약을 받지 않는다면 불합리한 행동의 피해가

어떤 다른 주체의 활동보다 크므로 중시해야 한다.

셋째로, WTO 가입 후 중국은 전방위적 대외개방정책을 시행해야 한다. WTO 가입 후 정부는 모든 부문에 걸쳐 대외개방정책을 펴나가야 한다. 그러기 위해서는 3가지 주요 개혁과 4가지 새로운 환경을 조성해야 한다. 3가지 개혁이란 (1) 현재의 한정된 부분의 개방으로부터 모든 부문으로 개방으로 전환해야 한다. (2) 시점(試点)을 특징으로 하는 정책 주도 하의 개방으로부터 법과 제도에 기초한 예측할 수 있는 개방으로 전환해야 한다.[3] (3) 일방적인 자기 개방으로부터 WTO가 요구하는 상호개방으로 전환해야 한다. 4가지 새로운 환경의 조성이란 (1) 외국 자본의 유치를 위해 관련 법률체계를 국제 수준으로 개정하여 외국 기업이 중국에 투자하기 편리한 법률환경을 조성해야 한다. (2) 외국 기업이 중국에 투자하기 유리하게 법률 체제를 정비한 후 한걸음 더 나아가 외국 기업을 위해 일관성 있고, 안정성 있으며, 투명하고, 예측할 수 있는 정책환경을 새로이 조성해야 한다. (3) 정부기능을 전환시켜 더욱 효율을 높이고, 서비스 의식을 정착시키며, 법에 기초한 행정을 함으로써 외국 기업의 투자유치를 위해 공개적이고 공정하며 청렴하면서도 효율성이 높은 행정환경을 조성한다. (4) 국무원 정돈과 시장 경제질서의 규범화 정신을 관철하여 외국 기업의 투자유치에 적합하게 일관성 있고 개방적이며 공정한 경쟁이 가능한 시장환경을 새로이 조성해야 한다.

넷째로, 필요한 인재, 특히 복합형 인재를 더 많이 양성해야 한다. WTO 가입 후 중국에 부족한 인적 자원은 어떤 유형의 인재인가? 제일 부족한 인적 자원은 다음과 같다. (1) 농업, 정보, 금융, 재무, 외무(外貿), 법률, 경영과 관리영역의 인적 자원, (2) 생물기술, 환경보호기술, 신소재

3) 시점(試點)은 경험을 얻기 위해 시험적으로 해보는 곳을 말한다.

과학영역의 고차적 과학기술 인력, (3) 세계무역기구의 조항을 잘 알고 국제적인 경쟁에 참여하여 상사 분쟁을 해결할 수 있는 협상 전문인력, (4) 국제관례를 잘 알고 수용에 부합되는 외국어에 능통한 인력, (5) 전문영역, 업종, 학과를 뛰어넘어 활동할 수 있는 복합형 인재가 그것이다.

전체적으로 중국과 서구 선진국의 인력자원은 양적으로는 물론 질적으로도 차이가 있다. 관련 부문의 통계에 따르면 서구 선진국의 경우 과학기술이 경제성장에 미치는 공헌도는 70~80%에 육박하는 반면 중국은 30% 정도밖에 안 된다. 중국의 경우 노동자 10만 명 중 연구개발 인력은 84명이다. 이것은 발전도상국의 1/5, 선진국의 1/9 수준이다. 10만 명 중 등록된 과학기술 관련 논문수는 선진국의 경우 100건 이상이지만 중국은 10건 미만이다.

전문기술 인력의 조건[중전(中專) 이상의 학력이 있거나 직무상 초급 이상의 자격증이 있는]에 대한 통계에 따르면 중국의 전문인력은 선진국의 1/4~1/3 수준이고, 대학 본과 이상의 학력을 가진 사람은 전문인력 전체의 17.5%밖에 안 되며, 중전(中專) 이하의 사람은 절반 이상이나 되는 반면 고급인력은 5.5%밖에 안 된다.[4] 미국의 경우 기업에서 연구 · 개발에 종사하는 과학자와 기술자는 총량의 80%를 차지한다. 그러나 중국의 경우 기업에서 각종 전문분야에 종사하는 인력은 전국 총수의 40%밖에 안 된다. 또한 여기에는 많은 불합리한 요소가 있다. (1) 전문인력이 편중되어 있다. 교육, 의료, 경제, 회계 네 영역의 전문인력은 전체 전문인력의 70%를 차지하지만 신소재, 신에너지, 생물기술, 현대 의약, 환경보호 등의 전문인력은 아직도 수요를 충족시키지 못하고 있다. 특히 고도의 신기술과 복합형 인재가 전체적으로 부족하다. (2) 행업(行業)산업이 편중

4) 중전(中專)은 중등전문학교의 줄임말이다.

되어 있다.[5] 농업, 정보통신, 금융, 보험, 법률 등의 전문인력은 엄청나게 부족하다. (3) 지역적 불균형이다. 전국적으로 볼 때 전체 전문기술 인력의 85%는 중동부 지역에 편중되어 있다. (4) 산학연 연계가 결여되어 있다. 전문기술 인력의 60%는 국영기업에 집중되어 있고, 사기업의 기술역량은 상대적으로 빈약하다.

WTO 가입 후 필요한 인력자원을 확보하기 위해서 중국은 다음과 같은 몇 가지 점에 초점을 맞추어야 한다. (1) 고급 인재양성에 초점을 맞추어야 한다. 국가가 나서서 학술부문을 중심으로 고급 인재를 양성하여 국제경쟁에 나설 수 있게 해야 한다. (2) 고급 신기술과 창조적인 복합형 인재양성에 초점을 맞추어야 한다. 특히 고급 금융관리 인력 등 긴급히 필요한 인재를 중점적으로 양성해야 한다. (3) 젊은 인재들에게 독창성, 창의성을 길러주어야 한다. 국가 주관 부서의 발표에 의하면, 2005년에 중국의 전문기술 인력은 5,400만 정도이며, 국민경제와 사회발전에 큰 영향을 주는 과학기술 인력을 세계적인 수준으로 육성할 계획이라고 한다. 2015년이 되면 전문기술 인력이 8,800만 명 정도가 될 것이며, 과학기술 지식을 새로이 개발하고 고급 신기술을 산업에 적용하는 데 종사하는 지도자를 양성하는 동시에 금융, 정보, 법률분야의 새로운 인재를 육성함으로써 시장경제 체제에 적합한 인력관리 체제가 비교적 안정된 상태에 이를 것이다.

다섯째로, 'WTO 가입'과 관련하여 정부의 인식이 완전히 바뀌어야 한다. WTO 가입은 모든 부문에 영향을 주지만 일차적으로 정부에 가장 큰 충격을 준다. WTO 가입으로 기업들은 엄청난 도전을 받게 되고, 심지어 경쟁력이 부족한 기업은 파산할 수조차 있다. 그렇지만 가장 큰 충격을

5) 행업은 직업이나 업무를 가리킨다.

받는 것은 정부이다. 왜냐하면 (1) WTO의 규정은 원래 정부를 대상으로 한 것이다. WTO의 전신은 GATT(관세와 무역에 관한 협정)로서, 이것은 1947년 10월 30일에 가동되었으며, 그 목적은 각국 정부가 공히 관세를 낮추도록 하기 위한 것이었다. (2) 내용상 WTO의 규정들은 정부만이 이행할 수 있는 것들이다. WTO의 규정들 중에서 가장 중요한 것은 제3조로서 차별철폐 원칙, 시장개방 원칙, 공정경쟁 원칙으로 되어 있다. 이러한 원칙들은 모두 정부만이 실행할 수 있는 것들이다. (4) 중국 현실을 볼 때 가장 적응력이 부족한 것이 정부이다. 개혁개방 이래 중국은 시장경제를 정착시키려고 많은 노력을 기울였지만 제대로 된 시장경제가 요구하는 것과는 아직도 상당한 거리가 있다. 예를 들어 공평 · 공정 · 공개 문제, 비관세 한계 문제, 심사허가가 많은 문제, 요금을 마구 받는 문제, 협박과 부패문제 등이 여전히 상존한다. 이러한 문제들의 해결은 쉽지 않지만 해결하지 않으면 안 되는 것들이다. 이러한 것들로부터 알 수 있듯이 정부가 직면한 도전은 기업보다 크다.

이러한 도전에 직면하여 중국 정부는 아래와 같은 일을 해내지 않으면 안 된다. (1) '관(管)' 으로부터 서비스로 생각을 바꾸어야 한다. 교육과 연수를 통하여 정부 각 부서의 공직자들과 일반 군중들의 낡은 생각을 바꾸어 나가야 한다. 현 시대에 맞는 세계적인 안목을 가지고 '하나의 지구촌이라는 의식' 으로 정치의식과 신용의식, 그리고 서비스 의식을 정립해야 한다. (2) 법규를 정리하여 WTO 체제에 걸맞은 법체계를 세워야 한다. 국무원은 이미 2000년 이전에 공포한 행정법규와 조례를 부분적으로 폐지하겠다고 발표하였다. 이것은 WTO 가입에 대응하여 취해진 아주 중요한 조치들 중의 하나이다. WTO 체제에 맞추어 부적합한 법규와 조례를 조속히 폐지하는 일은 법체제의 국제성과 통일성을 높인다는 점에서 아주 중요하다. (3) 행정의 공개이다. '어두운 데서 조작하고' 걸핏

하면 '연구 연구' 하던 것이 중국 정부의 오랜 행정관행이었다. 이런 행정의 '관성' 은 아무도 이의를 제기하지 않았으며, 행정처리 결과를 공개하지도 않았다. 그러나 이것은 시장 공개와 공정경쟁 원칙에 어긋나는 것이다. WTO 가입 후 법규를 공개해야 할 뿐만 아니라 행정처리의 내용, 과정, 결과를 반드시 공개해야 한다. 개인이나 법인이 간단명료하게 자기의 일을 처리할 수 있는가, 어느 정도 해결할 수 있는가, 어떤 결과를 얻는가를 알 수 있게 해야 한다. (4) 행정처리에 있어서 평등한 대우를 해야 한다. 바꿔 말해서 WTO 가맹국의 자연인이나 법인과 중국의 자연인이나 법인을 동등하게 대우해야 한다. (5) 다방면에 걸쳐 정부를 효율적으로 운영해야 한다. 구체적으로 말해서 법치에 기반을 두고, 정경분리 원칙을 지키는 정부를 만들어야 한다. 그러기 위해서는 정부가 중재와 조정능력, 전체적인 사업능력, 신용능력, 허가 실현능력, 효과적인 처리능력, 사회생태 평형능력을 높여가야 한다.

요약하면 WTO 체제가 가동되면서 중국의 도덕교육은 전통형으로부터 현대형으로 조속히 전환하여야 하며, 정부는 관리 개념과 운영방식을 새롭게 바꾸어야 한다. 또한 '잘못된 위상' 을 '올바른 위상' 으로 바꾸고, '필요한 자리' 는 채워야 하며, '불필요한 자리' 는 없애야 한다. 이제 무소부재(無所不在)의 정부는 옛말이 되게 해야 한다.

4) 사회적 잠재의식이 학교 도덕교육에 미친 영향

지구촌 문화가 하나가 되는 과정에서 사회심리가 학교 도덕교육에 미치는 영향을 무시할 수 없다. 그 중에서도 사회적 잠재의식이 미치는 영향은 심도 있게 살펴볼 가치가 있다. 사회적 잠재의식은 특수한 사회

심리현상의 일종으로서, 주어진 사회에서 의사 표현의 자유가 제한되어 있을 때 형성되는 사회의식의 하나이다. 사회적 잠재의식은 사회적 정서, 동기, 여론, 풍습 등을 포함하며, 은폐성, 반항성, 자발성 등의 특징을 보이는 정신현상으로서 여러 통로로 학교 도덕교육에 영향을 미친다. 이것을 구체적으로 살펴보면 아래와 같다.

(1) 불량한 집단문화가 주는 부정적 영향

불량한 집단문화란 사회주의 문화와는 거리가 있거나 서로 대립되는 사상과 관념, 가치기준, 조직형식, 행위규범으로서 반사회적 경향이 짙으며 파괴성이 크다. 청소년이 일단 이러한 문화의 영향을 받으면 쉽게 그 집단의 일원이 된다. 이런 집단은 직접 청소년들을 범죄의 길로 이끌고, 사회심리와 사회 분위기에도 나쁜 영향을 미친다.

(2) 불량한 사회정보가 조성하는 영향

사회 전환기에 낡은 사회의식은 기층에서 올라온 사회정보를 수용하여 처리할 수 없으며, 그에 따라 불량한 정보들이 많이 떠돌게 된다. 새로운 것이 낡은 것들 대체해 가고 전통적인 가치관이 신뢰를 상실해 갈 때 불량한 사회정보가 많이 유통되며, 그것들이 청소년의 호기심을 자극하여 일종의 공감대를 형성한다. 관련 부서의 조사통계에 따르면, 일하면서 공부하는 고등학생의 65%와 소년 범죄자 중의 5% 이상이 저지른 범죄행위 대다수가 불량정보의 영향을 받은 것이라고 한다. 불량정보를 유통시키는 주요 매체는 비디오, 잡지, 영화, 텔레비전, 카세트 녹음기, 게임기, VCD 플레이어 등이다. 청소년 시기는 심리적인 '이유기(斷乳

期)'이자 '동요기(動搖期)'로서, 아직 분별력과 자제력이 부족한 시기여서 청소년은 불량한 사회정보에 의하여 왜곡된 현실을 받아들이게 되고 잘못된 길에 빠져들기도 한다.

(3) 종족문화가 미치는 영향

중국은 가족적 전통이 강한 국가로서, 봉건적 가족전통이 오늘날까지 잔존하여 전통, 관습, 가훈, 관행, 금기 등을 포함한 가족문화가 족구성원들 간에 심리적 유대를 갖게 만들고 있다. 중국 전역이 해방된 후 이와 같은 전통적인 가족문화는 봉건적인 가족형태가 폐지되면서 사라져 갔다. 그러나 최근에 전통적인 가족문화가 새로운 형태로 부활하고 있는 것을 보게 된다. 예를 들면 조상의 뿌리를 찾는다든지, 사당을 보수한다든지, 족보를 다시 발간한다든지 하는 일들이 그것이다. 이러한 일들에서 우리는 가족문화 속의 좋은 전통과 관습이 미치는 영향을 긍정적·부정적 영향, 특히 그것들이 청소년들에게 미치는 영향을 관심 있게 지켜보아야 한다. 가족문화에 남아 있는 타성과 보수적 요소는 사람들의 사상, 행동, 감정을 구속하여 부정적인 영향을 줄 수 있다. 가족문화의 영향을 받아 청소년은 저마다 독특한 인생관, 생활습관, 사회규범을 지니게 된다. 좋지 않은 가족문화는 청소년에게 좋지 않은 삶의 자세를 가지게 만들고, 경우에 따라 전혀 예상하지 못한 결과를 초래하기도 한다.

4. 잘 사는 중국의 특색 있는 학교 도덕교육을 만들기 위한 방안

학교 도덕교육 연구, 특히 중국 특색의 사회주의에 걸맞은 학교 도덕교육 체계를 연구하는 일은 아주 큰 의의가 있다. 이것을 구체적으로 설명하면 아래와 같다.

1) 학교 교육활동에서 도덕교육을 가장 중시해야 한다

외국 학교 도덕교육의 개혁과정에서 우리가 발견하는 것은 도덕교육을 학교 교육활동의 가장 중요한 요소로 보고 있다는 점이다. 결코 중국만이 그러한 생각을 하고 있는 것은 아니다. 서구 선진국들, 특히 경제와 교육이 앞서나가고 있지만 사회환경은 다양한 미국, 영국, 일본, 독일, 프랑스 같은 국가들이 자국의 교육개혁을 추진하면서 학교 도덕교육을 국가의 흥망과 관련된 가장 요소로 고려하고 있다. 학교 교육활동에서 도덕교육을 가장 중시하는 추세는 결코 우연이 아니다. 어떤 개인이나 특정 국가만의 주장이 아니라 시장경제와 사회의 발전과정에서 요구되는 가장 중요한 요소가 학교 도덕교육임을 경험을 통하여 보여주고 있는 것이다. 장쩌민[강택민(江澤民)]은 "각급 학교는 문화와 지식전수 체계를 완비해야 할 뿐만 아니라 도덕교육을 가장 중시하여 정확한 정치방향을 확립하여야 한다"고 하였다. 국제적인 학교 도덕교육의 발전추세를 참고하여 중국이 현실에 맞게 이러한 생각을 현실화시켜야 할 것이다.

2) 건전한 정신과 원만한 인격을 갖춘 완전한 인격체의 양성을 학교 도덕교육의 종국적 목표로 삼아야 한다

학교가 교육을 위한 교육을 해서는 안 된다. 학교 도덕교육은 학생이 지·덕·체·미·노(智德體美勞) 모든 방면에서건강하고 조화롭게 성장 발달하도록 도와야 한다는 생각을 확립해야 한다. 학교 도덕교육은 다양하게 이루어진다. 학교 도덕교육은 사상, 목표, 내용, 방법, 기법, 환경, 평가 등의 요소가 모두 고려되어야 한다. 이것은 결코 단순하지 않으며, 학생의 건강하고 조화로운 전인적 발전 여부에 의해 판가름되는 것이다. 이런 교육관을 가지고 우리는 반드시 역사적·전략적 안목으로 새로운 시대의 학교 도덕교육이 가장 중요하다는 인식을 가져야 한다. 학교 도덕교육을 연구하여 변화한 시대와 학생들의 생각에 미래 학교 도덕교육의 기초를 두어야 한다. 그리하여 건강하고 진취적이며, 적극적이고 개방적인, 활기 있고 조화로운 학교 도덕교육 내용체계를 세워야 한다.

중국이 현실을 감안하여 건강하고 진취적이며 적극적이고 개방적인, 활기 있고 조화로운 학교 도덕교육 내용체계를 수립하려면 애국주의, 집단주의, 사회주의 교육을 핵심으로 하여야 하고, 그 구체적 내용은 다음과 같다. (1) 마르크스·레닌주의, 마오쩌둥 사상, 덩샤오핑 이론 교육. 여기에는 마르크스주의 기본 원리, 중국 혁명의 이론과 역사, 중국 특색 사회주의의 이론과 실천, 현대 세계의 경제·정치·국제 관계 등에 대한 교육을 포함된다. (2) 애국주의 교육. 여기에는 중화민족 애국주의, 중국 근대사와 현대사, 중국의 국정, 르어아이[열애(熱愛)] 사회주의, 민족단결, 국방과 국가 안전 등에 대한 교육이 포함된다. (3) 당의 노선, 방침, 정책, 형세 교육, (4) 사회주의 민주, 법제 교육, (5) 인생관 교육. 여기에는 삶의 가치, 이상, 태도 교육이 포함된다. (6) 도덕품성 교육. 여기에는 중화민족의 우수한 도덕적 전통, 사회주의 학교 도덕, 사회 공덕(公德), 직업학교 도덕, 가정 미덕(美德) 등에 대한 교육이 포함된다. (7) 학풍(學風) 교육. 여기에는 학습목표, 치학(治學) 태도에 대한 교육이 포함된다.[6] (8) 노동교육. 여기에는 노동관념, 노동태도, 열애 노동인민에 대한 교육이 포함된다. (9) 심미교육. 여기에는 심미관, 심미적 정서, 심미능력에 대한 교육이 포함된다. (10) 심리건강 교육. 여기에는 심리적 건강지식, 개성 심리 품덕, 심리 조절능력에 대한 교육이 포함된다.

3) 수준별 교수 · 학습체제를 갖추어야 한다

학교 도덕교육이 수준이나 단계에 따라 이루어지지 못하고 있는 것이 중국의 현실이다. 학교 도덕교육의 수준이나 단계는 두 가지 측면을 고려해야 한다. 하나는 교육대상이다. 학교 도덕교육은 대상의 연령이나 문화 수준에 따라 달리 이루어져야 한다. 예를 들어 소학생, 중학생, 연구생을 포함하는 대학생은 문화 수준이 다르므로 교육 수준에 차이를 두어야 한다. 교육과정을 마련할 때부터 차등을 두어야 한다. 그렇지 않을 경우에는 전체적으로 혼란이 빚어진다. 학급 학교의 학교 도덕교육은 교육대상의 수준에 따라 목표, 내용, 방법, 그리고 구체적인 교수 · 학습과정을 달리 해야 하고, 전체적으로 각급 학교 간에 수준별로 차별화가 필요하며, 동시에 내용상의 연속성과 기본 목표의 통일성이 요구된다.

다른 하나는 학교 도덕교육의 내용이다. 학교 도덕교육의 내용에는

---

6) 치학(治學)은 학문하는 것을 가리킨다.

도덕관, 가치관, 인생관, 역사관, 정치관 등이 포함되며, 이것들 간에 상호 연계성이 있지만 실제 교육활동이 이루어질 때는 구분이 필요하다. 세계관 교육을 예로 들면, 개인의 세계관이 다름에 따라 사람마다 높낮이가 다른 도덕적 경지를 보여주고 있으며, 교육도 달리 해야 한다. 현실생활에서 사람들이 보여주는 도덕적 경지를 크게 다음과 같이 4등급으로 분류할 수 있다.

제1급의 도덕적 경지는 대공무사(大公無私)하고, 자기 이익을 전혀 추구하지 않으며, 자신을 희생하면서까지 타인을 위하는 경지로서, 이것은 공산주의 정신이며, 무산계급과 모든 인류에게 있어 최고 수준의 도덕적 경지이다.

제2급의 도덕적 경지는 개인보다 집단을 우선하며, 국가 또는 집단과 개인의 관계를 제대로 이해하여 개인의 이익보다 집단의 이익을 중시하는 경지이다. 이것은 무산계급의 집단주의 정신이며, 사회주의에서 대다수 인민 군중이 도달할 수 있고 또한 당연히 도달해야 하는 도덕적 경지이다.

제3급의 도덕적 경지는 자사자리하고 모든 일에서 자기 이익을 챙기는 수준이다. 이것은 소생산의 개인주의로서 사회주의 시장경제에 적응할 수 없다. 사회주의에서 소수의 후진 분자들이 바로 이런 경지에 빠져 있다.

제4급의 도덕적 경지는 타인에게 손해를 끼치면서 자기 이익을 챙기는 수준으로서, 오로지 돈 버는 일만 중시하고, 자기 중심적이며, 자기 목적달성을 위해 수단과 방법을 가리지 않고 뒷일을 전혀 개의치 않는 자세이다. 세계관을 교육할 때에는 이와 같은 4가지 서로 다른 수준의 도덕적 경지를 감안하여 차별화해야 기대한 교육적 효과를 얻을 수 있을 것이다.

4) 학교 도덕교육을 강화하기 위한 강력한 행정 지원체제가 필요하다

사회주의 시장경제의 발전은 학교 도덕교육에 영향을 주었고, 더 많은 요구를 해옴으로써 도전과 기회를 동시에 제공하고 있다. 학교 도덕교육이 이러한 국면을 헤쳐 나가려면 다음과 같은 세 가지 조처가 필요하다. 첫째로, 강제적인 수단을 동원해서라도 학교 도덕교육과를 계획대로 설치해야 한다. 서구 주요 선진국들은 수십 년의 실패와 탐색을 거쳐 학교에서는 반드시 전문적인 학교 도덕교육과를 설치해야 안정성과 연속성을 보장할 수 있다는 것을 알게 되었다. 반면, 중국 교육계에는 도덕과 인재양성 간의 관계를 제대로 인식하지 못하는 사람들이 있고, 학교에서의 도덕교육은 불필요하다고 생각하는 사람조차 있으며, 전문적으로 개설한 학교 도덕교육과를 중시하지 않고 교육활동 계획에 따라 그대로 실행하지 않는 학교들이 있다. 학교에서 도덕수업의 효과가 제대로 나올 수 있도록 강력한 조치를 취해야 한다. 해도 되고 안 해도 되는 것으로 보는 인식을 '반드시 해야 한다' 는 인식으로 전화시킬 수 있는 조치를 취해야 한다.

둘째로, 교내 교육과 교외 교육을 긴밀히 결합시켜야 한다. 학교 도덕교육은 교사들만의 몫이 아니다. 학교, 사회, 가정이 긴밀히 협조할 때 효과를 거둘 수 있다. 그러나 실제로 '사회교육' 은 말과 문서로만 강조될 뿐 주어진 역할을 하지 못하고 있다. 교내 교육과 교외 교육 간에 긴밀한 협조가 이루어지려면 국가와 지방 행정조직의 강력한 행정지원이 있어야 하고, 학교 경영자들이 인식을 전환하여 학교에 강력한 도덕교육 분위기를 조성해야 한다.

셋째로, 학교 도덕교육을 심사하고 평가할 수 있는 제도를 만들어야 한다. 학교 도덕교육에 대한 심사와 평가는 교육활동의 일부로서 목표 달성을 확인하고 재수정하는 중요한 장치이다. 심사와 평가를 통해 학생들의 사상, 정치, 도덕의식 수준을 전면적으로 이해할 수가 있다. 이러한 심사와 평가는 학교 도덕교육 목표와 학생들이 지켜야 할 행위준칙에 기초하여 이루어져야 하며, 실사구시 원칙을 견지하고 과학적인 방법으로 전체 심사와 종합평가를 진행하여 공정하게 이루어져야 한다. 동태적 평가와 정태적 평가, 정성평가와 정량평가, 전면적인 평가와 중점적인 평가, 단계적 평가와 총체적 평가, 교사에 대한 평가와 학생에 대한 평가를 사실적 자료에 근거하여 서로 결합시켜야 한다.

전국이 해방된 후 중국의 학교 도덕교육은 모두가 알고 있는 원인으로 왜곡되었고 잘못 인식되었다. 이것을 구체적으로 설명하면 다음과 같다. (1) 도덕교육이 정치 교육과 같은 것으로 오인한 결과 덕육기능은 사라지고 정치기능만 남게 되었다. (2) 도덕교육에서 이상적인 내용만 가르침으로써 현실을 외면하여 도덕교육이 현실성을 상실하게 되었다. (3) 도덕교육에서 집단주의만을 강조하여 학생의 개성을 무시하는 결과를 초래하였다. (4) 도덕적 지식 전수만을 강조하여 도덕교육이 주입식으로 이루어지고 좋은 점수를 받기 위한 과목으로 전락하였다.

이러한 잘못된 인식을 수정하기 위하여 1994년 4월 당 중앙은 '학교 도덕교육을 변화시키고 강화시키기 위한 방안'을 발표하여 이상 도덕문화 기율이 있는 새로운 인간을 육성하는 일이 학교 도덕교육의 기본 임무라고 규정하였다. 이 문건은 중국의 각급 학교에서 도덕교육이 어떻게 이루어져야 하는지를 명확히 제시한 것이었다. 이후 여러 번의 시행착오를 거쳐 몇 가지 대표적인 학교 도덕교육 모델이 생겨났다.

• **단련교육**. 이것은 청소년들에게 어려움을 감내하는 정신이 부족

하다는 문제점을 해결하기 위하여 제시된 학교 도덕교육 모델이다. 기본 내용은 외적인 행동을 훈련시키고 내적으로 의지력과 정신력을 강화시키는 것이다. 주요 형식은 원족, 노동, 실천과 체험, 집단행동, 극기훈련, 경연대회, 체력단련 등이다.

• **신심교육**(信心教育). 이것은 청소년의 심리적 문제를 해결해 주기 위한 학교 도덕교육 모델이다. 어떤 전문가는 "애심은 사회에 바치고, 충심은 국가에 바치고, 관심은 타인에게 주며, 효심은 부모에게, 신심은 자신에게 남긴다"는 의미에서 이것을 '5심 교육'이라고 말한다. 다른 전문가는 "열심은 타인에게, 효심은 부모에게, 애심은 사회에, 충심은 조국에, 관심은 환경에 바치고, 신심은 자신에게 남긴다"는 의미에서 이것을 '6심 교육'이라고 말하기도 한다.

• **지역사회 교육**. 이것은 청소년들이 사회와의 연계가 부족하여 사회 현실을 이해하지 못하는 문제점을 해결하기 위해 만들어진 학교 도덕교육 모델이다. 목적은 학생들이 지역사회 활동에 참여해 보게 함으로써 학교가 사회에 적응하는 출발점이 되고 하고, 학교에서 수업 중에 수동적으로 학습한 것을 사회활동에서 적극적으로 활용해 보는 기회를 주려는 데 있다. 바꿔 말해 학생들에게 학습한 여러 지식을 종합적으로 활용해 보게 하여 사회에 대한 책임감을 갖게 하고, 조국과 지역사회는 물론 공산당과 사회주의를 사랑하는 마음을 심어주려는 것이다.

• **삼위일체 교육**. 이것은 학교 도덕교육이 이상론에만 치우치고 현실성을 상실해 가는 문제를 해결하기 위해 제시된 모델이다. 구체적으로는 기업 사업 단위, 학생의 가정, 촌민위원회, 주민위원회가 학교와 긴밀히 연계하여 학교, 가정, 사회 간의 교류를 통해 체계적으로 학교 안팎에서 협조하여 '삼위일체'가 되어 도덕교육의 목표를 달성하고자 하는 것이다. 학생들은 이러한 삼위일체 협력 속에서 사회공덕과 가정미덕 그리

고 직업도덕을 학습하게 된다.

앞서 말한 모델들은 이론과 실제를 적극적으로 결합하기 위하여 만들어진 것이다. 실제로 효과적인 학교 도덕교육 모델을 만드는 일은 결코 간단한 일이 아니다. 오랜 경험과 시행착오를 거치고 끊임없는 연구와 토론을 통해 생겨날 수 있다. 어떠한 모델이라도 다음과 같은 4가지 문제를 고려해야 한다.

(1) 언제나 학교 교육활동에서 도덕교육이 가장 중요하다는 점을 안식하고 정확한 정치방향을 유지해야 한다. (2) 도덕교육을 담당하는 교육자는 필요한 지식을 가기고 있어야 할 뿐만 아니라 건전한 인격체로서 학생들에게 감화를 주며 모범을 보여야 하고, 강한 책임감과 사명감이 있어야 한다. (3) 학교 도덕교육은 단계와 수준을 고려하여 체계적으로 이루어져야 한다. 소학, 중학, 대학 간에 차별성이 있어야 하며, 동시에 목표와 내용에 있어 연속성과 통일성이 있어야 한다. (4) 학교 도덕교육 방법은 실제적인 효과를 고려하면서도 조작성과 규범성이 있어야 한다. 또한 인식구조와 원칙의 분석과 평가를 활용하여 학생들이 정확한 도덕적 지식과 가치관을 갖게 해야 한다. 학생들의 학교 교육활동에 주체적으로 참여할 수 있는 기회를 제공하고, 학교 내외에 유형무형의 건전한 문화환경과 사회분위기를 조성하여 학생들의 도덕적 정서를 순화해야 한다. 공식적 교육과정을 충실히 실행해 가는 동시에 잠재적 교육과정의 효과를 충분히 고려해야 한다.

전체적으로 지구촌의 학교 도덕교육은 엄청난 변화를 겪고 있다. 지구촌의 학교 도덕교육이 어떻게 변화하고 있는지 파악하여 중국의 현실에 맞게 학교 도덕교육이 나아갈 방향을 설정하는 일은 수많은 교육자들의 과제이다. 21세기에 중국이 번영할 수 있는 기초를 다지기 위해 역사가 부여한 도전과 기회에 적절히 대응하여 멋진 청사진을 그려내는 일이 현재 학교 도덕교육 담당자들에게 부여된 과제이다.

제10장_교수 · 학습지도상의 유의점

1. 교육자와 피교육자의 상호 교류

현대 사회의 도덕교육도 교육의 일부로서 인간 간의 교류에 의하여 이루어진다. 전통 사회와 다른 점이 있다면 교사 중심, 학교와 교실 중심으로부터 학생 중심, 학교 밖의 사회 중심으로 바뀐 것이다.[1] 야스퍼스는 교육형태를 학원식 또는 전수식(專修式), 교회식 또는 설교식, 소크라테스식 또는 대화식으로 분류하였다.[2] 현대 사회의 교육은 교사와 학생 간

1) 교육매체의 발달이 도덕교육의 지식은 물론 지적 기능을 신장시킬 수 있도록 교육환경을 바꾸어 놓았다.

2) 보다 정확히 말해서 대화(dialogue)가 아니라 담화(discourse)형식의 교육이 성행하고 있다. 대화가 엄격한 논리규칙에 따른 의사소통 방식이라면 담화 또는 담론은 대화처럼 엄격한 논리규칙보다는 자유로운 상상력을 중시하는 의사소통 방식이다.

의 교류를 중시하는 대화식으로 바뀌었다. 사회변화에 따라 교사가 일방적으로 학생에게 지식을 주입하는 것이 아니라 학생의 동기, 필요, 능력, 소질, 성향, 지능 등을 고려할 뿐만 아니라 학생의 성취 수준에 맞추어 교육할 필요성이 커진 것이다. 물론 도덕교육에서 교사라는 변수는 여전히 중요하다.[3] "교육은 교사의 질을 크게 상회하지 못한다"는 말은 현대 사회에서도 유효하다.

전통 사회에서는 연장자가 생활습관과 사고방식, 행동양식을 젊은이에게 자신 있게 전수하는 일종의 특권을 가지고 있었다.[4] 그러나 현대 사회에서는 연장자보다 젊은이가 교육받을 기회를 더 많이 가지고 있을 뿐만 아니라, 교육이 젊은 시절에만 이루어지는 것이 아니라 평생에 걸쳐 이루어지고 있다.[5] 미드(Margarett Mead)는 문화를 전달방식에 따라 치엔위 원화[전유문화(前喩文化)], 통위 원화[동유문화(同喩文化)], 호우위 원화[후유문화(後喩文化)]로 나누었다. 전유문화에서는 연장자의 과거가 젊은이의 미래이다. 연장자는 젊은이에게 생각, 말, 행동 방법을 가르쳤다. 젊은이는 그것을 배우며 미래를 준비했다.

전유문화가 동유문화로 바뀌게 된 것은 전쟁, 이민, 과학발전 등으로 말미암은 것이다.[6] 연장자는 일정한 생활방식을 젊은이에게 전수할 수

3) 도덕교육에서 교사 역할의 중요성에 대해서는 우리의 경우 도덕과 교육과정 해설서나 이론서에 명시되어 있다.

4) 이러한 특권은 흔히 교권이라고 표현되었다.

5) 평생교육(life-long education)이라는 용어가 그런 의미를 담고 있다.

6) 그 중 가장 중요한 변수는 교통과 통신수단의 발달일 것이다. 통신위성은 실시간으로 지구촌 곳곳의 소식을 안방까지 전해주고 있으며, 인터넷과 핸드폰은 개인들 간의 의사소통 방식을 근본적으로 변화시켰다. 정보사회는 기성세대와 젊은 세대 간의 정보 불평등 문제까지 불러일으키고 있다.

없게 되었다. 젊은이는 스스로 경험하거나 새로운 삶의 방식을 익힌 동료를 따라 배울 수밖에 없다. 제2차 세계대전 이후 동유문화가 후유문화로 바뀌었다. '청년문화'가 그것이다.[7] 연장자들이 지닌 삶의 방식을 거부하고 자신들의 미래를 새로이 설계하는 젊은이들이 늘어남으로써 후유문화로 바뀐 것이다. 후유문화는 사회화에 대비되는 반성적 사회화(counter-socialization)라는 특징을 지닌다.[8] 마허열(루마니아 청년연구소)은 사회가 발전하면 할수록 청년의 사회적 위상이 높아진다고 말한다. 청년, 성년, 노년을 비교할 때 노년은 새로운 경험을 할 기회가 상대적으로 적으며, 성년은 미래를 지향하려 해도 과거의 경험이 부담되고, 청년만이 과거 경험의 부담도 거의 없고 현재에 대해서도 자유스럽고 미래지향적일 수 있다고 본다.[9] 1960년대에 있었던 민권운동, 반전운동, 학생운동, 여권운동 등의 신좌파운동은 당시 젊은이들이 주도하여 그 이후 사회 발전에 지대한 영향을 미쳤다.[10] 1980년대 초에 일어난 세대차(generation gap) 문제는 중국 사회에서도 '조용한 혁명'이 신속하게, 그것도 광범위하게 진행되고 있다는 것을 시사한다.[11]

---

7) 청년문화는 기성의 모든 문화에 반기를 든 일종의 반문화 운동이라는 특징을 지니고 있다.

8) 반성적 사회화는 정도에 따라 반문화적 성향 또는 역사회화의 특징을 지닌다.

9) 청년은 성년이나 노년에 비해 재산과 지위 등 가진 것이 별로 없다. 그러나 성년, 노년은 이미 가지고 있는 것이 많다. 그러한 기본적 차이가 청년에게는 자연스럽게 이상주의 또는 개혁주의를 선호하게 만들고 성년, 노년에게는 현실주의 또는 보수주의를 선호하게 만든다고 정치심리학은 설명한다.

10) New Left Movement

11) 『조용한 혁명』은 잉글하트의 저서명이다. 거기서 잉글하트는 이미 1950년대에 서구에서는 후기 산업사회의 '조용한 의식혁명'이 일어나고 있다고 지적한다.

2. 유기적 전체로서의 통일성 유지

1) 유기적 전체로서의 교수 · 학습지도

도덕교육의 교수 · 학습지도는 유기적 전체로서 이해해야 한다. 우선 교실에서 이루어지는 도덕교육의 교수 · 학습과정은 가정, 학교, 사회와의 외부적 연계성을 고려하며 실행되어야 한다. 전통 사회에는 동질성이 있었고, 가정, 학교, 사회의 연계성이 자연스럽게 조성되었다. 현대 사회는 이질성, 다양성을 특징으로 하고 있어 가정, 학교, 사회 간에도 기능이 분화되어 있다. 따라서 도덕교육의 교수 · 학습과정은 외부 환경을 더욱 심도 있게 고려하지 않으면 안 된다. 학교에서 이루어지는 교수 · 학습은 가정환경, 사회분위기, 학생 개인의 공식적 · 비공식적 집단활동과 인간관계 등에 대한 전반적인 고려 없이 효과적으로 이루어지기 어렵다. 현대 중국 사회의 경우 인격형성에 미치는 가정교육의 영향이 약화되었으며, 사회환경, 특히 대중매체의 영향이 나날이 확대되고 있다. 핵가족이 늘어났고 맞벌이 부부도 많아졌다. 자녀가 하나뿐인 가정이 대부분이 되었으며, 육아도 부모가 직접 담당하기보다는 탁아소, 유치원 등에 주로 의지하고 있다.[12] 부모의 자녀교육은 거의 방임에 가깝다. 이러한 상황에서 도덕교육의 교수 · 학습은 가정, 학교, 사회의 유기적 연계 속에서 이루어져야 좋은 결과를 얻을 수 있을 것이다.

12) '소황제(小皇帝)' 의 시대이다. 중국의 인구정책과 남여평등정책의 특징에 대해서는 『현대 중국 사회와 문화』를 참조하라.

다음으로 내부적 연계성도 고려하며 교수 · 학습지도가 이루어져야 한다. 도덕교육의 목표, 내용, 방법, 평가의 과정을 유기적 전체로 파악하지 않으면 안 된다. 특히 목표, 내용, 방법 모두에 대한 평가는 피드백 개념으로 이해해야 한다.[13] 일련의 과정 속에서 어느 한 부분에 이상이 있으면 전체에 이상이 생긴다. 따라서 도덕교육에서 제대로 된 교수 · 학습지도가 이루어지려면 일차적으로 목표를 제대로 설정해야 하고 그 목표가 잘 달성되었는지 피드백을 확실히 해야 한다. 목표설정과 관련하여 그동안 몇 가지 착오가 있었다.

첫째는, 목표를 고정된 것으로 보는 착오이다. 사회발전에 따라 목표가 재조정되어야 함에도 불구하고 기존의 것을 고집하는 착오를 고치지 못했었다.[14]

둘째는, 목표는 추상적이어야 한다는 잘못된 생각이다. 목표를 구체적으로 제시하면 안 된다는 생각이 그것이다. 추상적 목표는 구체적 행동 목표와는 달리 조작하기가 쉽지 않다.[15] 수량화가 어려운 추상적 목표를 가지고 교수학습을 진행함으로써 목표 달성 여부를 확인하기가 어려웠던 것이다. 교육 목표 분류학은 이러한 착오를 시정하는 데 도움이 된다.[16] 목표를 지식과 기능으로 세분해야 한다.

---

13) feedback 개념은 control system 개념과 함께 system theory의 주요 개념이다.

14) 한국의 전통 윤리교육도 같은 오류를 범하고 있다.

15) 한국에서는 이미 1970년대에 수업목표를 행동목표로 바꾸었고, 목적과 목표, 학년별 목표 등으로 체계화시켰다. 이것은 도덕교과가 독립된 교과로 존재하기 때문에 가능한 일이었다.

16) Bloom의 교육목표 분류학은 크게 도움이 되었다. 지금은 리코나의 이론이 도움을 주고 있다. 리코나는 인격의 구성요소를 도덕적 판단, 도덕적 감정, 도덕적 행위로 나누어 설명한다.

셋째는, 목표설정에 있어 종착점 행동과 출발점 행동을 동일시한 착오이다. 이 두 가지는 스펙트럼으로 파악할 수 있지만 양 극단으로 표현된다. 종착점 행동을 출발점 행동과 동일시하면 교수 · 학습과정이 조급하게 이루어지게 되고, 심지어는 목표 자체가 유명무실하게 되어버린다.[17)]

교수 · 학습과정에서 피드백 개념은 아무리 강조해도 지나치지 않다. 피드백은 제어 시스템이 정보를 투입하여 처리한 결과를 재투입하는 과정이다. 효과적인 제어는 피드백 없이 불가능하다. 도덕교육의 교수 · 학습과정에서는 피교육자에 대한 피드백이 가장 중요하다.[18)] 도덕교육의 효과를 높이는 일이 피교육자에 대한 정보의 피드백으로 가능하기 때문이다. 피드백은 피교육자의 학습동기를 유발하고 목표를 재조정할 수 있게 해준다.[19)] 그런 의미에서 피드백은 도덕교육의 계획을 수립하고 그것을 실천해 가는 교육자에게도 매우 중요하다.

17) 도덕교육에서 종착점 행동, 즉 목표는 행동, 행위, 실천으로 나타난다. 그러나 교실에서는 그러한 목표달성 여부를 확인하기가 거의 불가능하다. 그래서 가치명료화 모델을 적용할 때에도 7단계 중 5단계까지만 현장 도덕교육에 적절히 적용할 수 있었다. 그러나 지금은 행동, 행위에 대해서도 교육의 결과를 적절한 방식으로 평가할 수 있는 방법들이 제시되고 있다.

18) 실제로 평가와 피드백의 대상은 피교육자뿐만 아니라 교육자, 교육과정, 교육계획, 교수 · 학습과정, 교재까지 포함한다. 나아가 평가에 대한 평가도 필요하다. 그리고 피드백(feedback)뿐만 아니라 피드 푸워드(feedforward) 개념까지 적용되고 있다.

19) 과거에 평가는 주로 교육자가 피교육자에게 동기유발을 위한 '위협전략'으로 사용되었다. 그러나 지금은 분위기가 바뀌어 피교육자의 성취동기 유발과 자부심, 자신감, 자긍심을 길러주고 차기 교육계획을 수립하기 위한 자료로 사용되고 있다.

2) 교수 · 학습지도의 통일성 유지

도덕교육의 교수 · 학습과정은 낮은 단계에서 높은 단계로 나아가며 이루어진다. 피교육자의 도덕성 발달단계를 고려하여 교수 · 학습이 이루어지는 것이다. 그러나 발달단계가 그대로 목표는 아니다. 그렇게 하면 목표 자체가 무의미해지기 때문이다. 도덕성 발달단계를 이론적으로 체계화시킨 대표적인 학자는 콜버그이다. 그는 도덕성 발달을 3수준 6단계로 세분하였다. 3수준은 인습 이전 수준, 인습 수준, 인습 이후 수준이다. 6단계는 3수준을 다시 세분한 것이다. 그의 이론은 도덕성 발달과 인지 발달 간에 긴밀한 연관성이 있다고 보았다. 도덕발달이 일정한 단계를 거쳐 이루어진다고 본 것이다. 가치판단이 사실판단에 기초한다고 본 점에서 그의 이론은 자연주의적 특징을 드러낸다.[20] 아리스토텔레스도 교육이 삶의 경험에 따라 단계적으로 이루어져야 한다고 보았다. 그는 피교육자의 피교육자가 무엇을 할 수 있는지 판단하여 그것에 기초해서 가르치기에 적합한 것을 찾아 교육해야 한다고 했다.[21]

도덕교육의 교수 · 학습과정에서 앞으로 고려해야 할 점은 두 가지이다. 첫째는, 출발점에서 아동, 청년, 성인 등 피교육자의 인지적 · 도덕적 발달 수준을 확인해야 한다. 그러나 그 수준 자체를 목표로 설정해서는 안 되며, 그보다 한 단계 더 높은 수준을 목표로 설정해야 한다.[22] 이렇

20) 콜버그의 이론에서는 자연주의적 특징뿐만 아니라 칸트 윤리학의 특징도 나타나고 인지심리학의 특징도 나타난다.

21) 비슷한 주장은 "말을 강까지 끌고 갈 수는 있으나 물을 먹일 수는 없다", "암탉은 품고 있던 달걀이 부화되어 껍데기를 깨고 나올 때를 기다려 쉽게 나올 수 있도록 쪼아준다" 등의 비유가 있다.

게 할 때 피교육자들의 성취동기를 보다 효과적으로 불러일으킬 수 있을 것이다.[23] 둘째는, 목표설정에서 발달단계를 고려하고 교수 · 학습과정이 점진적 단계적으로 이루어진다고 할지라도 교육활동 전체는 통일성을 유지해야 한다는 것이다.[24] 또한 교수 · 학습과정에서 개인차를 고려하여 개별화를 지향한다 할지라도 도덕교육에 대한 국가사회의 요구를 무시해서는 안 된다.[25] 단계적으로 이루어지는 교수 · 학습과정은 각 단계들 간에 계속성을 유지해야 한다. 이러한 교육과정 또는 교육 프로그램은 나선형의 특징을 지닐 것이다. 도덕 발달단계에 따라 어릴 적에는 도덕적인 습관 형성에 주력하고, 더 나이 들면 도덕규범 준수를 강조하며, 이후 도덕적 판단력을 길러주는 방향으로 교수 · 학습지도가 이루어져야 할 것이다.[26] 중요한 것은 이러한 일련의 과정이 유기적 전체로서 통일성을 지니고 있어야 한다는 것이다.

---

22) 이른바 목표설정에 있어서의 +1 전략이 그것이다.

23) 피교육자가 도전하여 성취할 수 있는 목표가 좋은 목표이다. 너무 어려우면 도전을 포기하게 되며, 너무 쉬우면 흥미를 잃어버린다.

24) 과거 권위주의 시절에는 이러한 통일성을 유지하기 위해 특별한 국가기구를 만들어야 한다는 주장들이 있었다. 주로 대만과 네덜란드 모델이 인용되었다. 교육과정의 계속성, 연속성이 유지되어야 하고 동시에 통일성도 있어야 한다는 주장이다. 그러나 이러한 통일성이 획일성이 되어서는 안 될 것이다.

25) 국정인 도덕교과서를 검정으로 바꾸면서 우려하는 점이 바로 이것이다. 예상되는 문제점으로는 교과서 내용의 이념적 편파성, 남여 불평등 문제, 종교적 편견, 보수와 개혁 간의 시각 차, 세대 간의 간격 등이 있다.

26) 한국에서는 이러한 시각을 이미 도덕교과 교육과정에 반영하였다.

3. 도덕적 탐구공동체의 형성

도덕교육을 바라보는 관점은 크게 사회 중심과 개인 중심으로 나뉜다.[27] 사회 중심으로 도덕교육을 바라보게 되면 국가사회적 필요를 강조하게 되고, 개인 중심으로 바라보게 되면 개인의 자기 개발 요구를 강조하게 된다. 사회 중심의 도덕교육관은 사회 이익을 위해 도덕교육이 기여해야 한다는 것이다. 그러나 사회 지배층의 이익을 보호하는 수단으로 전락할 수도 있다. 개인 중심의 도덕교육관은 개인의 자아실현을 최대한 보장해야 한다고 본다. 그러나 사회구성원들 간의 상호 의존성을 무시하는 폐단을 가져올 수 있다. 앞서 설명했듯이 개인과 사회 간의 관계를 대립적인 것으로 잘못 이해해서는 안 된다.

현대 중국의 도덕교육은 규범성과 인도성을 겸비해야 한다. 여기서 규범성이란 도덕교육이 현실 사회의 기존규범을 무시할 수 없다는 것이고, 인도성이란 도덕교육이 보다 나은 사회를 지향해 가지 않으면 안 된다는 것이다.[28] 우리는 주어져 있는 것과 만들어 가는 것 모두를 고려해서 도덕교육을 해나가야 한다. 피교육자가 현실 사회규범을 지켜 적응할 수 있도록 해야 할 뿐만 아니라 창의성을 발휘하여 보다 살기 좋은 사회를 만들어 가도록 인도해야 한다. 도덕교육의 교수 · 학습과정은 이러한 측면 모두를 고려해야 한다.

27) 개인 중심, 사회 중심이라는 말보다 도덕교육을 바라보는 보수적 아니면 개혁적 관점이라는 말이 더 적절할 것이다.

28) 현대 사회의 젊은 세대에게는 자신들이 살아갈 변화된 사회에서 기존 도덕규범들이 적합한지 스스로 판단하여 취사선택해야 하는 과제가 주어진 것이다.

인간의 자유는 주어져 있는 환경이 주는 제약으로부터의 자유와 새로운 환경을 만들어 가는 자유로 크게 나눌 수 있다.[29] 전자는 구속받지 않을 자유이고, 후자는 개인이 지닌 창의성을 바탕으로 보다 나은 삶을 추구할 자유이다. 한 사회에 이미 주어져 있는 도덕 윤리는 개인이 지닌 자질과 능력을 발휘하는 데 걸림돌로서 작용할 수 있다. 도덕교육은 도덕 윤리가 개인의 개성 실현에 걸림돌이 되기는커녕 오히려 도움을 주도록 피교육자를 인도해야 한다.

태어나면서부터 인간은 독립된 생활을 영위하기 위한 준비를 시작한다. 그러나 인간은 사회 속에서 태어나고 사회에 적응하여 살아가지 않으면 안 된다.[30] 독립성을 획득하는 과정에서 인간은 고독함을 느끼게 된다. 이러한 고독함으로부터 벗어나기 위해 사람들은 자신이 지닌 결정과 선택의 자유를 포기하고 무리 속에 휩쓸리게 된다. 다른 사람들의 생각과 말 그리고 행동에 따라 주체성 없이 살아가는 오류를 범하게 된다. 도덕교육에서는 피교육자가 주인 의식 없는 그러한 상태를 벗어나 자기 결정과 선택에 긍지를 가질 수 있도록 지도해야 한다. 물론 도덕 윤리는 한 사회에서 개인이 어떤 선택과 결정을 할 수 있는지 한계를 설정해 주는 기능을 한다.[31] 그러한 한계를 올바로 인식할 수 있을 때 책임 있는 판단을 내릴 수 있다. 이상적인 상태는 공자가 말한 "마음이 가는대로 행동해도 법도에 어긋남이 없다(從心所慾不逾矩)"는 경지일 것이다.

---

29) 정치학에서의 소극적 자유와 적극적 자유 개념을 연상시킨다. 사르토리는 "소극적 자유 없이 적극적 자유가 보장될 수 없다"고 말한다.

30) 적응과 순응 개념을 구별해야 한다.

31) 피교육자의 자율성을 중시하되 한계설정은 반드시 필요하다는 주장에 대해서는 인간주의 교육을 참조하라. 여기서 말하는 한계는 도덕윤리가 마땅히 해야 할 일과 하지 말아야 할 일을 한정지어 준다는 것이다.

개방사회에서는 개인의 소질과 능력을 개발하는 일이 폐쇄사회보다 훨씬 용이해질 것이다. 개인의 자발적인 참여가 사회발전에 무리 없이 기여하게 되는 사회가 개방사회이다. 그러나 개방사회는 개인의 선택과 판단이 익명성을 바탕으로 무책임하게 변질될 위험 요소도 갖고 있다.[32] 선택의 자유와 범위가 확대될수록 그러한 선택에 따른 책임감이 뒷받침되지 않으면 안 된다. 도덕교육의 교수 · 학습과정에서는 이러한 점을 중시해야 할 것이다. 니체는 도덕을 주인 도덕과 노예 도덕으로 나누었다. 노예 도덕은 자신의 책임을 주인에게 떠넘기는 도덕이다. 주인 도덕은 자기 판단과 선택에 따른 책임을 자신이 감당하는 도덕이다. 도덕교육에서는 노예 도덕이 아니라 주인 도덕을 갖도록, 바꿔 말해서 자유와 자율에 따른 책임감을 개개인이 감당해 나갈 수 있도록 지도해야 한다.[33]

책임감과 더불어 도덕교육의 교수 · 학습과정에서 더 신중히 다루어야 할 부분이 문제해결 방식의 다양성을 수용해 주는 일이다.[34] 문제해결 방식은 크게 습속형, 양심형, 이성형으로 나눌 수 있다. 전통 사회에서는 습속형이 많았다. 권위 당국자나 다른 사람들이 내린 판단이 자기 판단의 기준이었다. 이것은 타율적인 선택방식이다. 현대 사회에서는 개인의 자율적인 판단을 존중해야 한다. 이것이 방종이나 방임 또는 상대주의를 조장하자는 말은 아니다. 자율적인 판단을 중시하되 책임감을 수반할 수 있도록 지도해야 한다는 것이다. 그러기 위해서는 개성을 존중하되 도덕성을 겸비하도록 안내해야 한다. 도덕교육의 교수 · 학습과정에서 이러

32) 외부적으로 도시화가 개인 행위의 익명성을 조장했다면, 내부적으로 공공재의 성격 자체가 그것의 산출에 익명성을 드러나게 하고 있다고 말할 수 있다.

33) 더 큰 문제는 현대 사회에서 단순히 개인의 책임감 제고만으로는 해결할 수 없는 사회윤리 문제들이 생겨났다는 점일 것이다.

34) 이미 도덕교육에서는 목표의 하나로서 도덕적 상상력이라는 개념을 도입하였다.

한 일련의 요소들을 고려하는 일은 결국 도덕적 탐구공동체를 형성시키는 일이 될 것이다.[35)]

35) '도덕적 탐구공동체' 라는 용어를 사용한 중국 문헌은 아직 발견하지 못하였다.

제11장_현대 중국 도덕교육의 미래

1. 과학기술 발달이 도덕교육에 주는 의미

잘 사는 나라들의 과학기술과 경영방식은 얼마든지 도입할 수 있겠지만 그에 상응하는 사람들의 의식이 바뀌지 않는다면 선진국 대열에 합류하기는 어려울 것이다.[1] 사람들의 사고방식과 생활양식이 바뀌지 않고 단순히 경제적인 효율성과 기술혁신만을 추구해 가지고는 선진된 국가를 만들기 어렵다. 교육의 경우 도덕교육을 도외시하고 지식교육만을 실시할 경우 기형적인 인간을 양성하게 될 것이다.[2] 그 결과는 인간을 과

1) 시장경제 체제에서는 경영방식이라는 개념이 자연스럽게 들린다. 그러나 여전히 일당지배 체제인 중국의 경우 경영방식이라는 개념보다는 관리방법이라는 개념이 더 자연스럽게 들릴 것이다.

2) 흔히 교육의 3대 목표를 지덕체(智德體)로 제시해 왔다. 이 3대 요소 중 어느 하나만

학기술의 노예로 만들 뿐이다.[3] 중국은 개혁과 개방정책을 실시한 이후로 시장경제를 도입함으로써 새로운 도덕문제들이 생겨났다. 정의감과 책임감이 약해지고 물질적 이익추구에 탐닉하여 전체적으로 사람들의 공덕심이 약해졌다.

교육은 과학기술의 발달에 걸맞게 사람들의 의식을 개혁하는 매개체로서 기능한다. 사람들의 의식이 바뀌지 않고 발전된 과학기술만 도입한다면 사회가 지속 가능한 발전을 이룩하기 어려울 것이다.[4] 사회의 지속 가능한 발전은 도덕교육 없이는 불가능하다. 제도개혁과 의식개혁은 동시에 추진되어야 한다. "아마도 가장 나쁜 경우는 한 나라의 국민들이 당국의 권위를 실추시키면서 도덕적 자제력을 완전히 상실한 상태일 것이다"(리핑, 32).[5] 그런 상태에 빠지지 않도록 하기 위하여 도덕교육은 국

에 편중된 교육이 건강한 국민을 육성하지 못할 것임은 분명하다.

3) 이러한 우려는 한국의 경우 1980년대부터 계속 지적되어 왔다. 우선 농경사회로부터 공업사회로 전환하면서 그러한 우려가 있었고, 후기산업사회로 진입하면서 의미는 다르지만 유사한 우려가 있었다. 현재는 정보사회로 진입하면서 또 다른 의미의 우려를 하고 있다. 과거에는 기계의 노예, 기술의 노예, 물질의 노예, 금전의 노예가 되는 것을 우려하였고, 지금은 정보의 노예가 되는 일을 우려하고 있다(한국국민윤리학회 편, 1987).

4) 한국 사회가 '지속 가능한 발전' 의 중요성을 실감한 것은 IMF 사태를 겪으면서이다. 그 이전에 한국의 급속한 발전에 대한 수많은 경고에도 불구하고 우리는 지속 가능한 발전의 중요성을 깨닫지 못하였다. 지금 중국은 엄청나게 빠른 속도로 경제가 성장하고 있다. 이미 그러한 고속성장에 대한 경고들이 터져나오고 있다. 그 결과가 어떠할지 귀추가 주목된다.

5) 정치체계론의 시각에서 보면 한 체제가 무너지는 것은 크게 2가지 경우이다. 하나는 당국이 권위 있는 결정을 내리지 못하는 경우이고, 다른 하나는 당국이 내린 결정을 구성원들이 권위 있는 것으로 받아들이지 않는 경우이다. "구성원들에 의한 최소한의 지지조차 없다면 어떠한 체제도 유지될 수 없다." 정치체계론은 이러한 무조건적인 최소한의 지지를 '확산 지지(diffused support)' 개념으로 설명한다. 특수한 이익을

민들의 자치능력을 길러주는 데 주력하여야 할 것이고, 그러한 자치능력의 중요한 요소들 중의 하나가 바로 도덕적 자기 제어능력이다.[6]

2. 중국 도덕교육이 걸어온 길

중국의 도덕교육이 걸어온 길은 크게 4단계로 나누어 볼 수 있다(리핑, 33−38).[7] 제1단계는 선진시대로부터 아편전쟁 전까지로서 전승(傳承) 단계이며, 제2단계는 1840년대부터 신중국이 출범할 때까지로서 식민과 동요단계이고, 제3단계는 신중국 성립에서부터 문화대혁명이 끝날 때까지로서 혁명과 정리단계이며, 제4단계는 공산당 제11차 삼중(三中)대회 이후로서 개방과 건설단계이다.

중국 도덕교육은 기원전 21세기 하(夏)나라에서 출발했다고 볼 수 있다. 서주(西周) 초기에 쪼우꽁[주공(周公)]은 나라를 도덕으로 통치해야 한다는 사상을 내세웠다. 보다 체계적인 이론은 춘추전국시대에 형성

주고받아 성립되는 특수 지지와는 달리 확산 지지는 교육과 사회화 과정을 통하여 형성된다. 한국은 1980년대 중반 이후 문민정부, 국민의 정부, 참여정부로 이어지는 민주화 과정에서 현재의 중국이 겪고 있는 것과는 또 다른 의미의 권위 실추와 지지 상실 경험을 하고 있다.

6) 영국의 교육개혁과 도덕교재인 *Good Thinking*의 내용은 국민의 자치력을 길러주는 데 초점을 두고 있다. 민주주의의 역사가 오랜 영국에서조차 도덕교육의 핵심이 민주시민으로서의 자치능력을 길러주는 것이라고 보고 있는 점은 흥미롭다.

7) 유사한 시대 구분을 한국 도덕교육에 적용할 수 있다. 그럴 경우 제1단계는 조선조 말까지, 제2단계는 갑오경장부터 일제 식민통치까지, 제3단계는 8·15 해방부터 1980년대 중반까지, 그리고 제4단계는 민주화 이후 현재까지로 잡을 수 있을 것이다.

되었다. 중국 전통 윤리의 틀을 만든 사람은 유가윤리의 창시자인 공자이다. 유가윤리는 한나라 시대에 통치이념으로 자리 잡았다.[8] 이후 아편전쟁 이전까지 유가윤리는 통치계급의 이익을 지켜주는 기능을 하며 중국 사람들의 사고와 행위에 주도적인 영향력을 행사했다. 덕으로 나라를 다스린다는 지배층의 생각은 도덕과 정치를 하나로 묶어놓았다.[9]

아편전쟁은 중국 사회의 기반을 흔들고 문호를 개방시키는 결과를 낳았다. 19세기 중엽과 말기에 일어난 태평천국혁명, 의화단 애국운동, 신해혁명, 오사(五四) 신문화 운동은 21세기 초반까지 중국 사회를 근본적으로 흔들어 놓았다.[10] 이 시기에 서양의 문화와 도덕이 도입되었다. 도덕교육은 기존의 정치체제를 바꾸는 정치적 목적달성을 위하여 더욱 적극적으로 이용되었다.[11] 따라서 이 시기의 도덕교육은 동요성과 식민성이라는 특징을 지니고 있다.

8) 한국의 전통 윤리교육을 돌아볼 때 크게 유가, 불가, 도가의 영향과 토속신앙을 거론한다. 그렇지만 그 중에서도 오늘날까지 가장 큰 영향력을 미치고 있는 것이 유가라는 데에는 대다수가 공감할 것이다. 한국의 유가는 중국을 통하여 전래되었고, 그런 의미에서 외래 사상이 한국에 토착화한 것이다. 특히 조선조의 주자학, 성리학 체계화의 핵심 인물인 퇴계와 율곡의 사상을 거론하지 않을 수 없을 것이다.

9) 덕치(德治)사상을 검토할 때 민본주의(民本主義)와 민주주의 개념의 차이점에 유의해야 한다. 한국 민주주의의 뿌리를 민본주의에서 찾으려는 생각은 범주의 오류를 저지르게 된다. 근본적으로 민주주의는 외부로부터 유입된 개념이다.

10) 유사한 역사적 경험을 한국도 겪는다. 동학농민혁명, 임오군란, 갑오경장, 을사조약, 그리고 일제 치하로 이어지는 과정이 그것이다. 일제 치하의 '수신' 과목이 지녔던 의미를 이런 맥락에서 다시 평가해 볼 필요가 있다.

11) 같은 시기에 한국에 근대식 학교교육이 시작되었고, 기독교 문화가 본격적으로 유입되기 시작한다. 지금도 한국의 유학자들은 기독교 사상이 유교적 생활문화를 근본적으로 흔들어 놓았다고 본다. 호주제 폐지를 둘러싼 논쟁에서 그러한 입장이 보다 극명하게 드러났다.

1949년 중화인민공화국이 생겨남으로써 중국 사회는 신민주주의 혁명과 사회주의 혁명이 추진되어 근본적으로 바뀌었다.[12] 도덕교육은 마르크스주의, 레닌주의, 모택동주의를 바탕으로 사회주의 이데올로기를 전파하고 정착시키는 동시에 기존의 통치이념과 제도를 타파하는 기능을 하였다. 삼반(三反), 오반(五反), 반우익(反右翼), 문화대혁명 같은 정치적 경험을 통하여 전통 윤리가 비판되고 기존정치의 잔재가 청산되었다.[13] 이 과정에서 도덕교육은 정치교육이 되었다. 도덕교육이 마르크스주의 이론교육으로 대체된 것이다.[14]

1980년대의 개혁개방 운동은 중국 사회를 사회주의 시장경제 체제로 바꾸어 놓았다. 이러한 일은 도덕교육에 새로운 과제를 던져주었다. 이론적으로 도덕교육의 학문적 위상을 정립하는 일은 물론이고, 목표, 내용, 방법, 평가를 비롯한 도덕교육의 실제 과정을 체계화하는 작업이 과제로 주어졌다.[15] 동시에 도덕교육이 단순히 정치적 목적달성의 도구

12) 1945년 해방과 더불어 한국에는 자유민주주의와 시장자본주의 사상이 지배하게 되었다. 미군정이 그러한 사상 전파의 주축이었다. 도덕교육은 민주시민 교육과 연계되어 새로운 사고방식과 삶의 방식을 교육하게 되었다.

13) 아마도 한국의 도덕교육이 중국과 다른 점은 이 부분일 것이다. 유교문화의 재평가나 일제 잔재의 청산이 이 시기에 중국처럼 정치적 쟁점으로서 확실하게 실행되지 못했다는 반성이 그것이다. 한국은 1980년대 후반 이후 현재까지의 민주화 과정에서 군부 독재의 잔재를 역사적으로 청산하고 양성평등법 제정, 호주제 폐지, 정보공개법과 개인정보보호법 제정 등을 통하여 비록 늦었지만 진일보한 방향으로 나아가고 있다.

14) 제3공화국, 제5공화국과 제6공화국까지 한국의 도덕교육이 정치교육으로 변질되었던 것은 모두가 알고 있는 일이다. 당시 도덕교육에서는 공산주의 이론과 실제에 대한 비판을 내용으로 한 교육이 커다란 비중을 차지하고 있었다.

15) 한국에서는 도덕교육의 학문적 체계화 작업이 일찍이 1970년대 초반부터 시작되었다. 그것은 도덕교과가 국가 교육과정에서 독립된 교과로 자리매김한 까닭에 보

로 이용되는 수준을 탈피하여 개개인에게 보다 훌륭한 인격을 갖도록 도와주는 일, 그리고 나아가 인류 전체의 발전에 기여하는 수준으로 나아가야 한다는 과제를 안고 있다.[16]

3. 중국의 도덕교육이 나아갈 길

현대 중국 도덕교육이 나아갈 길을 모색하기 위해 우선 세 가지 문제에 주목해야 한다. 첫째는, 전통 윤리와 서양 윤리를 어떻게 재해석하고 수용해야 할 것인가 하는 문제이다(리핑, 38-45).[17] 둘째는, 도덕과 정치의 관계를 어떻게 정립해야 할 것인가 하는 문제이다. 셋째는, 도덕교육의 위상과 기능을 어떻게 재확립해야 할 것인가 하는 문제이다.[18]

중국의 전통 윤리는 가(家)의 연장이 국가 또는 천하라는 틀로부터 출발한다. 이러한 틀은 특수성에 의해 보편성이 침몰되는 결과를 초래한

다 수월하게 이루어졌다고 말할 수 있다. 1990년대에는 교과 교육학의 일부로서 도덕교과 교육학이 눈부신 발전을 이루어내었다. 국정인 도덕교과서의 검정 전환작업이 최근에 이루어지고 있는 것은 도덕교육의 체계화를 한 단계 더 높은 수준으로 끌어올리게 될 것이다.

16) 이러한 과제는 한국의 도덕교육도 마찬가지로 안고 있다. 특히 지구공동체 윤리, 세계 시민윤리, 의료윤리, 행정윤리, 환경윤리, 정보윤리 같은 새로운 도덕교육의 영역들이 이 분야에 종사하는 많은 사람들의 관심을 모으고 있다.

17) 전통 윤리와 서양 윤리를 어떻게 재조명해야 할 것인가 하는 문제는 이미 한국에서 1980년대에 활발하게 논의되었다.

18) 도덕과 정치 간의 관계, 도덕교육의 위상과 기능이라는 문제는 한국의 경우 최근까지도 활발하게 논쟁이 벌어지고 있는 문제이다.

다.[19] 양무운동(洋務運動)은 중국 전통 사회의 폐쇄성을 타파하고 민족과 인류 공동의 문제에 관심을 갖게 만들어 20세기 초의 신문화 운동으로 이어졌다. 1950년대 후반부터 1970년대 후반까지 기존의 사상과 윤리에 대한 극단적 비판운동이 있었고, 결국에는 문화 허무주의 상태에 빠졌다.[20] 아마도 문화대혁명 시기에 그러한 상태는 최고조에 도달했을 것이다. 개혁개방을 시작한 1970년대 후반에 이르러서야 중국의 도덕교육자들은 전통 윤리와 서양 윤리를 현대적으로 새롭게 재해석해야 할 필요성을 깨닫게 되었다. 이러한 재해석에는 신중한 태도와 개방적인 태도가 모두 필요하다. 또한 도덕문제가 정치, 경제, 사회, 문화 등 여러 부문의 문제와 무관하지 않다는 점도 깨닫게 되었다.[21] 도덕문제는 사상, 이념의 문제와 긴밀하게 연계되어 있으며, 해결을 위하여 분석 · 종합 · 평가라는 고차적인 사고가 필요하다. 이것을 한마디로 표현하여 '비판적 계승'이라고 말할 수 있을 것이다.

도덕과 정치 간의 관계를 세 가지로 나누어 검토할 수 있다. 도덕이 정치를 이끄는 경우와 정치가 도덕을 이끄는 경우, 그리고 도덕과 정치가 각각 독자적 영역을 구축하고 상호 작용(interaction)하는 경우이다. 이것은 분석적인 차원에서 생각해 본 것이지 현실은 다르다. 현실은 도덕

19) 한국에서는 국민윤리의 특수성과 보편성 문제가 일찍이 1950년대 말에 제기되었고, 1980년대에 이 문제에 대한 논의가 활발하게 전개되었다.

20) 한국에서는 역사 청산이 너무 늦었다고 한탄하는 사람들이 있지만 조급한 역사 청산이 언제나 바람직한 결과를 가져오는 것은 아니라는 것을 알 수 있다.

21) 과거 국민윤리학이 종합학문적 또는 학제적 특징을 지녀야 한다고 주장되었던 것은 잘못된 시각이라고 볼 수 없다. 국민윤리라는 용어에 대한 부정적 시각은 도덕교육이 정치적 목적달성의 수단으로 기능했던 경험에 대한 반성이다. 도덕교육을 체계화하려고 할 때 그것의 학제적 성격은 하나의 난제로 나타난다. 다양한 학문적 관점을 종합할 수 있는 방법을 찾기가 용이하지 않기 때문이다.

과 정치가 맞물려 있으며, 상호작용이 아니라 서로의 경계를 넘나들며 상호 침투가 이루어지는 교류작용(transaction)을 한다고 보아야 할 것이다. 중국의 전통 윤리는 농경사회라는 환경에서 도덕과 정치가 긴밀하게 맞물려 기능해 왔다.

그러한 특징은 중국 전통 사회의 안정에 기여하였으며, 동시에 지배층의 정치이념과 이상적인 인간상을 그대로 수용하게 만들었다. 도덕교육의 정치적 기능을 전적으로 배제할 수는 없겠지만 정치와 어느 정도 독자적인 영역을 구축할 수 없는 다시 말해서 상대적 자율성을 확보할 수 없는 도덕교육은 정치적 목적달성의 도구로서만 이용당하게 된다.[22] 그 결과는 보수적인 인간, 바꿔 말하면 현실에 순응하는 인간만을 길러내게 되는 것이다. 따라서 개인이 지닌 창조성이 말살되고 진정한 사회 발전을 기대할 수 없게 될 것이다.[23]

도덕교육의 위상과 기능을 재확립하는 문제는 도덕교육의 초점을 개인의 요구에 맞출 것인가 사회의 요구에 맞출 것인가 하는 문제와 관련이 있다. 또한 전체 교육활동에서 도덕교육이 차지하는 비중을 어떻게 결정할 것인가 하는 문제와도 관련이 있다. 중국 전통 사회의 도덕교육은 모든 교육활동에서 가장 중요한 위치를 차지하고 있었다. 이러한 특징은 도덕교육이 정치교육으로 대체되었던 문화대혁명 기간에 최고조에 이르렀으며, 그 시기가 지난 후 사람들은 도덕교육과 정치교육에 대

22) 일찍이 우리는 보수성을 갖게 만드는 사회화(socialization) 과정과 혁신적 특성을 갖게 만드는 반성적 사회화(counter-socialization) 과정을 구별하였다. 반성적 사회화 개념은 정치교육에도 똑같이 적용할 수 있다.

23) 보수적인 도덕교육을 탈피해야 한다는 고민은 전통 사회로부터 근대 사회로 전환하는 과정에서만 나타나는 것이 아니다. 개혁개방 이후에 중국은 똑같은 고민을 다시 하게 되었다고 본다.

해 부정적 태도를 갖게 되었다.[24] 오늘날 중국의 교육에서 도덕교육은 지식교육에 부속되어 있다. 중국의 학교교육은 경제발전이라는 국가 목표와 관련하여 지식교육에 치중하고 있다. 대학 입학 자격시험을 예로 들면, 평가의 객관성을 보장하기 위하여 수량화가 용이한 지식교육이 학교교육에서 주도권을 갖게 된 것이다. 사상이나 도덕문제 같이 수량화가 용이하지 못한 내용들은 평가 대상에서 제외되기 쉽고, 따라서 도덕교육은 지식교육에 밀려 학생과 학부모 모두에게 외면당하는 신세가 되었다. 아직 이에 대한 적절한 대안은 제시되지 못하고 있는 상태이다.[25]

도덕교육의 위상은 국가 발전전략과 사회 발전단계에 따라 변한다. 중국의 전통 윤리는 극기복례(克己復禮)와 같은 개념에서 알 수 있듯이 개인윤리에 초점이 두어져 있다. 그러나 현대 중국 사회는 사회의 요구, 다시 말해서 사회윤리에 초점을 두어야 하는 단계에 와 있다.[26] 경제발전

---

24) 한국은 1980년대 후반 이후 민주화 과정에서 교육개혁을 추진하면서 도덕교육에 대한 부정적 평가가 끊임없이 제기되었다. 심지어 도덕교육 폐지론과 무용론까지 제기되었다. 그러나 그러한 논의과정에서 도덕교육이 불필요하거나 쓸모없는 것이 아니라 '변질된 도덕교육'이 문제라는 점이 분명해졌다. 그리하여 지금이라도 늦지 않으니 제대로 된 도덕교육을 한번 해보자는 쪽으로 의견이 모아졌다. 그렇지만 아직도 도덕교육에 대한 부정적 시각은 일부에 여전히 남아 있다.

25) 한국의 도덕교과 교육도 마찬가지이다. 대학입시 준비에 치중하는 한국의 중등학교는 도덕교과 교육을 암기과목 중의 하나 정도로 여기고 있다. 그러나 다행인 것은 학부모들의 인식이 아직도 도덕교과 교육을 다른 주지교과 교육과 더불어 상대적으로 중시하고 있다는 점이다. 현재 추진되고 있는 교육과정 개정작업에서 국정인 교과서를 검정으로 바꾸어 자유경쟁 체제로 전환한 것은 그러한 문제점을 해결하기 위한 대안들 중의 하나로 보인다.

26) 개인윤리와 사회윤리 간의 관계는 흥미롭다. 개인윤리가 더 중요한지 사회윤리가 더 중요한지의 물음은 적절하지 않다. 모두가 중요하기 때문이다. 사회윤리가 개인윤리의 연장이냐 또는 사회윤리는 개인윤리와 별개의 것이냐 하는 것이 오히려 논

에 가장 큰 비중을 둔 국가 발전전략은 사람들로 하여금 도덕교육을 부차적인 것으로 인식하게 만들었다. 교육활동에서도 도덕교육은 상대적으로 위축되어 있다. 지나치게 도덕교육만 강조하는 교육도 문제이지만 도덕교육을 지식교육의 일부로만 바라보는 시각도 결코 수용할 수 없다.

중국의 도덕교육은 21세기에 아래와 같은 3가지 점에 주목하여 위상을 정립해야 한다. 첫째로, 도덕교육도 전체 교육활동의 일부라는 점이다. 도덕교육이 지식 교육의 일부에 불과하다는 생각은 잘못이다. 그렇다고 모든 교육활동 중에서 도덕교육만이 중요하다는 생각도 잘못이다.[27] 둘째로, 도덕교육은 올바른 인간관과 사회관을 정립하는 일과 결코 무관하지 않다. 도덕교육의 목표는 어떤 사회, 어떤 인간을 만들어 갈 것인가를 고려하여 설정하여야 할 것이다.[28] 셋째로, 도덕교육은 정치체제, 국가 발전전략, 통치이념 등과 긴밀한 관계를 맺고 있으나 기존 정치체제, 이념, 발전전략만을 유지하는 데만 초점을 두어서는 안 된다. 도덕교육은 어디까지나 발전지향적이어야 한다.[29]

쟁점이었다. 그후 사회윤리라는 용어뿐만 아니라 응용윤리, 실천윤리, 상황윤리, 그밖에도 환경윤리, 정보윤리, 국제윤리 같은 새로운 학문영역들이 나타남으로써 그러한 논쟁은 다른 국면을 맞이하고 있다. 이것은 도덕교육의 종합학문적 성격 또는 학제적 성격 논쟁과도 연계된다.

27) 앞으로 한국의 도덕교육은 그것이 이루어지는 환경적 요소에 대해서 더 많은 관심을 기울여야 할 것이다. 예를 들어 '도덕교과 교육환경론'이라고 하면 도덕교과에 투자되는 경비나 시설 정도만 고려하던 때가 있었다. 이제 그러한 편협함을 탈피할 때가 되었다고 본다.

28) 다행히도 한국의 도덕교과 교육은 공식적 국가 교육과정의 일부로서 독립된 교과의 위상을 지닌 까닭에 이러한 문제를 명확히 해놓고 있다.

29) 도덕교육을 바라보는 보수적 입장, 중도적 입장, 혁신적 입장이 있다. 이러한 입장들의 상대적 비중은 시기마다 달라진다.

중국의 교육은 현대화, 세계화, 미래화를 지향하고 있다. 마찬가지로 중국의 도덕교육도 중국 교육의 이러한 3가지 지향방향을 고려하여 발전방향을 설정해야 할 것이다. 따라서 중국의 도덕교육은 첫째로, 과학기술의 발달과 경제발전이 가져온 새로운 도덕문제 해결에 관심을 가져야 한다. 이러한 일은 사람들에게 도덕교육의 필요성과 중요성을 일깨워 도덕교육의 위상을 정립하는 데 큰 도움을 줄 것이다.[30] 둘째로, 중국의 도덕교육은 새로운 전통의 확립과 같은 세계화에 따른 여러 가지 문제들에 주목해야 한다. 이제 개방은 불가피해졌다. 세계화 과정에서 도덕교육을 통하여 중국만이 지닌 문화적 장점을 살리는 것은 물론 다른 문화의 장점을 적절히 수용해야 할 것이다.[31] 셋째로, 중국의 도덕교육은 장기적 목적과 단기적 목표를 잘 조화시켜 나가야 한다. 도덕교육의 결과는 즉각적으로 나타나지 않는다. 그렇지만 단기적으로 효과를 확인할 수 있는 도덕교육의 목표들도 있다.[32] 도덕교육은 국가사회의 발전에 부응하여 그러한 장단기 목표를 설정하고 조화시켜 나가야 할 것이다.

30) 이미 한국의 도덕교육은 이러한 점에 착안하여 발전을 거듭하고 있다.

31) 과거에 유네스코를 통한 국제 이해 교육이 있었고, 최근에는 다문화 교육 등의 중요성이 더욱 부각되고 있다.

32) 다른 교육활동과 마찬가지로 도덕교육도 '수면자 효과'를 지니고 있다. 그러나 이 개념은 도덕교육을 담당하는 교육자들에게 책임 회피의 여지를 남겨준다. 도덕교육을 담당하는 사람들은 투철한 사명감을 가지고 그러한 책임 회피 유혹을 과감히 물리쳐야 한다. 도덕교육의 결과를 적절히 평가할 도구를 개발하는 일은 쉽지 않지만 결코 후일로 미룰 수 없는 시급한 과제들 중의 하나이다.

제12장_현대 중국 도덕교육의 과제

1. 시장경제와 사회주의 정치

도덕은 사회 이데올로기의 하나로서 상부 구조의 일부이다.[1] 그런데 상부 구조는 경제적 요소인 하부 구조에 의하여 결정된다.[2] 물론 도덕은 상대적 자율성을 지니고 있다. 우리의 과제는 현실이 된 시장경제를 어떻게 이상인 사회주의 정치 제도와 연계시킬 것인가이다.[3]

1) 중국 도덕교육론은 도덕윤리가 사회 이데올로기의 하나라고 분명하게 말한다.

2) 정치경제학의 연구에서 드러났듯이 정치와 경제가 맞물려 있다고 보는 것이 우리의 상식이다. 지식정보 사회에서는 문화산업, 교육산업이라는 말에서 보듯이 문화와 경제도 맞물려 있다고 하겠다.

3) 시장경제와 사회주의 정치를 어떻게 연계시킬 것인가? 아마도 과제는 이것일 것이다. 중국 도덕교육론이 사회주의 정치 '제도' 까지 언급한 것은 이미 중국 사회가 사

사회주의 시장경제를 이해하기 위해서는 먼저 사회주의에 대해 이해해야 한다.[4] 유물사관에서는 생산력의 발전에 의해 새로운 사회와 경제형태가 생겨난다고 본다. 마르크스는 자본주의 사회에서 생산관계가 생산력 발전의 질곡이 되기 때문에 새로운 공산주의 생산관계로 나아갈 수밖에 없다고 본다.[5] 사회주의와 공산주의 생산관계가 생겨나는 이유가 바로 자본주의 생산관계가 생산력 발전을 가로막기 때문인 것이다. 사회주의는 공산주의의 초급단계이며 공산주의는 완성단계이다. 사회주의 시장경제에서 우리가 할 일은 생산력을 자본주의 생산관계의 질곡에서 이끌어내 오고 자본주의를 더욱 발달시키는 생산력을 창출하는 것이다.[6]

회주의 정치 제도 하에 있기 때문일 것이다. 여기서 논리상의 오류가 발견된다.

4) 사회주의 시장경제를 이해하기 위해서는 사회주의와 시장경제를 모두 이해해야 한다. 중국인의 입장에서 시장경제는 새로이 수입된 낯선 것이다. 그렇다면 시장경제에 대한 이해가 선행되지 않고 어떻게 사회주의 시장경제를 이해할 수 있다는 것인가? 중국 도덕교육론의 입장은 사회주의를 중심으로 사회주의 시장경제를 이해해야지 시장경제를 중심으로 사회주의 시장경제를 이해하려는 것은 잘못이라는 주장으로 보인다.

5) 자본주의가 발전할수록 생산력과 생산관계 간의 간격이 커진다. 생산력은 기하급수적으로 발전하는 데 반해 생산관계는 발전이 더디기 때문에 자본주의 사회의 생산관계는 생산력 발전에 질곡이 된다는 논리이다. 그것이 지체 이론(leg theory)이다.

6) 중국 도덕교육론은 여기서 논리적 비약이 생긴다. 지금까지 중국 사회에서 생산력의 발전을 가로막은 것은 자본주의 생산관계라기보다는 사회주의 정치제도를 낳은 사회주의 생산관계라고 생각되기 때문이다. 자본주의 생산관계가 생산력의 발전을 가로막는 것은 자본주의가 발전된 상태에서이다. 그러나 중국은 아직 자본주의가 발전된 상태라고는 볼 수 없다. 그런데 중국 도덕교육론은 아직 자본주의가 발전되지 않은 중국 사회에서 자본주의를 더욱 발달시키면서 동시에 생산력의 발전을 가로막는 자본주의 생산관계를 제거하겠다는 주장이다. 아직 존재하지도 않는 중국 사회의 자본주의적 생산관계를 어떻게 제거하겠다는 것인가? 논리상의 비약이 있고

공산주의 사회가 실현되는 것은 고도의 생산력과 풍부한 재화생산에 힘입어서이다.[7] 마르크스는 "분업의 발전에 따라 … 개인 이익과 … 공동 이익 간에 모순이 발생하며 … 공산주의 사회에서는 누구나 특정한 일만 하는 것이 아니라 어떤 일이든지 하고 싶은 일을 할 수 있다. 사회가 생산 전체를 조정하기 때문이다. 오늘 일하기 싫으면 내일 일할 수도 있고, 심지어 오전에 사냥하고 오후에 낚시하고 …"라고 말했다. 중국 사회주의는 초기에 생산력이 낙후한 농업국가에 수립되었는데, 지난 수십 년 동안 중국은 생산력 발전보다는 생산관계의 변혁을 통하여 공산주의를 실현하려고 했다.[8]

이것은 마르크스와 엥겔스가 생각한 사회주의와는 상당히 거리가 있는 것이다. 덩샤오핑(鄧小平)은 중국 사회주의의 역사적 경험을 총괄하여 "무엇이 사회주의인가, 어떻게 사회주의를 건설해야 하는가?"라는 문제를 정확히 해야 한다고 강조했다. 당의 제11차 3중전회 이후 덩샤오핑을 비롯한 당 중심은 중국의 역사현실에서 출발하여 사회주의 사회의 발전문제에 대해 "건국 이래 역사문제에 대한 당의 결의"를 발표하고 중국의 사회주의 제도가 아직 초급단계에 있음을 확인하였다. 제13차 당대

오류로 보인다.

7) 고도의 생산력과 풍부한 재화가 있는 상태란 정의론에서 언급되는 '정의의 정황' 논의를 떠오르게 한다. 정의가 문제되지 않는 상황은 재화가 무한히 존재하거나 모든 사람에게 욕망과 이기심이 없는 상태이다.

8) 중국의 사회주의는 자본주의가 발달하지 않은 낙후된 농업사회에서 출발했다. 그럼에도 불구하고 그동안 중국은 초기 자본주의의 생산관계를 개혁함으로써 생산력을 발전시키려고 시도해 왔다는 것이 중국 도덕교육론의 주장이다. 그 결과는 경제적 빈곤이다. 그래서 이제 뒤늦게나마 중국은 시장경제를 도입하여 생산력을 발전시키되 발전된 자본주의 사회에서 생산관계가 생산력의 발전을 가로막는 상황은 일어나지 않게 하겠다는 주장인 듯하다.

회에서는 사회주의 초급단계 이론을 체계적으로 발표했다. 장쩌민은 제15차 당대회 보고서에서 "사회주의는 공산주의의 초급단계이며, 중국은 사회주의 초급단계 그것도 낮은 수준의 초급단계이다. 따라서 공업화·시장화·현대화하려면 앞으로도 상당한 기간이 필요하다"고 말했다. 확실히 중국 사회주의는 아직 불완전한 사회주의이다. 여기서 말하는 사회주의는 사회·정치제도이자 이상이다. 우리의 관심은 사회주의라는 이상실현을 위한 수단으로서 시장경제를 도덕교육에서 어떻게 다룰 것인가이다.[9)]

시장경제가 무엇인가를 인식하는 일은 사실판단의 문제인 반면, 시장경제를 사회주의 이상실현을 위해 어떻게 활용할 것인가는 가치판단의 문제이다. 기존의 윤리학 이론을 시장경제에 확대·적용하는 방식이 있을 수 있고, 시장경제의 운용방식에서 새로운 도덕 윤리원칙을 찾아보는 방식이 있을 수 있다.[10)] 전자는 도덕 윤리가 경제를 지배하는 결과를 초래할 것이다. 후자는 도덕 윤리와 이윤추구를 대립관계로 파악하는 대신 법률이 허용하는 범위 내에서의 효율적인 경제활동 자체가 윤리적일 수 있음을 인정하는 입장이다. 도덕 윤리도 결국 경제관계에서 파생한

---

9) 중국 도덕교육론은 시장경제가 사회주의라는 이상실현의 수단에 불과한 것임을 거듭 확인하고 있다. 이 말은 시장경제가 미래에 언젠가는 사라지고 다시 계획경제를 특징으로 하는 사회주의로 되돌아갈 것임을 피력하는 것으로 보인다.

10) 중국의 고민이 드러나는 대목이다. 기존의 윤리도덕을 시장경제에 확대 적용하는 방식에 대해 여기서는 부정적으로 말하고 있지만 뒷부분에서는 오히려 그러한 논리를 긍정하고 있다. 여기서는 그렇게 할 경우 도덕이 경제를 지배하게 된다는 점에서 바람직하지 못하다고 말하고 있다. 한국에서 전통 윤리를 현대 한국 사회에 새롭게 재해석하여 확대 적용할 수 있다는 주장을 생각나게 하는 대목이다. 중국 도덕교육론은 시장경제라는 현실에서 출발해야 된다고 말한다. 한국의 전통 윤리에 대한 재해석에 대해서도 같은 논리가 적용될 수 있을 것이다.

것임을 고려할 때, 후자가 마르크스의 관점에 부합한 것으로 보인다.[11] 이러한 관점에서 구체적으로 아래와 같은 세 가지 문제를 고찰할 필요가 있다.

1) 시장경제의 특징과 새로운 윤리문제

시장경제에서는 재산 소유, 가치 교환, 공급과 소비, 경쟁, 계약, 가격, 이익과 손해, 자원 변동, 노동 등 시장을 통한 가치의 배분과 관련된 수많은 문제들에서 새로운 도덕 윤리문제가 생겨난다. 이익과 이윤의 창출은 시장을 움직이는 동력이다. 시장은 '최소-최대 원칙', 바꿔 말해서 최소의 비용으로 최대의 효과를 노리는 경제원칙이 지배한다. 이것은 이기적인 행위에 기초한 것으로서 이타적인 행위와는 거리가 멀다. 시장경제에서 중요한 재산권, 공평, 공리, 경쟁, 자유라는 원칙에 대한 대립되는 관점을 요약하면 아래와 같다.

재산권의 경우, 옹호자는 개인 권리를 침해하지 않는 일이 중요하며 시장은 재산권을 존중하는 유일한 체계라고 본다. 반면, 반대자는 초기 보유 재산의 도덕성이 불명확하며 시장이 그러한 재산 획득 과정을 문제 삼지 않는다고 본다. 공평원칙의 경우, 옹호자는 동등한 기회가 주어졌을 때 능력과 업적에 따라 재화를 배분하는 일은 당연하다고 본다. 반대

11) 현대 마르크스주의는 크게 두 갈래로 나뉜다. 여기의 논의에서 한 갈래는 도덕윤리가 경제관계에서 파생했다는 주장이고, 다른 갈래는 도덕윤리의 상대적 자율성이 경제관계를 변화시킬 수 있다는 주장이다. 리핑은 정통 마르크스주의 입장을 대변하는 것으로 보인다. 수정주의 또는 인간주의적 마르크스주의는 후자에 더 큰 관심을 갖는 것으로 해석할 수 있다.

자는 개인이 얻은 수익이 순전히 자기 능력에 의한 것인지 아니면 사회의 다른 변수에 의한 것인지 알 수 없고, 심지어 투기나 사기와 같은 비도덕적인 수단에 의한 재화 획득도 있다고 본다.[12] 공리원칙의 경우, 옹호자는 공리원칙이 시장에서의 생산과 교환의 동력이며 시장이 최대한의 공리 산출을 보장한다고 본다. 반대자는 시장에서의 개인 이익추구가 극단적 이기주의로 변질될 것으로 본다. 경쟁원칙의 경우, 옹호자는 시장에서는 경쟁을 통해 독립심, 근면성, 독창성, 용기, 자율과 같은 덕성이 생겨난다고 본다. 반대자는 시장에서의 경쟁이 잔인함, 교활함, 음흉함, 권모술수와 같은 좋지 않은 습성을 길러준다고 본다.

시장경제가 도덕에 미치는 영향을 상반되게 평가하고 있는 이유는 여러 가지가 있겠지만 시장이 장점을 지니고 있음에도 불구하고 단점도 동시에 가지고 있기 때문일 것이다. 시장에서는 효율성이 도덕성보다 중시될 수밖에 없다.[13] 특히 시장이 생산을 꺼리는 가로등과 같은 복지시설, 기상, 국방 등의 부문과 생산할 수 없는 우정(郵政), 교육 등의 부문과 같은 외부 경제가 문제이다.[14] 아마도 가장 큰 문제는 지구촌의 생태계 파괴와 위기일 것이다. 시장 메커니즘에 기초한 자본주의 사회에서 빈부격차가 극심해지고 인간이 소외되는 현상도 시장경제가 해결해야 할 중요한 윤리문제 중의 하나이다.

12) 투자와 투기 개념의 차이점과 그것의 비도덕성 논의는 2005년 한국 사회에서 치열한 논쟁을 불러일으킨 바 있다.

13) 효율성이란 말 대신 생산성이라는 말을 사용할 수도 있을 것이다. 또한 여기서 말하는 효율성은 좁은 의미의 합리성 개념과 통한다. 그럴 경우 합리성과 도덕성 개념이 대비된다.

14) 외부 효과 또는 외부 경제 개념에 대해서는 경제학 개론서를 참조하라. 보다 발전된 논의는 신도시 개발에서처럼 사유재를 공공제로 바꾸는 문제나 환경산업처럼 공공재를 사유재로 바꾸는 문제일 것이다.

2) 비도덕적인 시장경제 활동의 통제

시장경제가 초래하는 부정적인 윤리문제들을 해결할 방도는 있을까?[15] 이 문제에 대한 해결책은 사회주의 시장경제와 자본주의 시장경제의 차이점에서 찾아볼 수 있다.[16] 같은 시장경제라 할지라도 사회주의 시장경제에서 시장은 어디까지나 수단에 불과하며 목표는 사회주의이다. 시장경제는 사회주의 생산력의 발전을 촉진하는 수단에 불과한 것이다. 인간의 모든 활동이 경제활동은 아니다. 또한 인간의 행동 중에는 도덕적인 것도 있고 비도덕적인 것도 있다. 따라서 경제활동 중에는 도덕적인 것이 있고 비도덕적인 것이 있다. 시장경제에서 이루어지는 활동 중에 비도덕적인 요소를 효과적으로 제어할 수 있는 것은 사회주의라는 목표에 기초한 도덕이다.

3) 사회주의 시장경제가 나아갈 방향

사회주의라는 목표달성을 위해 시장경제라는 수단을 활용할 때 어떻게 비도덕적인 행위를 제어할 수 있을까? 이와 관련하여 도덕교육에서 두 가지 유의할 점이 있다. 첫째로, 사회주의 시장경제에서의 도덕교육

15) 시장경제가 초래한 부정적인 윤리문제들은 '천민자본주의' 개념으로 설명되고 있다.

16) 사회주의 시장경제도 시장경제인 한 '천민자본주의'가 나타나지 않는다는 보장은 없다. 또한 과거 계획경제 하에서의 부정적인 윤리문제들도 잔존할 것으로 보인다.

은 시장경제의 운용원리와 동떨어진 것이어서는 안 된다.[17] 도덕 허무주의와 도덕 공상주의는 바로 그런 것들이다. 도덕 허무주의는 욕망과 욕구 충족에 높은 가치를 두며, 그 결과 권리와 의무의 불평등을 초래한다. 현실적 부정부패에 야합하고 출세주의에 빠진다. 공상주의는 금욕에 높은 가치를 두지만 결과는 권리와 의무의 불평등이다. 입장은 달라도 허무주의든 공상주의든 권리와 의무의 불평등이 공통점이다.[18] 권리와 의무가 불평등하므로 공상주의가 찬양하는 금욕은 일반 대중에게만 요구되며 일부 특권층은 자기 욕망대로 산다. 허무주의가 주장하는 욕망과 욕구충족의 가치도 권리와 의무가 불평등한 상황에서는 일부 계층의 특권이 될 수밖에 없다. 문화대혁명 기간에는 개인의 합리적 권익을 억누르며 공상주의가 성행했다. 개혁개방 이후 공상주의는 비판받았으나 이번에는 허무주의가 성행하게 되었다. 어느 쪽도 바람직한 것이라고는 말할 수 없을 것이다.

둘째로, 사회주의 시장경제에서 도덕교육의 방향은 사회주의 이상을 지향하며 공산주의 실현을 목표로 해야 한다. 그렇다고 시장경제라는 현실을 도외시해서는 안 될 것이다. 중요한 것은 시장경제가 역사의 일정 단계에서만 생산력을 제고시킬 수 있다는 점이다. 그런 점에서 시장경제는 어디까지나 사회주의와 공산주의라는 목표를 달성하기 위한 수단에 불과함을 잊어서는 안 된다. 시장경제에서 합리적 이기주의만을 유일한 도덕으로 간주하고 희생 봉사정신을 가치 없는 것으로 여기게 되어

17) 중국 사회는 이제 시장이 무엇인지 배우고 있는 단계라고 보아야 할 것이다. 한국 사회도 시장경제를 배우는 데 많은 시간을 소비했고, 아직도 그것을 제대로 알고 있다고 말하기 어렵다.

18) 권리와 의무의 불평등 문제는 오히려 관료제의 폐단에 대한 논의에서 핵심이다. 또한 조직 내에서의 민주주의 논의에도 등장한다.

서는 안 된다. '합리적인 도덕'은 사회주의, 집단주의 도덕과는 달리 개인중심주의 또는 극단적 이기주의로 변질될 수 있다. 이런 결과는 시장경제의 정상적인 운영에도 도움을 주지 못할 것이다.

2. 다원사회와 집단주의 도덕

1) 시장경제가 요구하는 도덕교육

현재 중국은 시장경제가 초래한 다원화에 적응하면서 집단주의 도덕원리를 견지해 나가야 하는 과제를 안고 있다. 이것을 구체화하면 아래와 같다. 첫째로, 개인윤리 중심으로부터 사회윤리 중심으로 바뀌어야 한다. 개인윤리는 개인의 인간관계와 관련된 윤리이다. 이런 사적인 인간관계의 윤리에서는 사회 전체에 대한 책임문제가 거의 발생하지 않는다. 전통 사회에서 부자, 군신, 장유, 부부, 친구와의 도덕적 관계를 규정한 오륜(五倫)은 개인의 인격도야와 관련된 윤리규범들이다. 구체적으로 상대방이 누구인가를 확인한 다음에야 윤리적인 관계가 확정되었던 것이다. 개인윤리와는 달리 사회윤리는 사회 전체 또는 일반 대중에 대한 책임을 다루는 윤리이다.[19] 시장경제에서 개인이 다루는 문제는 일 대 일 관계(一對一關係)에서 일대 다수관계(一對多關係)로 바뀌었다. 여기

19) 아마도 다른 경우를 생각해 볼 수 있을 것이다. 다수 또는 집단이나 조직, 심지어 사회 전체가 개인에 대해 이행해야 할 책임에 관한 논의가 그것이다. 사생활 보호, 개인 정보 보호, 초상권을 비롯하여 지적 소유권 보호 문제 등을 생각해 볼 수 있다.

서 개인윤리를 사회윤리로 대체하자는 말은 아니니다. 오히려 개인윤리를 사회윤리에까지 확장시키자는 말이다. 가족친지와 같이 친밀한 사람에 대한 도덕을 사회 전체와 모든 사람에까지 확장하자는 말이다. 사회윤리를 도외시하고 개인윤리만 다루어서 해결할 수 없는 문제들이 시장경제 아래에서는 많이 있다. 환경오염 문제, 공중위생 문제, 부정부패 문제 등이 그러한 예일 것이다.

둘째로, 기본적 도덕규범을 확립해야 한다. 시장경제는 경쟁의 법칙이 지배한다. 그러나 자기 이익만을 추구하는 맹목적인 경쟁은 무질서한 사회를 만들게 될 것이다. 질서 있는 경쟁을 보장하려면 '게임의 법칙'을 준수하게 해야 한다. 최소한의 비용으로 최대한의 효과를 얻으려는 경제적 인간에게 법률이 정한 게임의 규칙을 지키게 해야 사회질서를 유지할 수 있을 것이다. 법치사회가 되어야 한다는 것이다.

공정한 경쟁을 보장하기 위해 시장경제에서 확립해야 할 도덕규범으로 중요한 것은 평등, 공정, 호혜, 신용 등을 들 수 있다.[20] 평등이라는 덕목은 법 앞의 평등을 의미한다. 법률이 정한 시장규칙에 따라 경쟁하여야 한다는 것이다. 불평등한 상황에서는 경쟁 자체가 무의미해진다. 특권을 허용하는 불평등한 사회에서 공정한 경쟁이 이루어질 수 없다. 평등을 강조한다고 해서 평균주의 또는 획일주의로 가자는 말은 아니다. 공정이라는 덕목은 권리와 의무, 자유와 책임을 엄정하게 규정하여 정당한 개인 이익을 보호하고 정의로운 사회를 건설하는 데 필요하다. 특권, 특혜는 공정에 반대되는 것들이다. 호혜 또는 상호성이라는 덕목은 계약 개념과 깊은 관련이 있다. 계약 당사자들은 신의와 성실의 의무를 다해야 한다. 능력과 실력에 의해 경쟁을 하되 개인 이익과 사회 이익이 조화

20) 도덕규범은 덕목이라는 말로 바꾸어 이해할 수 있다.

되도록 노력해야 하고, 가능하면 한 쪽만 이익을 보는 제로 섬 게임(zero-sum game)보다 모두에게 이익이 되는 포지티브 섬(positive sum) 게임이 되도록 힘써야 한다는 덕목이 호혜이다. 신용이라는 덕목은 게임규칙에 따라 약속을 성실히 이행할 것을 요구한다. 신용이라는 덕목이 없는 시장경제는 높은 효율을 보장할 수 없다. 불신에 따른 대가 또는 비용이 너무나 크기 때문이다.

셋째로, 덕성함양에 주력해야 한다.[21] 도덕규범 또는 덕목만 강조해 가지고는 피동적인 인간을 육성하는 데 그칠 것이다. 덕성의 함양은 장기적 안목에서 주목해야 한다. 도덕이라는 말에서 도(道)는 외적인 규범이고 덕(德)은 내적인 품성이다. 공자는 외적인 규범만 지키고 내적인 품성이 갖추어지지 않은 경우를 향원(鄕願)이라는 말로 혹평하였다. 향원은 위선자를 가리킨다. 겉으로 규범을 준수하는 행동을 하지만 진심으로 그렇게 하는 것이 아닌 경우이다. 준법의 경우도 비슷하다. 법률을 준수하는 행위이지만 자기 이익만 추구하고 타인과 사회 전체에 대한 고려가 전혀 없는 행위는 사회 전체에 가장 나쁜 결과를 초래할 수 있다. 바꿔 말해서 '법대로'를 외치는 독재가 가장 나쁜 독재인 것과 같다. 개방사회는 폐쇄사회보다 훨씬 더 복잡한 구조와 기능을 가지고 있다. 복잡한 사회에서 추상적인 도덕규범을 적용하기가 쉽지 않을 뿐만 아니라, 경우에 따라서는 적용할 적절한 도덕규범이 없는 경우도 있다. 이때 필요한 것이 덕성이다. 덕성 또는 품성은 설명하기가 쉽지 않다. 덕성이나 품성은 개괄적인 특징을 지니지만 도덕적 행위와 긴밀히 연관되어 있다. 품성 또는 덕성은 내면화된 도덕적 신념과 도덕적 감정의 복합체이다. 그것은

21) 인격교육 개념을 설명하고 있다. 인격교육의 통합적 접근법과 덕목 접근법의 차이점을 설명하지 못하고 있다.

도덕적 갈등상황에서 선택이 불가피할 때 피동적이기보다는 능동적이며, 타율적이기보다는 자율적으로 작용한다.

1957년 이후 극단적 좌익사상 노선의 영향으로 강력한 정치비판이 사회 전체를 지배했고, 도덕교육도 도(道)만 일방적으로 강조했다.[22] 그러한 계급투쟁 시기에 도의 내용은 시사 · 정치였고, 도덕교육은 시사교육과 정치교육이 되었었다. 상대적으로 덕성이나 품성교육은 무시되었다. 그 결과 "친구가 물에 빠진 것을 보고 어린 학생이 구해달라고 소리쳐도 어른들은 모른 체하고, 성희롱 당하는 여성을 보고도 구경만 할 뿐 아무도 돕지 않는 지경에 이르렀다."[23] 좋은 품성과 덕성을 함양하면 사회 변화에 더 잘 적응할 수 있으며, 자기 시대에 맞는 새로운 도덕규범을 더 잘 만들어낼 수 있을 것이다. 중국은 덕성교육의 좋은 전통이 있다. 다만 시대에 맞지 않는 부분과 계급에 의해 제약받는 부분은 제거해야 할 것이다. 현대 중국인에게 요구되는 기본 덕성으로는 인의(仁義), 성실, 정직, 공정, 수신(守信), 근면 등을 들 수 있다.

22) 중국 사회에서는 이 당시 경험을 통하여 비판적 사고 교육이 자연스럽게 이루어졌을 것으로 생각된다. 그런데 그러한 '산교육'에 문제가 있었다는 것인가? 아마도 문제점은 이런 것이었을 것이다. 일례로 도덕 윤리가 정치적 적대세력을 제거하기 위한 수단으로 사용됨으로써 도덕 윤리의 근본정신을 일탈했다는 점을 둘 수 있을 것이다.

23) 법과 윤리가 충돌하는 상황의 하나이다. 우리 속담에 "물에 빠진 사람 건져 놓으니 보따리 내놓으라고 한다"는 말이 있다. 선의의 행위가 반드시 좋은 결과를 가져오는 것만은 아니라는 데 문제가 있다. 싸우는 친구 말리다가 재판정에서 집단폭행으로 몰리는 경우도 그러한 일례이다. 법과 윤리의 충돌을 다룬 대표적인 학자는 콜버그이다. 그의 도덕적 딜레마는 대개 이 문제를 다루고 있다.

2) 사회주의 실현을 위한 도덕교육의 주요 특징

첫째로, 개인 이익의 추구보다 타인과 사회 전체의 이익을 먼저 고려하도록 해야 한다. 새로운 도덕은 개인을 출발점으로 하여 공정성과 현실적 합리성을 존중하되 타인에게 피해를 주지 않고 사회 전체에 이익이 되는 쪽으로 정립해 가야 한다. 이러한 '고상한 도덕'은 보편화하기가 어렵다는 데 문제가 있다.[24] 그러나 도덕교육은 이러한 경지를 포기해서는 안 될 것이다.

둘째로, 희생 봉사정신을 함양해야 한다. 새 시대의 도덕교육은 개인과 타인, 개인과 사회의 관계가 호혜성에 기초하도록 해야 한다. 그렇지만 그러한 상호성을 초월하여 개인의 자발적인 희생과 봉사정신의 함양을 포기해서는 안 된다. 밀(J. S. Mill)은 자기 희생이 최고의 미덕이라고 보았다. 대다수 사람이 행복해지려면 일부 사람의 희생이 불가피하다고 보고, 불완전한 사회에서 자기 희생만이 최대 다수의 행복을 보장하는 최선의 방법이라고 본 것이다. 그렇지만 자기 희생을 강요해서는 안 될 것이다. 희생정신은 어디까지나 자발적일 때 도덕적으로 가치 있는 것이기 때문이다.

셋째로, 멸사봉공(滅私奉公)의 정신을 함양해야 한다. 사심 없이 성실하게 공무를 수행하는 자세를 길러주어야 한다. 펑우란(馮友蘭)은 인간의 정신적 경지를 자연적 경지, 공리적 경지, 도덕적 경지, 우주적 경지로 나누었다. 자연적 경지에 있는 사람은 습속에 순응하며 자기 행위의

24) 한국의 제7차 도덕과 교육과정 해설서에는 '오만하지 않은 도덕' 개념이 실려 있다.

의미를 명확히 알지 못한다. 공리적 경지에 있는 사람은 자기 행위의 의미를 알고 있으나 자기 이익과 명예만 추구한다. 도덕적 경지에 이른 사람은 예의와 의리를 알고 사회를 위해 일하고 봉사한다. 우주적 경지에 이른 사람은 사회를 이해할 뿐만 아니라 우주에 대해서도 이해하기 때문에 사회와 우주 모두에 대해 공헌한다. 공산주의 도덕은 우주적 경지를 가리킨다. "청렴하고 충실하게 공무에 종사하며, 공무수행을 위해 사생활을 포기하고, 자기 이익은 전혀 고려하지 않고 타인과 인민만을 위해 봉사하며, 공산주의 사회 건설에 전심전력하여 개인의 쾌락보다 사회발전을 먼저 생각한다. 개인의 이익을 전혀 고려하지 않으며, 사회발전, 인민의 복지, 공산주의 사회 건설에 심혈을 기울이고, 나라에 충성하며, 심지어 개인의 생명까지도 희생할 수 있다"는 경지가 바로 그것이다. 사회주의 초급단계에서 이런 경지에 도달한 사람은 극소수이다. 현대 중국의 도덕교육이 시장경제의 운용원리에 따라서만 이루어진다면 사회주의의 이상과 간격이 생겨 불완전한 것이 될 것이다.

3. 현대 중국 도덕교육에 대한 반성과 연구과제

1) 현대 중국 도덕교육의 역사적 경험과 반성

중국의 도덕교육은 두 번에 걸친 역사적 변화를 겪었다. 첫 번째는 신중국의 탄생이다. 이때부터 중국의 도덕교육은 사회주의를 지향하기 시작했으며, 반봉건 · 반식민지적 성격에 대해서 비판이 가해졌다. 도덕교육은 사회주의적 의식화의 수단이 되었다.

후쇼우펀[호수번(胡守芬)]의 '덕육윤리(德育倫理)'에는 중국 도덕교육의 목표가 명시적으로 설명되어 있다.

1950년대 초 초등과 중등학교 도덕교육의 목표는 "조국 사랑, 인민 사랑, 노동 사랑, 과학 사랑, 공용물 사랑"의 5애(五愛)로서 이것은 공민의 공덕을 함양하는 것이었다. 그밖에 성실, 용기, 단결, 규율 준수도 포함되어 있었다.

1954년 정무원(政務院)은 중학교 정치사상 교육의 임무가 사회주의 정치사상, 유물변증법, 그리고 공산주의 도덕을 가르치는 것이라고 공포하였다.

1958년 발표한 '교육사업에 대한 중국 중앙정부 국무원 지시(中共中央, 國務院關于教育工作指示)'에서는 각급 학교에서 모든 학생에게 노동계급의 계급사상(부르주아와의 투쟁), 민중과 집단주의 사상(개인주의 사상과의 투쟁), 육체노동과 정신노동을 포함한 노동존중 사상(육체노동에 대한 정신노동 우위 사상과의 투쟁), 유물변증법 사상(유심주의 및 형이상학과의 투쟁) 등 5가지 사상의 함양을 강조하였다.[25)]

1960년대 초에는 학교 교육활동 지침을 공포하며 초등학교와 중등학교의 교육활동에 대한 업무규정을 특별히 제정하였다. 도덕교육과 관련해서는 초등학교의 경우 여전히 5애, 즉 공민의 공덕교육을 계속하면서 동시에 "사회주의와 공산당을 옹호해야 한다"고 하였다. 중등학교에서는 "애국주의와 국제주의 정신을 함양하고, 공산당과 사회주의를 옹호하며, 사회주의 건설과 인민에 봉사하고, 계급, 노동, 민중, 유물변증법

25) 노동 존중 사상은 흔히 '노동의 신성성'으로 표현되었다. 화이트 칼라와 블랙 칼라 간의 차별을 없애는 것도 그 내용 속에 포함되었다. 사회주의 국가의 직업 선호도는 자본주의 국가의 직업 선호도와 같지 않다.

사상을 이해하고, 공산주의 도덕과 혁명의지를 기르고 수정주의, 부르주아 사상 및 기타 반동사상에 반대하여 노동 계급의 세계관을 정립한다"고 하였다.

문화대혁명 기간에는 각급 학교가 계급투쟁 대열에 합류할 것을 강조하여 "프롤레타리아를 일으키고 부르주아를 소멸시키자[興無滅資]"와 "수정주의를 반대하고 그것의 침투를 막자[防修反修]"를 도덕교육의 기본 임무로 제시하였다.

도덕교육의 목표가 이와 같이 변화해 온 것을 살펴보면서 우리가 알 수 있는 것은 그동안 중국에서는 도덕교육을 정치교육이라고 보고, 도덕교육이 사회의 지배적인 의식을 전파하는 바꿔 말해서 국가이념을 확산시키는 일을 주도해 왔다는 점이다. 결국 지금까지 도덕교육은 인민의 사고와 행동을 통일시키고 질서를 유지하여 사회를 안정시키는 기능을 해온 것이다. 그러나 이 과정에서 덕성과 품성교육은 소홀하게 다루어지고 정치교육과 계급투쟁 교육이 지나치게 강조되었다.[26)]

지육보다 덕육은 상대적으로 우위에 있었다. 마오쩌둥(毛澤東)은 피교육자에게 덕육, 지육, 체육 등 모든 분야를 발전시켜 사회주의 사상과 지식 있는 노동자를 만드는 것이 중국의 교육방침이 되어야 한다고 말했다. 이와 같은 기본적인 교육방침에 기초하여 학교교육에서는 도덕교육

26) 한국의 반공교육을 생각나게 한다. 건국 이후 한국에서는 자유 민주주의의 우월성에 대한 교육을 오래도록 강조해 왔다. 한국전쟁 이후에는 반공교육이 도덕교육을 주도했다. 1980년대에는 반공교육이라는 말 대신 정치교육이라는 용어가 주로 사용되었으나 도덕교육이 정치적으로 이용된 것은 마찬가지였다. 한편 당시 운동권 또는 비제도권의 '의식화 교육'은 어떠한가? 의식화 교육이 민주화의 수단으로 사용되었다고 볼 수 있는 데, 그것 역시 정치적으로 이용되었다는 점에서는 마찬가지이다.

을 매우 중시하여 체계적인 교육과정과 교육활동을 마련하였다. 당시의 도덕교육은 사회주의 사상에 투철한 노동자를 양성하는 데 크게 기여하였다.[27] 그러나 도덕교육을 지나치게 강조한 결과 일반적인 교육활동과 유기적 연계를 가지기보다 특수한 교육활동으로 여겨졌다.[28]

1978년 쓰런빵[4인방(四人幇)] 축출 후 가진 제1차 전국교육사업회의(第一次全國教育工作會議)에서 덩샤오핑(鄧小平)은 "자본주의보다 더 높은 노동 생산성을 창출하여 중국을 현대화된 사회주의 강대국으로 만들고 상부 구조 영역에서 종국적으로 부르주아의 세력에 대항하여 승리하려면 과학적 · 문화적으로 수준 높은 교양을 가지고 있을 뿐만 아니라 전문성과 사상성이 투철한 노동자와 지식인을 많이 양성해야 한다.[29] 분명한 것은 학교에서 정치가 나아가는 방향을 정확히 교육해야 한다는 것이다. 이 말은 정치사상 교육에 많은 수업시간을 배정해야 한다는 말이 아니다. 학생들에게 정치가 나아가는 방향을 확실히 제시해야 한다고 해서 과학적 지식에 대한 교육을 소홀히 해도 된다는 말도 아니다. 오히려 올바른 정치지식과 혁명의식을 가지고 과학적 지식에 대한 교육을 더 열심히 하자는 것이다. 과거 4인방이 정치가 나아가는 방향을 정확히 교육하자는 전제 하에 교육 전반의 질을 높이고 과학교육의 질을 높이는 일

27) 반공교육의 성과는 무엇이었을까? 일례로 군 교육기관에서는 반공정신에 투철한 군인을 길러내는 데 성공하였다고 볼 수 있다. 그러나 민주화 과정에서 군 교육기관들이 겪은 정체성의 위기를 동시에 평가해 보아야 한다. 그러한 정체성의 위기는 교육 현장의 도덕 교사들도 마찬가지로 겪었다고 보아야 한다.

28) 수위교과의 문제점이 여기에 있다. 도덕교과는 모든 교과들 중에서 수위교과의 위치를 차지했었다. 특별대우를 받은 것이다. 물론 그러한 대우에 상응하는 정치적 목적달성 수단으로서의 '기여'를 해야 했다.

29) 전문성과 사상성은 전(專)과 홍(紅)으로 표현된다. 지식인은 '지식분자'라고 표현된다.

을 '지육제일주의'에 불과하다고 비판했던 것은 프롤레타리아 계급 정치노선에서 벗어난 것으로서 엄청난 착오였다"라고 말했다.[30] 덩샤오핑의 이러한 논평은 우리에게 시사하는 점이 많다. 도덕교육은 교육활동 전체와 유기적으로 연계되어 있고 그 일부로서 이해해야 한다.

중국의 도덕교육이 겪은 두 번째 역사적 전환기는 개혁개방과 사회주의 현대화 사업의 시작이다. 제1차 전환기에는 도덕교육이 사회주의 사상을 어떻게 전파할 것인가라는 문제가 핵심이었던 반면, 제2차 전환기에는 사회주의 초급단계와 시장경제라는 조건에서 도덕교육을 어떻게 해나갈 것인가라는 문제가 핵심이다. 중국의 도덕교육을 개방된 사회에 어떻게 적응시킬 것인가가 중요한 문제가 되어 있는 것이다.

중국은 역사적으로 대외에 개방을 시도한 세 번의 경험이 있다. 첫 번째는 아편전쟁이다. 침략전쟁을 경험하며 중국은 2천여 년 동안 닫아 놓았던 문호를 개방하게 되었고, 봉건사회로부터 반(半)식민지 반봉건 사회로 전환하였다. 두 번째는 5·4운동이다. 5·4운동은 러시아혁명의 영향을 받고 일어난 반(反)제국 반봉건 운동이다. 이것은 반봉건 문화를 내세운 신문화 운동이었다. 과학과 민주를 내세운 5·4운동의 기치는 중국이 신민주주의 혁명과 현대화로 나아가는 데 지대한 영향을 미쳤다. 세 번째는 중국 공산당 제13차 3중전회(三中全會) 이후의 사회주의 개혁

30) 주지교과와 주입식 교육에 대한 비판이 오래도록 이어져 왔다. 전인교육이라는 용어의 사용은 그러한 비판의 흐름 중에서 가장 오래된 것들 중의 하나일 것이다. 탐구식은 좋고 주입식은 나쁘다는 주장에 문제점이 있듯이 주지교과에만 지나친 비중을 두어서는 안 된다는 주장에도 문제점이 있다. 주지교과의 성격이 없는 교과가 있는가? 주지교육 없이 일반적으로 교육 자체가 가능할까? 다른 한편 인용된 덩샤오핑의 말에서는 '프롤레타리아 계급 정치 노선'이 여전히 현실 평가의 기준으로 등장하는 점에 주목할 필요가 있다.

운동이다. 제1차 개방 시도가 강제적인 것이었고 제2차 개방 시도가 사상 문화의 개방이었다면, 제3차 개방 시도는 경제건설에 중점을 둔 것이다.[31)]

봉건의식의 잔재가 여전히 남아 있던 중국 사회에서 극좌사상의 계급투쟁 노선이 남긴 것은 경제적 빈곤이었다.[32)] 이것을 시정하기 위해 시작한 개혁개방이 단순히 경제개혁만 의미하는 것은 아니다. 경제개혁은 정치, 사상, 문화의 개방을 수반한다. 개방사회는 발전의 불균형, 이질적인 문화 간의 대립, 선택 폭의 증가와 같은 새로운 경험을 하게 만든다. 선진 과학기술의 도입은 사상, 문화, 가치관의 유입을 동반한다. 정보사회의 도래는 네트워크의 신속한 확장을 가져왔다. 이렇게 변화된 사회에서 중국의 도덕교육은 두 가지 측면에 주목해야 한다. 하나는 개방사회에서 도덕의 권위는 외부적 강제로 유지될 수 없게 되었다는 것이고, 다른 하나는 도덕적 평가의 과정이 관행에 따르는 습속형(習俗型)으로부터 주체적 판단에 따르는 이성형(理性型)으로 바뀌었다는 것이다.

또한 중국의 도덕교육은 이중의 압력을 받고 있다. 한편으로는 문화대혁명 시기에 도덕교육을 과도하게 강조했던 데 대한 냉소의식의 압력이 있고, 다른 한편으로는 현대화에 따른 세속화 과정 속에서 나타난 도구적 이성의 압력을 받고 있다. 능력, 기술, 기교의 경쟁이 중시되는 시장

31) 한국 사회가 대외적으로 본격적인 개방을 시작한 것은 언제였을까? 아마도 88올림픽 전후라고 말할 수 있을 것이다. 88올림픽을 전후하여 연좌제가 폐지되었다. 그리고 해외여행 자유화가 이루어졌다. 이민도 훨씬 수월해졌다. 이렇게 보면 그 이전까지 한국은 상대적으로 폐쇄적인 국가였다고 평가된다.

32) 한국의 극우 노선이 경제발전에 기여했다고 평가받는 것과는 대조적이다. 한국의 경제 발전은 대외 무역에 힘입은 바 크다. 현재 시점에서 바라볼 때, 한국에서는 극우 노선이 지배할 때에도 경제정책은 개방적이었다고 볼 수 있다.

경제에서 도덕과 도덕교육은 가치 없는 것으로 폄하될 수가 있다. 이미 학교에서 학생들은 고시(수능)의 핵심 과목인 국어 · 수학 · 영어과목에 매달리고 있고, 사상 · 정치 · 도덕과목은 단순한 암기 과목으로 전락하였다.[33]

지육, 덕육, 체육 중 어느 것이 가장 중요한가라고 묻는 것은 어리석다. 어느 것이 더 중요하고 덜 중요하다기보다는 모두가 중요하기 때문이다. 중국의 도덕교육이 고심하고 있는 것은 중국과 서양의 전통 도덕에서 무엇을 계승하고 무엇을 타파해야 할 것인가와 지육, 덕육, 체육을 어떻게 연계시켜야 상승효과를 가져올 수 있는가이다.

2) 현대 중국 도덕교육의 연구과제

유전자 조작 기술, 컴퓨터 공학 기술 그리고 인터넷의 보급과 통신위성의 활동 등으로 지구촌이 좁아지고 정보사회가 도래하였다. 중국의 도덕교육은 향후 다음과 같은 몇 가지 점에 대해서 더욱 심도 있는 연구가 필요하다.

첫째로, 피교육자에 대한 연구이다. 과거 중국의 도덕교육은 교육자 중심의 일방적인 교육이었다. 기성세대의 경험을 그대로 젊은 세대에게 전수해도 아무런 문제가 없었기 때문이다. 그러나 신세대의 도덕은 그들의 새로운 생활경험에 기초하지 않으면 안 된다. 도움이 되는 것은 피교육자에 대한 현대 심리학의 연구들이다. 이미 서양의 도덕교육은 피교육

33) 주어진 여건은 다르지만 여기서 서술하고 있는 일들은 한국 사회에서도 동일한 양상으로 나타나고 있다. 등결과성(equfinality) 개념을 연상시킨다.

자의 생활경험을 중시하고 동시에 생활에 참여하는 것을 통해 도덕교육의 효과를 제고하고 있다. 주입식 교육을 탈피한 것이다.

중국의 도덕교육이 일방적인 주입식 교육으로부터 벗어나려면 몇 가지 유의할 점이 있다. 우선 피교육자가 비판적으로 사고하여 스스로 가치관을 형성해나가도록 돕지 않으면 안 된다. 그러기 위해서는 학습자의 도덕 발달단계를 고려해야 한다. 피교육자 개인에게 어떤 도덕적 사고와 결정 그리고 실천의 기회를 제공할 것인가 하는 문제는 그들의 도덕 발달단계를 고려하지 않고는 해결할 수 없기 때문이다. 다만 서구의 도덕교육이 아동 중심으로 나아간 결과 극단적인 방임주의와 개인주의에 빠져 예상하지 못한 대가를 치르고 있다는 점에 주의해야 한다.

중국의 도덕교육은 정치사상 전파의 도구가 되어 정치적 지식을 일방적으로 주입하는 일에 몰두한 결과 형식주의에 흐르게 되었다. 교사는 교학 임무를 완수하면 그만이고 학생은 시험만 잘 보면 그만이라고 생각하는 풍토가 그것이다. 도덕교육은 좋은 품성을 기르고 비판적으로 사고함으로써 스스로 판단하고 행동하는 능력을 길러주는 일이 핵심인데 그러한 일이 부차적인 일로 변해버린 것이다. 이제 중국의 도덕교육은 피교육자에 대한 관심과 그들에 대한 연구를 통하여 한 단계 진보하지 않으면 안 된다.

둘째로, 중국의 도덕교육은 교육과정 개발에 있어서 교육목표와 내용을 수준별로 구체화하는 일이 필요하다. 동시에 각 수준 간에 계속성을 유지하도록 하는 문제를 연구해야 한다. 도덕교육의 목표와 내용을 단계별로 세분하는 일은 조작 가능성을 높임으로써 교수 · 학습방법의 개선에 도움을 주고 평가도구를 개발하는 데에도 유익할 것이다. 초등, 중등, 대학 등 각급 학교의 교육목표와 내용에 차별화가 없다면 학생들의 학습동기를 유발하기 어려울 것이다. 일본의 도덕과목 교육과정을 보

면 수준별로 차별화되어 있으면서도 전체적으로 계속성을 유지하여 체계적이다.[34]

셋째로는, 도덕교육의 효과 또는 실효성 문제에 대한 연구가 필요하다. 이것은 도덕교육 방법에 대한 연구와도 연계된다. 교육방법 측면에서 볼 때 도덕교육에는 직접적인 방법과 간접적인 방법이 있다. 도덕교육에 있어 미국은 간접적인 방법을 주로 사용하고, 영국은 직접적인 방법을 주로 사용하며, 일본은 두 가지를 절충한 방법을 채택하고 있다. 중국은 직접적인 방법을 주로 사용해 왔다. 통일된 교육방침과 목표, 내용은 물론이고 교재까지도 동일하였다. 게다가 도덕교육을 총괄하는 전문 조직과 부서까지도 설치되어 있었다. 상대적으로 간접적인 방식에 대한 연구가 부족했고, 교육현장에도 그러한 사정은 마찬가지이다. 학교 도덕교육은 수업과 샤오씨엔뚜이[소선대(少先隊), 정치사상이 투철한 초등학생들의 조직], 꽁칭뚜안[공청단(共青團), 16−28세의 청치사상이 투철한 청년들의 조직] 활동을 중심으로 행해졌다. 실제로 학교에서는 지육, 덕육, 체육이 상호 연계되지 못하고 별개의 것으로 다루어졌다.[35]

미국의 도덕교육은 간접적인 방식을 채택하고 있는데, 이것은 중국의 도덕교육에 시사하는 점이 많다. 먼저 미국의 도덕교육은 모든 과목과 강좌에서 가르쳐진다.[36] 문학, 철학, 미술, 음악, 종교, 윤리 등 모든 분

34) 이미 한국의 도덕과 교육과정은 이러한 개념을 도입하였다.

35) 한국의 경우는 직접적인 방법을 주로 사용해 왔고, 지금은 간접적인 방식도 적극 활용하고 있다. 특히 봉사활동과 단체활동은 공식적 · 비공식적 교육과정을 통해 이루어지고 있다. 단지 청소년들에게 보다 적합한 교육환경을 마련하는 일은 여전히 과제로 남아 있다.

36) 학교의 모든 교과와 과목에 도덕교육을 맡기고 독립된 교과가 없을 경우의 문제점에 대해서는 이미 지적한 바 있다. 교육한 결과에 대해 아무도 책임지지 않는, 즉 책

야가 도덕교육과 연관되어 있다. 단일한 도덕교육 과정이 없고 교육자가 피교육자에게 일정하게 정해져 있는 도덕 윤리를 가르치지 않는다. 교육 활동 전체에서 피교육자가 스스로 판단하고 행동하도록 지도하고 있다. 다음으로 미국에는 도덕교육을 전문적으로 관리하는 팀이 없다. 그러나 자원봉사 활동이 많고 자발적으로 학생들의 학습과 생활을 돕는 봉사단체들이 있다. 그러한 활동을 통하여 학생들은 자연스럽게 도덕관을 형성해 간다. 끝으로 대중매체와 사회환경의 영향을 들 수 있다. 대중매체를 통하여 도덕적 지식과 태도를 알려주고 종교단체, 사회단체, 문화단체의 활동을 통하여 학생들이 미국인의 도덕규범을 자연스럽게 익힌다.[37] 이러한 간접적인 방식의 도덕교육은 주입식 교육의 폐단을 없앨 수 있는 장점이 있다. 그러나 앞서 지적했듯이 청소년 비행, 폭력, 이혼율, 가족해체 등 미국 사회에도 많은 도덕문제들이 미해결로 남아 있다. 따라서 중국의 도덕교육에서는 직접적인 방법과 간접적인 방법의 장점을 살려나가는 방향의 연구가 필요하다.

임의 주체가 없는 도덕교육은 극단적 방임에 가깝게 된다.

37) 한국은 수많은 시민단체들이 생겨나 이러한 기능을 하고 있다. 또한 인터넷을 통해 생긴 '새로운 공동체' 들도 이미 이러한 활동에 합류하였다.

참고문헌

교육부(1999), 『중학교 교육과정 해설(II) : 국어, 도덕, 사회』, 서울 : 대한교과서주식회사.

교육부(2001), 『고등학교 교육과정 해설 : 도덕』, 서울 : 대한교과서주식회사.

김익수 외(1997), 『가정 윤리』, 서울 : 율곡사상연구원.

김정진 편(1990), 『중국전통윤리사상과 삼민주의철학』, 서울 : 인간사랑.

노사광, 정인재 역(1991), 『중국철학사 : 고대편』, 서울 : 탐구당.

杜祖貽(2003), 『듀이의 교육과 민주주의 연구』, 북경 : 인민교육출판사.

모종삼, 정인재 · 정병석 역(1991), 『중국철학특강』, 서울 : 형설출판사.

문흥호(1996), 『13억 인의 미래: 중국은 과연 하나인가』, 서울 : 당대.

박효종(1994), 『합리적 선택과 공공재 I』, 서울 : 인간사랑.

社會主義榮辱觀教育 編寫組 編(2006), 『사회주의 영욕관 교육 : 소학생 독본』, 북경 : 中國方正出版社.

소진방(蘇振芳)(2006), 『도덕교육론』, 북경 : 사회과학문헌출판사.

孫彩平(2005), 『도덕교육적 윤리 계보』, 북경 : 인민출판사.

송영배(1986), 『중국사회사상사』, 서울 : 한길사.

施民貴 편(2005), 『소학생 도덕 학습 독본』, 항주 : 절강대학출판사.

施民貴 편(2005), 『초중생 도덕 학습 독본』, 항주 : 절강대학출판사.

吳立保 · 汪明 · 楊虎民 편(2004), 『중소학신과정개혁적이론여실천』, 合肥 : 합비공업대학출판사.

吳安春(2003), 『덕성교사론』, 북경 : 인민교육출판사.

우노 시게아끼, 김정화 역(1984), 『중국공산당사』, 서울 : 일월서각.

유승국(1984), 『동양철학연구』, 서울 : 근역서제.

劉次林(2003), 『행복교육론』, 북경 : 인민교육출판사.

이평(李萍, 리핑)(1999), 『현대도덕교육론』, 광주 : 광동인민출판사.

정세구 외(1984), 『초 · 중 · 고등학교 도덕과 · 국민윤리과 지도법』, 서울 : 교육과학사.

정세구(1983), 『초 · 중 · 고등학교 국민윤리교육론』, 서울 : 교육과학사.

정세구(1980), 『이데올로기 교육의 한 접근』, 서울 : 배영사.

鄭航(2003), 『중국 근대 덕육 과정사』, 북경 : 인민교육출판사.

중국공산당 중앙문헌연구실 편, 허원 역(1990), 『정통 중국현대사 : 중국공산당의 역사문제에 관한 결의』, 서울 : 사계절.

진교훈(1982), 『철학적 인간학연구(I)』, 서울 : 경문사.

추병완(2004), 『도덕교육의 이해』, 서울 : 백의.

풍우란, 정인재 역(1993), 『중국철학사』, 서울 : 형설출판사.

한국국민윤리학회 편(1987), 『국민윤리』, 서울 : 형설출판사.

허창무(2004), 『한국윤리의 이해를 위한 중국의 윤리사상』, 성남 : 한국정신문화연구원.

姬田光義 외(1984), 『중국근현대사 : 아편전쟁에서 1982년까지』, 서울 : 일월서각.

Barry, B. 이용필 역(1993), 『정의론』, 서울 : 신유.

Bodde, Derk (ed.)(1960). *A Short History of Chinese Philosophy by Fung Yu-Lan*, the Macmillan Company.

Easton, D.(1953), 이용필(1990), 『정치체계론』, 서울 : 인간사랑.

Forisha, B. E. & Forisha, B. E. 서규선 · 최문기 역(1990), 『도덕성 발달과 교육』, 서울 : 종로서적.

Frankena, William K. 황경식 역(1984), 『윤리학』, 서울 : 종로서적.

Lickona, T. 박장호 · 추병완 역(1998), 『인격교육론』, 서울 : 백의.

Patterson, C. H. (1971), 장상호 역(1980), 『인간주의 교육』, 서울 : 박영사.

Sartori, G. (1987), 이 행 역(1990), 『민주주의 이론의 재조명 I』, 서울 : 인간사랑.

Sartori, G. 이 행 역(1989), 『민주주의 이론의 재조명 I · II』, 서울 : 인간사랑.

Waller, Michael. (1972), 이용필 역(1982), 『공산주의 이데올로기비판 : 언어와 운동』, 서울 : 법문사.

색인

– ㄹ –

– ㅁ –

– ㅂ –

– ㅇ –

– ㅈ –

— ㅊ —

서규선

서울대학교 대학원 교육학 박사
청주 서원대학교 사범대학 윤리교육과 교수

저서 및 역서

『한국인 그 얼과 기상』(신원문화사, 1986),
『공산주의 정체체계』(인간사랑, 1989),
『마르크스주의 국가론과 정치경제학』(박영사, 1991)
『민주주의와 학교교육』(일신사, 1991),
『국가론』(인간사랑, 1992),
『정치경제학의 이론과 전개』(법문사, 1992),
『학자 63인이 본 한국 통일과 그 환경』(형설출판사, 1992),
『정의론』(신유, 1993),
『사회주의 체제의 변화와 적응』(한국정신문화연구원, 1993),
『논리적 문제해결과 이해』(철학과 현실사, 1993),
『한국이 산업사회와 정치과정』(신유, 1994),
『유아 교육 기관의 통일교육』(창지사, 1997),
『도덕 · 윤리 교과교육학 개론』(교육과학사, 1998)
『환경윤리와 환경윤리교육』(인간사랑, 2000),
『현대 사상의 쟁점과 윤리』(형설출판사, 2000),
『생활예절과 국제매너』(인간사랑, 2001)

kyuseon@seowon.ac.kr

현대 중국 도덕교육론

초판1쇄 / 2007년 12월 30일

지은이 **서규선**
펴낸이 **여국동**
펴낸곳 **도서출판 인간사랑**
인 쇄 **백왕인쇄**
제 본 **은정제책사**

출판등록 1983. 1. 26. / 제일 3호

(411- 815) 경기도 고양시 일산구 백석동 1178-1
TEL (031)901-8144, 907-2003
FAX (031)905-5815
e-mail/igsr@yahoo.co.kr / igsr@naver.com

정가 20,000원
ISBN 978-89-7418-238-0 93190